Rolf Steininger

Deutsche Geschichte

Darstellung und Dokumente
in vier Bänden

Band 3: 1955–1974

Fischer Taschenbuch Verlag

Lektorat: Walter H. Pehle

Originalausgabe
Veröffentlicht im Fischer Taschenbuch Verlag,
einem Unternehmen des S. Fischer Verlages GmbH,
Frankfurt am Main, November 2002

Redaktion: Harald Dunajtschik
Satz: Fotosatz Otto Gutfreund GmbH, Darmstadt
Druck und Bindung: Clausen & Bosse, Leck
Printed in Germany
ISBN 3-596-15582-7

Im September 1955 ist Bundeskanzler Konrad Adenauer in Moskau. Als Ergebnis der Verhandlungen kommen die letzten deutschen Kriegsgefangenen frei. Der Preis dafür ist die Aufnahme diplomatischer Beziehungen zwischen Bonn und Moskau – und als Reaktion darauf die Hallstein-Doktrin, die für die folgenden Jahre die Außenpolitik der Bundesrepublik weitgehend bestimmt. Im Kern heißt das: keine diplomatische Anerkennung der DDR durch andere Staaten, während umgekehrt das Ziel der DDR und der Sowjetunion genau das ist.
Im vorliegenden Band geht es um diese Problematik, aber auch um die Schwierigkeiten der deutsch-deutschen Beziehungen, den Bau der Mauer und die innenpolitische Entwicklung in beiden deutschen Staaten: über Adenauer zu Erhard, Kiesinger und Brandt in der BRD, mit Ulbricht in der DDR. Im letzten Kapitel wird ausführlich die grundlegende Neuorientierung der Deutschland- und Ostpolitik unter der Regierung Brandt/Scheel untersucht.

Rolf Steininger, Dr. phil., geboren 1942 in Plettenberg/Westfalen, ist ordentlicher Professor, Vorstand des Instituts für Zeitgeschichte der Universität Innsbruck, Senior Fellow des Eisenhower Centers for American Studies der University of New Orleans und Jean-Monnet-Professor. Studium in Marburg, Göttingen, München, Lancaster und Cardiff; bis 1983 Professor an der Universität Hannover; Gastprofessuren in den USA, Israel und Australien. Zahlreiche Veröffentlichungen sowie international preisgekrönte Fernseh-, Film- und Hörfunkdokumentationen zur Zeitgeschichte.
Nähere Einzelheiten sowie Informationen über das Institut für Zeitgeschichte der Universität Innsbruck und dessen kostenlosen online-Service ZIS (Zeitgeschichte-Informations-System) unter *www.ifz-innsbruck.at/*
Dort sind auch weitere Dokumente (z. T. bislang unveröffentlicht), Faksimiles, Bilder und Karten zum Thema »Deutsche Geschichte seit 1945« abrufbar.

Unsere Adresse im Internet: www.fischer-tb.de

Inhalt

Vorbemerkung

Mit den Bänden 3 und 4, die die Zeit von 1955 bis 2002 behandeln, wird die »Deutsche Geschichte seit 1945« abgeschlossen. Wie bei den ersten beiden Bänden, die bis 1955 reichen, steht auch hier die deutsche Frage im Mittelpunkt. Es geht um Teilung und Einheit, stärker als vorher auch im Zusammenhang mit den deutsch-deutschen Beziehungen: In dem Bemühen um eine gesamtdeutsche Darstellung werden im Grunde zwei, trotz aller Gegensätzlichkeiten zusammengehörende deutsche Geschichten erzählt, analysiert und dokumentiert.
Daneben gab es bis 1990 eine separate Geschichte der BRD und eine der DDR: Deren innen- und außenpolitische Aspekte werden untersucht und dabei auch Themen behandelt, die man in anderen Gesamtdarstellungen kaum findet, etwa die Beziehungen zu Österreich, zu Italien, die Südtirolfrage, die deutsch-israelischen Beziehungen, der Umgang mit dem Holocaust. In mehreren Kapiteln geht es auch um die europäische Integration.
Die Höhepunkte der Jahre 1989/90 werden in Band 4 in vier Kapiteln geschildert: der Fall der Mauer sowie die Innen- und Außenpolitik für die Einheit unter einem Kanzler Helmut Kohl, der die Gunst der Stunde nutzte und erfolgreich nach dem »Mantel der Geschichte« griff. In den beiden abschließenden Kapiteln 9 und 10 von Band 4 werden 12 Jahre vereinigtes Deutschland untersucht, bis hin zu den Terrorangriffen in den USA im September 2001 und deren Folgen sowie der Einführung des Euro als Bargeld im Januar 2002 in 12 der 15 Mitgliedsländer der Europäischen Union.
Aus der inzwischen äußerst umfangreichen Fülle der Literatur habe ich versucht, eine einigermaßen überschaubare Auswahl zu treffen (mit Neuerscheinungen für den in Band 1 und Band 2 behandelten Zeitraum 1945–1955 in Band 2, S. 369–375, Nr. 1055–1186). Da das einfache Aneinanderreihen von Titeln allerdings für den Leser auch nicht sehr hilfreich ist, habe ich in Band 4 in einem bibliographischen

Essay einige Schwerpunkte für die neuere Literatur gesetzt, ergänzt um Hinweise auf Fernsehdokumentationen und nützliche Adressen im Internet. In beiden Bänden ermöglichen ausführliche Zeittafeln – bis 1988 BRD und DDR gegenübergestellt, danach vereinigt – sowie ein Personen-, Sach- und Ortsregister einen schnellen Überblick bei Daten etc.
Die »20 Fragen« in Band 4 – die Zahl könnte leicht verdreifacht werden – sind als Anregung für eine Diskussion oder als Vorbereitung auf eine Prüfung gedacht; so oder ähnlich lauten jedenfalls meine Prüfungsfragen.
Die Bände 1 und 2 sind 1996 als erweiterte Neuauflage erschienen und waren schon bald vergriffen. Von daher schien es sinnvoll, sie zusammen mit den Bänden 3 und 4 neu aufzulegen – inhaltlich unverändert. Schon 1996 war der Darstellungsteil erheblich ausgeweitet worden – zu Lasten der Dokumente: Aus der Erstauflage konnten etliche, zum Teil erstmals veröffentlichte Dokumente aus Platzgründen nicht mehr übernommen werden (was vielfach bedauert wurde). Ähnlich ist es jetzt auch bei den Bänden 3 und 4: erweiterter Darstellungsteil, weniger Dokumente. Hier bot sich das Internet als Lösung an. Als Ergänzung zu den Bänden 1 bis 4 habe ich weitere Dokumente (z. T. bislang unveröffentlicht), Faksimiles, Bilder und Karten ins Netz gestellt. Sie stammen aus dem ehemaligen Zentralen Parteiarchiv der SED in Ost-Berlin (jetzt Bundesarchiv), wo ich unmittelbar nach den Wahlen in der DDR im März 1990 Akten einsehen konnte, den National Archives in Washington, D. C., dem Public Record Office in London, dem Politischen Archiv des Auswärtigen Amts in Berlin, sowie vom Bundesbeauftragten für die Stasi-Unterlagen in Berlin, und sind im Zeitgeschichte-Informations-System ZIS des Instituts für Zeitgeschichte der Universität Innsbruck unter *http://zis.uibk.ac.at* – Stichwort »Deutsche Geschichte seit 1945« – abrufbar.

Innsbruck und Pyne Mountain,
West Virginia,
im März 2002

Rolf Steininger
(rolf.steininger@uibk.ac.at)

1. Kapitel

1955–1958: BRD und DDR

Dokumente

1955–1958: BRD und DDR

Adenauers Moskaureise

Der 21. August 1955 war ein denkwürdiger Sonntag in den deutsch-sowjetischen Beziehungen. Im Moskauer Dynamo-Stadion spielte die deutsche Fußballnationalmannschaft vor 80 000 Zuschauern gegen die sowjetische Auswahl. Das Ergebnis war zwar eher enttäuschend – die Deutschen unterlagen mit 2:3 –, aber allein die Tatsache, daß erstmals seit Kriegsende eine westdeutsche Mannschaft in Moskau spielen konnte und 1500 Anhänger mitreisen durften, wurde in Bonn als sportpolitischer Erfolg und politisches Ereignis gewertet. Die Fußball-Illustrierte »Der Kicker« brachte eine achtseitige Sonderbeilage. Das Interesse in der Bundesrepublik war enorm, zumal Bundeskanzler Konrad Adenauer 14 Tage später nach Moskau reisen würde.
Wenige Wochen zuvor, am 7. Juni 1955, hatte die sowjetische Regierung das entsprechende Einladungsschreiben in Paris übergeben: Adenauer möge »in nächster Zeit« persönlich nach Moskau kommen, »um die Frage der Herstellung der diplomatischen und Handelsbeziehungen zwischen der Sowjetunion und der Deutschen Bundesrepublik zu besprechen und die damit zusammenhängenden Fragen zu erörtern«. Wie sah die Lage zu diesem Zeitpunkt aus? Die Pariser Verträge waren unterzeichnet, die Bundesrepublik Mitglied der NATO und bis zu einem gewissen Grad souverän. Auf der anderen Seite war die DDR Mitglied des Warschauer Paktes geworden. Gab es noch Hoffnung auf eine Wiedervereinigung? Am 15. Mai war in Wien der Staatsvertrag unterschrieben worden, Österreich war frei. War etwas Ähnliches auch für die Deutschen möglich? Immerhin hieß es in der Einladung auch, die Sowjetregierung gehe davon aus,

»daß die Herstellung und Entwicklung normaler Beziehungen zwischen der Sowjetunion und der Deutschen Bundesrepublik zur Lösung der ungeregelten Fragen beitragen werden, die ganz Deutschland betreffen, und somit zur Lösung des gesamtnationalen Hauptproblems des deutschen Volkes – die Wiederherstellung der Einheit des deutschen demokratischen Staates – beitragen sollen«.

Im Westen glaubten nur die wenigsten an eine solche Möglichkeit, am allerwenigsten Adenauer. Gegenüber dem amerikanischen Außenminister John Foster Dulles äußerte er sich Mitte Juni in Washington pessimistisch über den Besuch; man werde nicht viel erreichen. Aber angesichts der öffentlichen Meinung in Deutschland könne er unmöglich die Einladung ablehnen. Dulles bestärkte ihn darin, den sowjetischen Forderungen nicht zu schnell nachzugeben; man solle sich nicht zu billig verkaufen. Die Sowjets brauchten seiner Meinung nach die Entspannung mehr als der Westen; sie würden nichts vom Westen erhalten, ohne die Wiedervereinigung zu ermöglichen. Adenauer stimmte zu; als erstes sollte in Gesprächen auf Botschafterebene in Paris, wo die Einladung übergeben worden war, die Rückkehr der deutschen Kriegsgefangenen geklärt werden. Nach deutschen Schätzungen – so Adenauer – waren noch zwischen 180000 und 200000 Gefangene am Leben. (Aus dem Protokoll geht nicht hervor, wie sich diese Zahlen zusammensetzen; sie differieren erheblich von den später in Moskau genannten.)
Als nächstes stand im Juli die Genfer Gipfelkonferenz auf der Tagesordnung. Die Sowjets zeigten sich dort von einer ganz neuen Seite, der »Geist von Genf« wehte über die politische Bühne – mit möglichen Auswirkungen auf die deutsche Frage. In privaten Gesprächen mit den Briten machten Bulganin und Chruschtschow deutlich, daß über die Wiedervereinigung zwar nicht direkt in Genf, wohl aber auf der anschließenden Außenministerkonferenz beraten werden sollte.
Öffentlich erklärten die Sowjets allerdings wieder etwas anderes. Auf der Rückreise von Genf machten sie in Ost-Berlin Station, wo Chruschtschow am 26. Juli auf einer Kundgebung u. a. die Zweistaatentheorie formulierte, wonach es auf deutschem Boden zwei gleichberechtigte, unabhängige Staaten gebe. Chruschtschow:

»Es ist angebracht, daran zu erinnern, daß zu der Zeit, als die Pariser Verträge ausgearbeitet wurden, die die Remilitarisierung Westdeutschlands und seine Einbeziehung in den Nordatlantikblock zum Ziel haben, die Sowjetregierung wiederholt gewarnt hat, daß dieser Schritt die Lösung der Frage der Vereinigung Deutschlands komplizieren wird. Aber leider wurde diesen Warnungen kein Gehör geschenkt. Mehr noch, einige Staatsmänner hatten es mit der Ratifizierung der Pariser Verträge eilig und behaupteten, die Verwirklichung dieser Verträge würde den Westdeutschen die Möglichkeit geben, mit der Sowjetunion von einer Position der Stärke aus zu sprechen. Ich denke, daß nunmehr allen klar ist, daß diese Berechnungen fehlgeschlagen sind.«

Chruschtschow fragte dann, wie die deutsche Frage gelöst werden könne. Die »Militarisierung« Deutschlands lehnte er ab und verwies auf einen anderen Weg, den die Sowjetunion vorgeschlagen habe, nämlich:

»Das ist die Wiedervereinigung Deutschlands als eines einheitlichen, friedlichen und demokratischen Staates, der für die anderen Völker keine Bedrohung wäre. Man kann nicht umhin zu berücksichtigen, daß jetzt in Europa neue Verhältnisse entstanden sind und daß wir auf der Suche nach Wegen zur Vereinigung Deutschlands diese Verhältnisse in Rechnung stellen müssen. Ist denn nicht klar, daß die mechanische Vereinigung beider Teile Deutschlands, die sich in verschiedenen Richtungen entwickeln, eine unrealistische Sache ist?«

Und dann kam jener Vorschlag, der in den folgenden Jahren im Mittelpunkt der sowjetischen Politik stehen sollte und schon zuvor – Ende 1954 – erwähnt worden war, nämlich:

»In der entstandenen Situation ist der einzige Weg zur Vereinigung Deutschlands die Schaffung eines Systems der kollektiven Sicherheit in Europa, die Festigung und Entwicklung wirtschaftlicher und politischer Kontakte zwischen beiden Teilen Deutschlands. Man kann die deutsche Frage nicht auf Kosten der Interessen der Deutschen Demokratischen Republik lösen.« (Lang anhaltender Beifall.)[1]

Chruschtschow schien das zu bestätigen, was der britische Botschafter in Bonn, Frederick Hoyer Millar, nach Eingang der sowjetischen Einladung nach London berichtet hatte, nämlich:

»Ein positiver Aspekt der russischen Note besteht von unserer Warte aus im übrigen darin, wie sie stillschweigend von der Möglichkeit der Existenz zweier deutscher Staaten ausgeht, die auf unbestimmte Zeit nebeneinander zu existieren und miteinander auszukommen haben. Dies mag die beste Lösung sein, wenn auf den bevorstehenden Konferenzen in der Wiedervereinigungsfrage kein Fortschritt mit den Russen erzielt werden kann. Angesichts der strikten Zurückweisung eines solchen Gedankens durch die Deutschen ist es nur gut, daß es die Russen waren und nicht wir, die die Initiative in dieser Sache ergriffen haben.«[2]

Am 8. September, Donnerstag, traf Adenauer an der Spitze einer Regierungsdelegation in Moskau ein. Mit dabei waren Außenminister Heinrich von Brentano und die engsten Berater des Kanzlers: Walter Hallstein, Herbert Blankenhorn und Wilhelm Grewe, sowie Kurt Georg Kiesinger (CDU), Karl Arnold (CDU) und Carlo Schmid (SPD) als Vertreter der auswärtigen Ausschüsse von Bundestag und Bundesrat. Lange wollte man nicht verhandeln, allenfalls drei oder vier Tage. Die deutsche Direktive lautete:

»Ziel der Verhandlungen ist die Bildung von vier gemischten deutsch-russischen Kommissionen: einer politischen, in welcher die Wiedervereinigung und die Aufnahme diplomatischer Beziehungen sowie die damit zusammenhängenden Probleme erörtert werden, eine wirtschaftliche mit dem Ziel des Abschlusses eines

Handelsvertrages, einer kulturellen mit dem Ziel des Abschlusses eines Kulturvertrages, einer Kommission für das Kriegsgefangenen- und Verschlepptenproblem. Im Fall, daß die Sowjets auf die Bildung einer solchen vierten Kommission nicht eingehen, Einbeziehung des Gefangenen- und Verschlepptenproblems in die politische Kommission. Für den Fall, daß die Sowjets auf die geplanten Kommissionen nicht eingehen oder aber auch für den Fall, daß sie weder die Wiedervereinigungsfrage noch das Gefangenenproblem erörtern wollen, ist beabsichtigt, den Faden mit der sowjetischen Regierung nicht völlig abreißen zu lassen, sondern den Sowjets den Austausch von diplomatischen Agenden vorzuschlagen.«[3]

Auf dem Flughafen wurde die deutsche Delegation mit militärischen Ehren empfangen. Auch an den folgenden Tagen und Wochen wurden die Deutschen außerordentlich entgegenkommend behandelt; es mangelte nicht an freundlichen, ja freundschaftlichen Gesten; Spaziergänge in den Wäldern um Moskau boten darüber hinaus Gelegenheit zu ungezwungenem Meinungsaustausch.
Für den Abend des zweiten Verhandlungstages luden die Sowjets zu einer Galaaufführung im Bolschoitheater ein. »Als Bulganin, Chruschtschow und ich unsere Loge betraten«, schreibt Adenauer in seinen »Erinnerungen«, »erhob sich das gesamte Publikum und klatschte Beifall. Die Scheinwerfer richteten sich auf unsere Gruppe, und unter ständigem Beifall schüttelten wir uns die Hände.« Für den 12. September, den Vorabend des letzten Verhandlungstages, hatte die sowjetische Führung zu einem Staatsempfang in den Kreml geladen, an dem das gesamte diplomatische Corps und die Spitzen von Partei, Regierung und Roter Armee teilnahmen. Die Regie, so der damalige Leiter der Politischen Abteilung im Auswärtigen Amt in Bonn und spätere Botschafter u. a. in Washington, Wilhelm Grewe, in seinen Erinnerungen, zielte von Anfang an darauf ab, »uns so zu empfangen, als stünde die Aufnahme diplomatischer Beziehungen schon fest; der Aufwand und die Herzlichkeit hätten es als Unhöflichkeit und schnöden Undank erscheinen lassen, wären wir ohne dieses Ergebnis abgereist«.[4]
Die Protokolle der Verhandlungen sind bis heute nicht veröffentlicht; von daher sind wir nach wie vor weitgehend auf die Erinnerungen der Beteiligten angewiesen. Tatsache ist, daß die Frage der Kriegsgefangenen schnell in den Mittelpunkt der Verhandlungen rückte; die Sowjets machten die Gefangenen zum Handelsobjekt. Wie wir heute wissen, hatte Chruschtschow schon im Juli 1955 ihre Freilassung beschlossen;[5] trotzdem ließ er es fast zum Scheitern der Verhandlungen kommen. Am Ende erreichten die Sowjets ihr wichtigstes Ziel: die sofortige Aufnahme diplomatischer Beziehungen – und damit indirekt die Aner-

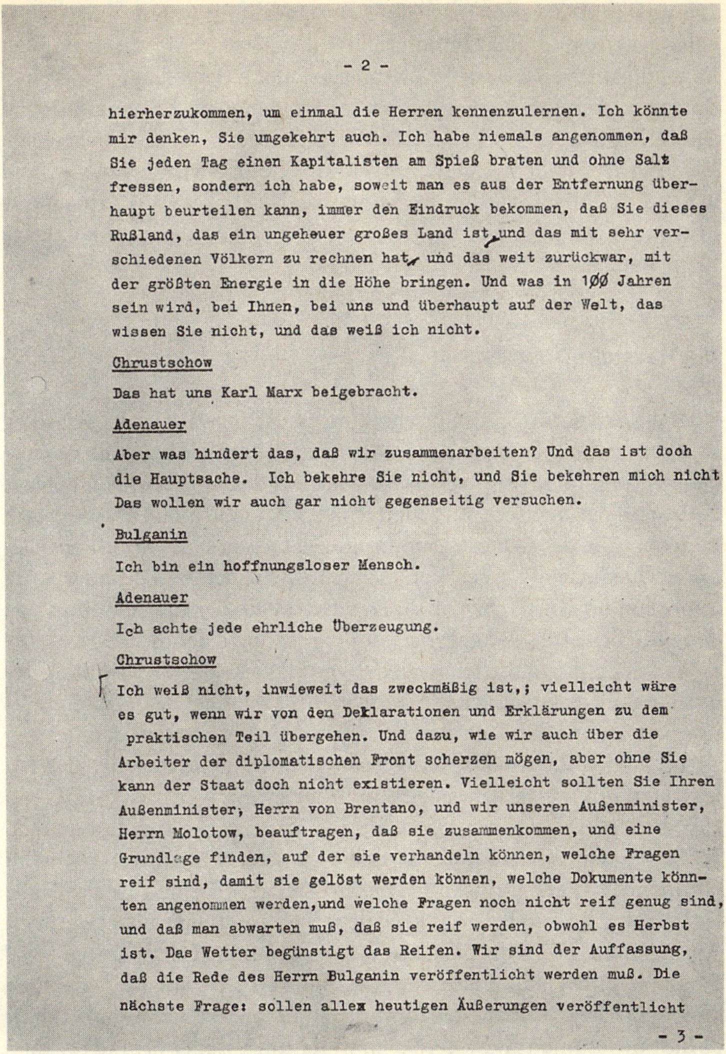

- 2 -

hierherzukommen, um einmal die Herren kennenzulernen. Ich könnte mir denken, Sie umgekehrt auch. Ich habe niemals angenommen, daß Sie jeden Tag einen Kapitalisten am Spieß braten und ohne Salz fressen, sondern ich habe, soweit man es aus der Entfernung überhaupt beurteilen kann, immer den Eindruck bekommen, daß Sie dieses Rußland, das ein ungeheuer großes Land ist, und das mit sehr verschiedenen Völkern zu rechnen hat, und das weit zurückwar, mit der größten Energie in die Höhe bringen. Und was in 100 Jahren sein wird, bei Ihnen, bei uns und überhaupt auf der Welt, das wissen Sie nicht, und das weiß ich nicht.

Chrustschow

Das hat uns Karl Marx beigebracht.

Adenauer

Aber was hindert das, daß wir zusammenarbeiten? Und das ist doch die Hauptsache. Ich bekehre Sie nicht, und Sie bekehren mich nicht Das wollen wir auch gar nicht gegenseitig versuchen.

Bulganin

Ich bin ein hoffnungsloser Mensch.

Adenauer

Ich achte jede ehrliche Überzeugung.

Chrustschow

Ich weiß nicht, inwieweit das zweckmäßig ist,; vielleicht wäre es gut, wenn wir von den Deklarationen und Erklärungen zu dem praktischen Teil übergehen. Und dazu, wie wir auch über die Arbeiter der diplomatischen Front scherzen mögen, aber ohne Sie kann der Staat doch nicht existieren. Vielleicht sollten Sie Ihren Außenminister, Herrn von Brentano, und wir unseren Außenminister, Herrn Molotow, beauftragen, daß sie zusammenkommen, und eine Grundlage finden, auf der sie verhandeln können, welche Fragen reif sind, damit sie gelöst werden können, welche Dokumente könnten angenommen werden,und welche Fragen noch nicht reif genug sind, und daß man abwarten muß, daß sie reif werden, obwohl es Herbst ist. Das Wetter begünstigt das Reifen. Wir sind der Auffassung, daß die Rede des Herrn Bulganin veröffentlicht werden muß. Die nächste Frage: sollen aller heutigen Äußerungen veröffentlicht

- 3 -

Abb. 1: 10. September 1955: Bundeskanzler Konrad Adenauer und Außenminister Heinrich von Brentano in Moskau. Aus den Protokollen der deutsch-sowjetischen Verhandlungen.

kennung ihrer Zweistaatentheorie. Der Preis dafür waren 9626 Kriegsgefangene und 20000 Zivilinternierte. Die Wende war nicht am Verhandlungstisch, sondern in Gesprächen unter vier Augen zwischen Bulganin und Adenauer während des Empfangs im Kreml am Abend des 12. September erreicht worden. »Die Tatsache, daß Chruschtschow gleichzeitig ähnliche Andeutungen im Gespräch mit Karl Arnold machte, bestätigt«, wie Grewe betont, »daß es sich nicht um spontane Ergebnisse des Gesprächsverlaufes, sondern um eine genau kalkulierte Regie handelte.«[6]

Die Hallstein-Doktrin

Über die Problematik des Botschafteraustausches war sich die deutsche Delegation durchaus im klaren. Man verließ Moskau denn auch ziemlich deprimiert. »Es war schon ein trauriges Bild auf dem Flughafen«, berichtete der britische Botschafter in Moskau, William Hayter, nach London. »Die deutschen Beamten, alle wie sie da standen, schienen an unterschiedlichen Graden von Trübsinn zu leiden.«[7] Adenauer hatte immerhin noch erreicht, daß die sowjetische Regierung eine einseitige deutsche Erklärung entgegengenommen hatte, in der es hieß, die Aufnahme der diplomatischen Beziehungen stelle keine Anerkennung des derzeitigen beiderseitigen territorialen Besitzstandes dar. »Die endgültige Festsetzung der Grenzen Deutschlands bleibt dem Friedensvertrag vorbehalten«; die Entscheidung bedeute auch keine Aufgabe des Alleinvertretungsanspruches der Bundesregierung.
Um dritte Staaten davon abzuhalten, nicht nur die Bundesrepublik, sondern auch die DDR diplomatisch anzuerkennen, entwarf Wilhelm Grewe noch auf dem Rückflug von Moskau jene Formel, die als »Hallstein-Doktrin« – so benannt nach dem Staatssekretär im Auswärtigen Amt, Walter Hallstein – bekannt wurde und einen Damm gegen diese mögliche Entwicklung aufrichten sollte: Darin wurde die Aufnahme diplomatischer Beziehungen zur Sowjetunion zum Sonderfall erklärt, da die Sowjetunion als Siegermacht weiterhin Verantwortung für ganz Deutschland trage. Nähme jetzt ein Staat jedoch auch mit der DDR diplomatische Beziehungen auf, so werde die Bundesrepublik dies als »einen gegen die Lebensinteressen des deutschen Volkes gerichteten unfreundlichen Akt« ansehen, auf den die Bundesregierung ihrerseits mit dem Abbruch der diplomatischen Beziehungen reagieren werde.

Dies wurde erstmals 1957 gegenüber Jugoslawien praktiziert. Bis Mitte der sechziger Jahre gelang es immerhin, die DDR zu isolieren; gleichzeitig aber war dann mit dieser Doktrin eine flexible Politik nicht mehr möglich. Im übrigen kam hinzu, daß Bonn erpreßbar wurde. Die Staaten der Dritten Welt erkannten dies sehr schnell.
Auch wenn Wilhelm Grewe in einem Zeitungsinterview am 11. Dezember 1955 die Entscheidung von Moskau als ein Mittel auf dem Weg zur Überwindung der Spaltung und zur Wiederherstellung der Einheit Deutschlands bezeichnete, politische Beobachter sahen das damals schon anders. Adenauer habe implizit den Status quo in Deutschland und Europa anerkannt, schrieb der britische Botschafter in Paris, Gladwyn Jebb, am 15. September 1955 an das Foreign Office; und weiter: »Wenn sich selbst der deutsche Kanzler entschließt, dies zu tun, dann ist es gewißlich nicht an uns, päpstlicher als der Papst zu sein.« Vier Jahre später wurde dies britische Politik. Mit den Sowjets konnte man sich auf Kosten der Deutschen einigen. Das wurde dann folgendermaßen formuliert: »Es ist wichtig, immer daran zu denken, daß eine ›große‹ Lösung die Wiedervereinigung Deutschlands nicht einzuschließen braucht. Wir können uns viele Disengagement/Abrüstungsmaßnahmen vorstellen – bei Fortsetzung der Teilung Deutschlands.«[8]
Die These, wonach die Überwindung der Teilung Deutschlands Voraussetzung jeder Entspannung in Europa sei, hatte an Plausibilität verloren. Warum sollten die europäischen Staaten das Risiko einer Wiedervereinigung Deutschlands eingehen, wenn auf der Basis des Status quo die allseits gewünschte Entspannung im Verhältnis zwischen Ost und West möglich war?[9] Und Marion Gräfin Dönhoff schrieb in der »ZEIT«, die Freude über die Rückkehr der Kriegsgefangenen sei nicht ungetrübt, denn die Gegenleistung bedeute

> »wenigstens im Augenblick die Hinnahme der Zweiteilung Deutschlands. Der Vertrag: diplomatische Beziehungen gegen Rückgabe der Kriegsgefangenen, bedeutet also, wenn man sich der Methode bedient, lebende Menschen (nicht tote Seelen) zu bilanzieren, daß die Freiheit der Zehntausend die Knechtschaft der 17 Millionen besiegelt.«[10]

Diese Bedenken schienen keine Rolle zu spielen, als am 7. Oktober 1955 im Lager Friedland bei Göttingen die ersten Spätheimkehrer aus sowjetischer Kriegsgefangenschaft eintrafen. Die entsprechende Vereinbarung war nicht in das offizielle Moskauer Kommuniqué aufgenommen worden, aber die Sowjets standen zu ihrem Wort, das zwischen Bulganin und Adenauer mit Handschlag besiegelt worden war.

In den folgenden Tagen kamen insgesamt 9626 Spätheimkehrer in Friedland an. Dabei spielten sich ergreifende Szenen ab. Wenige Wochen später trafen auch die 20000 Zivilinternierten in der Bundesrepublik ein. Wie emotional das Thema »Heimkehr der Kriegsgefangenen« besetzt war, zeigten verschiedene Meinungsumfragen in der Bundesrepublik. Unmittelbar nach Abschluß der Moskaureise erklärten sich mehr als zwei Drittel der Befragten mit dem Ergebnis der Verhandlungen einverstanden. Noch zwölf Jahre später, im Mai 1967, kurz nach dem Tode Adenauers, bezeichneten 75 Prozent »die Heimführung der deutschen Kriegsgefangenen aus Rußland« als bedeutendste Tat des ersten Bundeskanzlers.[11]

DDR und Nationale Volksarmee

Die westdeutsche Delegation war kaum aus Moskau abgereist, als der Ministerpräsident der DDR, Otto Grotewohl, dort eintraf: Die DDR erhielt ihre staatliche Souveränität. Der entsprechende Vertrag wurde am 20. September unterzeichnet und beendete nach zehn Jahren offiziell die sowjetische Besatzungsherrschaft in der DDR; die Sowjetunion löste ihre Hohe Kommission in Ost-Berlin auf, die bislang in der DDR die oberste Regierungsgewalt ausgeübt hatte. Allerdings behielt sich die Sowjetunion – wie vorher schon die drei westlichen Mächte – ihre aus den alliierten Vereinbarungen der Kriegs- und unmittelbaren Nachkriegszeit herrührenden Rechte in bezug auf Deutschland als Ganzes ausdrücklich vor. Dies galt auch für den Verkehr der Alliierten auf den Transitstrecken nach West-Berlin, der weiterhin unter sowjetischer Kontrolle blieb. Für alle erkennbar aber war, daß der in Moskau unterzeichnete Vertrag zwischen der UdSSR und der DDR die Existenz zweier deutscher Staaten festschrieb.

Nur sechs Tage später, am 26. September, verabschiedete denn auch die Volkskammer der DDR folgerichtig ein Gesetz über Staatswappen und Staatsflagge der DDR, in dem Form und Gestaltung der staatlichen Symbole festgelegt wurden. Das Staatswappen der DDR bestand demnach aus »Hammer und Zirkel, umgeben von einem Ährenkranz, der im unteren Teil von einem schwarz-rot-goldenen Band umschlungen ist. Die Staatsflagge der Deutschen Demokratischen Republik besteht aus den Farben schwarz-rot-gold.« Hammer, Zirkel und Ährenkranz sollten nach Ansicht des SED-Zentralkomitees auf besonders gelun-

gene Weise den Arbeiter- und Bauernstaat symbolisieren und die Souveränität des »rechtmäßigen deutschen Staates« – nämlich der DDR – unterstreichen. Das Gesetz trat am 1. November in Kraft und wurde in Bonn von allen im Bundestag vertretenen Parteien abgelehnt. Die DDR-Staatsführung versuche erneut, so hieß es, die deutsche Teilung festzuschreiben. Es gebe jedoch keine zwei deutschen Staaten. Daher könnten DDR-eigene staatliche Symbole wie Wappen und Flaggen nicht anerkannt werden. Die DDR-Fahne wurde zur »Spalterflagge« und wurde bekämpft, wo immer das möglich war.
Am 26. September hatte die DDR-Volkskammer auch eine Änderung der Verfassung beschlossen, um die verfassungsrechtlichen Voraussetzungen für die Erfüllung der im Warschauer Vertrag vom 14. Mai eingegangenen Verpflichtungen über den Aufbau eigener Streitkräfte zu schaffen. Für die Bürger der DDR wurde nun die allgemeine Wehrpflicht eingeführt. Art. 5 der Verfassung wurde durch den Zusatz »Der Dienst zum Schutz des Vaterlandes und der Errungenschaften der Werktätigen ist eine ehrenvolle nationale Pflicht der Bürger der DDR« ergänzt. Der erste Sekretär des ZK der SED, Walter Ulbricht, bezeichnete die geplante Aufstellung von DDR-Streitkräften angesichts des Beitritts der Bundesrepublik zur NATO als einen Beitrag zur Sicherung des Friedens in Europa.
Wenig später, am 12. November, überreichte in Bonn Bundesverteidigungsminister Theodor Blank (CDU) den ersten 101 Soldaten der neuen (west-)deutschen Streitkräfte ihre Ernennungsurkunden. Die Zeremonie fand in einer Halle auf dem Hof des Bonner Verteidigungsministeriums statt.
Unter diesen Umständen war es nicht verwunderlich, daß die Außenministerkonferenz in Genf, die vom 27. Oktober bis 16. November dauerte, mit einem Mißerfolg endete. Über keines der behandelten Themen – deutsche Frage, Abrüstung, Entwicklung der Ost-West-Beziehungen – konnte Einigkeit erzielt werden. Vom vielbeschworenen »Geist von Genf« vom Juli war nicht mehr viel übrig geblieben. Im Schlußkommuniqué wurde dann nur noch das Scheitern der Konferenz festgestellt. Die drei Westmächte veröffentlichten eine offizielle Erklärung, in der es u. a. hieß:

»Der sowjetische Außenminister ließ klar erkennen, daß sich die Sowjetregierung weigere, der Wiedervereinigung Deutschlands zuzustimmen, da dies zur Liquidierung des ostdeutschen Regimes führen würde. Er machte Vorschläge, die die Fortdauer der Teilung Deutschlands sowie die schließliche Auflösung des westlichen

Sicherheitssystems bedeutet hätten. Dieses sind die Gründe, aus denen die Verhandlungen gescheitert sind.«

Immerhin gab es im Sport noch etwas Gesamtdeutsches. Am 12. November einigten sich Vertreter der Nationalen Olympischen Komitees der Bundesrepublik und der DDR darauf, eine gesamtdeutsche Mannschaft zu den Olympischen Winterspielen in Cortina d'Ampezzo und den Sommerspielen in Melbourne 1956 zu entsenden. Das Jahr ging mit einer Statistik zu Ende, die das Bundesministerium für Gesamtdeutsche Fragen veröffentlichte. Demnach waren im Jahr 1955 insgesamt 252 870 Menschen aus der DDR in die Bundesrepublik und West-Berlin geflüchtet. Seit Gründung der DDR im Jahr 1949 waren damit bereits fast 1,5 Millionen Menschen geflohen. Schon zu diesem Zeitpunkt wurden in der DDR-Staatsführung die Rufe nach einer Eindämmung dieser Massenflucht lauter. Karl Schirdewan, seit 1953 prominentes Mitglied des Zentralkomitees und des Politbüros der SED (der dann 1958 wegen »Fraktionstätigkeit« und Opposition gegen Ulbricht sämtlicher Parteifunktionen enthoben und erst 1990 von der SED/PDS rehabilitiert wurde), erklärte auf einer »Arbeiter-Konferenz« im Bezirk Potsdam, worum es ging:

»Wenn monatlich 20 000 bis 50 000 alte Leute in die Bundesrepublik ziehen, weinen wir ihnen keine Träne nach. Im Gegenteil, wir sind ihnen noch behilflich. Aber den Verlust von 5000 und mehr Fachkräften jeden Monat durch Flucht oder vergessene Rückkehr von einer Urlaubsreise nach Westdeutschland können wir nicht ohne rigorose Gegenmaßnahmen hinnehmen.«

Es sollte noch mehr als fünf Jahre dauern, bis in der Tat rigorose Maßnahmen ergriffen wurden: Am 13. August 1961 wurde die Mauer in Berlin gebaut.

Fast gleichzeitig wurde in der DDR eine eigene Armee aufgebaut. Am 18. Januar 1956 verabschiedete die Volkskammer das Gesetz zur Schaffung der Nationalen Volksarmee (NVA) und des Ministeriums für Nationale Verteidigung. Es gehe um den Schutz der »Arbeiter- und Bauern-Macht, der Errungenschaften der Werktätigen und die Sicherung ihrer friedlichen Arbeit«. Die Wiedererrichtung des »aggressiven Militarismus in Westdeutschland und die Schaffung der westdeutschen Söldnerarmee« sei eine »ständige Bedrohung des deutschen Volkes und aller Völker Europas«. Der neuernannte Verteidigungsminister Willi Stoph meinte, die Nationale Volksarmee werde »den Interessen des ganzen deutschen Volkes dienen und an die hervorragendsten fortschrittlichen Traditionen unseres Vaterlandes anknüpfen«. In Anspielung auf die nach US-amerikanischem Muster geschnittenen Uniformen der westdeutschen Armee betonte Stoph abschließend, die NVA werde »deutsche Uniformen tragen, die den nationalen Traditionen unseres Volkes entsprechen«. In der Folgezeit erinnerte nicht nur die NVA-Uniform an die Deutsche Wehrmacht, sondern auch der von der NVA gepflegte Stechschritt. Verheimlicht wurde damals, daß die DDR nicht erst mit dem Aufbau der Armee beginnen mußte. Schon seit mehreren Jahren verfügte sie über gut ausgerüstete und schlagkräftige Streitkräfte, nämlich rd. 150 Mann starke Betriebskampfgruppen und etwa 120000 Männer in der »kasernierten Volkspolizei« mit immerhin rd. 1000 Panzern und Feldgeschützen. Am 28. Januar 1956 waren Vertreter der DDR in das Oberkommando des Warschauer Paktes aufgenommen worden. Im Kriegsfall würden die Soldaten der beiden deutschen Staaten aufeinander schießen.

Das Jahr 1956 wurde zu einem kritischen Jahr in der Geschichte der DDR. Im Februar 1956 rechnete Chruschtschow auf dem XX. Parteitag der KPdSU mit dem Stalinismus ab. In seiner berühmten Geheimrede, deren voller Wortlaut in der DDR erst 1990 veröffentlicht werden konnte, distanzierte er sich von den Verbrechen Stalins. Der Bericht führte innerhalb der kommunistischen Parteien zu schweren Erschütterungen. Im Gefolge dieser Entstalinisierung kam es in Polen zu Unruhen, in Ungarn zur Revolution. Walter Ulbricht kehrte zwar als erklärter Anti-Stalinist vom Parteitag in Moskau zurück; wer allerdings geglaubt hatte, daß auch auf der vom 24. bis 30. März 1956 stattfindenden 3. Parteikonferenz der SED die Entstalinisierung durchgeführt würde, sah sich getäuscht. Statt dessen stand ein Bericht Ulbrichts über den zweiten Fünfjahresplan 1956 bis 1960 und den »Aufbau des Sozialismus« in der DDR im Mittelpunkt. Vorgesehen war eine industrielle Umwälzung auf der Basis der Ausnutzung der Atomenergie, der weitere Ausbau der Schwerindustrie, die Anhebung der industriellen Produktion auf wenigstens 155 Prozent des Standes von 1955 mit einem Wachstum der Grundstoffindustrie und des Maschinenbaus um über 60 Prozent und der Konsumgüterproduktion um 40 Prozent. Die Formel sollte lauten: »Modernisierung, Mechanisierung, Automatisierung.«

In einer internen Sitzung der Parteikonferenz wurden dann die Beschlüsse des XX. Parteitages der KPdSU diskutiert und akzeptiert. Dem ZK der SED wurde volles Vertrauen ausgesprochen. Karl Schirdewan meinte unter anderem:

»Unsere Feinde erheben gegenwärtig ein wüstes Geschrei gegen das Zentralkomitee unserer Partei, um einen Keil zwischen die Partei und das Volk zu treiben. Die Ablehnung des Personenkults bedeutet keinesfalls eine Herabsetzung der Autorität der gewählten Leitungen, kein anarchistisches Verhältnis zu den Führern, die im Kollektiv eine große inspirierende und vorwärtstreibende Tätigkeit ausüben. In unserer Partei werden die fähigsten Funktionäre der Arbeiterklasse in die kollektiven Leitungen auf demokratische Weise gewählt. Die ganze Partei schart sich wie eine eherne Phalanx um das Zentralkomitee und seine kampferprobten Genossen. Die Versuche der Feinde, die Leistung des Genossen Walter Ulbricht, die er für die deutsche Arbeiterklasse gemeinsam mit den Genossen Wilhelm Pieck, Otto Grotewohl und dem gesamten Kollektiv der Parteiführung vollbringt, herabzusetzen, findet die entschlossene Ablehnung durch die ganze Partei.«[12]

Es kam in der Folgezeit zu keinen grundlegenden personellen Veränderungen in der Partei- und Regierungsspitze – wie etwa in Polen und Ungarn. Innerparteiliche Opposition – wie etwa jene unter Führung von Wolfgang Harich, Chefredakteur der »Deutschen Zeitschrift für Philosophie«, Lektor beim Aufbau-Verlag, Theatermacher und Dozent für Philosophie an der Ostberliner Humboldt-Universität – wurde erfolgreich ausgeschaltet. Walter Ulbricht konsolidierte jedenfalls in den Jahren 1957 und 1958 seine Macht. In den gleichen Jahren kam es in der Lebenssituation der DDR-Bevölkerung zu Verbesserungen. Das Angebot an Konsumgütern nahm zu, Ende Mai 1958 wurde die völlige Abschaffung der Lebensmittelkarten beschlossen, immerhin acht Jahre nach einem ähnlichen Beschluß der Bundesregierung in Bonn. Das war trotzdem ein voreiliger Schritt, der zwei Jahre später durch die katastrophale Lage der DDR-Landwirtschaft zur vorübergehenden Wiedereinführung des Rationierungssystems bei Grundnahrungsmitteln führen sollte. Als vollkommen unrealistisch erwies sich dann die Losung des V. Parteitages der SED 1958, auf dem Ulbricht verkündete, die Bundesrepublik bis 1961 wirtschaftlich überholen zu wollen. Ein Jahr später ging das Wirtschaftswachstum der DDR wieder zurück, und der Fünfjahresplan wurde durch einen Siebenjahresplan ersetzt, der parallel zum Siebenjahresplan in der Sowjetunion lief. Gleichzeitig stieg die Produktivität in der Bundesrepublik weiter – mit ein Grund dafür, daß ab 1959 die Flüchtlingszahlen wieder erheblich anstiegen.

Bundeswehr und Atombewaffnung

Am 2. Januar 1956 rückten 1161 Soldaten – Freiwillige – in die Standorte Andernach (Heer), Wilhelmshaven (Marine) und Nörvenich

Abb. 2: 20. Januar 1956, Andernach: Bundeskanzler Adenauer stattet fünf Lehrkompanien freiwilliger Soldaten der neuen deutschen Streitkräfte einen Besuch ab.

(Luftwaffe) ein. Das Ereignis wurde im In- und Ausland mit größter Aufmerksamkeit und teilweise zwiespältigen Gefühlen verfolgt. Es war ja auch eine eher makabre Situation. Während in Friedland die letzten von der Sowjetunion freigelassenen Angehörigen der ehemaligen Wehrmacht begrüßt wurden und es zu unvergeßlichen Szenen kam, begann gleichzeitig die Aufstellung der neuen Streitkräfte der Bundesrepublik Deutschland.

Am 20. Januar machte Bundeskanzler Adenauer einen Antrittsbesuch in Andernach und betonte dort die vertraglichen Verpflichtungen der Bundesrepublik, die ihm »eine Herzenssache« seien. Die Streitkräfte würden ihre Aufgabe, »die Verhütung eines Angriffs und eine wirksame Verteidigung [...] unserer Heimat«, nur dann erfüllen können, »wenn sie vom Vertrauen des Volkes getragen« seien. Gleichzeitig bezeichnete er allerdings auch die Einordnung der Streitkräfte in das Staatsgefüge als »Bewährungsprobe für unsere Demokratie, die den guten Willen und die Bereitschaft aller positiven Kräfte erfordere«. Die Presse notierte, daß zum ersten Mal nach zehn Jahren wieder deutsche

Truppen in »Paradeaufstellung« zu sehen gewesen seien, allerdings ohne »hallendes Pathos«, daß der Primat der Politik betont worden sei und man mit der »Andernacher Parade« auch den Zweck verfolgt habe, den »versteckten Vorwürfen und leisen Mahnungen unserer Verbündeten« zu begegnen.[13] Die Soldaten betrachteten den Tag jedenfalls als »erfreulich«; die Militärs machten ihn sogleich zum »Tag der deutschen Streitkräfte«.[14]

Noch gab es keinen Namen für diese Streitkräfte. Dem Verteidigungsausschuß des Bundestages lagen mehrere Vorschläge vor: Wehrmacht des Bundes (Erich Mende, FDP), Streitkräfte (Bundesregierung), Bundesarmee, Landwehr und Landeswehr. Mit 18 zu 8 Stimmen entschied man sich am 20. Februar für den Vorschlag des CSU-Ausschußvorsitzenden, Richard Jaeger: Bundeswehr. Der Name erschien bescheiden und in der »jetzigen Lage« angebracht, auch wenn die Mehrheit der Bevölkerung anderer Meinung war. 35 % waren dort für Wehrmacht und nur 20 % für Bundeswehr.[15]

Der Name wurde am 6. März festgeschrieben, als der Deutsche Bundestag mit 390 gegen 20 Stimmen, also mit den Stimmen der SPD und der erforderlichen Zweidrittelmehrheit, die Wehrergänzungen zum Grundgesetz verabschiedete und damit die rechtlichen Voraussetzungen für den Aufbau einer Armee schuf. Die SPD hatte dabei ihre Zustimmung zur Grundgesetzänderung von mehreren Bedingungen abhängig gemacht; so wurde das Amt des Wehrbeauftragten geschaffen. Die Grundgesetzänderung umfaßte insgesamt 14 Punkte, u. a.: Die Bundeswehr besteht aus Berufssoldaten und Wehrpflichtigen; über den Eintritt des Verteidigungsfalles entscheidet der Bundestag; im Frieden liegt die Befehls- und Kommandogewalt beim Verteidigungsminister, im Verteidigungsfall beim Bundeskanzler; Frauen dürfen nicht zum Dienst in den Streitkräften herangezogen werden. Für Männer, die den Dienst mit der Waffe aus Gewissensgründen verweigern, besteht die Möglichkeit, einen zivilen Ersatzdienst zu leisten; dessen Dauer darf die des Wehrdienstes nicht übersteigen.

Am 7. Juli 1956 kam es im Bundestag dennoch zu einer leidenschaftlich geführten Debatte. Es ging um die Verabschiedung des Wehrpflichtgesetzes. SPD und FDP stimmten dagegen. Fritz Erler von der SPD argumentierte:

»Die augenblickliche NATO-Strategie läßt keinen Zweifel daran, daß ein möglicher bewaffneter Konflikt in Europa nicht auf konventionelle Waffen beschränkt bleibt. [...] Bei einem sowjetischen Angriff mit taktischen Atomwaffen wäre die Bundeswehr festgenagelt. Von der Bevölkerung bliebe nicht allzu viel übrig. Gegen einen solchen Angriff kann die Bundesrepublik an der Zonengrenze auch mit 500 000 Mann nicht verteidigt werden.«

SPD und FDP plädierten für eine Berufsarmee. Sie verwiesen auf Überlegungen in Washington, Landstreitkräfte zu Gunsten einer atomaren Aufrüstung zu reduzieren; die SPD verwies weiters darauf, daß die Einführung der allgemeinen Wehrpflicht ein weiterer Schritt zur Festigung der deutschen Teilung sei. Nach der Abstimmung kam es zu heftigen Protesten in der Bundesrepublik. Die Synode der Evangelischen Kirche lehnte die Einführung der Wehrpflicht genauso ab wie Demonstranten in vielen Städten der Bundesrepublik. Das änderte nichts an der Grundsatzentscheidung.

Es ging jetzt vordringlich darum, die Verpflichtungen gegenüber den NATO-Verbündeten zu erfüllen, nämlich innerhalb von drei Jahren eine Armee von 500 000 Soldaten aufzustellen. Da gab es vollmundige Zusagen und Verpflichtungen, die der Realität nicht standhielten. Und so geriet der Aufbau der Bundeswehr bereits im Herbst 1956 in eine schwere Krise. Es fehlte an allem, vor allen Dingen aber an Geld. Eine Konsequenz dieser Situation war die Entscheidung der Bundesregierung am 27. September 1956, die Dauer des Grundwehrdienstes von den geplanten 18 Monaten auf 12 Monate zu reduzieren – ohne die NATO-Allianz davon offiziell zu informieren oder gar zu konsultieren. Adenauers Hauptargument gegenüber den Verbündeten war parteipolitischer Natur: Wenn die SPD die Bundestagswahlen 1957 gewinnen würde, dann würde es überhaupt keine Wehrpflicht geben, und dann sei eine mit nur 12 Monaten schon besser.[16] General Adolf Heusinger wurde gegenüber den Amerikanern noch deutlicher: Das Festhalten an einem 18monatigen Grundwehrdienst würde die Chance auf einen Wahlsieg der CDU im September 1957 gefährden, und ein Sieg der SPD die Möglichkeit für den Aufbau eines deutschen Verteidigungsbeitrages insgesamt zerstören.[17]

Am 16. Oktober 1956 wurde Theodor Blank als Verteidigungsminister von Atomminister Franz Josef Strauß abgelöst. Von nun an hieß die Devise beim Aufbau der Bundeswehr: Qualität vor Quantität – mit dem klaren Ziel von Strauß und Adenauer, die Bundeswehr auch mit Atomwaffen auszurüsten. In der ersten Phase sollten dies amerikanische, in der zweiten Phase gemeinsam mit Frankreich und Italien produzierte Atomwaffen sein. Adenauer gab dafür grünes Licht. Für ihn war diese Art von Atompolitik ein weiteres Mittel zur Gleichberechtigung der Bundesrepublik innerhalb des Bündnisses; ausgelöst wurde sie durch wachsende Zweifel an der amerikanischen Politik. Das Stichwort hierfür war der sogenannte Radford-Plan. Adenauer konnte die Überlegungen von US-Admiral William A. Radford, dem Vorsitzenden der amerikanischen Vereinten Stabschefs, am 13. Juli 1956 in der »New York Times« nachlesen. Demnach sahen die amerikanischen Planungen eine Reduzierung der US-Streitkräfte in Europa bis 1960 um 800 000 Mann und einen »substantiellen Rückzug« amerikanischer Truppen aus Europa in die »Festung Amerika« vor. Man setzte voll auf überlegene atomare Vorherrschaft, mit der die Lücke im konventionellen Bereich geschlossen werden sollte. Die »Washington Post« schrieb ergänzend, bei einer durch die nukleare Abschreckung reduzierten Kriegsgefahr würden die geplanten zwölf deutschen Divisionen nicht mehr vollzählig benötigt.[18]

Der Radford-Plan enthielt all jene Argumente der SPD gegen eine 500 000-Mann-Bundeswehr. Von daher war Adenauer äußerst beunruhigt, da die Gefahr bestand, daß sich seine Politik nicht mehr gegen die öffentliche Meinung würde durchsetzen lassen. Er empfand denn auch die amerikanische Vorgangsweise als »grobe Unhöflichkeit«. Entsprechend massiv waren die Interventionen bei den Amerikanern. Sie waren immerhin so wirkungsvoll, daß US-Präsident Dwight D. Eisenhower den Deutschen zusicherte, ohne vorherige Beratungen in der NATO keine amerikanischen Truppen aus Europa abzuziehen, solange ihre Anwesenheit von den Deutschen und der NATO gewünscht werde.

Der »Trend zur Atomrüstung« schien deutschen Beobachtern dennoch unaufhaltsam. Trotzdem oder gerade deswegen bestanden die Amerikaner auf dem vollen, konventionellen Beitrag der Bundesrepublik: 500 000 Mann bei einer Wehrdienstzeit von 18 Monaten. Der deutsche General Graf Baudissin notierte in seinem Tagebuch, es zeichne sich in der NATO eine »atomar-angelsächsische« und eine »kontinental-konventionelle« Waffengruppe ab. »Dies war eigentlich eine sinnvolle Arbeitsteilung, bedeutete aber natürlich auch eine deutliche Klassifizierung der Bündnismitglieder.«[19] Adenauer war nicht bereit, dies zu akzeptieren. Er wollte gleichberechtigtes Mitglied im westlichen Klub sein. Unter diesem Aspekt hatte er auch der Aufnahme diplomatischer Beziehungen mit der Sowjetunion etwas Positives abgewonnen. Während der amerikanische Botschafter in Moskau, Charles Bohlen, im September 1955 nach Washington berichtet hatte, die Sowjets hätten damit »vielleicht ihren größten diplomatischen Sieg in der Nachkriegszeit errungen«, hatte Adenauer vor dem CDU-Bundesvorstand am 30. September 1955 dies als »Vorteil für Deutschland« bezeichnet, weil

»wir zunächst im Ansehen der anderen (steigen). [...] Wir waren doch bisher so der heranwachsende junge Mann, der von den anderen drei nach Belieben mitgenommen oder zu Hause gelassen wurde. Nun haben wir uns auf einmal in eine Reihe mit ihnen gestellt.«

Und jetzt sollte man also wieder außerhalb dieser Reihe stehen und innerhalb der Allianz nur zweitklassig sein?
Am 20. September 1956 meinte Adenauer vertraulich, es sei »unerträglich«, daß »zwei große Staaten in der Welt allein im Besitz von nuklearen Waffen sind und damit das Schicksal aller Völker dieser Erde in der Hand haben«. Dies sei »eine hochpolitische Frage, die sich im Augenblick aber unter keinen Umständen zu einer Erörterung in der Öffentlichkeit« eigne. Seiner Meinung nach mußte die Bundesrepublik »nuklearer Machtfaktor« werden. Der neue Verteidigungsminister Strauß schritt voran. Im Kreise einiger Vertrauter aus seinem Ministerium und in Anwesenheit des deutschen NATO-Botschafters Herbert Blankenhorn meinte er im Oktober 1956, die Bundeswehr müsse atomar gegliedert und ausgebildet sein und taktische Atomwaffen besitzen. Er stellte sich völlig auf den Boden der Bündnisstrategie von lückenloser nuklearer Abschreckung und meinte zum neuen Oberbefehlshaber der NATO, General Lauris Norstad, am 7. November 1956, man verlasse sich jetzt in Zukunft »auf die volle Sicherheitsautomatik der NATO«. Mit Norstad herrschte völlige Übereinstimmung, daß ein »Atom-Gegenschlag möglich sein müsse«. Strauß hatte nach Meinung seiner militärischen Mitarbeiter eine »klare Auffassung zum Atomeinsatz«, nämlich »nuklearer Gegenschlag«.[20] Im Dezember 1956 schwenkte Adenauer auf diese Linie ein und ging sogar noch einen Schritt weiter. In der Kabinettssitzung am 19. Dezember bedauerte er

»den mangelnden Einfluß der Bundesrepublik in der NATO. Auch hier gelte der ›Machtfaktor‹. Wenn die Bundesrepublik jetzt schon eine Bundeswehr von 200000 Mann hätte, würde die Bundesregierung auch ein stärkeres Mitspracherecht haben. Es müsse also gefordert werden, den Aufbau der Bundeswehr im Einklang mit den Verpflichtungen beschleunigt durchzuführen, eine Zusammenfassung Europas voranzutreiben und nukleare Waffen in der Bundesrepublik herzustellen.«

In einem anderen Zusammenhang erklärte er ebenfalls in dieser Sitzung, »es sei [...] dringend erforderlich, daß die Bundesrepublik selbst taktische Atomwaffen besitze«.[21]
Am 20. Dezember verkündete Strauß auf einer Pressekonferenz, daß die Amerikaner die europäischen Streitkräfte auch mit Atommunition ausrüsten würden. Für den »Großen Krieg« verloren die konventionellen Waffen mehr und mehr an Bedeutung. An den entscheidenden Stellen des Schlachtfeldes, so hieß es am 8. Januar 1957, müßten taktische Nuklearwaffen eingesetzt werden. Höhepunkt der öffentlichen Verlautbarungen war die Äußerung Adenauers auf einer Pressekonferenz am 5. April 1957. Auf die Frage: »Soll Ihrer Meinung nach die Bundeswehr mit atomaren Waffen ausgerüstet werden?« antwortete der Bundeskanzler:

»Unterscheiden Sie doch die taktischen und die großen atomaren Waffen. Die taktischen Waffen sind nichts weiter als die Weiterentwicklung der Artillerie. Selbstverständlich können wir nicht darauf verzichten, daß unsere Truppen auch in der normalen Bewaffnung die neueste Entwicklung mitmachen. Die großen Waffen haben wir ja nicht.«[22]

»Als wir dies lasen, sind wir aus der Haut gefahren«, so berichtete der Atomphysiker Carl Friedrich von Weizsäcker später. »Wir sagten uns: Jetzt muß etwas geschehen.« Das Ergebnis war eine Erklärung von 18 deutschen Atomwissenschaftlern am 12. April 1957 – der sogenannte »Göttinger Appell« –, unter ihnen die Nobelpreisträger Max Born, Otto Hahn, Werner Heisenberg und Max von Laue. Sie forderten die Bundesregierung zu einem Verzicht auf die atomare Aufrüstung der Bundeswehr auf und gaben ihre Weigerung bekannt, sich »an der Herstellung, der Erprobung oder dem Einsatz von Atomwaffen in irgendeiner Weise zu beteiligen«.
Adenauer reagierte geschickt und lud einige der Atomforscher zu einem Gespräch nach Bonn ein, wo Adolf Heusinger ihnen das militärische Kräfteverhältnis zwischen Ost und West anhand zweier Karten erläuterte. Es sei notwendig, die gesamte NATO, also auch die Bundeswehr, mit Atomwaffen auszurüsten. Nur so ließen sich die an Zahl weit stärkeren sowjetischen Truppen von einem Angriff abschrecken. Was die Gäste nicht wußten: Intern äußerte sich Heusinger viel nachdenklicher. Nur schweren Herzens hatte er Ende 1956 zugegeben, daß die Truppe ganz auf Atomeinsatz eingestellt werden müsse; nach wie vor war jedoch für ihn die Teilnahme an jeder mit Nuklearwaffen verbundenen Übung oder Vorführung auch »der Blick ins offene Grab«,

so etwa im März 1957 bei der Stabsrahmenübung »Lion Noir«, als NATO-Offiziere zu dem Ergebnis kamen, daß die sowjetischen Angreifer etwa 100 und die nordatlantischen Verteidiger 108 Atomsprengkörper auf deutschem Gebiet zünden würden. Für andere Offiziere dagegen, etwa für den Leiter der Unterabteilung Führung im Verteidigungsministerium, Oberst Ulrich de Maizière, verloren die Kernwaffen »ihre Schrecken«, je »umfangreicher die Kenntnisse« von ihrer Wirkung wurden; er machte sich ernste Sorgen, daß das Heer bezüglich Atomkriegführung zu wenig modern denke.
Auf dem Wege, ein »nuklearer Machtfaktor« zu werden, galt es zunächst einmal, die Bundestagswahlen im September 1957 erfolgreich zu bestehen, zumal der innenpolitische Protest gegen eine Atombewaffnung der Bundeswehr immer deutlicher wurde. Die SPD zwang die Bundesregierung mit einer großen Anfrage im Bundestag, dazu Stellung zu nehmen. In der Antwort am 10. Mai 1957 trug Verteidigungsminister Strauß mit seiner Antwort mehr zur Unklarheit als zur Klarheit bei: Das Problem der Nuklearwaffen und damit das eines »Atomkonfliktes« auf deutschem Gebiet wurde von ihm verschleiert.[23]
Fast gleichzeitig bat General Heusinger seine amerikanischen Kollegen mit Blick auf die bevorstehende Bundestagswahl, »für die nächsten sechs Monate alles zu unterlassen, was die deutsche Bevölkerung und vor allem die Opposition in dieser Frage beunruhigen könnte«.

Das KPD-Verbot

Inzwischen lief der Wahlkampf auf Hochtouren. Das geringste Problem aller Parteien hatte das Bundesverfassungsgericht in Karlsruhe bereits ein Jahr zuvor beseitigt. Am 17. August 1956 hatte es die Kommunistische Partei Deutschlands (KPD) für verfassungswidrig erklärt und ihre Auflösung verfügt. Das Parteivermögen war eingezogen und gemeinnützigen Zwecken zugeführt worden. Die erste Bundesregierung hatte den Verbotsantrag bereits im November 1951 gestellt. Jetzt äußerte sich die Bundesregierung zufrieden. Die KPD, so hieß es in einer Erklärung, habe in der Vergangenheit den Gedanken der Wiedervereinigung in gröblichster Weise für ihre hetzerische Propaganda mißbraucht und der Bundesregierung unterstellt, daß sie durch ein Verbot der KPD die Wiedervereinigung des deutschen Volkes gefährde. Die Bundesregierung stellte demgegenüber fest,

»daß die im Grundgesetz enthaltene Forderung der Wiedervereinigung unseres Volkes in Freiheit nach wie vor die oberste Richtschnur ihres politischen Handelns bildet. Eine Wiedervereinigung in Freiheit kann aber nur dann erreicht werden, wenn unsere eigene Freiheit gegen totalitäre Bestrebungen, von welcher Seite sie auch kommen mögen, entschlossen verteidigt wird.«

Das Zentralorgan der SED, »Neues Deutschland«, veröffentlichte daraufhin eine Erklärung des Parteivorstands der KPD, in der es u. a. hieß, das Urteil sei im Namen der deutschen Konzernherren, der Militaristen und der amerikanischen Hochfinanz gesprochen worden. Das Volk werde das Urteil niemals anerkennen, »weil es gegen Frieden, Freiheit und nationale Wiedervereinigung gerichtet ist«. Die Adenauer-Regierung habe seit Beginn ihrer »unheilvollen Politik der Remilitarisierung« im Jahre 1951 die Unterdrückung der Partei betrieben: »Jetzt, da sie die Wehrpflicht gegen den Willen des Volkes durchführen will, raubt sie der KPD die Legalität.« Das Bundesverfassungsgericht hatte auch die Schaffung von Ersatzorganisationen für die KPD untersagt. Das Verbot traf die KPD nicht unvorbereitet. Die wichtigsten Funktionäre hatten sich bereits unter Mitnahme des Parteivermögens in die DDR abgesetzt. Durch eine Polizeiaktion im gesamten Bundesgebiet wurde die Partei dann aufgelöst, und zwar ohne Zwischenfall. Bundesinnenminister Gerhard Schröder sagte dazu abschließend:

»Die Aussichten für eine illegale Betätigung der KPD sind verhältnismäßig gering. Die günstige soziale Entwicklung in der Bundesrepublik bietet einer linksradikalen Betätigung keinen Nährboden. [...] Es kann natürlich nicht ausbleiben, daß die kommunistische Minderheit, die das mitteldeutsche Gebiet gewaltsam beherrscht, aus dem Urteil propagandistisches Material zu schlagen versucht. Viel wichtiger aber ist, daß die Bevölkerung der Sowjetzone aus dem Karlsruher Spruch entnimmt, daß die Sicherung der rechtsstaatlichen Ordnung und der Schutz der Freiheit vor den Feinden der Freiheit in der Bundesrepublik mit allen Konsequenzen gewährleistet wird.«

Rückkehr der Saar, Rentenreform und Bundestagswahl, »Kampf dem Atomtod«

Zu Beginn des Jahres 1957 gab es etwas zu feiern: Mit dem Inkrafttreten des deutsch-französischen Vertrages zur Regelung der Saarfrage kehrte am Neujahrstag das eine Million Einwohner zählende Grenzland an der Saar nach elf Jahren der Trennung wieder zu Deutschland zurück. Das Saarland wurde bei vorläufiger Aufrechterhaltung seiner Zollgrenzen durch diese »kleine Wiedervereinigung« zehntes Bundes-

land. In einem Festakt in Saarbrücken hieß Adenauer die Bevölkerung des Saarlandes willkommen. Aus der Rückkehr der Saar, so Adenauer, dürften auch die Deutschen im Osten Vertrauen für die Wiedervereinigung ganz Deutschlands schöpfen.
Drei Wochen später, am 21. Januar, verabschiedete der Bundestag eines der bedeutendsten innen- und sozialpolitischen Gesetze der Bundesrepublik überhaupt. Es ging um die grundsätzliche Veränderung der Bemessungsgrundlage der Renten: Künftig sollte eine bruttolohnbezogene, dynamische Rente ausgezahlt werden, d. h. die Rentner würden an der allgemeinen Wirtschaftsentwicklung teilhaben. Die »Neue Zürcher Zeitung« nannte diese Reform einen »spektakulären Schritt in sozialpolitisches Neuland, das wichtigste Sozialreformwerk seit der Bismarck-Ära«. Durch das neue Gesetz wurden die Rentenleistungen von 7,4 Mrd. DM auf rd. 13 Mrd. DM erhöht. Schon damals wurden allerdings die dem Reformwerk innewohnenden Risiken erkannt. Die »Frankfurter Allgemeine Zeitung« schrieb am 22. Januar: »Erst die nächste Generation wird wissen, ob die jetzt getroffene Entscheidung richtig war. Vielleicht wird man die gestrige Abstimmung einmal als einen für die gesamte spätere wirtschafts- und währungspolitische Entwicklung entscheidenden Punkt markieren.« Genauso sollte es denn auch kommen.
Zunächst aber galt das Gesetz rückwirkend zum 1. Januar 1957 und zeigte vor allen Dingen bei den Bundestagswahlen am 15. September 1957 Wirkung. Mit der Formel »Keine Experimente« kam die CDU/CSU der Mehrheit der Wähler entgegen, deren Überlegungen primär der Sicherung des Erreichten galten. Die Kontroverse über die Atombewaffnung der Bundeswehr hatte der Union offensichtlich nicht geschadet: Sie erreichte ihren größten Wahlsieg und errang erstmals die absolute Mehrheit der Stimmen (50,2 %, SPD 31,8 %, FDP 7,7 %). Adenauer schien auf dem Höhepunkt seiner Macht und wurde am 22. Oktober 1957 erneut zum Kanzler gewählt.
Nur drei Wochen später kam es zu einem der erstaunlichsten Ereignisse der Adenauer-Ära. Wie der bekannte Politologe Hans-Peter Schwarz in seiner Adenauer-Biographie mitteilt, traf sich Adenauer am 16. November 1957 mit dem französischen Staatssekretär Maurice Faure. Der Franzose bot dem Kanzler eine Vereinbarung zum gemeinsamen Raketen- und Atombombenbau an. Adenauer reagierte positiv, und schon vier Tage später trafen die Verteidigungsminister Strauß und Chaban-Delmas zu Gesprächen in Paris zusammen. In Bonn lief

unterdessen die Diskussion über eine mögliche Atombewaffnung der Bundeswehr weiter. Möglicherweise hat man auch geahnt, was da in Paris beraten wurde. Jedenfalls kam es am 23. Januar 1958 zu der wohl heftigsten Auseinandersetzung, die der Deutsche Bundestag jemals gesehen hat.

Ausgelöst wurde dies durch eine große Anfrage der FDP zur Haltung der Bundesregierung gegenüber Plänen zur Entspannung in Mitteleuropa in Verbindung mit der deutschen Wiedervereinigung. Im Mittelpunkt der Auseinandersetzung ging es jetzt um die möglichen vertanen Chancen im Zusammenhang mit der Stalin-Note vom 10. März 1952. Die Abgeordneten Thomas Dehler (FDP) – zu jener Zeit Minister im Kabinett Adenauer – und Gustav Heinemann (SPD) – bis 1950 CDU-Minister im Kabinett Adenauer – griffen Adenauer äußerst scharf an und beschuldigten ihn, durch die Nichtauslotung der Note eine Chance zur Wiedervereinigung vertan zu haben. Heinemann forderte den Rücktritt Adenauers, um nun solchen Kräften Platz zu machen, die der Spaltung Deutschlands Einhalt geböten. Der Kanzler schwieg. Erst am 29. Januar antwortete er über den Rundfunk und beschuldigte SPD und FDP, den laufenden Verhandlungen mit der Sowjetunion schweren Schaden zugefügt zu haben.

Vier Wochen später, am 26. Februar 1958, kam es erneut zu einer Debatte im Bundestag, in der Strauß u. a. erklärte: »Der Bundesregierung liegen keine Pläne über die Produktion von ABC-Waffen in Zusammenarbeit mit anderen NATO-Staaten vor.« Auch wenn dies die glatte Unwahrheit war: Nach einer viertägigen, leidenschaftlich geführten Debatte beschloß der Bundestag am 25. März 1958 mit den Stimmen von CDU/CSU und DP mit großer Mehrheit, daß

»angesichts der Aufrüstung des möglichen Gegners die Streitkräfte der Bundesrepublik mit den modernsten Waffen so ausgerüstet werden müssen, daß sie den von der Bundesrepublik übernommenen Verpflichtungen im Rahmen der NATO zu genügen vermögen und den notwendigen Beitrag zur Sicherung des Friedens wirksam leisten können«.

In den folgenden Tagen formierte sich der massive Protest gegen die Atombewaffnung in Schweigemärschen, Arbeitsniederlegungen und Kundgebungen. Unter dem Motto »Kampf dem Atomtod« traten am 28. März rd. 10000 Arbeiter der Volkswagenwerke Braunschweig und Wolfsburg in den Streik (am 9. April etwa 20000 in Bremerhaven). Am 7. April 1958, Ostermontag, gab es eine Premiere: In London wurde der erste Ostermarsch gegen die nukleare Aufrüstung durchgeführt. Am selben Tag unterzeichneten die Verteidigungsminister von Frankreich, Italien und der Bundesrepublik unter strengster Geheimhaltung ein Protokoll, in dem der Bau einer gemeinsamen Atombombe vereinbart wurde.

Daraus wurde dann allerdings nichts: Der neue französische Ministerpräsident General Charles de Gaulle stoppte das Unternehmen. Dennoch bestand weiterhin die Möglichkeit – nach dem Beschluß des Bundestags –, daß die Bundeswehr mit atomaren Sprengköpfen ausgerüstet werden konnte. Die Bundesregierung beschloß jedenfalls im Oktober 1958, den damals modernsten amerikanischen Jagdbomber, den Starfighter F 104 G, anzuschaffen, der mit Atombomben bestückt im Ernstfall weit in die Sowjetunion hineinfliegen konnte. Der Beschluß war kaum gefaßt, da löste Chruschtschow eine neue Berlinkrise aus. Die Sowjets hatten mehrfach vor einer Atombewaffnung der Bundeswehr gewarnt – jetzt handelten sie.

Dokumente zum 1. Kapitel

[1] »Warum gibt es in der DDR keine Opposition?« 17. 5. 1957

Manche Bürger fragen, warum es bei uns keine Opposition gibt und meinen, zu einer richtigen Demokratie gehöre doch auch eine Opposition. Demokratie herrscht aber nicht dort, wo verschiedene Parteien gegeneinander auftreten, wo die Kraft der Arbeiterklasse gespalten ist und eine Opposition besteht. Im Gegenteil, das Vorhandensein oppositioneller Kräfte in bürgerlich-kapitalistischen Staaten offenbart den immer schärfer hervortretenden Interessengegensatz zwischen den sich an der Macht befindenden Monopolisten und Militaristen und der von der Macht ausgeschlossenen unterdrückten Bevölkerung. Opposition ist nur der Beweis dafür, daß die Volksmassen gegen die herrschende Klasse für ihr Recht kämpfen müssen.

Die Bourgeoisie kann die aus den unversöhnlichen Klassengegensätzen hervorwachsende Opposition nicht leugnen. Deshalb versucht sie, diese zu einem »Charakteristikum wahrer Demokratie« für jeden Staat umzufälschen.

Auch von der rechten Sozialdemokratie wurde und wird diese Ansicht verbreitet. Der ehemalige Vorsitzende der SPD, Schumacher, formulierte z. B. wie folgt: »Das Wesen des Staates ist nicht die Regierung, und das Wesen des Staates ist nicht die Opposition. Das Wesen des Staates ist die Regierung und die Opposition.«

Aus solchen Auffassungen wird dann die absurde Behauptung abgeleitet, daß unser sozialistischer Staat der Arbeiter und Bauern nicht demokratisch sei, weil es bei uns keine Opposition gibt.

In unserer Deutschen Demokratischen Republik sind die Kriegsverbrecher, Monopolisten und Junker entmachtet. Hier gehören die Fabriken und Banken dem Volk. Die Armee, Polizei und Justiz – die Machtmittel des Staates – sind Instrumente der Werktätigen. Es gibt keinen Gegensatz zwischen der Politik unserer Regierung und den Interessen der gesamten Bevölkerung.

Abb. 3: 12. März 1957, Berlin-Ost: Die Verteidigungsminister der Sowjetunion und der DDR, Georgi K. Schukow und Willi Stoph, unterzeichnen den Vertrag über die zeitweilige Stationierung sowjetischer Streitkräfte in der DDR. Mit dabei: der sowjetische Außenminister Andrej Gromyko, Otto Grotewohl und Walter Ulbricht.

Eine Opposition in der DDR könnte doch nur gegen die Politik unserer Regierung gerichtet sein. Sie müßte sich also gegen die Einführung der 45-Stunden-Woche, gegen den Bau von zusätzlich hunderttausend Wohnungen, gegen unsere niedrigen Mieten, gegen die Stabilität unserer Preise, gegen die niedrigen MTS-Tarife, gegen die hohen Ausgaben für Wissenschaft und Kultur und gegen unsere Friedenspolitik richten. Sie müßte sich gegen die Einheit der Arbeiterklasse, gegen unseren Arbeiter-und-Bauern-Staat richten. Sie müßte für den Einsatz von Militaristen und Faschisten in hohe Machtpositionen, für den NATO-Kriegspakt und für die Vorbereitung eines Atomkrieges sein. Solch eine Opposition zu dulden wäre verbrecherisch.

(»Neues Deutschland«, 17. 5. 1957)

[2] Unterredung zwischen Bundeskanzler Konrad Adenauer und dem sowjetischen Botschafter in Bonn, Andrej Smirnow, 14. 10. 1958

Streng vertraulich

Am 14. Oktober hatte der Botschafter der UdSSR in der BRD, Smirnow, eine Zusammenkunft mit Adenauer auf Initiative des letzteren. Brentano nahm daran teil.
Adenauer sagte, daß er mit Smirnow die Frage des zwischen der UdSSR und der BRD abgeschlossenen Vertrages erörtern möchte, wobei er bemerkte, daß sich, nach den Angaben zu urteilen, die Hoffnungen der BRD bis zum heutigen Tage in keinerlei Weise erfüllt haben. Wir, so erklärte Adenauer, hofften auf eine Verbesserung des politischen Klimas. Nach Angaben des Wirtschaftsministeriums kauft Rußland bei uns herzlich wenig. Wir sind bereit, Ihnen mehr zu geben.
Dann versuchte Adenauer die Frage über die Lage der DDR zu berühren.
Smirnow legte, entsprechend den ihm aus Moskau erteilten Anweisungen, den Gesichtspunkt der Sowjetregierung über den Stand und die Methoden zur Entwicklung der Beziehungen zwischen der UdSSR und der BRD dar, wobei er Adenauer das Aide-mémoire übergab, dessen Text in der sowjetischen Presse am 16. Oktober veröffentlicht wurde.
Smirnow unterstrich, daß das Bestreben der Regierung der BRD, die weitere Entwicklung der Beziehungen zwischen der UdSSR und der BRD davon abhängig zu machen, ob sich die Lage in der DDR in der von den westdeutschen herrschenden Kreisen erwünschten Richtung ändert oder ob sie sich auch in Zukunft entsprechend den Interessen der Bevölkerung dieses deutschen Staates und des gesamten deutschen Volkes gestalten wird, eine äußerst negative Reaktion in Moskau hervorgerufen hat. Smirnow kritisierte die Äußerungen von E. Lemmer im Bundestag darüber, daß die Verbesserung der Beziehungen zwischen der BRD und der UdSSR »im entscheidenden Maße« von der Lage in der DDR abhängt. Smirnow wies weiter darauf hin, daß die Regierung der BRD riskiert, auf einen Irrweg zu geraten, wenn sie sich in ihrer Politik von der Konzeption Lemmers leiten läßt. In diesem Falle würden die Beziehungen zwischen der UdSSR und der BRD für viele Jahre zurückgeworfen und den nationalen Interessen des deutschen Volkes ernster Schaden zugefügt werden.

In der Antwort auf die Behauptungen Adenauers über die Lage der sogenannten Flüchtlinge aus der DDR und auf die Worte Adenauers »Ich bitte Sie, helfen Sie der Sowjetzone« wies Smirnow den Versuch, eine solche Frage zum Gegenstand der Erörterung zu machen, entschieden zurück. Dabei unterstrich Smirnow, daß er die Frage über die Lage in der DDR nicht nur nicht erörtern wird, sondern daß er nach den ihm vorliegenden Anweisungen auch seine Regierung über solche Äußerungen zu dieser Frage, die während der Zusammenkunft mit offiziellen Personen der BRD gemacht werden, nicht informieren soll.
Diese Erklärung Smirnows entmutigte Adenauer stark; er sagte: »Ich lasse die Theorie über die DDR als selbständigen Staat beiseite, aber Sie sind mit diesem Staat befreundet und ich glaube, daß ein Ratschlag Ihrer Regierung dort aufmerksam entgegengenommen wird. Wenn es eine solche Anweisung gibt, über die Sie, Herr Botschafter, sprechen, so kann das schlechte Auswirkungen für die Politik haben, da die Politik von den Beziehungen zwischen den Menschen abhängt. Ich bitte Sie, das Ihrer Regierung mitzuteilen. In ihren Augen ist die Sowjetregierung für die Lage in der DDR verantwortlich. Das wichtigste ist für uns die Frage der Menschlichkeit, der Humanität.«
Smirnow erwiderte, daß die Sowjetunion schon lange auf jedes Besatzungsrecht in der DDR verzichtet hat, und daß keine sowjetische Besatzungszone existiert. 9 Jahre besteht die Deutsche Demokratische Republik, erklärte Smirnow, mit der wir die gleichen diplomatischen Beziehungen unterhalten wie mit jedem anderen souveränen Staat. Wir können nicht und werden uns nicht in ihre inneren Angelegenheiten einmischen. Wir sind bereit, sowohl Ihnen als auch der DDR bei der Normalisierung ihrer Beziehungen zu helfen unter der Bedingung, daß sie nicht zu einer Einmischung in ihre inneren Angelegenheiten führt. Sie selbst müssen den Wunsch und den Willen in dieser Richtung bekunden.
Adenauer sagte, daß er nicht über die Beziehungen zwischen den deutschen Staaten gesprochen hat. Die UdSSR, erklärte er, hat die Charta für Menschenrechte unterschrieben. »Diese Rechte werden in der Zone verletzt. Wir ertragen das nicht, wie das auch die anderen freien Völker nicht ertragen. Das hat keine Beziehung zur Politik. Das ist eine Frage der Humanität. Ich bitte Sie, das der Sowjetregierung zu sagen.«
Smirnow erklärte noch einmal, daß er die Frage über die Lage in der DDR nicht erörtern wird.

(SAPMO-BArch, DY 30/NL 90/474; drei Exemplare, Übersetzung aus dem Russischen)

[3] Sepp Schwab an Otto Grotewohl, 30. 12. 1958

Werter Genosse Grotewohl! Persönlich!

Von Botschaftsrat Rossmeisl aus Moskau wurde mir am 30. 12. nachstehendes Telegramm zur persönlichen Information übersandt:
Am 29. 12. fand aus Anlaß des 40. Jahrestages der Kommunistischen Partei Deutschlands in unserer Botschaft in Moskau ein Freundschaftstreffen mit einigen Mitarbeitern des ZK und des Außenministeriums statt. Aus persönlichen Gesprächen mit Mitarbeitern des Außenministeriums konnte entnommen werden, daß in Verbindung mit der Berlinfrage von seiten der Freunde neue Schritte bezüglich des Abschlusses eines Friedensvertrages mit Deutschland geplant sind. Die Vorstellungen gehen dahin, den Westmächten und den beiden deutschen Staaten den Abschluß eines Friedensvertrages vorzuschlagen. Es sollten von deutscher Seite – sofern bis dahin eine Konföderation zustande kommt – der Vertreter der Konföderation und von beiden deutschen Staaten je ein Vertreter unterzeichnen, also insgesamt drei Übereinstimmungen. Falls sich Westdeutschland bzw. die Westmächte weigern sollten, den Friedensvertrag abzuschließen, ist seitens der Sowjetunion vorgesehen, mit der DDR den Vertrag abzuschließen.
Die Genossen deuteten in diesem Zusammenhang wiederholt an, daß der gegenwärtige Zeitpunkt sehr günstig wäre, von unserer Seite detaillierte Vorschläge für eine Konföderation zu unterbreiten, beispielsweise die Fixierung des Textes einer Vereinbarung über die Konföderation. Wie mir weiter mitgeteilt wurde, habe Botschafter Perwuchin entsprechende Direktiven zur Besprechung mit unseren führenden Genossen erhalten, jedoch habe er keinen Auftrag, hierüber Gespräche in Berlin zu führen, da dies unsere Angelegenheit sei und die Initiative bei uns liegen müsse.
Der Genosse Ulbricht hat ebenfalls Kenntnis von diesem Telegramm erhalten.

Mit sozialistischem Gruß
(Schwab)
Botschafter
und Stellvertreter des Ministers

(SAPMO-BArch, DY 30/NL 90/474)

2. Kapitel

13. August 1961: Der Bau der Mauer

Dokumente

13. August 1961: Der Bau der Mauer

Am Abend des 11. August 1961, Freitag, fanden sich hochrangige Stasi-Offiziere bei ihrem Chef Erich Mielke zum Befehlsempfang ein.

»Heute«, so Mielke, »treten wir in einen neuen Abschnitt der tschekistischen Arbeit ein. [...] In der jetzigen Periode wird sich erweisen, ob wir alles wissen und ob wir überall verankert sind. Jetzt müssen wir beweisen, ob wir die Politik der Partei verstehen und richtig durchzuführen in der Lage sind.«

Seine Befehle machten klar, daß eine außergewöhnlich drastische Aktion bevorstand. Gegen die »Republikflucht« würden Maßnahmen getroffen, »wobei besonders der Ring um Berlin der Schwerpunkt sein wird«. Hauptaufgabe sei: »Größte Wachsamkeit üben, höchste Einsatzbereitschaft herstellen und alle negativen Erscheinungen verhindern. Kein Feind darf aktiv werden, keine Zusammenballung darf zugelassen werden.« Die wichtigsten Partei- und Regierungsobjekte müßten ausreichend gesichert sein, die notwendigen Alarmmaßnahmen seien einzuleiten, Maßnahmepläne »zur schnellen und wirksamen Bekämpfung der Untergrundtätigkeit« aufzustellen, wobei besonders Kirche, Presse und Jugend zu beobachten seien. Mielke abschließend: »Alle vorbereitenden Arbeiten sind unter Wahrung der Konspiration und unter strengster Geheimhaltung durchzuführen. Die gesamte Aktion erhält die Bezeichnung ›Rose‹.«[1]
In der darauffolgenden Nacht vom 12. auf den 13. August begann die Aktion. SED-»Kampfgruppen der Arbeiterklasse«, Volkspolizei und Einheiten der Nationalen Volksarmee riegelten die Sektorengrenze zwischen Ost- und West-Berlin mit Stacheldraht ab. Mitten durch Berlin wurde »die Sperrwand eines Konzentrationslagers« gezogen, wie das der Regierende Bürgermeister von West-Berlin, Willy Brandt, in einer emotionalen Rede vor dem Abgeordnetenhaus am selben Tag bezeichnete. Wenig später wurde aus dem Stacheldrahtverhau die Mauer, die Teilung der Nation im wahrsten Sinne des Wortes zementiert.

Chruschtschow löst die Krise aus

Begonnen hatte alles am 10. November 1958, als Chruschtschow in einer Rede im Moskauer Sportpalast die Aufkündigung des Potsdamer Abkommens ankündigte und den Westmächten nahelegte, ihre Beziehungen zur DDR selbst zu regeln und mit ihr ein Übereinkommen zu treffen, falls sie an irgendwelchen Berlin betreffenden Fragen interessiert seien. Die neue Berlinkrise war da, auch wenn Adenauer meinte, Chruschtschow sei wohl »etwas betrunken« gewesen.[2] Er war es nicht.

Im Westen begann man darüber zu rätseln, was der Kremlchef vorhatte. Im Auswärtigen Amt in Bonn vermutete man, es gehe Chruschtschow um die »Erprobung des westlichen Widerstandswillens, Nötigung der Westmächte zu Verhandlungen mit sog. DDR, Druckmittel gegen deutsche Aufrüstung, Festigung polnischer Bindung an Sowjetunion«.[3] Ähnlich sah man das auch im State Department in Washington. Dort nannte man vier Motive:

1. die Entschlossenheit der Westmächte testen, ihre Stellung in Berlin zu halten;
2. die Westmächte zur Anerkennung der DDR zwingen;
3. die atomare Bewaffnung der Bundeswehr verhindern;
4. die Westmächte zum Abzug ihrer Truppen aus der Bundesrepublik zwingen.

Aus Moskau warnte US-Botschafter Llewelyn Thompson:

> »Chruschtschow hat es eilig und glaubt, daß die Zeit gegen ihn arbeitet, insbesondere was die atomare Bewaffnung der Bundesrepublik betrifft. Ich glaube daher, daß sich die Westmächte auf eine entscheidende Auseinandersetzung (›major showdown‹) in den kommenden Monaten vorbereiten sollten.«[4]

Als erste bekamen die Briten weiche Knie. Das blieb so bis zum Ende der Krise 1963. Der britische Premierminister Harold Macmillan wurde in vielfacher Hinsicht der beste Verbündete Chruschtschows. Nur vier Tage nach dessen Rede entstand im Foreign Office in London ein Dokument, das zu den schlimmsten der gesamten Berlinkrise gehört und – noch schlimmer – von Außenminister Selwyn Lloyd und Macmillan gebilligt wurde. Die Briten nannten drei Alternativen:

a) Rückzug aus Berlin,
b) Anwendung von Gewalt, das hieß Krieg,
c) Verbleib in Berlin, »wobei wir mit der DDR verhandeln und, falls dies notwendig sein sollte, sie auch anerkennen«.

Die Alternativen a) und b) wurden sogleich abgelehnt, blieb also nur c).[5] Selwyn Lloyd hielt Verhandlungen mit den DDR-Behörden auf Basis einer De-facto-Anerkennung für eine »vernünftige Sache«, wobei er noch vielsagend hinzufügte: »Ich hätte nicht viel dagegen, wenn am Ende dieser Verhandlungen die Anerkennung der DDR-Regierung stünde.« Sollten möglicherweise die Verbindungswege nach Berlin unterbrochen und eine Luftbrücke eingerichtet werden, dann müsse das die Bundesrepublik finanzieren, denn

»es gibt jetzt ein unabhängiges und reiches Westdeutschland. Die Hauptverantwortung für die Versorgung der Westberliner Bevölkerung liegt bei den Deutschen selbst. Sie sind es, die gegen eine Anerkennung der DDR sind. Wenn sie das mit dieser kostspieligen Operation verhindern wollen, warum sollen sie dann nicht auch dafür bezahlen?«[6]

Die Briten jedenfalls würden »gar nichts« zahlen, wie Macmillan später intern betonte.

Lloyd war sich im klaren darüber, daß die Alternative c) eine »delikate« Angelegenheit war, die man den Westdeutschen »schonend« beibringen müsse – »genauso wie den USA und Frankreich«. Eine Anerkennung der DDR würde so oder so kommen. Warum also diesen Schritt nicht frühzeitig tun und es erst gar nicht zu einer Konfrontation mit den Sowjets kommen lassen? »Wenn man weiß, was man zu tun hat, kann man es in Würde tun.« Die Bundesrepublik sei sowieso ein unsicherer Verbündeter, »unzuverlässig« und »nicht kooperativ«. Wenn man am Ende nur aufgrund der Anerkennung der DDR in Berlin bleiben könne, dann, so der britische Botschafter in Moskau, Patrick Reilly, »sollten wir die Sache jetzt beherzt anpacken und Verhandlungen über die deutsche Frage insgesamt, unter Beteiligung der DDR, vorschlagen. Falls die Bundesregierung zögert, warum sollten wir päpstlicher als der Papst sein?« Lloyds größte Sorge war, daß die Deutschen »Wind« von der Sache bekämen und ihnen der volle Wortlaut des Dokuments mitgeteilt würde. Die Amerikaner könne man leicht davon überzeugen, daß man nicht gemeint habe, was man geschrieben hatte; es würde aber sehr viel komplizierter, wenn Adenauer erst einmal den Verdacht habe, »daß wir dabei sind, ihn zu verraten«.

Durch eine ungeschickte Regie wurde das Dokument in Bonn bekannt. Bei einer Routinebesprechung Außenminister Brentanos mit den drei westlichen Botschaftern übergab der britische Vertreter Christopher Steel eine Kopie; der Eindruck war verheerend. Brentano las das Dokument sorgfältig; seine Gesichtszüge veränderten sich während der

Lektüre, er war »sichtlich angewidert«. Er informierte sofort Adenauer. Die Reaktion war entsprechend. Der Kanzler schrieb noch am selben Tag Briefe an US-Außenminister Dulles, Macmillan und de Gaulle, beschwor die Einheit und Stärke der freien Welt und daß man in Berlin den Anfängen wehren müsse. Zum Glück sah man das in Paris und vor allen Dingen in Washington auch so. Die Briten wurden dort als defätistisch eingestuft, ihre Überlegungen abgelehnt. Washington war entschlossen, Stärke zu demonstrieren. NATO-Oberbefehlshaber General Lauris Norstad war von Anfang an entschlossen, im Ernstfall die Zufahrt von und nach Berlin freizukämpfen. In einem Satz faßte er zusammen, worum es ihm und den amerikanischen Stabschefs ging:

»Wenn wir nicht wollen, daß wir uns jetzt auf einen erniedrigenden Weg begeben, auf dem wir der DDR Schritt für Schritt nachgeben müssen, dann müssen wir jetzt klarmachen, was Sache ist, und die Russen müssen erkennen, daß wir notfalls Gewalt anwenden werden, um unsere Position zu halten.«[7]

Die Briten blieben unsichere Kantonisten. Sie gaben intern folgende Devise aus:

»Wir müssen alles in unserer Macht Stehende tun, um unseren Verbündeten die Fakten vor Augen zu führen und sie davon zu überzeugen, daß es letztlich besser ist, die DDR de facto anzuerkennen, als eine großangelegte Luftbrücke zu organisieren oder militärische Gewalt anzuwenden.«

Die Taktik war demnach klar. Man müsse »am Anfang genauso entschlossen reagieren, wie unsere Verbündeten das von uns erwarten, und darauf hoffen, sie langfristig davon zu überzeugen, daß die De-facto-Anerkennung der DDR der bessere Weg ist und sie ihre Haltung ändern«. In London war man sich dabei im klaren darüber, daß dies in der Bundesrepublik als Verrat ihrer Interessen und als Beweis dafür angesehen werden würde, daß die Briten nicht wirklich bereit seien, zu ihren öffentlich gemachten Zusagen zu stehen, nämlich notfalls wegen West-Berlin zu kämpfen.[8] »Unglücklicherweise«, so einer der höchsten Beamten im Foreign Office,

»können wir in dieser ganzen Angelegenheit bis zu einem gewissen Grad immer von den Deutschen erpreßt werden. Solange wir nicht in jedem Punkt genauso unnachgiebig sind, wie das Dr. Adenauer von uns erwartet, wird er uns immer wieder zu verstehen geben, daß für Westdeutschland die Gefahr besteht, neutralisiert zu werden.«

Das sowjetische Ultimatum und der Westen

Inzwischen hatte die sowjetische Regierung den drei Westmächten am 27. November 1958 eine gleichlautende Note überreicht. »Zwei Drittel historischer Schwachsinn«, wie Arthur Rumbold das im Foreign Office nannte; das verbleibende Drittel hatte es allerdings in sich: Die Sowjets forderten die »Umwandlung West-Berlins in eine selbständige politische Einheit« – eine Freie Stadt, und das innerhalb der nächsten sechs Monate. Sollte bis dahin keine Lösung erreicht sein, würde die Sowjetunion einseitig handeln und alle Kompetenzen der DDR übertragen. Der 27. Mai 1959 war also der Stichtag; bis dahin mußte man in irgendeiner Weise Farbe bekennen. »Was tun wir am 27. Mai?« Das war nach Meinung der Briten von nun an »die wichtigste Frage, von deren Beantwortung alle anderen Fragen abhängen«.

Seit Gründung der DDR hatten bis zu diesem Zeitpunkt über zwei Millionen Menschen der geistigen und materiellen Enge des SED-Regimes, dem »ersten Arbeiter- und Bauernstaat auf deutschem Boden«, den Rücken gekehrt und Freiheit und materiellen Wohlstand im Westen gesucht. Die Hälfte der Flüchtlinge war jünger als 25 Jahre; nur zehn Prozent waren Rentenempfänger. Diese »Abstimmung mit den Füßen« von jüngeren Berufstätigen mit höherer Qualifikation ließ die DDR langsam, aber sicher an den Rand ihrer Existenz geraten.

West-Berlin war die offene Flanke der DDR, »Schaufenster« und »Vorposten« des Westens, vor allen Dingen aber Fluchtweg für die Hälfte aller Flüchtlinge: Wer flüchten wollte, brauchte nur in den Ostsektor zu fahren, um von dort aus mit der S-Bahn, der U-Bahn oder zu Fuß in die Westsektoren zu gelangen. Zum einen galt es, dieses »Schlupfloch« zu schließen, um es langfristig der DDR einzuverleiben, zum anderen ging es der Sowjetunion offensichtlich um die Anerkennung der DDR – wenn nicht um noch mehr.

Dem Ultimatum ließ Chruschtschow am 10. Januar 1959 den Entwurf eines Friedensvertrages mit Deutschland folgen, der auf einer Gipfelkonferenz beraten werden sollte. Er sah wie die Vorschläge von März 1952 und Januar 1954 die Neutralisierung Deutschlands vor, allerdings mit entscheidenden Unterschieden. Artikel 2 lautete: »Bis zur Wiedervereinigung Deutschlands in dieser oder jener Form werden unter dem Begriff Deutschland die beiden bestehenden deutschen Staaten – die DDR und die BRD – verstanden.« Und Artikel 25 bestimmte: »Bis zur Wiederherstellung der Einheit Deutschlands [...] erhält West-Berlin

Abb. 4: 26. Mai 1957, Washington: US-Präsident Dwight D. Eisenhower begrüßt Bundeskanzler Konrad Adenauer.

die Stellung einer entmilitarisierten Freien Stadt auf der Grundlage ihres besonderen Status.«
Außenminister Dulles und Präsident Eisenhower waren nicht bereit, in irgendeiner Weise der sowjetischen Erpressung nachzugeben. Unterstützt wurden sie dabei von ihren Militärs, die bereit waren, noch weiter zu gehen, als Eisenhower dies wollte. Verteidigungsminister Neil McElroy deutete sogar die Möglichkeit eines Präventivschlages gegen die Sowjetunion an. Eisenhower wies solche Überlegungen mit Nachdruck zurück. Man solle jeden Augenblick darüber nachdenken, daß auch Washington bombardiert werden könnte. Über einen Präventivschlag wolle er nicht einmal nachdenken, »weil wir damit mehr zur Verwirrung als zum Verständnis beitragen«.
Am 13. März 1959 machte er allerdings im Kabinett klar, daß die USA in der Berlinfrage nicht nachgeben und notfalls zum Krieg bereit sein

würden, obwohl er und auch Dulles davon überzeugt waren, daß es »nicht zu einer solch furchtbaren Tragödie« kommen dürfe. Sollte allerdings die Zufahrt nach Berlin gesperrt werden, gehe es nur noch darum, zu entscheiden, »ob wir Moskau bombardieren«; würden die Sowjets Berlin mit Gewalt nehmen, dann müsse man die »große Entscheidung« treffen; würden die Sowjets diese Entschlossenheit erkennen, würden sie nachgeben, worauf Senator Lyndon B. Johnson fragte: »Und falls nicht? Bedeutet das dann, auf den Knopf zu drücken?« McElroy bestätigte, daß es keinen anderen Weg gebe. Für Dulles war klar, daß ein Nachgeben gegenüber den sowjetischen Drohungen der Anfang vom Ende wäre; wenn man dagegen absolut fest bleibe, dann sei er persönlich davon überzeugt, daß die Chancen nicht einmal 1:1000 stünden, »daß die Sowjets es bis zum Krieg treiben«.

Für die Stabschefs wäre ein Verlust Berlins ein »politisches und militärisches Desaster«. Ihrer Meinung nach müßte man entschlossen und bereit sein, »falls alles andere scheitert, einen Atomkrieg gegen die Sowjetunion zu führen«, und die entsprechenden Vorbereitungen treffen. In jedem Fall sollte der Zugang nach Berlin mit einer Division freigekämpft werden; würde das nicht reichen, sollte auf eine andere Art »action« umgeschaltet werden. McElroy bestätigte, was das bedeuten würde: »Wenn wir das tun, ist Feuer am Dach«, mit anderen Worten: Krieg. Eisenhower warnte: »Wenn wir uns einmal entschlossen haben, militärische Gewalt anzuwenden, dann sind dieser Gewalt keine Grenzen mehr gesetzt. Dies ist eine Tatsache, über die wir uns im klaren sein müssen.« Bei einem Atomkrieg würden mindestens 67 Millionen Amerikaner sterben, aber man könne dennoch keiner Erpressung nachgeben. Er hoffte immer noch, daß »Chruschtschow wirklich gemeint hat, was er gesagt hat, daß er nämlich die Welt nicht auf den Kopf stellen wird«.[9]

Daß von »roll back« in der Deutschlandfrage, d. h. Zurückdrängen des Kommunismus mit Befreiung der DDR, keine Rede mehr sein konnte, erfuhr Willy Brandt – seit 1957 Regierender Bürgermeister von West-Berlin – am 9. Februar 1959 bei einem Besuch in Washington. Dulles gab ihm zu verstehen, »mit den Standardforderungen nach freien Wahlen komme man nicht weiter«; und auf die Frage von Brandt nach einem »möglichen Sonderstatus für Deutschland« antwortete dieser »mit einiger Kälte«, wie sich Brandt erinnerte:

»Die Russen und wir mögen uns über tausend Dinge uneinig sein. Doch über eines gibt es zwischen uns keine Meinungsverschiedenheit: Wir werden es nicht zulassen, daß ein wiedervereinigtes, bewaffnetes Deutschland im Niemandsland zwischen Ost und West umherirrt.«

Für Brandt war klar: Es gab »so etwas wie eine stille Übereinkunft zwischen Moskau und Washington über die Respektierung der Einflußsphären in Europa«, und das schloß die Hinnahme der Spaltung Deutschlands auf sehr lange Sicht ein.[10]

In dieser Erkenntnis legte die SPD im März 1959 einen eigenen »Deutschlandplan« vor (entmilitarisierte Zone in Mitteleuropa; Zusammenarbeit paritätisch zusammengesetzter Gremien aus der Bundesrepublik und der DDR als erste Stufe zur Wiedervereinigung), der jedoch in Ost und West abgelehnt wurde.

Am 16. Februar 1959 reagierten die Westmächte auf den sowjetischen Vorstoß vom Januar; sie schlugen für den Sommer – nach Ablauf des sowjetischen Ultimatums – eine Viermächte-Außenministerkonferenz in Genf vor mit deutscher Beteiligung, »Beratern« aus der Bundesrepublik und – zum erstenmal (!) – der DDR. Damit konnte die Sowjetunion schon im Vorfeld der Konferenz einen Punktegewinn für sich verbuchen: die Aufwertung der DDR durch den Westen. Die DDR war stärker als je zuvor bemüht, ihre Vorstellungen der »Eigenstaatlichkeit« durchzusetzen, was teilweise groteske Formen annahm. Für die Konferenz wurde Repräsentation großgeschrieben – mit Blick auf die Bundesrepublik. Offensichtlich weil man mit den bundesrepublikanischen Mercedes 300 konkurrieren wollte, forderte Ulbrichts Staatssekretär im Ministerium für Auswärtige Angelegenheiten und erster Stellvertreter des Außenministers, Otto Winzer, daß seine Delegation in Genf mit drei bis vier »guten Sachsenring-Limousinen« ausgestattet werden sollte. Schließlich müsse man »ja gerade dort mit unseren Wagen aufwarten«.

In Genf saßen die deutschen Vertreter – Ost wie West – allerdings an sogenannten »Katzentischen«; ohne auch nur den geringsten Sinn von Humor zu offenbaren, hatte der sowjetische Außenminister Andrej Gromyko mit Nachdruck darauf bestanden, daß der Abstand zwischen diesen Tischen und dem Außenministertisch nicht größer als sechs Bleistiftbreiten war: Formalität mit Hintersinn. In dieser Atmosphäre verlief die gesamte Konferenz (11. 5. bis 20. 6. und 13. 7. bis 5. 8.).

Noch bevor sie begann, verschärfte Chruschtschow die Krise: In Leipzig drohte er den Abschluß eines separaten Friedensvertrages mit der DDR an und erklärte auf einer Kundgebung:

»Genossen! Das deutsche Problem ist trotz aller Wichtigkeit eine Teilfrage. Ich bitte, mich richtig zu verstehen. Die Bevölkerung der Erde zählt etwa 2,5 Milliarden Menschen, darunter sind ungefähr 80 Millionen Deutsche. Wir sind für die Einheit Deutschlands, und das deutsche Volk bedarf ihrer. Können aber die Völker der Welt ohne die Wiedervereinigung der beiden deutschen Staaten leben? Sie können es, ja, sie können ohne sie nicht schlecht leben. Können die Deutschen ohne die Wiedervereinigung leben? Ja, sie können es, sie können ohne sie sogar gut leben. Folglich ist dies zwar eine wichtige, aber keine Grundfrage.«

Nur mit Mühe gelang es der Bundesregierung noch einmal – allerdings zum letzten Male –, für Genf die Westmächte auf das bekannte »Junktim« wenigstens im Ansatz festzulegen: Der schließlich ausgehandelte »Friedensplan« – den Adenauer immer noch für zu nachgiebig hielt – verband Berlin-Frage, Wiedervereinigung, europäische Sicherheit und allgemeine Abrüstung miteinander. Diesen »Herter-Plan« (benannt nach dem neuen amerikanischen Außenminister Christian Herter, dem Nachfolger von Dulles. Dulles war wegen einer schweren Krankheit am 15. April 1959 zurückgetreten und am 24. Mai 1959 gestorben) legten die Westmächte am 14. Mai in Genf vor.
Zum erstenmal wurde darin auf die stereotype Forderung nach freien Wahlen als Ausgangspunkt für die Wiedervereinigung verzichtet, allerdings sollte die gesamtdeutsche Regierung wiederum »volle Entscheidungsfreiheit bezüglich innerer und äußerer Angelegenheiten« erhalten. Das war schon 1952 nicht zu haben gewesen; so lehnte die Sowjetunion den Plan auch sofort ab – für sie war die Wiedervereinigung kein Thema mehr.
Für die Westmächte allerdings auch nicht. Auf dem gemeinsamen Rückflug von Washington nach der Beisetzung von Dulles vereinbarten die vier Außenminister am 28. Mai noch im Flugzeug, sich auf das Berlinproblem zu konzentrieren, da man in der Deutschlandfrage nicht weiterkomme.

Gipfelkonferenz in Paris

In Genf lief inzwischen die Außenministerkonferenz weiter. Die Teilnehmer hatten zwar vereinbart, sich auf das Berlinproblem zu konzentrieren, aber auch in diesem Punkt kam man keinen Schritt weiter. Westliche Angebote – Einstellung gegen die DDR gerichteter Propaganda, Einfrieren der Truppenstärke bei Anerkennung der Besatzungsrechte und Garantie der Zufahrtswege durch die Sowjets – lehnten diese ab. Am 5. August 1959 wurde die Konferenz ohne Ergebnis in der Deutschland- und Berlinfrage beendet. Allerdings war das Ultimatum vom Tisch, und die Großmächte begannen, sich zu arrangieren: Chruschtschow wurde zu einem Besuch in die USA eingeladen. Er hatte sich dringend ein Gipfeltreffen gewünscht; der Grund war menschlich. US-Außenminister Herter vor dem Senatsausschuß: »Ich glaube, er will unbedingt Mitglied in unserem Club werden.«

Der Vorsitzende der CDU/CSU-Bundestagsfraktion, Heinrich Krone, schrieb angesichts der für alle sichtbaren Wende der westlichen Politik in sein Tagebuch: »Eine neue Ära der Koexistenz beginnt. Die Gefahr der Illusionen zieht herauf. [...] Die Welt will sich arrangieren. Moskau und Washington sind die beiden Pole.«

Im Dezember 1959 äußerte sich Eisenhower gegenüber Adenauer zur Lage in Berlin: »Die ausdrücklich vereinbarten Rechte der Westmächte in Berlin seien nicht so wichtig, daß die Öffentlichkeit außerhalb Deutschlands ihre Verletzung als ausreichenden Grund für ein gewaltsames Vorgehen ansehen würde.« Das in Bonn befürchtete Arrangement der Großen wurde dann noch einmal verschoben. Am 1. Mai 1960, 16 Tage vor der geplanten Konferenz der »Großen Vier« – Eisenhower, Chruschtschow, Macmillan, de Gaulle – in Paris, wurde in Swerdlowsk ein amerikanisches Spionageflugzeug vom Typ U-2 abgeschossen, der Pilot Francis Powers gefangengenommen.

Chruschtschow, dem bekannt war, daß die USA seit 1956 Flüge dieser Art durchführten, nahm nun diesen Zwischenfall zum Anlaß, die Konferenz platzen zu lassen, nachdem Eisenhower die geforderte öffentliche Entschuldigung verweigert hatte. Adenauer war erleichtert; gegenüber seinem Pressechef Felix von Eckardt äußerte er, man habe noch einmal »fies Jlück jehabt«.

Auf der Rückreise von Paris gab Chruschtschow in Ost-Berlin zu erkennen, daß er auf ein erneutes Gipfeltreffen in sechs bis acht Monaten hoffte: »Die Sache geht uns nicht aus den Augen, warten wir noch, dann wird sie besser heranreifen.« Der Sowjetdiktator hatte die Hoffnung aufgegeben, mit Eisenhower ins Geschäft zu kommen. Er setzte jetzt auf dessen Nachfolger, der im November gewählt wurde.[11]

Abb. 5: 20. Mai 1960: Nach dem Scheitern der Gipfelkonferenz in Paris macht der sowjetische Partei- und Regierungschef Nikita Chruschtschow Station in Ost-Berlin. Hinter ihm DDR-Ministerpräsident Otto Grotewohl und SED-Chef Walter Ulbricht.

Der neue US-Präsident John F. Kennedy

Mit John F. Kennedy wurde – fast – alles anders. Ihm ging es nicht mehr um Deutschland oder Berlin insgesamt, sondern nur noch um den Westteil der Stadt. Er war schon bald ganz auf der Linie der Briten, suchte Kompromisse und war bereit, bisherige Grundsatzpositionen aufzugeben, was nur auf Kosten der Westdeutschen gehen konnte. Mit Kennedy und seinem Außenminister Dean Rusk wurde der bereits am Ende der Eisenhower-Ära einsetzende Abbau jener globalen Konfrontation, die das Ost-West-Verhältnis seit 1946/47 geprägt hatte, weiter vorangetrieben. Angesichts des atomaren Patts verfolgte Washington nun eine »Strategie des Friedens«, die »Containment« und »roll back«, Eindämmen und Zurückdrängen des Kommunismus seit 1947 bzw. 1953, endgültig ablöste. Während Adenauer immer noch hoffte, mit einer »Politik der Stärke« dem Druck der Sowjets stand-

halten und möglichen Gegendruck vorbereiten zu können, ging es für Kennedy um die Vorbereitung friedlicher Koexistenz mit Moskau auf der Basis des Status quo. Die amerikanische Politik gegenüber der Sowjetunion war damit »– gleichsam ›serpentinenartig‹ auf einer ›höheren‹ Ebene – auf die Ausgangsbasis von Jalta zurückgekehrt«.
Dies entsprach auch einer Änderung der Militärstrategie. Vom Konzept des massiven atomaren Gegenschlags gingen die USA nun über zur abgestuften, flexiblen Reaktion. Den europäischen Verbündeten wurde die untergeordnete Rolle des »konventionellen Schildes« zugewiesen – wozu sie mit Ausnahme de Gaulles bereit waren, d. h. sie sollten einen möglichen sowjetischen Angriff mit konventionellen Waffen zurückschlagen, um so den Vereinigten Staaten den Spielraum zu schaffen, um mit der Sowjetunion zu einem Ausgleich zu kommen, ohne gezwungen zu sein, sofort die atomare Katastrophe auszulösen.
Die neue US-Administration hat damals in der Berlinfrage ungeheure Mengen Akten produziert, in denen alle möglichen Szenarien durchgespielt wurden. Am Ende reduziert sich fast alles auf die vertrauliche Aussage von Außenminister Dean Rusk vom 15. August 1961, wonach eine Lösung der Berlinkrise durch den Mauerbau »eher leichter« geworden sei. Das hatte Botschafter Thompson schon viel früher angedeutet. Er schrieb am 16. März 1961 u. a.: »Falls wir davon ausgehen, daß die Sowjets die Berlinkrise nicht weiter verschärfen, dann müssen wir zumindest damit rechnen, daß die Ostdeutschen die Sektorengrenze abriegeln, um den für sie unerträglichen Flüchtlingsstrom durch Berlin zu stoppen.«
Am 13. August geschah genau das, was die CIA bereits im November 1957 für möglich gehalten hatte, Thompson vorhersagte und am 22. Juli 1961 im State Department noch einmal erwähnt wurde und wovor Botschafter Steel Anfang August 1961 warnte: Die Sektorengrenze wurde abgeriegelt. In Washington nannte das der Sicherheitsberater Kennedys eine »Episode«; in jedem Fall war es ein »non-shooting issue«. Wen verwunderte es da, daß am 13. August niemand im Westen besonders aufgeregt, offensichtlich nicht einmal überrascht war (mit Ausnahme der Westdeutschen)? Der neue amerikanische Außenminister Dean Rusk meinte damals gegenüber seinem britischen Kollegen Lord Home, er habe »bis heute nicht verstanden, warum man sich über einen separaten Friedensvertrag [mit der DDR] so aufregt«.
Die neue Position war auch in öffentlichen Kommuniqués erkennbar gewesen. Interessant und vielsagend war etwa die Formulierung im

Schlußkommuniqué des Adenauer-Besuches in Washington im April 1961. Demnach war das Versprechen erneuert worden, »die Freiheit der Bevölkerung von West-Berlin zu erhalten, bis Deutschland in Frieden und Freiheit wieder vereinigt« sei. Dies wurde die neue Formel der Kennedy-Administration, nämlich *West*-Berlin. Es ging von nun an nur noch um die Freiheit *West*-Berlins. Es hat damals von deutscher Seite keinen Protest gegeben, weder von Brentano noch von Brandt. Der hatte bei seinem Gespräch mit Kennedy am 13. März diese Formulierung selbst benutzt. Von daher konnte die Überraschung nicht sehr groß gewesen sein, als Kennedy dann in seiner berühmten Rede am 25. Juli klarmachte, worum es ging: um die Freiheit *West*-Berlins.

Für Kennedy wurde das Treffen mit Chruschtschow in Wien am 3. und 4. Juni in vielfacher Hinsicht zu einem Schlüsselerlebnis. Er wollte den Kremlchef vor Fehleinschätzungen der USA in der Berlinfrage warnen und Lösungsmöglichkeiten in anderen Fragen erkunden; Chruschtschow wollte den aus seiner Sicht unerfahrenen und nach der Schweinebucht-Affäre angeschlagenen jungen Präsidenten – ein von der CIA vorbereiteter Invasionsversuch in Kuba durch Exilkubaner war im April kläglich gescheitert. Kennedy hatte öffentlich die Verantwortung übernommen – massiv einschüchtern und auf diese Weise eine Berlinregelung erzwingen. Im State Department befürchtete man, daß Chruschtschow den Ernst der Lage und das für die USA mit Berlin verbundene Prestige falsch einschätzen und der Versuchung nicht widerstehen könne. Er wolle zweifellos auch nicht den »großen Krieg«, aber »die eigentliche Gefahr besteht darin, daß er genau diesen Krieg riskiert, ohne sich im klaren darüber zu sein, daß er es tut«.

Genauso sah das auch der stellvertretende US-Verteidigungsminister Paul Nitze, für den noch im Rückblick genau aus diesem Grund die Berlinkrise gefährlicher war als die Kubakrise 1962. Jedenfalls, so das State Department, müsse Chruschtschow in den Gesprächen in Wien absolut deutlich gemacht werden, daß sich die USA nicht aus Berlin vertreiben lassen würden und daß er, würde er es versuchen, damit das größtmögliche Risiko (»the gravest possible risk«) – und das war eine andere Formulierung für Krieg – auf sich nehmen würde.

Chruschtschow gab sich in Wien brutal. Im Urteil seiner Berater wurden Kennedys Hoffnungen zerstört (»shattered«, Averell Harriman), er war sprachlos (»tongue-tied«, George F. Kennan) und verunsichert (»out of his depth«, Charles Bohlen). Er habe nur herumgetanzt (»dancing«), wie Paul Nitze meinte. Kennedy verfluchte den Sowjetführer:

»Er hat mich wie einen kleinen Jungen behandelt.« Macmillan hatte später den Eindruck, daß Kennedy »beeindruckt und geschockt« war. »Es war ungefähr so, als wenn jemand Napoleon auf der Höhe seiner Macht zum erstenmal träfe.« Die Glaubwürdigkeit der amerikanischen Stärke wollte Kennedy woanders unter Beweis stellen: in Südvietnam, wie er noch in Wien betonte. Vietnam sollte es dann ja auch werden. Die Briten hatten nach wie vor weiche Knie. Macmillan bezweifelte im übrigen die Führungsqualitäten des amerikanischen Präsidenten. Er überschätzte sich maßlos und sah sich immer noch bzw. nach Kennedys Desaster in Wien wieder als führenden Staatsmann des Westens. Von Kennedy erwartete er wenig, vor allem nicht die Initiative zu Verhandlungen, um die Krise zu entschärfen. Von daher sah er seine Stunde erst noch kommen. Am 24. Juni schrieb er an seinen Außenminister, der zu Gesprächen in Washington war:

»Es kann gut sein, daß etwa im September, wenn die Vorstellung vom starken Mann im Weißen Haus endgültig geplatzt ist und die Welt auf den Krieg zusteuert, Sie und ich die Initiative übernehmen können. [...] Aber wir müssen warten und den richtigen Moment abpassen.«[12]

Und seinem Tagebuch vertraute er an:

»Ich habe das bestimmte Gefühl, daß Präsident Kennedy keine wirklichen Führungsqualitäten besitzt. Die amerikanische Presse und Öffentlichkeit sehen das allmählich auch so. In ein paar Wochen werden sie sich an uns wenden. Wir müssen darauf vorbereitet sein. Andernfalls kann Berlin zu einem Desaster führen – zu einer furchtbaren diplomatischen Niederlage oder (aus reiner Inkompetenz) zum Atomkrieg.«[13]

Ähnlich frustriert, wenn auch aus einem anderen Grund, war Dean Acheson. Kennedy hatte den *elder statesman* und Außenminister unter Präsident Truman als eine Art Sonderberater reaktiviert. Acheson galt nach wie vor als *hardliner* des Kalten Krieges und wurde auch jetzt seinem Ruf gerecht. Ein erstes Berlin-Memorandum hatte er im April Kennedy und Macmillan vorgetragen. Nach Angaben Macmillans erstarrte ihm bei dessen Vortrag das Blut in den Adern. Achesons Präsentation ist denn auch als »blood-curdling recital« in die interne Geschichte der Berlinkrise eingegangen. Als in den folgenden Wochen keine Entscheidungen getroffen wurden, stieg der Frust Achesons. Am 24. Juni schrieb er an Truman (»Dear Boss«):

»Kennedys Politik beunruhigt mich und gibt mir Rätsel auf. Irgendwie sieht er wie ein erfolgreicher Präsident aus, aber er sieht eben nur so aus, obwohl er beim Treffen mit Chruschtschow ganz gut war. Beide, Kennedy und Dean Rusk, können offensichtlich besser Reden halten als Entscheidungen treffen. Wir haben jetzt oft genug gehört, daß wir Opfer bringen müssen, aber bis jetzt hat uns niemand aufgefordert, welche zu erbringen. Und es gäbe viele; wenn die Regierung doch endlich anfangen würde zu handeln. Die Zeit läuft uns davon.«[14]

Vier Tage später, am 28. Juni, legte er seinen zweiten Berlinbericht vor, der an Klarheit und Deutlichkeit nichts mehr zu wünschen übrigließ und die amerikanische Politik entscheidend beeinflussen sollte. Acheson ging von der Prämisse aus, daß es in der Berlinfrage nicht nur um Berlin ging, sondern um etwas viel Grundsätzlicheres: um die entscheidende Machtprobe zwischen den USA und der Sowjetunion, von deren Ausgang das weltweite Vertrauen in die USA als Weltmacht abhing. Auf 35 Seiten listete er auf, was militärisch, wirtschaftlich und politisch zu tun sei, und zwar: Vorbereitung der See-, Luft- und Landstreitkräfte auf einen umfassenden Einsatz in Europa, Verstärkung der Marine, Vorbereitung auf einen umfassenden Atomkrieg. Das Strategische Bomberkommando sollte in Alarmbereitschaft gehalten und gleichzeitig zivile Maßnahmen eingeleitet werden, »möglicherweise auch Atomschutzbunker gebaut werden«. Erst wenn die vom Westen durchgeführten Maßnahmen Chruschtschow von der Entschlossenheit des Westens überzeugt hätten, seien Verhandlungen sinnvoll; sie könnten dazu dienen, Chruschtschow den Rückzug zu erleichtern. Für Acheson war Chruschtschow ein »falscher Hund und ein Kriegstreiber«. Der nationale Notstand wurde zwar nicht ausgerufen, aber auf der Basis dieses Memorandums wurde dann jener Kompromiß ausgearbeitet, den Kennedy in seiner Fernsehansprache am 25. Juli verkündete. Da war auch die Rede von den drei »essentials« für *West*-Berlin: Recht auf Präsenz der Westmächte, Recht auf Zugang, Sicherung der Freiheit der Bewohner.
In der Zwischenzeit war Verteidigungsminister Franz Josef Strauß in Washington und führte dort mehrere Gespräche, u. a. mit Verteidigungsminister Robert McNamara. Darin ging es im Kern immer um *eine* Frage, nämlich ob die Bundesrepublik bei einem bewaffneten Konflikt ohne Wenn und Aber an der Seite der USA stehen würde, mit anderen Worten: Konnten sich die USA im Ernstfall hundertprozentig auf den deutschen Verbündeten verlassen? Würde die Bundeswehr mitmarschieren? Strauß gab sich entschlossen: Man müsse sich auch auf die Einrichtung einer Luftbrücke einstellen. Für die Bundesrepublik kündigte er eine Verlängerung des Wehrdienstes nach den Bundestagswahlen im September und eine Erhöhung der Sollstärke der

Bundeswehr auf 480 000 Mann an; außerdem würde in der Bundesrepublik der Notstand ausgerufen werden. Die Taktik dabei war klar:

»Wir müssen bereit sein zu pokern. Wenn wir das Risiko nicht auf uns nehmen und nicht pokern wollen, dann haben wir das Spiel schon im voraus verloren. Wir müssen unseren Völkern auch klarmachen, wie ernst die Situation ist.«

Für den Fall, daß die militärischen Vorbereitungsmaßnahmen in allen Ländern durchgeführt würden, gab sich Strauß zuversichtlich:

»Wenn die USA vier zusätzliche Divisionen zur Verfügung stellen, Großbritannien mobilisiert und Frankreich zusätzliche Divisionen heranführt, dann können wir eine größere militärische Aktion durchführen, aber wir müssen den Sowjets sofort klarmachen, wo es lang geht.«

Falls die militärischen Vorbereitungsmaßnahmen zu keiner politischen Lösung führen würden, müsse man bereit sein, den Zugang nach West-Berlin freizukämpfen. Das war allerdings schon die »letzte Möglichkeit« vor dem Atomkrieg. Das aber würde bedeuten, daß man die Kontrolle verloren habe. Dies war jene Phase, mit der John Foster Dulles erstmals im Februar 1959 Adenauer geschockt hatte – verbunden mit der Frage, wo die Bundesrepublik im Ernstfall stehen würde. Adenauer hatte damals geantwortet, es dürfe nicht nur die DDR bombardiert werden. Jetzt wurde von Strauß verlangt, für diesen Fall den USA einen sowjetischen Truppenübungsplatz in der DDR zu nennen. Strauß machte jetzt deutlich, deutlicher als Adenauer 1959, was diese Phase auch für die Verbündeten heißen würde, nämlich Atombomben nicht nur auf Deutschland. Ohne genaue Kenntnis der amerikanischen Notfallplanungen meinte er nun, die Aktion müsse in dieser Phase bis zum totalen Krieg weitergeführt werden (»if not, the action must go to total war«). Strauß weiter: »Man muß lebenswichtige Ziele in der Sowjetunion bombardieren; und man muß dies jetzt auch öffentlich sagen. Ihnen [McNamara] gefällt das möglicherweise nicht, aber ich sehe das nun einmal so.«[15]

Zurück in Bonn berichtete Strauß. Adenauer war »sehr besorgt, sehr vorsichtig, sehr zurückhaltend« und entschieden gegen alle Maßnahmen, die als »Vorbereitung zu einem Krieg gedeutet werden könnten«. Am wichtigsten sei es – auch für die Amerikaner –, am 17. September die Bundestagswahlen mit absoluter Mehrheit zu gewinnen.

Noch im Februar 1961 war der amerikanische Botschafter in Bonn, Walter C. Dowling, der Meinung gewesen, daß man mit den Sowjets über alles mögliche reden und sogar abschließen könne, vorausgesetzt, der Westen werde einen entscheidenden Punkt absichern: »West-Berlin muß ein Schlupfloch für die Ostdeutschen bleiben.« Zwei Millionen Ostdeutsche seien noch nicht geflüchtet, 200 000 würden ihr Land jedes Jahr verlassen; die ostdeutsche Wirtschaft würde das nicht verkraften, »und die Russen würden so mit der Zeit dazu gebracht, über eine Lösung der deutschen Frage zu verhandeln«. Würde das Schlupfloch beseitigt, würde dies die Menschen in der DDR in Verzweiflung stürzen und womöglich zu einem Aufstand und zu Unruhen wie 1953 und damit zu einem erhöhten Kriegsrisiko zwischen Ost und West führen.[16]

Im Sommer stellte sich immer drängender die Frage, was bei einem erneuten Volksaufstand in der DDR zu tun sei. Würde der Westen bei einem »zweiten 17. Juni« nur zuschauen und nichts tun, »wird das das Ende unseres Prestiges und Einflusses in Deutschland sein, selbst wenn sich die Bundesrepublik und die westdeutsche Bevölkerung unserer Haltung anschließen werden«, so Dowling. Er wollte wissen, was zu tun sei. Am 22. Juli lag die Antwort des State Department in Bonn vor. Sie war nicht besonders hilfreich und zeigt eigentlich nur, daß man auf diesen Ernstfall – zweiter 17. Juni – nicht vorbereitet war und nicht wußte, was man tun sollte. Aber – und das ist wohl nicht ganz unwichtig – sie zeigt auch, daß man im State Department von den späteren Absperrmaßnahmen nicht vollständig überrascht wurde. Sie werden nämlich hier als Möglichkeit ausdrücklich erwähnt.

Zwei Varianten wurden durchgespielt. Als erste – »und eher wahrscheinliche« – wurde genannt, daß die DDR versuchen werde, den Flüchtlingsstrom zu stoppen, entweder durch verschärfte Reisekontrollen zwischen der DDR und Ost-Berlin »oder durch Maßnahmen zur massiven Einschränkung des Reiseverkehrs zwischen Ost- und West-Berlin«. Die zweite war eine Verschlechterung der Lage, die zu ernsten Unruhen führen würde. Am 12. August ergänzte Außenminister Rusk: »Die Gefahr, daß das Schlupfloch geschlossen wird, und die wachsenden Spannungen zwischen Moskau und der freien Welt können in Ostdeutschland zu einer Explosion wie 1953 führen.« Und er fügte warnend hinzu, es wäre »höchst bedauerlich«, wenn es dazu aufgrund der Annahme kommen würde, daß der Westen sofort militärisch eingreifen würde.

Am 30. Juli meinte Senator William Fulbright, immerhin Vorsitzender des Außenpolitischen Ausschusses des US-Senats: »Ich verstehe nicht, warum die Ostdeutschen nicht ihre Grenze schließen, denn ich glaube, daß sie ein Recht haben, sie zu schließen.« Am 13. August taten sie es.

Hat Kennedy etwas vom Mauerbau gewußt? Eine alte Frage, die immer noch nicht klar beantwortet werden kann – und dies trotz einer ungeheuren Fülle von inzwischen freigegebenen Akten. In keinem der offiziellen westlichen Dokumente, die ich gesehen habe, kommt das Wort »Mauer« vor – wohl aber »Absperrung der Sektorengrenze«. Entweder ist die Deklassifizierungspolitik bei der Freigabe von Akten besonders geschickt gehandhabt worden, oder es sind darüber tatsächlich keine Überlegungen angestellt worden. Letzteres könnte zutreffen, denn der Mauerbau beeinträchtigte ja keine westlichen Interessen, das Gegenteil war eher der Fall, wie Außenminister Rusk das ziemlich deutlich am 15. August sagte. Für ihn waren die Sperrmaßnahmen zwar eine außerordentlich ernste Angelegenheit, aber wenn man die Sache realistisch betrachte, sei dadurch eine Lösung des Berlinproblems »eher leichter« geworden.
Ein Blick in die Akten zeigt, wie wenig realistisch westdeutsche Hoffnungen auf eine scharfe amerikanische Reaktion waren. Da wollte niemand die Stacheldrahtverhaue niederreißen; Washington wollte mit den Sowjets verhandeln! Der Kontakt sollte von Botschafter George F. Kennan in Belgrad geknüpft werden. Bereits am 14. August erteilte Rusk Kennan (»Personal and eyes only for the Ambassador«) in einem top secret-Telegramm die entsprechenden Instruktionen. Den Sowjets sollte die ernste Absicht der amerikanischen Regierung klargemacht werden, daß man eine »friedliche Lösung« der Berlinkrise wolle, die die Interessen aller Beteiligten wahre. Vor allen Dingen sollte Kennan darauf achten, daß die Alliierten, »insbesondere die Deutschen«, von diesen Gesprächen nichts erfahren würden.
Auch die Briten wurden vom Mauerbau nicht überrascht. Botschafter Christopher Steel wunderte sich eigentlich nur darüber, daß die DDR nicht schon viel früher die Sektorengrenzen abgeriegelt hatte, wie er am 14. August nach London berichtete. Dabei wies er noch einmal darauf hin, daß er ja die Botschaftergruppe in Paris eine Woche zuvor gewarnt hatte, daß mit dieser oder einer ähnlichen Absperrmaßnahme zu rechnen sei. Der Botschafter in Moskau, Frank Roberts, betonte gegenüber dem Foreign Office, man dürfe die Tatsache nicht übersehen, »daß die Russen bei ihren Maßnahmen, den Flüchtlingsstrom zu stoppen, vorsichtig gewesen sind; sie haben diese Maßnahmen auf ihrer Seite des Eisernen Vorhanges durchgeführt und bis jetzt nichts getan,

Abb. 6: 13. August 1961: SED-»Kampfgruppen der Arbeiterklasse«, Volkspolizei und Einheiten der Nationalen Volksarmee vor dem Brandenburger Tor in Berlin. Wenig später entsteht hier die Mauer.

was die Freiheit West-Berlins und die Rechte der Alliierten dort beeinträchtigt«.

Genauso war es! Erstaunlich war nur, daß sich darüber jemand wunderte. Das änderte nichts daran, daß es in West-Berlin und in der Bundesrepublik angesichts der Untätigkeit des Westens zu einer Vertrauenskrise kam. Die »Bild«-Zeitung brachte das am 16. August mit einer stacheldrahtumrankten Titelseite in dicken Lettern auf den Punkt:

»Der Osten handelt – was tut der Westen?
Der Westen tut NICHTS!
US-Präsident Kennedy schweigt ... Macmillan geht auf die Jagd ... und Adenauer schimpft auf Brandt.«

Die Warnungen der Amerikaner vor Ort in Berlin und Bonn führten dann zu einer graduellen Änderung der amerikanischen Politik – wenn auch nur im Atmosphärischen. Dazu gehörte die Entscheidung Kennedys, die US-Garnison in Berlin um eine Kampftruppe – 1500-1800 Mann – zu verstärken (dies im übrigen gegen den Widerstand von Verteidigungsminister McNamara), sowie Vizepräsident Lyndon B. Johnson auf Kurzbesuch und den »Helden« der Luftbrücke 1948/49, General Lucius D. Clay, als seinen persönlichen Vertreter nach Berlin zu

Mittwoch, 16. August 1961 · 15 Pf

Bild ZEITUNG

UNABHÄNGIG · ÜBERPARTEILICH

Berliner illustrierte Nachtausgabe

Der Osten handelt – was tut der Westen?

… denn Zigarren raucht der Mann!

Der Westen tut NICHTS!

Enttäuscht

Der Osten hat gehandelt. Der Osten handelt noch.

Die Stacheldrahtverhaue in Berlin werden dichter.

Die Kontrollen werden schärfer. Immer mehr Panzer kommen in die Stadt.

Was tut der Westen?

Der Westen tut nichts.

In den westlichen Hauptstädten wird beraten. Nachgedacht. Spekuliert. Fühlung genommen. Man bereitet „Schritte" vor. Man versucht, sich zu einigen. Und inzwischen rennen sich unsere Landsleute am Stacheldraht der Kommunisten die Köpfe blutig.

Was tun eigentlich die westlichen Staatsmänner?

Kennedy, der junge Präsident, schweigt.

Macmillan, der erfahrene Premier, schießt Schnepfen.

Adenauer, der greise Kanzler, spielt Wahlkampf.

In einer der schwersten Situationen deutscher Geschichte bringt es der Kanzler fertig, seinen politischen Gegner Brandt zu beleidigen.

Das ist nicht nur unfair. Das ist — man muß es leider sagen — das Eingeständnis, daß er im Augenblick nicht über den Schatten der engstirnigen Parteipolitik springen kann. Der Kanzler konnte es früher. Jetzt offenbar nicht.

Nicht der Wahlsieg einer Partei steht im Augenblick auf dem Spiel. Im Augenblick steht die deutsche Sache auf dem Spiel.

Am 13. August hat Ulbricht die Fluchtwege abgeriegelt und den Sowjetsektor in ein Militärlager verwandelt.

Erst drei Tage später hat sich die Bundesregierung zu einer Sondersitzung aufgerafft. Wie kläglich.

Und westliche Diplomaten sind sogar der Meinung, alliierte Rechte in Berlin seien nicht unmittelbar betroffen. Alliierte Rechte sind natürlich eindeutig verletzt worden.

Gerade deshalb ist das lange Schweigen, das hilflose Abwarten, das bedächtige Zögern für uns alle niederschmetternd.

Wir sind enttäuscht.

Wir sind in das westliche Bündnis gegangen, weil wir geglaubt haben, dies sei für Deutschland wie für den Westen die beste Lösung.

Die Mehrheit der Deutschen, die überwältigende Mehrheit sogar, ist auch heute noch davon überzeugt.

Nur wird diese Überzeugung nicht gerade gestärkt, wenn einige unserer Partner in dem Augenblick, in dem die deutsche Sache in größter Gefahr ist, kühl erklären: „Alliierte Rechte sind nicht betroffen."

Die deutsche Sache ist in größter Gefahr.

Seit drei Tagen. Und bisher ist nichts geschehen — außer einem Papierprotest der alliierten Kommandanten.

Wir sind enttäuscht.

US-Präsident Kennedy schweigt …

Macmillan geht auf die Jagd …

… und Adenauer schimpft auf Brandt

Lesen Sie die Berichte auf den Seiten 2, 3, 4 und 8

Der erste Volksarmist sprang in die Freiheit

Sehen Sie Seite 2 und 3!

Abb. 7: Die berühmte Schlagzeile der »Bild«-Zeitung vom 16. August 1961. Sie wird am nächsten Tag genauso in Ost-Berlin verbreitet.

schicken. Und natürlich sollte die Mauer propagandistisch genutzt werden.
Für Macmillan ging es in erster Linie darum, die Situation nicht zu verschärfen. Der britische Premier hatte daher seinen Urlaub ungerührt fortgesetzt. Seine wahren Gefühle wurden deutlich, als er beim Golfspielen in Gleneagles am 18. Loch die Beherrschung verlor und meinte, die ganze Krise sei von der Presse hochgespielt worden. Die amerikanischen Aktivitäten betrachtete er mit größter Skepsis – vor allem die Entsendung der Kampftruppe. Für ihn war das »militärischer Nonsens«. Er lehnte auch die Bitte Kennedys nach Verlegung britischer Soldaten in Stärke eines Bataillons von Großbritannien nach Berlin ab und begründete dies mit dem fadenscheinigen Argument, daß die Schlagkraft der britischen Armee dadurch geschwächt würde. Und er gab gleichzeitig den Rat, der Westen solle vorsichtig reagieren, denn »wir wollen doch nicht die Schuld von den Russen und Ostdeutschen weg auf uns verlagern mit der Begründung, daß wir uns bei der Lösung des Problems vollkommen negativ verhalten«. Das war die selbsternannte Führungsgestalt des Westens!
Diese Haltung des Westens erklärt auch viel von der sogenannten Hilflosigkeit Adenauers. Ganz so hilflos war er offensichtlich doch nicht, folgen wir einem Bericht des deutschen Botschafters in Moskau, Hans Kroll. Demnach hatte Kroll einen »überraschend ruhigen und entspannten« Adenauer angetroffen, der in jedem Fall Verhandlungen mit den Sowjets über die deutsche Frage erwartete. Der sowjetische Botschafter hatte dem Kanzler klargemacht, daß die Sowjets nicht auf ihren Vorstellungen beharren, sondern »jeden Gegenvorschlag« prüfen würden, eine Mitteilung, die in Bonn streng vertraulich behandelt und auf »einen ganz kleinen Kreis« beschränkt wurde.

Nach dem Mauerbau: Verhandeln!

Worüber sollte verhandelt werden? Die Westdeutschen, so Dean Rusk noch vor dem Mauerbau zu seinem britischen Kollegen, »werden viele Dinge schlucken müssen, die sie bis jetzt für unmöglich gehalten haben«. Die Amerikaner würden die Westdeutschen härter anfassen, als die Briten bislang geglaubt hätten. Genauso sollte es auch kommen. Im September wurde den Westdeutschen klargemacht, daß es nun an der Zeit sei, sich mit den Realitäten abzufinden. »Im Interesse des Ost-

Abb. 8: Walter Ulbricht wird nach dem Bau der Mauer auf Plakaten und Schildern in West-Berlin zitiert.

West-Friedens« sollte Bonn Angebote machen; es gehe »um die Oder-Neiße-Linie als Grenze, um die Anerkennung Pankows, um Berlin als einer Freien Stadt«; Kommentar Krones: »Unmöglich! Wir können niemals ja zu diesen Forderungen sagen.«
Bei Adenauer kamen jetzt Starrsinn und Zähigkeit zusammen, um das, was Briten und Amerikaner wollten, zu verhindern oder zumindest zu

verzögern. Das führte auf anglo-amerikanischer Seite zu erheblicher Frustration. So hielt es George F. Kennan für keine gute Sache, von Verbündeten, sprich Adenauer, abhängig zu sein, deren Erlaubnis man einholen mußte, um über Dinge zu sprechen, die für den Weltfrieden von größter Bedeutung waren. So habe man dem Kanzler zugestanden, mit den Sowjets nichts zu diskutieren, was irgendwie von Interesse für sie sein könne; mit anderen Worten: »Wir haben die Franzosen und Deutschen dazu überredet, daß sie uns erlauben, schwimmen zu gehen und sogar unsere Kleider auszuziehen, aber wir haben Mutter Adenauer die Versicherung gegeben, daß wir nicht ins Wasser gehen.«[17] Das war Sarkasmus pur.

Wie irritiert und frustriert vor allen Dingen auch Macmillan war, wurde bei den Gesprächen mit Kennedy auf den Bermudas am 21. und 22. Dezember 1961 deutlich. Für Macmillan war alles »sehr verwirrend«. Seiner Meinung nach ging es um folgendes: »Wollen wir eine Vereinbarung mit den Russen, oder wollen wir keine?« Großbritannien werde jedenfalls auf gar keinen Fall in einen Krieg gehen, bevor nicht Verhandlungen geführt worden seien (schon vorher hatte er angeordnet, für den Eventualfall britische Kinder nach Kanada zu evakuieren, um die britische Rasse zu retten). Was seien die Fakten? »Ostdeutschland« existiere. »Es ist Unsinn, wenn die Westdeutschen so tun, als ob es nicht existiere, aber gleichzeitig Handel mit den Ostdeutschen in einer Größenordnung von 300 Millionen Pfund im Jahr treiben.« Die Geschichte mit der Nicht-Anerkennung der Existenz »Ostdeutschlands« sei »reine Fiktion«. Es gehe darum, »Ostdeutschland« anzuerkennen,

»nicht zuviel und nicht zuwenig. Die Franzosen wollen keine Wiedervereinigung, die Russen wollen sie nicht, und ich bin nicht sicher, ob die Deutschen sie wirklich wollen. Wir müssen nur am Anfang der Gespräche sagen, daß Deutschland eines Tages wiedervereinigt wird, und die Russen werden das so lange akzeptieren, als sie sicher sein können, daß nichts geschehen wird.«

Bei der Zufahrt nach Berlin stellte Kennedy eine besonders vielsagende Frage. Es ging um eine mögliche Internationalisierung der Autobahn auf DDR-Gebiet. Könnte man nicht den Sowjets anbieten, so der amerikanische Präsident, in der BRD genauso viele Kilometer Autobahn wie in der DDR zu internationalisieren?[18]

Nur einer wollte damals die Mauer niederreißen, nämlich General Lucius D. Clay. Im Oktober kam es zu einer gefährlichen Konfrontation am Checkpoint Charlie. Erstmals standen sich amerikanische und so-

wjetische Panzer mit scharfer Munition auf Schußweite gegenüber. Am 25. Oktober schickte Clay ein Telegramm an Rusk, in dem er u. a. meinte: »Falls wir bereit sind, einen schnellen, gewaltsamen Vorstoß nach Ost-Berlin durchzuführen und beim Rückzug die Sperren niederreißen, wird das zur Konfrontation mit den Sowjets führen. Das andere bringt zur Zeit nichts.« Rusk stellte unmißverständlich klar: »Der Zugang nach Ost-Berlin ist für uns nicht von lebenswichtigem Interesse, das Gewaltanwendung rechtfertigt.« Mit dem Bau der Mauer habe man das stillschweigend akzeptiert. In derselben drastischen Sprache, die auch etwas von seiner Geisteshaltung offenbart, machte Macmillan klar, was er von Clay hielt. Auf einem Telegramm von Steel notierte er, Clay sei immer schon ein »Scheißkerl« gewesen, jetzt sei er »ein verbitterter Scheißkerl« und eine Gefahr für die Allgemeinheit. Und er fragte seinen Außenminister, ob er Kennedy bitten solle, Clay abzuberufen.[19]
Macmillan hatte klare Vorstellungen, worüber mit den Sowjets verhandelt werden sollte. Er machte dies in einem Telefonat mit Kennedy deutlich, unmittelbar vor Adenauers zweitem Zusammentreffen mit dem amerikanischen Präsidenten im November 1961. Mit Blick auf Berlin müsse man die Forderungen hart und stark vertreten, aber den Sowjets auch etwas als Gegenleistung anbieten können; genau das müßten die Deutschen endlich begreifen. Er schlug Kennedy dann vor, soviel Druck wie möglich auf Adenauer auszuüben und ihm klarzumachen, daß die Möglichkeit zu einer Vereinbarung mit den Sowjets vorhanden sei, aber daß der Kanzler auch etwas geben müsse, um etwas zu erreichen. Und dann zählte Macmillan auf, was das sein sollte:

1. Anerkennung der Oder-Neiße-Grenze;
2. bis zu einem gewissen Grad De-facto-Anerkennung der DDR;
3. Aufgabe der politischen Bindungen zwischen West-Berlin und der Bundesrepublik;
4. Erklärung der Bundesregierung, daß sie nicht beabsichtige und auch nicht wünsche, Nuklearwaffen zu produzieren.

Adenauer wußte davon natürlich nichts, aber er hat es wohl geahnt. Einen Verbündeten fand der Kanzler damals von Anfang an in Charles de Gaulle. Daraus entstand dann die vielzitierte »Freundschaft zweier alter Männer« – mit dem deutsch-französischen Vertrag vom Januar 1963 als Höhepunkt. Für den General gab es überhaupt nichts zu verhandeln, da man Chruschtschow nichts anbieten könne, was diesen zu-

Abb. 9: September 1961: Die Außenminister (v. l. n. r.) Heinrich von Brentano, Dean Rusk (USA), Couve de Murville (Frankreich) und Lord Home (Großbritannien) in New York. Briten und Amerikaner wollen Verhandlungen mit den Sowjets. Bereits vor dem Mauerbau hat Dean Rusk zu seinem britischen Kollegen gesagt: »Die Westdeutschen werden viele Dinge schlucken müssen, die sie bis jetzt für unmöglich gehalten haben.«

friedenstellen würde. Für ihn gab es zunächst nur die Möglichkeit, »in den Schützengräben hockenzubleiben« und sich nicht zu rühren – für den britischen Botschafter in Paris eine »ziemlich fatalistische« Haltung. Jedenfalls war er entschlossen, der sowjetischen Drohung nicht nachzugeben und notfalls mit Waffengewalt den Weg nach Berlin offenzuhalten, wobei er allerdings auch zugab, daß diese harte Haltung abhängig war von der »Stärke und Führung« der USA, worauf die Amerikaner ihn denn auch öfters intern hinwiesen.

De Gaulle blieb jedenfalls bei seiner harten Haltung gegenüber den Sowjets und lehnte Verhandlungen ab – zur großen Enttäuschung Macmillans. De Gaulle, so der britische Botschafter in Paris,

»ist bereit, Risiken auf sich zu nehmen, d. h. auch das Risiko eines Krieges mit den Russen wegen Berlin. Er ist überzeugt davon, daß wir nicht mit den Russen verhandeln sollen, weil er befürchtet, daß dadurch die Moral der Deutschen langfristig beschädigt wird. Ein weiterer Grund ist der, daß er im tiefsten Inneren die Vorstellung ablehnt, zu Verhandlungen gezwungen zu werden – in denen unausweichlich

Zugeständnisse gemacht werden müssen – durch eine Macht, die diese Krise selbst heraufbeschworen hat. Er würde am liebsten die Russen ignorieren, das Risiko, daß die Russen losschlagen – bis hin zum Krieg – akzeptieren und fortfahren mit dem Aufbau eines neuen Europas, in dem aus seiner Sicht Deutschland eine entscheidende Rolle spielt.«[20]

Mit der Mauer hatte die Sowjetunion im wahrsten Sinne des Wortes die Verhältnisse in Deutschland zementiert. Der »Mauerbau« war Höhepunkt und Ende der von den Sowjets ausgelösten Berlinkrise. Was sich unter diesem Stichwort schon bald auf ein bestimmtes Datum reduzieren sollte, war in Wirklichkeit die Wende in der Deutschlandpolitik. Einige erkannten das schon damals; für Heinrich Krone war nach dem Mauerbau und der Reaktion des Westens darauf »die Stunde der großen Desillusion« gekommen.

Amerikaner und Briten wollten Adenauer im Frühjahr 1962 sogar so weit bringen, dabei mitzuhelfen, ihre bisherige Deutschland- und Berlinpolitik zu Grabe zu tragen – »to put his hand upon the coffin and help to carry it«, wie Kennedy das vertraulich in der ihm eigenen Art gegenüber dem britischen Botschafter in Washington formulierte. Kennedy äußerte sich intern in nicht zu überbietender Arroganz über deutsche Politiker; sie sollten ihre »Schnauzen ruhig in den Schweinetrog Berlin stecken«, wenn sie wollten (und möglicherweise selbst mit den Sowjets verhandeln). Die Briten waren noch schlimmer. Im Februar 1962 schickte Außenminister Home ein elf Seiten langes Schreiben an seinen Botschafter in Washington. Da kann man dann – mit oder ohne Erstaunen – Antworten auf die Frage erhalten, inwieweit die Briten hinter den Verträgen vom Herbst 1954 standen, in denen auch sie sich zu einer Politik der Wiedervereinigung verpflichtet hatten. (An diese Verpflichtung wurde zuletzt im Frühjahr 1990 erinnert, als Premierministerin Margaret Thatcher nicht gerade glücklich über die Entwicklung in Deutschland war und versuchte, die Wiedervereinigung zu blockieren; vgl. Band 4.) Für die Briten war klar, daß man mit den Sowjets zu Vereinbarungen auf der Basis des geteilten Deutschland kommen könnte und sollte. In diesem Brief kann man schwarz auf weiß nachlesen, daß Macmillan und Home keine Wiedervereinigung wollten.

Um die sich abzeichnende Entwicklung zu stoppen, provozierte Adenauer im Frühjahr 1962 die schwerste Krise in den deutsch-amerikanischen Beziehungen, die es vor und nach dem Mauerbau gegeben hat. Im Herbst 1962 – vor und dann nach der Kubakrise – wurden in London und Washington weitere Überlegungen für eine Lösung der Berlinfrage angestellt. Der britische Staatsminister im Foreign Office, Joseph Godber, entwickelte sogar den Plan, West-Berlin aufzugeben und die Bevölkerung einfach auszutauschen. Ähnlich auch Paul Nitze. Er legte Kennedy Anfang November ein Papier vor, in dem er Gedanken entwickelte, die, wie er es formulierte, »in der Vergangenheit undenkbar« gewesen seien. »Berlin im Lichte von Kuba«, wie er sein Memorandum überschrieb, sah Lösungen vor (»das Undenkbare denken«), die so drastisch waren, daß sie nicht einmal ansatzweise den Deutschen zur Kenntnis gebracht werden sollten. Auch er schlug die Aufgabe West-Berlins vor; dafür sollte ein erheblicher Teil des DDR-Territoriums in den Besitz der Bundesrepublik übergehen – als Gegenleistung für die Aussiedlung der Westberliner.[21]

Erst allmählich wurde erkennbar, daß der Mauerbau Höhepunkt und Ende der eigentlichen Berlinkrise war. Kein Geringerer als Botschafter Christopher Steel hatte das frühzeitig erkannt und im Januar 1962 in einer geheimen Analyse folgendermaßen beschrieben:

»Ich bin mir ziemlich sicher, daß die Russen von den Auswirkungen der Mauer selbst überrascht und gleichzeitig zufrieden sind. [...] Im Rahmen ihres großen Ziels – Stabilisierung der DDR – haben sie etliche Ziele erreicht: Der Flüchtlingsstrom wurde gestoppt, das Schaufester [West-Berlin] wurde geschlossen.

Auf der anderen Seite ist Ulbricht wenig erfolgreich (»flop«) und noch dazu ein Stalinist. Die Russen werden sich selbst die Frage stellen, [...] ob er sein Land mit einem Friedensvertrag besser regieren wird. Wenn er ihn bekommt, muß er direkten Kontakt, möglicherweise sogar Beziehungen mit dem Westen aufnehmen. Die Russen werden mit Sicherheit nicht begeistert sein bei dem Gedanken, daß dieser ideologische Spinner (»ideological crackpot«) es dann in der Hand hat, auf der Autobahn einen Krieg zu beginnen.«

Ulbricht sollte denn auch seinen separaten Friedensvertrag nicht bekommen.

Steel erwartete für die Zukunft zwar jede Menge Verwaltungsschikanen, Behinderungen und Spannungen in und um Berlin, hoffte aber gleichzeitig, daß man die Sache so lange unter Kontrolle halten konnte, bis beide Seiten bereit waren, miteinander ins Geschäft zu kommen (»to do business«).[22]

Das war unterm Strich keine schlechte Voraussage. Sie lief letztlich auf jene sieben- bis zehnjährige Pause hinaus, die der amerikanische Botschafter in Moskau schon Anfang 1961 empfohlen hatte. Beide – Chruschtschow und Kennedy – waren für »ihre« Deutschen so weit wie möglich gegangen. Wären sie weiter gegangen, hätte das möglicherweise die Zerstörung der eigenen Städte bedeutet – und das wegen jener Stadt, die beide Völker 16 Jahre zuvor gemeinsam im Kampf gegen die Deutschen zerstört hatten. Das war absurd. Kennedy empfand das jedenfalls so und äußerte sich dazu wenige Stunden nach seinem Treffen mit Chruschtschow in Wien im Juni 1961 folgendermaßen:

»Es wirkt doch einfach idiotisch, daß wir wegen eines Vertrages, der Berlin als zukünftige Hauptstadt eines wiedervereinten Deutschland vorsieht, mit der Gefahr eines Atomkrieges konfrontiert sind – wo wir doch alle wissen, daß Deutschland wahrscheinlich nie mehr wiedervereinigt wird!«[23]

Gleichzeitig taten sich nach Mauerbau und Kubakrise Möglichkeiten der Entspannung mit der Sowjetunion auf. Zwischen Washington und Moskau wurde schon bald der heiße Draht installiert und im Sommer 1963 das Atomteststoppabkommen unterzeichnet.

Dokumente zum 2. Kapitel

[4] Sitzung des Politbüros des ZK der SED, 22. 8. 1961

[…]

2. Stellungnahme zu dem Auftreten des amerikanischen Vizepräsidenten Johnson in Westberlin und der Verstärkung der amerikanischen Besatzungstruppen in Westberlin:

Berichterstatter: Ulbricht

1) Im Zusammenhang mit dem provokatorischen Auftreten des amerikanischen Vizepräsidenten Johnson in Westberlin und der Entsendung eines amerikanischen Bataillons nach Westberlin, wodurch demonstriert wird, daß Westdeutschland und Westberlin Besatzungsgebiet und Westberlin keine freie Stadt ist, ist es notwendig, in Westdeutschland für die Freiheit Westdeutschlands von den Besatzungstruppen zu demonstrieren unter der Losung »Ami go home«.
   Die Selbstbestimmung des deutschen Volkes kann es erst dann geben, wenn die amerikanischen Besatzungstruppen abziehen.
   In unserer Außenpolitik ist unter Ausnutzung dieser Lösung gegenüber den afrikanischen Staaten unser Standpunkt darzulegen und ihnen nachzuweisen, daß wir dasselbe wollen, wofür sie gekämpft haben.
2) Zu den westdeutschen Wahlen:
   Es ist zweckmäßig, wenn die DFU mit einer nationalen Proklamation herauskommt.
   Ausgehend von der Diskussion in der Bevölkerung ist darzulegen, was die Perspektive der Deutschen ist. Der Ausweg aus der gegenwärtigen Lage besteht darin, jetzt mit der Politik der Bonner Ultras Schluß zu machen.

(SAPMO-BArch, DY 30, J IV, 2/2/787)

[5] »Tagesbefehl an die Kampfgruppen der Arbeiterklasse«, 23. 8. 1961

Gemeinsam mit den bewaffneten Kräften des Ministeriums des Innern und Einheiten der Nationalen Volksarmee haben die Angehörigen der Kampfgruppen der Arbeiterklasse alle Aufgaben, die der Beschluß unserer Regierung vom 12. August 1961 zur Sicherung des Friedens und zum Schutze unserer Grenzen stellte, in Ehren erfüllt.

Für die dabei bewiesene Einsatzbereitschaft, Entschlossenheit und Disziplin spreche ich allen Genossen Kämpfern und Kommandeuren der Kampfgruppen der Arbeiterklasse Dank und Anerkennung aus. Die Kampfgruppen der Arbeiterklasse haben in hervorragender Weise dazu beigetragen, daß das Ausfalltor des westdeutschen Militarismus gegen die Deutsche Demokratische Republik zuverlässig versperrt und dem Kriegs- und Provokationsherd Westberlin ein sicherer Riegel vorgeschoben wurde. Den Bonner Ultras und den Westberliner Frontstadtpolitikern wurde nachdrücklichst deutlich gemacht, daß ihre revanchistischen Pläne auf Sand gebaut und völlig aussichtslos sind. Den Bonner und Schöneberger Ultras, dem Geschmeiß von Militaristen und Revanchisten, wurde eine empfindliche Niederlage beigebracht und für den Frieden eine Schlacht gewonnen.

Jetzt kommt es darauf an, unsere Anstrengungen zu vervielfachen, um den Abschluß eines deutschen Friedensvertrages und auf dessen Grundlage die Umwandlung Westberlins in eine entmilitarisierte, Freie und neutrale Stadt herbeizuführen. Hauptvoraussetzung dafür ist, die Deutsche Demokratische Republik, das Bollwerk des Friedens und des Sozialismus in Deutschland, politisch und ökonomisch weiter zu stärken. Die weitere Stärkung unseres Arbeiter- und Bauernstaates bedeutet für uns alle, ebenso begeistert, entschlossen und diszipliniert bei der Erfüllung unserer Volkswirtschaftspläne zu handeln, wie wir es in diesen Tagen beim Schutz unserer Republik und ihrer Grenzen taten. Mit dem gleichen Kampfgeist, der alle Angehörigen der Kampfgruppen in diesen Tagen beseelte und beseelt, muß jetzt auch der letzte Einwohner der Hauptstadt von der Wahrheit und Gerechtigkeit unserer Sache überzeugt und müssen alle Auswirkungen des Frontstadtsumpfes beseitigt werden. Dadurch führen wir die Volkswahlen am 17. September zu einem großen Sieg des Friedens und des Sozialismus.

Zur Erfüllung der vor uns stehenden großen Aufgaben haben alle Einheiten der Kampfgruppen die Pflicht, aus ihrem Einsatz gültige Schlußfolge-

Abb. 10: Die Mauer wird weiter verstärkt.

rungen für die weitere Erhöhung der Einsatz- und Kampfbereitschaft, für die weitere Festigung der Kampfmoral und Disziplin zu ziehen. Die revolutionäre Wachsamkeit ist weiter zu verstärken, und in allen Einheiten muß die schnelle Alarm- und Kampfbereitschaft zu jeder Stunde gewährleistet sein. Denn unser Kampfauftrag heißt:

»Alle Kraft für die Erfüllung des Volkswirtschaftsplanes
und den Schutz der Hauptstadt der Deutschen Demokratischen Republik.«

Genossen Kämpfer und Kommandeure!
Gemeinsam werden wir heute, morgen und in Zukunft alle Anstrengungen unternehmen, damit die Kampfgruppen der Arbeiterklasse noch mehr denn je das sind und sein werden, was sie von Anfang an waren: ein scharfes Schwert der Arbeiter-und-Bauern-Macht gegen den Militarismus und gegen alle Feinde des siegreichen Sozialismus in unserer Republik.

Es lebe der erste Arbeiter-und-Bauern-Staat in der Geschichte
unseres Volkes!

Es lebe die Sozialistische Einheitspartei Deutschlands und ihr Zentralkomitee mit dem Genossen Walter Ulbricht an der Spitze!

Der 1. Sekretär der Bezirksleitung
der Sozialistischen Einheitspartei Deutschlands
Groß-Berlin

gez. Paul *Verner*

(SAPMO-BArch, DY 30/IV B 2/12/1414)

[6] Auswärtiges Amt: Memorandum zur Deutschland- und Berlinfrage, 18. 10. 1961

Memorandum
zur Deutschland- und Berlinfrage

I.

Gemeinsame Taktik der Verbündeten gegenüber den Sowjets

1. Ob wir zu einem tragbaren Arrangement mit den Sowjets kommen, hängt nicht zuletzt von unserer Taktik ihnen gegenüber ab. Immer vorausgesetzt, daß ein für uns akzeptabler Kompromiß von den Sowjets überhaupt zu erlangen ist, werden wir zu ihm nur kommen, wenn wir unsere Verhandlungen mit ihnen *offensiv* führen, d. h. genügend »vorhalten«. Wir dürfen keinesfalls mit unseren Rückzugspositionen beginnen, weil wir sonst beinahe sicher in den »letzten Graben« zurückgedrängt werden, den wir später nicht mehr halten können. Es wird dem Westen kaum gelingen, die Sowjets davon zu überzeugen, daß er es mit dem Vorbringen weitergehender westlicher Forderungen ernst meint, wenn er vorher seine Rückzugspositionen zu erkennen gegeben hat. Bei dieser Taktik darf der Westen natürlich nicht so weit gehen, daß er bei den Sowjets den Eindruck erweckt, als wolle er gar nicht verhandeln, sondern betreibe nur ein Spiel, um die angedrohten sowjetischen Maßnahmen hinauszuzögern.
2. Unser gesamtes Vorgehen muß so angelegt sein, daß der Eindruck vermieden wird, als ob wir aus *Schwäche* ein Abkommen suchten. Wir dürfen daher keinesfalls größere Konzessionen machen, weil sonst die Versuchung für die Sowjets um so größer wird, den Berlinhebel bald erneut anzusetzen, um weitere Ergebnisse zu erzielen.

II.

Bisherige Bemühungen, Taktik gegenüber Sowjets flexibler zu gestalten

1. Technische Kommissionen
   Wir haben diesen Vorschlag in den westlichen Friedensplan eingeführt, weil wir einerseits der Meinung sind, daß dieser nach wie vor die westliche Position in den Fragen der Wiedervereinigung und der damit pari passu wirksam werdenden Regelungen auf dem Gebiet der europäischen Sicherheit richtig wiedergibt, und wir andererseits mit unseren drei Verbündeten die Auffassung teilten, daß dieser Vorschlag noch publikumswirksamer gemacht werden sollte.
2. »Lösung C«
   Wir haben uns trotz erheblicher Bedenken, die gegen die durch die Lösung unvermeidlich eintretende partielle Aufwertung der SBZ sprechen, damit einverstanden erklärt, daß die »Lösung C« notfalls schon in der Verhandlungsphase den Sowjets vorgeschlagen wird.
3. Änderung der Eventualfallplanung
   Wir haben trotz der gleichen Bedenken wie zu 2. auch dem Gedanken zugestimmt, daß auf der Linie der »Lösung C« auch die Eventualfallplanung für den Landzugang im Sinne eines Nachgebens an den Standpunkt der anderen Seite geändert wird.
   Wir glauben, daß durch die Annahme der Gedanken zu 2. und 3. die westliche Position sowohl in Verhandlungen als auch nach dem eventuellen Scheitern von Verhandlungen erheblich an Spielraum gewonnen hat.

III.

Substantielle Fragen für die Ost-West-Verhandlungen

1. Wiedervereinigung
   Es muß das gemeinsame Ziel der Westmächte bleiben, die Wiedervereinigung Deutschlands herbeizuführen und das Recht des deutschen Volkes auf Selbstbestimmung und Wiedervereinigung zu verwirklichen.
   Dies muß der Sowjetunion deutlich gemacht werden. Es muß ihr ferner gesagt werden, daß nur auf dieser Grundlage eine echte Lösung des Berlinproblems möglich ist.
2. Gewährung des Selbstbestimmungsrechts für das deutsche Volk
   Wir sollen bei Ost-West-Verhandlungen am besten zu Beginn eine Volksabstimmung in ganz Deutschland vorschlagen.

3. Status von Westberlin
   Wir sollten den Vorschlag einer Großberlinlösung machen. In dieser Hinsicht sollten wir insistieren, da die Position der Sowjets wegen ihrer Gewaltmaßnahmen seit dem 13. August 1961 propagandistisch geschwächt ist.
   In zweiter Linie sollten wir die Beseitigung der Mauer verlangen.
   In dritter Linie müssen wir die Erhaltung etwa des gegenwärtigen Zustandes in Westberlin fordern. Dazu im einzelnen
   a) Abkommen über den Status von Westberlin
      Die westliche Position sollte sein, daß über den Status überhaupt keine Vereinbarung mit der UdSSR – und natürlich unter gar keinen Umständen mit der SBZ – geschlossen wird, da diese zu leicht ein Interventionsrecht involviert, und da sie ferner von den Sowjets jederzeit mit der Begründung angegriffen werden kann, der Westen habe die von ihm übernommenen Verpflichtungen verletzt. Es sollte angestrebt werden, daß nur eine Vereinbarung über den Zugang nach Westberlin mit den Sowjets erzielt wird.
   b) Alliierte Rechte
      Der Ursprung der alliierten Rechte in Westberlin darf nicht verändert werden. Wir können wohl den Standpunkt akzeptieren, daß es einer ausdrücklichen Bestätigung dieses Rechts nicht bedarf, wenn sich nicht aus den Umständen Zweifel an ihrem Fortbestand ergeben. Solche Zweifel ergeben sich insbesondere, wenn die Sowjets an ihrer Forderung festhalten, daß eine eventuelle Vereinbarung nur für eine begrenzte Zeit abgeschlossen werden soll. In diesem Falle muß der Fortbestand der westlichen Rechte für den Zeitpunkt nach Ablauf der Gültigkeit der Vereinbarungen ausdrücklich bestätigt werden.
   c) Truppenkontingente in Westberlin
      Ein zusätzliches sowjetisches Truppenkontingent oder ein zusätzliches VN-Kontingent oder gar völliger Ersatz der westlichen Truppen durch neutrale oder VN-Truppen ist inakzeptabel. Ebenso ist die Herabsetzung der westlichen Truppenstärke auf drei- bis viertausend Mann (Stärke der symbolischen Kontingente gemäß Genf 1959) inakzeptabel.
      Westliche Rückzugsposition könnte die Formel des westlichen Interimsvorschlages vom 28. Juli 1959 in der Fassung vom Mai 1960 sein, wonach die westlichen Regierungen von Zeit zu Zeit

die Möglichkeit erwägen werden, die Streitkräfte zu verringern, wenn die Entwicklung dies gestattet.

d) Kontrolle störender Aktivitäten in Westberlin
Angesichts der östlichen Übergriffe in Ostberlin seit dem 13. August 1961 erscheint ein entsprechender Vorschlag inakzeptabel, es sei denn, er wird auch auf Ostberlin erstreckt.

e) VN-Präsenz
Die Anwesenheit des Europäischen Büros und von Sonderorganisationen der VN kann akzeptiert werden.

f) Bindungen Westberlins an die Bundesrepublik
Es ist für uns nicht akzeptabel, daß nur die wirtschaftlichen Bindungen Westberlins an die Bundesrepublik aufrechterhalten, die politischen und verfassungsmäßigen dagegen abgeschnitten werden. Auch die psychologische Lebensfähigkeit Westberlins muß erhalten bleiben, weil es sonst zur »leeren Schale« würde.

g) Benennung Westberlins
Der Eindruck, daß sich Westberlin in eine »Freistadt« im Sinne der sowjetischen Forderung verwandelt, muß vermieden werden.

4. Zugang nach Westberlin
Ausgangsposition des Westens sollte der Vorschlag sein, einen freien Korridor, der gegenüber dem Territorium der SBZ abzuschirmen wäre, zu verlangen. Diese Forderung sollte erhoben werden, wenn die Sowjets die Forderung auf Beseitigung der Mauer in Berlin (oben III. 3. Abs. 2) ablehnen.
In zweiter Linie sollte der Vorschlag gemacht werden, eine internationale Autobahn zwischen dem Bundesgebiet und Westberlin zu bauen.
Als äußerste Rückzugsposition bleibt die Lösung C. Wir sehen keine Möglichkeit, hinter die Lösung C zurückzugehen. Auf keinen Fall dürfen Verhandlungen mit der SBZ über den Zugang stattfinden, auch nicht etwa über den alliierten Zugang auf der technischen Ebene zwischen Bundesrepublik und SBZ. Dadurch würden die alliierten Rechte unvermeidlich geschwächt werden. Wenn nämlich die SBZ durch ihr zu erwartendes Verlangen, daß die Verhandlungen auf Regierungsebene angehoben würden, diese zum Scheitern bringen würde, wäre zwar eine erneute Berufung der Alliierten auf ihre Zugangsrechte möglich, jedoch nicht geeignet, diese in voller Stärke wieder aufleben zu lassen. Der Zugang für Deutsche aus der Bundesrepublik muß frei bleiben.

5. Verhältnis zur SBZ

a) Anerkennung

Auch eine de facto-Anerkennung der SBZ bleibt für uns inakzeptabel. Was die »Respektierung der Souveränität der DDR« angeht, sind wir ähnlich wie unsere Verbündeten der Überzeugung, daß man nicht davon sprechen darf und im übrigen so verfahren soll wie bisher.

b) Freizügigkeit

Der Westen sollte die Forderung nach Wiederherstellung der Freizügigkeit in Deutschland erheben.

c) Kontakte zwischen der Bundesrepublik und der SBZ

Die drei technischen Kommissionen
– für Wirtschaft
– für Freizügigkeit
– und für ein gesamtdeutsches Wahlgesetz

bilden, wenn sie schon aus dem als unteilbare Einheit bezeichneten modifizierten westlichen Friedensplan herausgelöst werden sollen, ein »Paket«. Wir könnten die Verselbständigung dieses Pakets dann akzeptieren, wenn die technischen Kommissionen durch ein klares Vier-Mächte-Mandat eingesetzt werden. Auf keinen Fall können wir die Schaffung politischer Kontakte mit der SBZ ins Auge fassen. Sie würden die SBZ unvermeidlich der Anerkennung näherbringen, uns dagegen gar nichts einbringen, sondern allenfalls Schwierigkeiten für unsere eigene Politik herbeiführen. Die politische und materielle Überlegenheit der Bundesrepublik kommt bei solchen Kontakten nicht zur Auswirkung, da wir es nur mit Funktionären zu tun haben würden. Die Bevölkerung der SBZ steht ohnehin auf unserer Seite.

d) Umwandlung der Demarkationslinie in eine Grenze

Wir müssen uns dieser sowjetischen Forderung widersetzen, da wir sonst den Glauben an die Wiedervereinigung nicht aufrechterhalten können.

e) Verpflichtungen, keine Gewalt zur Wiederherstellung der Einheit Deutschlands anzuwenden

Eine solche Verpflichtung ist in der Erklärung der Bundesregierung von 1954 (Londoner Schlußakte) enthalten. Eine entsprechende Erklärung könnte auch gegenüber der UdSSR abgegeben werden.

6. Oder-Neiße-Linie
   Wir sind der Auffassung, daß die Oder-Neiße-Linie überhaupt nicht erwähnt werden sollte.
   Rückzugsposition könnte sein, eine Gewaltverzichtserklärung zum Gegenstand vertraglicher Abmachungen zu machen. Ausgangspunkt könnte dabei die erwähnte Erklärung von 1954 sein, die entsprechend zu erweitern wäre.
7. Europäische Sicherheit
   Die Frage der europäischen Sicherheit darf nur in Verbindung mit der Deutschlandfrage behandelt werden.
   a) Nichtangriffsvertrag zwischen NATO und Warschauer Pakt
      Den Vorschlag eines solchen Vertrages müssen wir ablehnen vor allem wegen der Gefahr einer impliziten Anerkennung oder zumindest einer erheblichen Aufwertung des SBZ-Regimes. Dazu kommt, daß seit den zwanziger Jahren vergeblich versucht worden ist, den Begriff des »Angriffes« bindend zu definieren. Ferner würde ein solcher Vertrag auf westlicher Seite ein falsches Gefühl der Sicherheit erwecken, das zu einem Nachlassen der Verteidigungsanstrengungen führen müßte.
      Einseitige Erklärungen der beiden Paktsysteme wären akzeptabel.
   b) Zonen mit militärischem Sonderstatus
      Solche Zonen – mit Ausnahme der unter a) genannten – sollten wir auf das schärfste ablehnen, insbesondere auch atomwaffenfreie Zonen.
   c) Schutz gegen Überraschungsangriffe
      In der Frage des Schutzes gegen Überraschungsangriffe sind wir bereit, weltweiten Maßnahmen und in Verbindung damit der Errichtung einer Inspektionszone zuzustimmen, die vom Atlantik bis zum Ural reicht.
   d) Nichtweitergabe von Atom- und Raketenwaffen an andere Staaten
      Wir sprechen uns gegen eine entsprechende Vereinbarung der USA, des Vereinigten Königreiches und der UdSSR aus, da sie die Schaffung einer NATO-Atomstreitmacht erschweren wird. Sie diskriminiert zudem die Bundesrepublik, da diese als einziges Land der Welt auf die Herstellung dieser Waffen verzichtet hat.
   e) Abzug sowjetischer Truppen aus Europa
      Es kann allenfalls daran gedacht werden, daß die Vereinigten Staaten die Sowjets auffordern, ihre Truppen in Europa außer-

halb der sowjetischen Grenzen auf dieselbe Stärke zu reduzieren wie die amerikanischen Truppen.

f) Gewaltverzicht

Statt eines von uns abgelehnten Nichtangriffsvertrages zwischen NATO und Warschauer Pakt sind einseitige, unabhängig von der Deutschland-Frage abgegebene Gewaltverzichtserklärungen denkbar (die auch eine Erklärung der Bundesrepublik zum Inhalt haben könnten, daß sie auf die Anwendung von Gewalt zur Beseitigung des SBZ-Regimes verzichtet).

(Politisches Archiv, Auswärtiges Amt)

[7] Walter Ulbricht an Nikita Chruschtschow, 30. 5. 1962

Der Botschafter der UdSSR, Genosse Perwuchin, hat mich mündlich informiert über einen Beschluß des Präsidiums des ZK der KPdSU zu meinen Bemerkungen gegenüber den Genossen Grachin und Perwuchin. Ich habe bereits Genossen Perwuchin darauf aufmerksam gemacht, daß beide Genossen den Sinn meiner Bemerkungen nicht vollständig erfaßt haben. Meine Bemerkungen bezogen sich auf die gefährliche Lage an der Staatsgrenze der DDR gegenüber Westberlin. Wir waren und sind besorgt darüber, daß kleine Provokationen des Gegners an dieser Grenze zu großen politischen und militärischen Konsequenzen führen können.

Ich übermittle Ihnen mit diesem Brief eine Anzahl Materialien, insbesonders den Beschluß des Nationalen Verteidigungsrates vom 30. 5. 1962 über weitere Maßnahmen zur Verhinderung von Grenzdurchbrüchen und Provokationen und zur Erhöhung der Sicherheit an der Staatsgrenze der DDR gegenüber Westberlin (siehe Anlage 1).

Zweifellos hat sich seit dem 13. August die Lage in der DDR gefestigt. Die Zahl der Grenzkonflikte ist geringer geworden. Die Auseinandersetzungen an der Grenze haben sich jedoch verschärft. Das kam zum Ausdruck in der Beschießung unserer Grenzposten vom Westberliner Territorium aus, in den Sprengstoffanschlägen an der Seite der Mauer, die von Westberlin zugänglich ist, also unter Verletzung des Territoriums der DDR, und in der offenen Propaganda zur Anwendung von Methoden der OAS in der DDR.

Die Kampagne begann mit einer Veröffentlichung des »Parlamentarisch-Politischen Pressedienstes« in Bonn (siehe Anlage 2) unter der

Überschrift »OAS will Plastikbomben gegen die ›Mauer‹ legen«. Durch die Rede von Adenauer in Westberlin wurde die Atmosphäre angeheizt. Die Presse des Springer-Konzerns macht offen Propaganda für den Mord, ebenso der amerikanische Sender in Westberlin, RIAS (siehe Anlage 3). In einer Westberliner Zeitung wurde direkte Anweisung gegeben zu Sprengstoffattentaten gegen Regierungsgebäude der DDR und gegen Eisenbahnlinien in der DDR (siehe Anlage 4). Für die Sprengstoffattentate an der Grenze wurden Westberliner Studenten ausgenutzt. Über die bewaffneten Provokationen und Sprengstoffanschläge informieren die anliegenden Materialien (Anlagen 5 und 6). Neuerdings wird auch mit Kleinkalibergewehren geschossen, deren Schuß nicht hörbar ist, aber ein Treffer noch auf 100 m tödlich ist.
In der Zeit vom 13. August 1961 bis 27. Mai 1962 gab es an der Staatsgrenze Berlin 22 Tote und 46 Verletzte. Es wurden 113 Spione imperialistischer Geheimdienste und 509 Helfer verhaftet (Anlage 7). Der Menschenhandel und die Republikflucht wurden in der Hauptsache organisiert mit Hilfe von ge- oder verfälschten Pässen westdeutscher Bürger. Das ist nicht schwer, da ein großer Grenzverkehr von Westdeutschland nach der DDR und von Westdeutschland nach Berlin zu verzeichnen ist. Am Dienstag den 29. Mai wurden 2296 Aufenthaltsgenehmigungen für Westdeutsche an der Grenze ausgestellt, am 27. Mai waren es 3417. Werktags besuchen mehr als 1000 westdeutsche Bürger die DDR. Am Ausländer-KP passieren täglich ca. 700 Ausländer den Kontrollpunkt (das sind in der Mehrzahl Militärpersonen). Auf den Verbindungsstraßen zwischen Westberlin und Westdeutschland verkehren täglich 4500 Kraftfahrzeuge und an Feiertagen über 10000 pro Tag. Es ist verständlich, daß bei einem solchen Verkehr von einer Kontrolle kaum gesprochen werden kann.
Die Autofahrten auf den genannten Strecken werden vom Gegner für illegale Treffs und auch für die Flucht von Bürgern der DDR nach Westdeutschland ausgenutzt. Allein vom September bis Januar wurden im Bezirk Potsdam auf der Autobahn 700 illegale Treffs festgestellt (siehe Anlage 8).
Ich übermittle Ihnen dieses Material, das dem Nationalen Verteidigungsrat heute vorlag, nicht etwa, weil wir das als eine akute Gefahr ansehen. Die Tatsachen zeigen aber, daß der Gegner systematisch sein Netz der Verbindungen und Stützpunkte in der DDR ausbaut. Selbstverständlich arbeiten die amerikanische, britische und französische Militärmission in der gleichen Richtung (siehe Anlage 9).

Abb. 11: 17. August 1962: Der 18jährige Ostberliner Bauarbeiter Peter Fechter wird bei dem Versuch, die Mauer zu überwinden, angeschossen und fällt auf die Ostseite zurück. Dort läßt man ihn 50 Minuten liegen, bis er schließlich von DDR-Grenzpolizisten weggeschleppt wird. Er stirbt noch auf dem Transport in das Krankenhaus der Volkspolizei.

Man kann also sagen, daß gerade weil nach dem 13. August in der Deutschen Demokratischen Republik eine Stabilisierung eingetreten ist, die Spionagezentralen und die revanchistischen und militaristischen Organe von Westdeutschland und Westberlin aus zu schärferen Methoden der Provokation übergegangen sind. Die benutzten Plastik-Sprengkörper können ja nicht von Zivilisten hergestellt sein, sondern stammen offenkundig von Mitarbeitern des Gehlen-Apparates, der ja mit der OAS zusammenarbeitet.
Wir haben uns also einige Male gründlich mit der Frage beschäftigt: Wie kann verhindert werden, daß von der Hauptstadt der DDR aus durch Flüchtlinge oder durch organisierte feindliche Kräfte Grenzprovokationen herbeigeführt werden. Es ist notwendig, darauf hinzuweisen, daß es auf unserer Seite keinen Schutzstreifen an der Staatsgrenze gegenüber Westberlin gibt. Deshalb haben die betreffenden Feinde an vielen Stellen die Möglichkeit, legal bis ganz nahe an die Mauer zu kommen. Wir haben den Postendienst verstärkt und auch die Parteiorganisationen darauf eingestellt mitzuhelfen, daß verdächtige Personen gehindert werden, sich der Grenze zu nähern. Am 30. Mai haben wir uns wiederum im Nationalen Verteidigungsrat damit beschäftigt, wie durch weitere Maßnahmen die Zahl der Provokationen an der Grenze vermindert werden kann. Es wurde beschlossen, die Grenzsicherungsmaßnahmen (Stacheldraht usw.) an bestimmten Stellen zu verstärken. Wie ich schon erwähnte, wurde der anliegende Beschluß angenommen, daß verstärkte Sicherungsmaßnahmen im Gebiet 10 m und unterschiedlich bis zu 100 m auf dem Territorium der DDR an der Staatsgrenze gegenüber Westberlin durchgeführt werden.
Im Politbüro wurde beschlossen, in einer Mitteilung des Presseamtes der Regierung der DDR zu den militärischen Provokationen der faschistischen Ultras Stellung zu nehmen.

Mit kommunistischem Gruß
W. Ulbricht

Anlagen: [nicht abgedruckt]

(SAPMO-BArch, DY 30, NL 90/464)

Geheim

Durchdruck

)UNDESREPUBLIK DEUTSCHLAND — Bonn, den 28. August 1962

DER BUNDESKANZLER

(Prägeadler)

Sehr geehrter Herr Ministerpräsident!

In ernster Sorge wende ich mich an Sie. Das Ereignis, das mich zu diesem Schritt veranlasst, hat nicht nur die Berliner Bevölkerung, sondern alle freiheitsliebenden Menschen tief berührt. Am 17. August dieses Jahres wurde der achtzehnjährige Bauarbeiter Peter Fechter aus Ost-Berlin bei dem Versuch, über die Mauer nach West-Berlin zu flüchten, durch Schüsse in Ost-Berlin stationierter Soldaten schwer verwundet; er blieb hilflos liegen und verblutete vor den Augen von Tausenden von Menschen beiderseits der Mauer, die ihn vergeblich um Hilfe rufen hörten.

Es gibt in der Welt bestimmte elementare Regeln menschlichen Zusammenlebens, die von allen Mitgliedern der Völkerrechtsgemeinschaft selbst im Kriege respektiert werden. Dazu gehört die Hilfeleistung in Todesnot. Einem jungen Deutschen wurde sie mitten in einer Großstadt der zivilisierten Welt vor unseren Augen verwehrt.

Fechter ist nicht das erste Opfer der Teilung Deutschlands und besonders der Sperrmassnahmen vom 13. August 1961. Eltern und Kinder, Eheleute und Geschwister sind voneinander getrennt. Viele

Seiner Exzellenz

dem Vorsitzenden des Ministerrates
der Union der Sozialistischen Sowjetrepubliken
Herrn Nikita Chruschtschow

Moskau

- 2 -

Geheim

Abb. 12: Schreiben von Bundeskanzler Konrad Adenauer an den sowjetischen Partei- und Regierungschef Nikita Chruschtschow. Kopien gehen an die Regierungschefs in Washington, London und Paris, John F. Kennedy, Harold Macmillan und Charles de Gaulle.

Geheim

\- 2 -

Deutsche sind bei dem Versuch, zueinander zu kommen, sich in ihrem Vaterlande von Ost nach West frei zu bewegen, erschossen worden, ertrunken oder in den Tod gesprungen.

Das deutsche Volk ist ernstlich besorgt, dass die unmenschlichen Absperrungsmethoden an der Berliner Sektorengrenze und an der Zonengrenze ständig weitere Opfer fordern werden. Ich richte daher an Sie, Herr Ministerpräsident, die Bitte, zu Ihrem Teil dazu beizutragen, dass den vielgeprüften Menschen in Berlin in Zukunft neues Leid erspart wird.

Mit vorzüglicher Hochachtung

Ihr ergebener

gez. Adenauer

[8] Gerhart Eisler an Walter Ulbricht, 14. 11. 1962

Lieber Genosse Walter Ulbricht!
Ich gebe Dir folgenden Vorschlag zur Erwägung:
Wäre es nicht möglich und zweckmäßig, daß Du einen Brief an den Innenminister schreibst, in dem Du vorschlägst, zu prüfen, ob und wie zu Weihnachten engeren Verwandten von Westberlin der Besuch ihrer Verwandten bei uns ermöglicht werden könnte? Man könnte das vielleicht auf folgende Fälle begrenzen: Eltern, Großeltern und Geschwister.
Vielleicht könnte der Innenminister auf Deinen Vorschlag antworten, daß er dazu bereit wäre, wenn für die Zeit des Weihnachtsfestes drüben Passierscheinstellen errichtet würden, die es möglich machen, in geordneter Weise solche Besuchsscheine auszustellen.
Welchen Zweck hätte ein solcher Schritt?

Erstens hättest Du die Initiative genommen und es würde über diese Initiative in der ganzen Welt gesprochen werden;

Zweitens Das Vertrauen zum Vorsitzenden des Staatsrates der DDR würde auch in Westberlin, in Westdeutschland und anderen kapitalistischen Staaten wachsen;

Drittens Die Lage unserer Genossen in Westberlin – auch für den Wahlkampf – würde damit sehr erleichtert;

Viertens Der Schmerz aller Bürger der DDR, die Verwandte haben und sie nicht sehen können und die sogar begriffen haben, daß es notwendig ist, diese Maßnahme zu treffen, würde durch eine solche Initiative gemildert und ihr Vertrauen in Dich und in unsere Partei würde gestärkt.

Was spricht dagegen? Zugegeben, ein gewisses Risiko, das man aber ziemlich ausschalten könnte. Aber ohne Risiko kann man keine Politik machen, und wir sind stark genug, um diesen Besuch von einigen tausend Westberlinern bei ihren Verwandten unter guter Kontrolle zu halten.

Lieber Genosse Walter Ulbricht – das kam mir so in den Sinn in der Halbeinsamkeit meiner krankhaften Zurückgezogenheit!

Mit den allerherzlichsten Grüßen!

Gerhart Eisler

NB. Ich habe diesen Brief der Genossin Paula Acker im Stenogramm angesagt und niemand außer ihr weiß also etwas darüber.

(SAPMO-BArch, DY 30, NL 90/464)

3. Kapitel

1959–1966: Das lange Ende der Adenauer-Ära

Dokumente

1959–1966: Das lange Ende der Adenauer-Ära

Adenauer will Bundespräsident werden

In den spannungsgeladenen Wochen der außenpolitischen Krise im Frühjahr 1959 kam es in der BRD auch innenpolitisch zu einer Krise, die einige politische Beobachter allerdings als »politische Burleske« bezeichneten: Adenauer bewarb sich um das Amt des Bundespräsidenten. Der Hintergrund war relativ einfach. Die zweite Amtsperiode von Präsident Theodor Heuss lief ab, die SPD nominierte am 12. Februar 1959 Carlo Schmid einstimmig als Kandidaten. Am 24. Februar wurde die Kandidatur von Ludwig Erhard bekannt. Das war insofern eine Sensation, als Erhard allgemein als Nachfolger Adenauers gehandelt wurde und seine Kandidatur nun als perfider Schachzug Adenauers interpretiert wurde, Erhard als seinen Nachfolger zu verhindern. In der Presse sprach man sogar von einem »Kronprinzen«-Mord. Erhard war einer der populärsten Politiker und sollte bei den anstehenden Wahlen 1961 als Wahllokomotive dienen. Insofern war der Konflikt zwischen Adenauer und der CDU/CSU-Fraktion vorprogrammiert. Heinrich Krone bot sogar seinen Rücktritt vom Fraktionsvorsitz an, was Adenauer allerdings ablehnte.

Als Adenauer am 7. April seine Kandidatur vor dem Wahlmännergremium der Union erläuterte, wurde deutlich, daß er vollkommen falsche Vorstellungen von diesem Amt hatte. So wollte er beispielsweise vorläufig Parteivorsitzender bleiben, an allen Kabinettssitzungen teilnehmen und auch die großen Linien der Politik weiterhin bestimmen. Das war eine allzu weite Auslegung des Grundgesetzes. Für die Öffentlichkeit spielten diese Feinheiten allerdings keine Rolle. Die »Bild«-Zeitung schrieb am 8. April mit Balkenlettern: »Sensation in Bonn: Adenauer wird Bundespräsident!« Die Münchner »Abendzeitung« verkündete am gleichen Tag die Botschaft: »Die große Wende: Adenauer dankt ab.«

Genau das wollte Adenauer nicht. Vor allen Dingen aber wollte er nicht, daß Erhard sein Nachfolger würde. Dem Wirtschaftsminister sprach er jegliche außenpolitische Kompetenz ab – angesichts der Berlinkrise ein besonders schwerwiegendes Argument. Er wies wie schon so oft vorher auch darauf hin, daß Erhard bei den Bündnispartnern »allgemein als kein großer Freund der europäischen Integration angesehen werde«. Am 19. Mai 1959 schrieb er an Heinrich Krone:

»Herr Erhard ist der beste Wirtschaftsminister, den wir uns haben wünschen können wegen seiner Kenntnisse auf wirtschaftlichem Gebiete, seiner Dynamik, seines andere mitreißenden Optimismus. Er genießt deshalb im Inland und auch im Ausland als Wirtschaftsminister größtes Ansehen. Aber auf dem so empfindlichen gefährlichen Gebiet der Außenpolitik hat er keine Erfahrungen. [...] So ausgezeichnet Herr Erhard als Wirtschaftsminister ist, so gefährlich würde bei den immer stärker werdenden außenpolitischen Gefahren, bei der schlechten Verfassung des Auswärtigen Amtes seine Wahl zum Bundeskanzler sein, da er ja als solcher die Richtlinien der Außenpolitik zu bestimmen und das so schwache Auswärtige Amt führen muß.«

Am Ende des Briefes kam er noch einmal auf seine Kandidatur zu sprechen. Bei einer möglichen Wahl könne er nicht das Amt des Bundeskanzlers freigeben, wenn er nicht »die sichere Überzeugung« habe, mit der Fraktion in der Frage der Wahl des Bundeskanzlers einig zu sein. Bei einer Wahl Erhards zum Kanzler könne er die Kontinuität seiner Politik »nicht für gesichert« ansehen, von daher werde die »ganze Aktion sinnlos. Ich muß dann, ich wiederhole das, auf die Wahl zum Bundespräsidenten verzichten.«[1]

Genauso kam es denn auch. Am 4. Juni gab Adenauer bekannt, daß er nicht für das Amt des Bundespräsidenten kandidieren werde. Er begründete dies mit der Genfer Außenministerkonferenz und der sich verschlechternden außenpolitischen Lage; er könne in einer so kritischen Phase seinen jetzigen Posten nicht verlassen: »Das würde sowohl im Ausland wie im Inland nicht gut wirken.« Es wirkte vor allen Dingen im Inland nicht gut. In der Fraktion sprach man von einer Katastrophe, in der deutschen Öffentlichkeit wurde zu Recht vermutet, daß Adenauer eine Kanzlerschaft Erhards verhindern wollte. Die Beziehungen zwischen Adenauer und Erhard hatten jedenfalls einen Tiefpunkt erreicht. Als Erhard am 10. Juni von einer zehntägigen USA-Reise nach Bonn zurückkehrte, meinte er nur: »Mit diesem Mann bin ich fertig« – fügte sich aber erwartungsgemäß der Kabinettsdisziplin. Adenauer kommentierte diese Entscheidung mit dem Satz: »Ich bin zufrieden. Es ist alles in Ordnung.« Es sollte nicht in Ordnung sein. In der Öffentlichkeit wurde Adenauer jetzt zum Kanzler auf Abruf, Erhard zu seinem logischen Nachfolger. Hinter vorgehaltener Hand wurde allerdings auch bemerkt, daß Adenauers Zweifel an Erhards außenpolitischer Kompetenz möglicherweise nicht ganz unberechtigt seien.

Der Fernsehstreit

Der bekannte Politikwissenschaftler und Zeithistoriker Arnulf Baring hat 1969 einmal über das Verhältnis Adenauers zur Presse gesagt, er habe in ihr keinen Partner, sondern ein Werkzeug gesehen, das dazu da sei, seiner Politik zu dienen; er habe die Funktion der Presse in einer freiheitlichen Demokratie nie begriffen, wohl auch nicht begreifen wollen, er habe ihren Mitgestaltungsanspruch, ihre Kontrollaufgabe, ihr Recht auf Kritik bestritten.[2] Was Baring hier für die Presse gesagt hat, gilt in noch höherem Maße für den Rundfunk. Adenauers Grundüberzeugung war, daß der Rundfunk auch ein politisches Führungsmittel seiner Regierung sein müsse. Diese Auffassung war es letztlich, die einen Kompromiß zwischen Bund und Ländern verhinderte und zwangsläufig zum Verfassungskonflikt führen mußte, den das Bundesverfassungsgericht im Februar 1961 zunächst einmal beendete.[3]
Der Konflikt war in Art. 73 Grundgesetz angelegt. Ziffer 7 bestimmte, daß der Bund die »ausschließliche Gesetzgebung über das Post- und Fernmeldewesen« hatte. Umstritten blieb, ob damit auch die Organisation des Rundfunks gemeint war, mit anderen Worten, ob der Bund die Organisationsform der einzelnen Rundfunkanstalten bestimmen konnte. Mit den Vorgaben der Alliierten – öffentlich-rechtlicher Rundfunk – war rundfunkpolitisch ein Zustand geschaffen worden, den Adenauer für unerträglich hielt. Sein besonderer Zorn richtete sich gegen den »roten« Nordwestdeutschen Rundfunk (NWDR), die mit Abstand größte westdeutsche Rundfunkanstalt, Ergebnis der, wie er meinte, »unheilvollen Freundschaft zwischen Labour Party und SPD«. Aber nicht nur im NWDR, auch in den übrigen Rundfunkanstalten – mit Ausnahme des Südwestfunks – sah er nur Sozialisten am Werk, die ihm feindlich gesonnen waren und seine Arbeit nicht gebührend würdigten.
Von Anfang an wollte er daher diesen Zustand ändern. Das Problem war und blieb, daß es CDU/CSU-Ministerpräsidenten gab, die – ge-

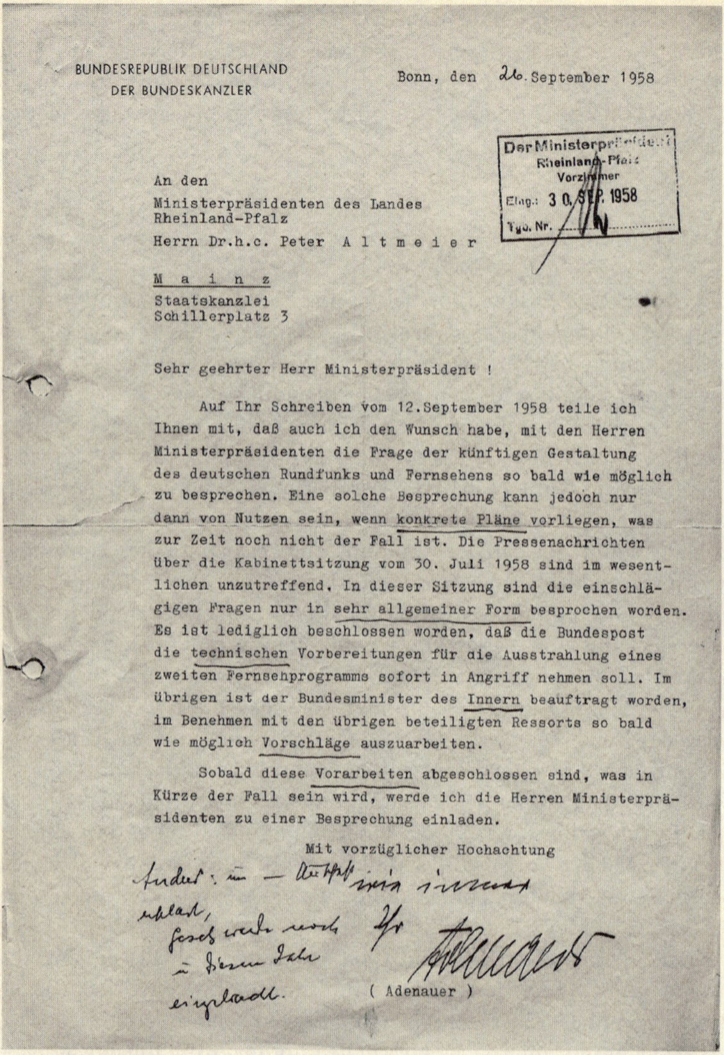

BUNDESREPUBLIK DEUTSCHLAND
DER BUNDESKANZLER

Bonn, den 26. September 1958

Der Ministerpräsident
Rheinland-Pfalz
Vorzimmer
Eing.: 30. SEP. 1958
Tgb. Nr.

An den
Ministerpräsidenten des Landes
Rheinland-Pfalz
Herrn Dr.h.c. Peter Altmeier

Mainz
Staatskanzlei
Schillerplatz 3

Sehr geehrter Herr Ministerpräsident !

Auf Ihr Schreiben vom 12.September 1958 teile ich Ihnen mit, daß auch ich den Wunsch habe, mit den Herren Ministerpräsidenten die Frage der künftigen Gestaltung des deutschen Rundfunks und Fernsehens so bald wie möglich zu besprechen. Eine solche Besprechung kann jedoch nur dann von Nutzen sein, wenn konkrete Pläne vorliegen, was zur Zeit noch nicht der Fall ist. Die Pressenachrichten über die Kabinettsitzung vom 30. Juli 1958 sind im wesentlichen unzutreffend. In dieser Sitzung sind die einschlägigen Fragen nur in sehr allgemeiner Form besprochen worden. Es ist lediglich beschlossen worden, daß die Bundespost die technischen Vorbereitungen für die Ausstrahlung eines zweiten Fernsehprogramms sofort in Angriff nehmen soll. Im übrigen ist der Bundesminister des Innern beauftragt worden, im Benehmen mit den übrigen beteiligten Ressorts so bald wie möglich Vorschläge auszuarbeiten.

Sobald diese Vorarbeiten abgeschlossen sind, was in Kürze der Fall sein wird, werde ich die Herren Ministerpräsidenten zu einer Besprechung einladen.

Mit vorzüglicher Hochachtung

(Adenauer)

Abb. 13: Nach jahrelangen Auseinandersetzungen mit den Ländern unterzeichnet Konrad Adenauer im Juli 1960 den Vertrag über die Errichtung der »Deutschland Fernsehen GmbH«. Das »Fernsehabenteuer« des Bundeskanzlers wird im Februar 1961 vom Bundesverfassungsgericht gestoppt.

nauso wie die SPD-Regierungschefs – jeden Einbruch des Bundes in ihre – vermeintlichen – Kompetenzen verhindern wollten. Daran scheiterte denn auch in der ersten Legislaturperiode die Verabschiedung eines Bundesrundfunkgesetzes. Adenauer konnte sein Ziel, die Neuordnung des Rundfunks »rechtzeitig vor den Wahlen« im September 1953, wie er es in der Kabinettssitzung am 3. September 1952 gefordert hatte, nicht erreichen.

Das wiederholte sich dann in der zweiten Legislaturperiode. Es gab hier allerdings schon Überlegungen, die Länder zu umgehen. Minister Siegfried Balke, zuständig für Post und Fernmeldewesen, meinte im Juli 1955, der Bund sollte »notfalls ohne ausdrückliche gesetzliche Regelung auf dem Rundfunkgebiet [...] dadurch aktiv werden, daß er überwiegend von ihm beeinflußte Gesellschaften lizenziert«. Damit war ein zweites Fernsehprogramm gemeint; die Kosten dafür sollten durch Werbefunk aufgebracht werden. Balke ging dabei von der Überzeugung aus, daß die Wirtschaft auf Dauer nicht von den Werbemöglichkeiten des Fernsehens ausgeschlossen werden könne.

Neben dem Fernsehen ging es auch um zwei Rundfunksender. Zum einen um die »Deutsche Welle« für Kurzwellensendungen ins Ausland, vergleichbar der amerikanischen »Voice of America«, zum anderen um einen überregionalen Sender mit Sitz in Berlin. Bei dessen politischer Zielsetzung waren sich alle Beteiligten darin einig, daß es sich um »das wertvollste Instrument für die Beeinflussung der Ostzonenbevölkerung« handeln sollte, und daß es darum ging, »die Deutschen in der Sowjetzone in ihrem Aushaltewillen zu bestärken und ihr Vertrauen in die Politik der Bundesregierung nicht zu erschüttern«.

Nach den Bundestagswahlen 1957 ging die Bundesregierung entschlossen daran, den Rundfunk in ihrem Sinne zu »reformieren«. Auf einer Sitzung des zuständigen Arbeitskreises der CDU/CSU-Bundestagsfraktion im Januar 1958 hieß es, die Rundfunkintendanten gebärdeten sich als Souveräne; die Aufsichtsgremien seien kaum in der Lage, ihre Funktion zu erfüllen, da deren Mitglieder sich als »ungemein schwach, meist auch wenig sachkundig« erwiesen hätten. Das Personal der Rundfunkanstalten sei »politisch meist links« oder auch »intellektuell snobistisch« orientiert. Der Bund aber sei »ohne jeden Einfluß auf den Rundfunk«. Bei längerem Zuwarten bestehe die Gefahr, daß dieser Zustand unüberwindbar oder legal festgelegt werde.

Anderthalb Jahre später, am 30. September 1959, verabschiedete die Bundesregierung den »Entwurf eines Gesetzes über den Rundfunk«.

Darin waren nicht nur die Errichtung der »Deutschen Welle« für Auslandssendungen und des »Deutschlandfunks« für Sendungen für Deutschland und das europäische Ausland vorgesehen, sondern vor allem eine zweite Fernsehanstalt; die Durchführung der Fernsehsendungen sollte Gesellschaften privaten Rechts übertragen werden. Die Länder lehnten den Entwurf einstimmig ab und baten die Bundesregierung, ihn zurückzuziehen. Diese Einstimmigkeit wurde in der Öffentlichkeit als eindrucksvolle Demonstration der Geschlossenheit von SPD- und CDU/CSU-Ministerpräsidenten gewertet. Nicht bekannt war, daß diese Einigung nur mit Mühe zustande gekommen war. An dem Punkt hakte Adenauer denn auch ein und lud die der CDU/CSU angehörenden Ministerpräsidenten für den 16. Dezember 1959 zu einem Parteigespräch nach Bonn ein. Diese Besprechung hatte Konsequenzen. So erhielt jetzt die »Freies Fernsehen GmbH«, hinter der der »Bundesverband der Deutschen Industrie« und verschiedene Zeitungs- und Zeitschriftenverleger standen, vom Presse- und Informationsamt der Bundesregierung den Auftrag, ein zweites Fernsehprogramm zu produzieren. Der Gesellschaft wurde außerdem nahegelegt, sich um einen Bankkredit in Höhe von 20 Millionen DM zu bemühen, für den die Bundesregierung die Bürgschaft übernehmen wollte.
Am 27. Januar 1960 legte die Bundesregierung dem Bundestag den Gesetzentwurf zur ersten Lesung vor. Für die SPD, die sich für den Abschluß eines Staatsvertrages zwischen Bund und Ländern aussprach, war der Entwurf ein einseitiges politisches Instrument der Bundesregierung zum Zwecke einseitiger politischer Meinungsbildung. Er wurde dennoch am 29. Juni vom Bundestag – gegen die Stimmen der SPD – verabschiedet. Es stellte sich jetzt die Frage, wie die CDU/CSU-Ministerpräsidenten im Bundesrat entscheiden würden; ob der »Rütli-Schwur« der Regierungschefs halten würde. Er sollte halten, auch wenn der Bayerische CSU-Ministerpräsident Hans Ehard meinte, er stehe »vor einer der schwersten Entscheidungen seines Lebens«. Ein Kompromißangebot an die Bundesregierung – zweites Fernsehprogramm als Verwaltungsabkommen, drittes und alle weiteren Fernsehprogramme Sache der Länder – führte zu einer direkten Aktion Adenauers. Er entschloß sich zu jenem folgenschweren Schritt, der eine Entwicklung einleitete, die in einer der wichtigsten innenpolitischen Angelegenheiten seit Bestehen der Bundesrepublik zu einer vernichtenden Niederlage des Bundes vor dem Bundesverfassungsgericht und

schließlich zur Gründung des »Zweiten Deutschen Fernsehens« (ZDF) durch die Bundesländer führte.
Adenauer unterzeichnete nämlich am 25. Juli 1960 gemeinsam mit Justizminister Fritz Schäffer den Vertrag über die Errichtung der »Deutschland Fernsehen GmbH«. 12000 DM brachte er selbst für die Bundesrepublik Deutschland ein, 11000 DM Minister Schäffer, der als Treuhänder für die Länder fungierte. Adenauer hatte die Länder damit nicht nur vollständig überrumpelt, er machte ihnen auch durch die Art und Weise seines Vorgehens deutlich, daß er nicht mehr länger gewillt war, auf sie Rücksicht zu nehmen. Im übrigen hatte er es eilig: Die neue Fernsehanstalt sollte am 1. Januar 1961 auf Sendung gehen, die Bundestagswahlen würden im September stattfinden.
Das Präsidium der SPD verurteilte Adenauers Vorgehen als »glatte Erpressung gegenüber den Ländern«. In der Hessischen Staatskanzlei sprach man schon vom »Ende des Föderalismus – und vielleicht auch der Demokratie«. Hessens SPD-Ministerpräsident Georg August Zinn erklärte, es gehe Adenauer nicht in erster Linie um ein zweites Fernsehprogramm, sondern um ein Propagandainstrument für die kommende Bundestagswahl. Seine Erklärung gipfelte in der Feststellung: »Dieser Husarenstreich gegen die Länder erweckt Erinnerungen an das Vorgehen Franz von Papens gegen Preußen im Jahre 1932.«
Es war nur konsequent, daß die SPD-regierten Länder Hamburg, Niedersachsen, Bremen und Hessen nun das Bundesverfassungsgericht in Karlsruhe anriefen. Die SPD-Politiker waren sich dabei bewußt, daß sie damit einen risikoreichen Prozeß mit hohem Einsatz angestrengt hatten. Der Ausgang war ungewiß; nicht umsonst waren die Länder – und auch der Bund – jahrelang vor diesem Schritt zurückgeschreckt und hatten sich auf Kompromisse eingelassen. Die Karlsruher Richter mußten die grundsätzliche Frage entscheiden, wie weit die Kulturhoheit der Länder reichte und ob sich aus ihr zwangsläufig auch deren Rundfunkhoheit ableitete.
Das, wie es hieß, »Fernsehabenteuer« des Bundeskanzlers wurde dann am 28. Februar 1961 durch das inzwischen berühmt gewordene Fernsehurteil des Zweiten Senats des Bundesverfassungsgerichts gestoppt. Nach dem Karlsruher Urteil hatte die Bundesrepublik, wie es Innenminister Gerhard Schröder im Bundestag eingestand, »einen Scherbenhaufen vor den Füßen«. Vom höchsten deutschen Gericht war ihr bescheinigt worden, daß sie auf verfassungswidrige Weise versucht hatte, einen Staatsrundfunk einzurichten und damit die Meinungs-

freiheit zu verletzen. Die Niederlage der Bundesregierung war eine persönliche Niederlage Adenauers, auch wenn er meinte, das Urteil sei falsch. Keine innenpolitische Maßnahme hatte bis dahin soviel Emotionen und so hohe Erwartungen geweckt wie das »Adenauer-Fernsehen«. Der Ausgang wurde auch für Adenauer zu einer schweren Hypothek – was heute im Zeitalter von Privatfernsehen und Satellitenausstrahlung vielleicht etwas relativiert betrachtet werden muß. Damals sah das anders aus. Noch waren die Auseinandersetzungen um die Nachfolge von Bundespräsident Heuss nicht vergessen; nun hatte Adenauer ein weiteres Beispiel schlechten politischen Stils geliefert, das nicht nur das Verfassungsgefüge der Bundesrepublik erschüttert hatte, sondern auch Rückwirkungen auf das Verhalten der Wähler nicht ausschloß – und das wog in einem Wahljahr besonders schwer. Aus dem Streit zwischen Bund und Ländern waren die Länder jedenfalls als eindeutige Sieger hervorgegangen. Durch das Karlsruher Urteil erhielt der Föderalismus in der Bundesrepublik eine entscheidende verfassungsrechtliche Abstützung. Ein Ergebnis war die Einrichtung des Zweiten Deutschen Fernsehens mit Sitz in Mainz durch die Länder. Ein entsprechender Staatsvertrag wurde am 6. Juni 1961 unterzeichnet; am 1. April 1963 ging das ZDF auf Sendung.
Parallel dazu – und von Anfang an weniger problematisch – wurden per Bundesgesetz zwei neue Rundfunksender errichtet: die »Deutsche Welle« in Köln (für Auslandssendungen) und der »Deutschlandfunk«, der als Wiedervereinigungssender konzipiert war (ebenfalls mit Sitz in Köln, nachdem die Westalliierten Berlin abgelehnt hatten). Er begann am 1. Januar 1962 seine Arbeit mit folgenden Grußworten von Bundespräsident Heinrich Lübke an die Deutschen in der DDR:

»Man kann jede Mauer [...] höher und stärker machen; man kann eine zweite und dritte ziehen, den letzten Fluchtweg blockieren oder selbst einen festtäglichen Besuch von Kindern bei ihren Eltern unterbinden: noch aber gibt es Ätherwellen, die von uns zu Ihnen hinüberreichen, die ein verbindendes Wort zu Ihnen bringen sollen, ein informierendes, ein erleichterndes oder auch ein tröstendes.«

Heute macht der Deutschlandfunk immer noch ein hervorragendes Programm. Daneben gibt es das DeutschlandRadio in Berlin, das aus dem ehemaligen DDR-Sender (in Ost-Berlin) und dem RIAS (in West-Berlin) hervorgegangen ist.

Die SPD auf Korrekturkurs

Bei der Bundestagswahl 1957 hatte die SPD zum drittenmal in Folge eine Niederlage einstecken müssen. Mit 31,8 % hatte man zwar einen Anstieg gegenüber 1949 (29,2 %) und vor allen Dingen auch gegenüber 1953 (28,8 %) verbuchen können, aber was war das im Vergleich zur absoluten Mehrheit der CDU/CSU mit 50,2 % der Stimmen? Die SPD als Klassenpartei war offensichtlich nicht mehr gefragt angesichts einer mehr und mehr bürgerlich orientierten Gesellschaft. Die Partei ging nun daran, sich ein neues Programm zu geben, das das alte, noch vom Klassenkampf bestimmte Heidelberger Programm aus dem Jahre 1925 ablösen sollte. Das geschah auf einem Sonderparteitag in Bad Godesberg am 15. November 1959. Mit diesem »Godesberger Programm« ging die SPD auf Distanz zum Marxismus; nach eigenen Worten war sie »von einer Partei der Arbeiter zu einer Partei des Volkes geworden«. Die Sozialdemokraten waren »auf neuem Kurs«, wie die »Süddeutsche Zeitung« in ihrer Schlagzeile am 16. November betonte. Die neuen Schlagworte lauteten »Verzicht auf Sozialisierung – Bekenntnis zur Landesverteidigung – Zusammenarbeit mit den Kirchen«.

Das schien auf den ersten Blick in der Tat vollkommen neu, aber bei genauem Hinschauen waren immer noch einige klassenkämpferische Töne erkennbar, wenn z. B. von der »Bändigung der Macht der Großwirtschaft« die Rede war, oder von der »Beute mächtiger Interessengruppen«. Wie hatte der alte Kurs wohl ausgesehen, wenn der neue jetzt folgendermaßen definiert wurde: »Freie Konsumwahl und freie Arbeitsplatzwahl sind entscheidende Grundlagen, freie Unternehmerinitiative und freier Wettbewerb sind wichtige Elemente einer sozialistischen Wirtschaftspolitik«?

Der nächste Schritt – wohl auch schon mit Blick auf die Wahl 1961 – erfolgte am 17. März 1960: Die SPD ließ ihren fast auf den Tag genau ein Jahr vorher veröffentlichten Deutschlandplan fallen. Mit dem Deutschlandplan hätten Verhandlungen der beiden deutschen Staaten über eine Wiedervereinigung eingeleitet werden können. Gedacht waren drei Stufen: 1. Stufe: Bildung einer gesamtdeutschen Konferenz; 2. Stufe: Bildung eines gesamtdeutschen parlamentarischen Rates; 3. Stufe: Vorbereitung von gesamtdeutschen Gesetzen zum Steuersystem etc. In einem Beitrag für das Parteiorgan »Vorwärts« sprach Herbert Wehner, stellvertretender Vorsitzender der SPD, jetzt von einem politischen Irrtum. Drei Monate später machte Wehner den nächsten Schritt: Am 30. Juni bekannte er sich in einer Rede im Bundestag mit Nachdruck zur Westintegration, d. h. zu allen Vertrags- und Bündnisverpflichtungen der Bundesrepublik, die, so Wehner jetzt, »Grundlage und Rahmen für alle Bemühungen der deutschen Wiedervereinigungspolitik« seien. Mit diesem Bekenntnis zur NATO gab die SPD erstmals der Westintegration den Vorrang vor einer Wiedervereinigung. Die »Bild«-Zeitung interpretierte die Rede Wehners mit folgender Schlagzeile: »Endlich: CDU und SPD auf gleichem Kurs.«

Die Bundestagswahl 1961

Der Mauerbau überschattete dann ein Jahr später den Wahlkampf. Daß Adenauer nach der Sperrung der Sektorengrenze in Berlin den Wahlkampf fortsetzte, so als ob nichts geschehen wäre, sich in Nürnberg zu jener unmöglichen Äußerung über seinen Herausforderer »Brandt alias Frahm« hinreißen ließ (damit spielte er auf Brandts Herkunft und dessen Exil in Norwegen an) und sich anschließend auch noch damit verteidigte, das sei »sehr maßvoll« gewesen, war übelstes Wahlkampfkalkül und kostete ihn enorm viel Sympathie bei den Wählern. Das Wahlergebnis vom 17. September sah entsprechend aus: Die CDU/CSU verlor 4,8 % der Stimmen und damit ihre absolute Mehrheit, blieb jedoch mit 45,3 % der Stimmen stärkste Fraktion vor der SPD mit 36,2 % (4,4 % Gewinn); die FDP erzielte mit 12,8 % ihr bis dahin bestes Ergebnis.

Adenauer aber wollte wieder Kanzler werden. In der Sitzung des CDU-Bundesvorstands am 19. September ließ er keinen Zweifel an dieser Absicht: »Ich spreche sehr offen und ungehemmt zu Ihnen. Ich würde es für einen schweren Fehler halten für unsere Partei, wenn ich jetzt nicht Kanzler würde.«[4] Seinen Kritikern nahm er den Wind aus den Segeln, indem er ankündigte, etwa in der Mitte der Legislaturperiode zurückzutreten. Er ließ sogar der SPD ein Angebot für eine große Koalition unterbreiten. Die CDU geriet in eine schwere Krise. Gerüchte über die Ablösung Adenauers als Kanzler hatten Konjunktur. Als aussichtsreichster Kandidat für seine Nachfolge galt Wirtschaftsminister Ludwig Erhard. Damit setzte Adenauer die FDP unter Druck, die mit dem Slogan in die Wahl gegangen war: »Für die CDU – ohne Adenauer.« Die Regierungsverhandlungen verliefen außerordentlich kompliziert; am Ende war es dann doch wieder eine Koalition mit der

FDP. Deren Vorsitzender, Erich Mende, galt seither als »Umfaller«. Da half es auch nicht, daß sich die FDP Adenauers Verpflichtung, nach zwei Jahren als Kanzler zurückzutreten, auf ihre Fahnen schrieb.
In der Öffentlichkeit erschien Adenauer damals als alter Mann, der von der Macht nicht lassen konnte. Tatsächlich aber war er es, der in den folgenden Wochen und Monaten mit ungeheurer Zähigkeit und auch Starrsinn den Anglo-Amerikanern in ihrem Bemühen entgegentrat, mit den Sowjets ins Gespräch zu kommen – logischerweise auf Kosten der Deutschen. Das ändert nichts an der Tatsache, daß Adenauer sicherlich innenpolitisch angeschlagen war und hier nicht mehr souverän agierte. Das wurde besonders deutlich bei der sogenannten »Spiegel-Affäre« im Oktober/November 1962, die eigentlich eine »Strauß-Affäre« war. Sie führte nicht nur zu einer innenpolitischen Erschütterung und zur Regierungsumbildung, sondern auch zu einer breiten intellektuellen Opposition; es entstand ein, wie der Politologe Kurt Sontheimer später meinte, »geistiges Ferment für die Veränderung der Bundesrepublik in Richtung auf mehr Demokratie und mehr Emanzipation«.

Die Spiegel-Affäre

Im »Spiegel« Nr. 41 vom 10. Oktober 1962 erschien der Artikel »Bedingt abwehrbereit«; Autor war Conrad Ahlers. Es ging darin um den Generalinspekteur der Bundeswehr, Friedrich Foetsch, und um das Ende September abgehaltene NATO-Stabsmanöver »Fallex 62«. Das Fazit des Artikels lautete: »Mit Raketen anstelle von Brigaden und mit Atomgranatwerfern anstelle von Soldaten ist eine Vorwärtsverteidigung der Bundeswehr nicht möglich, eine wirksame Abschreckung bleibt fraglich.« Ahlers kam zu dem Ergebnis, auch nach sieben Jahren Wiederbewaffnung und sechs Jahren Verteidigungsminister Strauß erhalte die Bundeswehr »noch immer die niedrigste NATO-Note: zur Abwehr bedingt geeignet«.
Das Bundesverfassungsgericht stellte später fest, daß strategische und militärpolitische Fragen der Art, wie sie »Der Spiegel« veröffentlicht hatte, »in der gesamten westlichen Welt in aller Offenheit diskutiert werden«. Was mehr als 14 Tage nach Erscheinen des Artikels allerdings geschah, nährte den Verdacht, daß es hier in erster Linie um eine Privatfehde zwischen Franz Josef Strauß und dem Herausgeber des »Spie-

gel«, Rudolf Augstein, ging – und das noch an der Legalität vorbei. Alles zusammen entwickelte sich zu einer Krise des Verfassungsstaates. Am 26. Oktober wurden die Redaktionsräume des »Spiegel« in Hamburg und Bonn durchsucht und von Kriminalbeamten besetzt, Augstein selbst und die führenden Mitarbeiter des Magazins verhaftet. Ahlers wurde unter dubiosen Umständen an seinem Urlaubsort in Spanien festgenommen. Für seine Verhaftung gab es keine Rechtsgrundlage; Justizminister Wolfgang Stammberger (FDP) wurde nicht einmal unterrichtet.

Es kam in der Folge zu einer Reihe falscher Aussagen der zuständigen Politiker, die nur mit quälender Langsamkeit aufgedeckt werden konnten und in der Öffentlichkeit des In- und Auslandes zum Gefühl der Rechtsunsicherheit und der Gefährdung der Pressefreiheit zu politischen Zwecken in der Bundesrepublik führten. Einige politische Beobachter sprachen sogar von einer Staatskrise. Verteidigungsminister Strauß betonte mit Nachdruck in der Öffentlichkeit: »Ich habe nichts, in buchstäblichem Sinne nichts, mit der ›Spiegel‹-Angelegenheit zu tun.« Das war die Unwahrheit. Im Bundestag kam es zu erregten Auseinandersetzungen. Bundesinnenminister Hermann Höcherl gab zu, daß die Verhaftung Ahlers' in Spanien »etwas außerhalb der Legalität« gewesen sei. In Erinnerung bleibt das, was Adenauer am 7. November im Bundestag sagte, nämlich u. a.:

»Wir haben einen Abgrund von Landesverrat im Lande [...], denn, wenn von einem Blatt, das in einer Auflage von 500 000 erscheint, systematisch, um Geld zu verdienen, Landesverrat betrieben wird, [...] wenn Herr Ahlers in Deutschland gewesen wäre und er wäre verhaftet worden, dann könnte kein Mensch etwas dagegen sagen. Er war zufällig in Spanien, und da hat ihn dasselbe Mißgeschick getroffen. Nun, wir wollen prüfen: Sind da irgendwelche Bestimmungen verletzt worden? Ich weiß es nicht. Aber ob der Mann, gegen den das Bundesgericht wegen des Verdachts eines so schweren Verbrechens einen Haftbefehl erläßt, nun in Malaga oder in Hamburg verhaftet wird, darüber rege ich mich nicht auf.«

Darauf entgegnete der FDP-Abgeordnete Wolfgang Döring:

»Aber, Herr Bundeskanzler, ich bin nicht nur meinem Freunde, sondern auch dem Staatsbürger Augstein und allen anderen schuldig, dagegen zu protestieren, daß Sie hier sagen: Herr Augstein verdient am Landesverrat. Dann haben Sie als erster sich ein Urteil gefällt, das zu fällen nur dem Gericht zusteht. Ich bin nicht bereit, unwidersprochen hinzunehmen, daß letztlich durch eine ganz bestimmte Stimmungsentwicklung, gleichgültig, wer sie bewirkt, Leute verurteilt sind, bevor sie überhaupt jemals einen Gerichtssaal gesehen haben.«

Und der SPD-Rechtsexperte Adolf Arndt erklärte in derselben Sitzung:

»Sehen Sie, das ist einfach die Spannung, weil hier nämlich die Auffassung vertreten wird: Auf das Wie, auf die Methode, kommt es gar nicht an. Als ob der Zweck die Mittel heilige. Wenn wir uns auf rechtsstaatliche Weise verteidigen, dann bildet es sehr wohl einen Unterschied, ob jemand in Malaga unter Verstoß gegen internationale Abreden oder auf sonst dunkelhafte und zweifelhafte Weise seiner Freiheit beraubt worden ist, oder ob er hier auf unserem Boden auf einen Haftbefehl eines Richters festgenommen worden ist. Das ist eine Frage der Rechtsstaatlichkeit.«[5]

Wegen der undurchsichtigen Rolle von Verteidigungsminister Strauß beschloß die FDP am 17. November, ihre fünf Minister aus der Bundesregierung zurückzuziehen. Damit war die Regierungskrise perfekt. Die Union stand erstmals ernsthaft vor der Frage, ob sie eine Koalition mit der SPD anstreben sollte. Die CDU/CSU-Bundestagsfraktion hatte beschlossen, nach beiden Seiten hin, also mit FDP und SPD, Verhandlungen aufzunehmen. Ferner hatten der Bundesminister für Wohnungsbau, Paul Lücke (CDU), und der CSU-Bundestagsabgeordnete Karl Theodor von und zu Guttenberg mit dem stellvertretenden SPD-Vorsitzenden Herbert Wehner Gespräche geführt, ohne dazu autorisiert gewesen zu sein.
In der emotionalen Debatte des CDU-Bundesvorstandes am 3. Dezember in Berlin wurde deutlich, daß es nach der jahrelangen Ausgrenzungsstrategie gegenüber der SPD, die man im Bundestagswahlkampf 1957 noch als Untergang Deutschlands bezeichnet hatte, praktisch unmöglich war, sie nun der eigenen Anhängerschaft als Partner zu präsentieren. Bundestagspräsident Eugen Gerstenmaier forderte jedoch, das Nachdenken über eine Verbindung mit der SPD nicht länger zu tabuisieren. Franz Josef Strauß dagegen warnte: »Wir sollten aber nicht glauben, daß Wehner heute der freundliche Weihnachtsmann ist. Er ist der einzige in der SPD, der von Macht auf lange Sicht etwas versteht.«[6]
Die Diskussion zeigte, daß sich eine Koalition mit der SPD zu einer greifbaren Möglichkeit entwickelte, bei allen damit verbundenen Gefahren für die Union. 1962 war aber die Zeit dafür noch nicht reif, weder für die CDU/CSU noch für die SPD. Bei einer Abstimmung in der SPD-Fraktion am 5. Dezember sprach sich nämlich die Mehrheit gegen eine Koalition unter Adenauer aus. Vier Jahre später sah das dann anders aus. Mit Mühe gelang Adenauer im Dezember 1962 eine Neuauflage der Koalition, wobei in den Gesprächen mit dem bisherigen Koalitionspartner FDP auch die Frage nach der Person des Kanzlers gestellt worden war, wenn auch nicht so ultimativ wie bei der SPD. Am

14. Dezember stand die neue Regierung; Strauß gehörte ihr nicht mehr an. Adenauer kündigte den Rücktritt vom Kanzleramt für den Herbst des Jahres 1963 an. Die Spiegel-Affäre hatte damit das Ende der Ära Adenauer zwar nicht herbeigeführt, wohl aber beschleunigt und mit einem präzisen Datum versehen.

Was bleibt von Adenauer?

In der Nachfolgefrage konzentrierte sich in den folgenden Wochen und Monaten alles auf Wirtschaftsminister Ludwig Erhard – gegen den hartnäckigen Widerstand Adenauers. Dessen Äußerung »Den bring' ich noch auf Null!« wurde damals auch in Bonn bekannt und stärkte nur noch die Sympathien für Erhard. Die überfällige und geradezu lähmende Nachfolgefrage wollte die Fraktion geklärt haben. Die entscheidende Sitzung fand dann am 23. April 1963 statt. In dieser Sitzung begründete Adenauer noch einmal, warum er Erhard ablehnte. Er wies alle persönlichen Motive zurück und beharrte auf dem für ihn entscheidenden Punkt:

»Der Bundeskanzler muß Politiker sein! (Heiterkeit) Er muß Politiker sein! Und meine Damen und Herren, nun bleibe ich dabei, es kann jemand der beste aller Wirtschaftsminister sein, ohne daß er deswegen für die politischen Fragen dasselbe Verständnis aufbringt (Unruhe).«

Und schließlich:

»Ich spreche nicht gern aus, daß ich einen Mann, mit dem ich selbst seit 14 Jahren zusammengearbeitet habe und der Hervorragendes geleistet hat, nun für einen anderen Posten, den er haben möchte, nicht für geeignet halte (starke Unruhe). Deswegen darf ich doch meine Meinung aussprechen! Ich habe nur eine Stimme, Sie mögen das entscheiden, das ist Ihr Recht und Ihre Pflicht.«

Die Abstimmung war kein überwältigender Sieg für Erhard: 159 zu 47 Stimmen bei 19 Enthaltungen. Die Wahl wirkte trotzdem auf die Union geradezu befreiend. Zu lange hatte man das Nachfolgeproblem vor sich hergeschoben, immer stärker war die Einsicht in den Reihen der CDU/CSU geworden, daß sich Adenauer seit 1960 selbst überlebt hatte. Sein unfreiwilliger Rücktritt, der eher einem Sturz glich, war nur folgerichtig. Am 11. Oktober erklärte er seinen Rücktritt vom Amt des Bundeskanzlers mit Ablauf des 15. Oktober. Am 16. Oktober wählte der Bundestag Ludwig Erhard mit 279:180 Stimmen (der SPD) und bei 24 Enthaltungen zum neuen Bundeskanzler. Damit endete eine

Ära in der Geschichte Deutschlands, die verdientermaßen den Namen des ersten Kanzlers trägt.

Was bleibt in der Rückschau des Jahres 2002 von dieser Ära, von dem Politiker Adenauer? »Ob Kritiker oder Bewunderer – die prägende Kraft seiner ebenso faszinierenden wie umstrittenen Persönlichkeit leugnet niemand«, wie Herbert Lilge bereits 1965, zwei Jahre vor Adenauers Tod, feststellte[7], und was wohl immer noch Gültigkeit hat. Was war »der Alte« nicht alles? Er war ein großer Innenpolitiker: Die Einführung der dynamischen Altersrente gehört zu den grundlegenden Entscheidungen seiner Regierungszeit, genauso wie die Integration von Millionen Flüchtlingen und Vertriebenen. Er zeigte den Deutschen, daß eine parlamentarische Demokratie eine starke, in gewisser Weise sogar autoritäre Führung nicht ausschloß. Kanzlerdemokratie nannte man das, was wohl nur in seiner Zeit möglich war. Er konnte verletzend sein; wer sein Feind war, hatte in der Regel ausgespielt.

Er war – erstaunlich genug – auch ein eminent fleißiger Briefschreiber; er schrieb mit spitzer Feder, mit Humor und beißendem Witz. Das bereitet Lesevergnügen. Ein gutes Beispiel dafür ist die folgende köstliche Kontroverse: 1956 hatte die Bildung einer SPD/FDP-Regierung in Düsseldorf und der Auszug der FDP-Minister aus der Bonner Regierung das Ende der Koalition besiegelt; am 27. September 1957 depeschierte der neue Vorsitzende der nunmehr oppositionellen FDP und ehemalige Ministerpräsident von Baden-Württemberg, Reinhold Maier, folgendes an Adenauer:

»Nach Zeitungsmeldungen haben Sie als ›frommer Katholik‹ der von den Düsseldorfern irregeleiteten FDP ›einige Jahre Fegefeuer‹ gewünscht. Als guter Protestant wünsche ich, daß es Ihnen noch reicht, Ihre Sünden im Diesseits abzubüßen. Das ist ein nicht minder frommer Wunsch, denn dann ist Ihnen ein sehr, sehr langes Leben beschieden.«

Adenauer antwortete:

»Ich danke Ihnen für Ihre Güte. Ich möchte aber hinzufügen, daß das deutsche Wort ›Fegefeuer‹ eigentlich kein gutes Wort ist. Es handelt sich um ein Purgatorium, einen Aufenthalt, der nicht von Qualen beeinträchtigt ist, aber die Möglichkeit der Einkehr bietet.«[8]

Die Aussöhnung mit Frankreich, die Wiedergutmachung an Israel als moralische Verpflichtung des deutschen Volkes, die Entscheidung für die europäische Integration: gewichtige Punkte auf der Haben-Seite seiner Politik. Weniger positiv die Auseinandersetzung mit den Verbrechen des Nationalsozialismus, der er keinen zentralen Platz in sei-

ner Innenpolitik einräumte. Daß ein Mann wie Hans Globke sein engster Vertrauter war und blieb, ist kein Ruhmesblatt.
Wir kommen damit zum Kernpunkt seiner Politik, der Westintegration der Bundesrepublik und seiner Wiedervereinigungspolitik. Der Autor gehörte hier zu den schärfsten Kritikern Adenauers. Im Mittelpunkt der Kontroverse stand die Stalin-Note vom März 1952. Die Behandlung dieser Note zeigt die grundsätzliche Position der Adenauerschen Politik auf. Aus dem Elend der deutschen Geschichte und dem Mißtrauen gegenüber seinen Landsleuten leitete Adenauer nach 1945 seine Grundsatzentscheidung ab, das Gesicht der (West-)Deutschen nach Westen zu wenden: Sein Ziel war die bedingungslose Westbindung, die er gleichzeitig als einzig möglichen Weg deutscher Politik und einzigen und kürzesten Weg zur Wiedervereinigung mehrheitsfähig machte. Die Westintegration, das hieß Freiheit und Sicherheit für die Bundesrepublik, hatte auf jeden Fall Vorrang vor der Wiedervereinigungspolitik.
Diese Westintegration war für Adenauer auf gar keinen Fall ein Tauschobjekt für ein Wiedervereinigungsgeschäft mit den Sowjets. »Kein Angebot der Sowjetunion« könne ihn bewegen, so betonte er einmal im Juni 1952, »aus der Verbindung mit dem Westen auszubrechen«; ein solcher Ausbruch müsse die Bundesrepublik »schließlich dem asiatischen Osten ausliefern«. Wiedervereinigung war für Adenauer »kein Ziel für sich, sondern nur ein Glied in einer großen Kette von Auseinandersetzungen zwischen Ost und West«, wie er betonte. Das von den Sowjets mehrfach angebotene Deutschland, vor allen Dingen das Angebot von März 1952 – militärisch blockfrei, aber bewaffnet –, hatte keinen Platz in Adenauers Denken. Für ihn wurde daraus sofort ein neutralisiertes, international ungesichertes und national völlig isoliertes Deutschland. Er brachte das auf die griffige Formel »Neutralisierung heißt Sowjetisierung, und wäre mit einem Selbstmord Deutschlands gleichzusetzen«. Im Bundestag machte er es noch kürzer; es gehe um die Wahl zwischen Freiheit und Sklaverei: »Wir wählen die Freiheit!« Adenauer, so zuletzt noch im Januar 2002 Botschafter a. D. Erwin Wickert,

»hätte die Wiedervereinigung damals vielleicht haben können, aber er wollte das Risiko eines neutralen, jedoch im Inneren wie nach außen hin labilen Staates auf der Grenze zwischen zwei hochgerüsteten Militärblöcken nicht eingehen.«.[9]

Dies war sicherlich nicht der einzige Grund. Die Briten hatten 1952 noch andere Gründe genannt (s. Bd. 2, S. 180 f.). Adenauers Grundsatzentscheidung ging nur auf Kosten jener 18 Millionen Deutschen, die in der DDR lebten: Während es in der BRD stetig bergauf ging, blieb die DDR für viele »der doofe Rest«, wie bösartig-zynisch bis resignierend zu hören war.

Auch wenn immer wieder die alten Geschichten erzählt werden, wonach Adenauer schon in den zwanziger Jahren hinter Magdeburg die Vorhänge in seinem Auto zugezogen habe, weil dort Asien beginne, und er möglicherweise an einer Wiedervereinigung gar nicht interessiert gewesen sei: Dies ist so nicht zu halten. Die Frage bleibt nur, inwieweit sein Konzept – erst den Westen so stark wie möglich machen und dann aus einer Position der Stärke heraus mit der Sowjetunion über eine Wiedervereinigung verhandeln – realistisch war und von welchem Zeitraum man dabei ausgehen mußte. Adenauer war auch davon überzeugt, und das hat er auch gesagt, daß es eine Wiedervereinigung nur mit den Westmächten, niemals mit der Sowjetunion geben werde. Schon bald wurde erkennbar, daß die Westmächte nicht mehr an einer Wiedervereinigung interessiert waren, auch wenn Adenauer sie darauf in den Pariser Verträgen 1954 festgelegt hatte. Das wird besonders deutlich in der Berlinkrise, wo Adenauer das Opfer seiner eigenen Politik wurde.

Solange Dean Acheson und John Foster Dulles Außenminister und verläßliche Partner Adenauers waren, hielt dieser Kurs; als sie abtraten, änderte sich die Gesamtlage fast dramatisch. Wir wissen heute, daß z. B. die Briten überhaupt nicht an einer Wiedervereinigung interessiert, aber bereit waren, die DDR anzuerkennen. Nach dem Mauerbau wollten Amerikaner und Briten Adenauer sogar so weit bringen, den »Sarg ihrer Deutschlandpolitik« mitzutragen. Die Teilung der Nation wurde durch den Mauerbau im wahrsten Sinne des Wortes zementiert und zu einem stabilen Element in einer instabilen Welt – und so von den Westmächten akzeptiert. Dies wurde nun auch jenen schmerzlich bewußt, die ihre Hoffnung in die Westmächte gesetzt hatten. Der Vorsitzende der CDU/CSU-Bundestagsfraktion, Heinrich Krone, schrieb am 18. August 1961 in sein Tagebuch: »Die Stunde der großen Desillusion. Das deutsche Volk hatte vom Westen mehr als eine Protestnote erwartet. Stimmen werden laut, die das Vertrauen in den Westen anzweifeln.«[10] Am Jahresende 1961 zog er eine bittere Bilanz:

»An der Mauer entlang ist Deutschland getrennt, verläuft die Grenze des kommunistischen Ostens gegen die freie Welt. Und – was wir immer nicht glauben wollten, die amerikanische Politik nimmt diese Grenze zur Kenntnis. Was später einmal

Abb. 14: 26. Juni 1963: US-Präsident John F. Kennedy in West-Berlin. Vor einer unüberschaubaren Menschenmenge erklärt er: »Ich bin ein Berliner!«

ist, daß die Westmächte uns in Verträgen versprochen haben, daß sie nicht rasten würden, bis Deutschland wieder ein Volk und ein Land ist, das alles hat im Augenblick keine aktive Bedeutung.«[11]

In den Jahren der Berlinkrise wird allerdings auch deutlich, daß Adenauer bei seiner Grundkonzeption blieb: keine Anerkennung der DDR, um so die möglichen Chancen einer Wiedervereinigung nicht zu reduzieren. Darüber ließ er es zum Konflikt mit den Amerikanern kommen. Er jedenfalls akzeptierte die durch den Mauerbau für alle sichtbar gewordene Wende in der Deutschlandpolitik des Westens nicht. Dem Trend zur stillschweigenden Hinnahme der Teilung Deutschlands folgte er nicht.

Als Amerikaner, Sowjets und Briten im Sommer 1963 das Atomteststoppabkommen unterschrieben – dem auch die DDR beitrat –, notierte Krone: »Wir sind die Opfer der amerikanischen Entspannungspolitik.« Der Kanzler werde keinem Abkommen seine Zustimmung geben, das »auf einen Verrat an seiner Wiedervereinigungspolitik hinauslaufe«. Adenauer mußte allerdings zur Kenntnis nehmen, daß es nicht nur eine stillschweigende Übereinkunft der Atommächte gab, den Deutschen keine Atomwaffen in die Hand zu geben, sondern jetzt erst recht

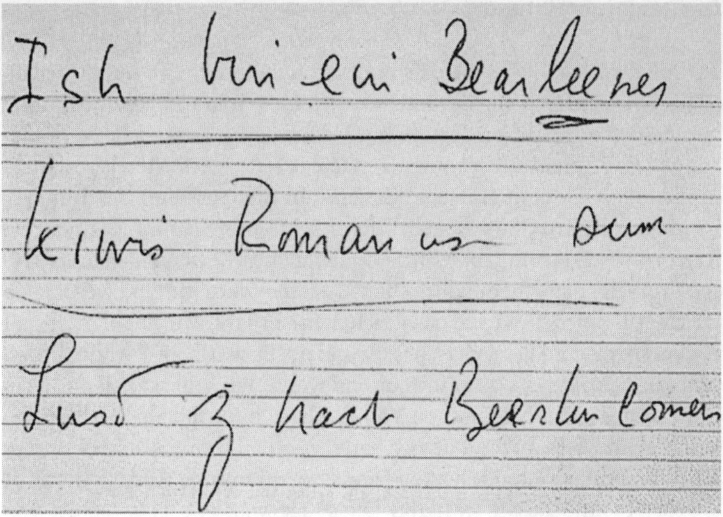

Abb. 15: Der »Spick«- bzw. »Speak«-Zettel für Kennedys berühmten Satz in Berlin (s. Abb. 14).

bei den Westmächten niemand mehr bereit war, für eine Wiedervereinigung einzutreten. Für sie war die Zeit gekommen – auch und gerade wegen der Adenauerschen Westpolitik –, die DDR anzuerkennen.
Dazu hielt ein Mitarbeiter Adenauers folgende Aussage fest: »Wir haben unsere Politik von Anfang an auf Wiedervereinigung ausgerichtet, und deshalb können wir die DDR nicht anerkennen.« Adenauer konnte – und tat es auch – die Westmächte an ihre Verpflichtungen mit Blick auf die Wiedervereinigung erinnern und soweit wie möglich die Entwicklung verzögern, mehr nicht. Brandt und Scheel setzten da an, wo Adenauer nicht weiter konnte oder wollte. Der Anker der Westintegration, den Adenauer gegen viele Widerstände geworfen hatte, machte allerdings erst deren Ostpolitik möglich. Ob das Ziel dabei Wiedervereinigung hieß, bleibt eine offene Frage und muß wohl eher mit Nein beantwortet werden (vgl. auch in Band 2 die Kapitel 2 und 10 sowie in Band 4 den Epilog und den bibliographischen Essay sowie Michael Gehler [285]).

Die Regierung Erhard

Am 17. Oktober 1963 stellte Erhard sein Kabinett vor. Er setzte die von CDU/CSU und FDP im Herbst 1961 gebildete und im Dezember 1962 neu geformte Koalition fort, nahm jedoch einige personelle Veränderungen vor. So wurde der Vorsitzende der FDP, Erich Mende, Bundesminister für Gesamtdeutsche Fragen und Stellvertreter des Bundeskanzlers. Am 18. Oktober gab Erhard seine mit Spannung erwartete Regierungserklärung ab. Würde er aus dem Schatten Adenauers treten und selbst zu einem politischen Gestalter werden? Und wenn ja, in welchen Bereichen würde das geschehen? Erhard war populär; er galt als Verkörperung des Wirtschaftswunders. Er war kein Parteipolitiker und sah sich als das, was er immer sein wollte: ein Volkskanzler und ein Kanzler des ganzen deutschen Volkes, eher Philosoph als Machtpolitiker. Macht, wie er einmal gesagt hatte, erschien ihm »immer öde«, gefährlich, brutal und »im letzten Sinne sogar dumm«. Aber er hatte sie angestrebt und besaß sie jetzt. Die Frage war, wie er sie einsetzen würde.

Aufschluß gab die Regierungserklärung, und dies in mehrfacher Hinsicht. In fast allen wichtigen Punkten, die er hier auflistete, scheiterte er letztlich. Es klingt schon fast wie Ironie der Geschichte, daß gerade in dem Punkt, den er nicht erwähnte, langfristig mit seinem Namen der größte Erfolg verbunden wird, nämlich die Aufnahme diplomatischer Beziehungen mit Israel (s. dazu Kap. 6). Wenn man sich die Regierungserklärung genau ansieht, so ist sie ein »echter« Erhard mit der ihn auszeichnenden, blumigen Sprache. Da geht es nicht nur darum, das Schicksal zu meistern, das Schicksal muß »glücklich« gemeistert werden; die ganze Welt war seiner Meinung nach im Begriff, aus der Nachkriegszeit herauszutreten; die Völker seien in Bewegung geraten: »Den Strom der Zeit können wir zwar nicht lenken, aber wir werden unser Schiff sicher steuern.« Am Ende seiner Regierungserklärung sagte er etwas, was Adenauer nie gesagt hätte. Er ging auf die Opposition ein und nannte sie einen »notwendigen und vollwertigen Bestandteil des parlamentarisch-demokratischen Systems«, über wichtige Ziele bestehe Übereinstimmung. Damit machte er die Opposition fast schon regierungsfähig. SPD-Fraktionsvorsitzender Fritz Erler meinte denn auch, daß die Opposition in einer parlamentarischen Demokratie »die Regierung von morgen« darstelle.

Erhard nannte die Deutschlandfrage den Kern der Ost-West-Bezie-

hungen. »Entspannung durch Wiedervereinigung« sollte auch weiterhin das Motto der Deutschlandpolitik sein. Dabei war schon während der Berlinkrise erkennbar geworden, daß diese These an Überzeugungskraft eingebüßt hatte. Als Erhard von seiner Amerikareise im Juni 1964 zurückkam, ging er vor der CDU/CSU-Fraktion auf dieses Thema ein und meinte, diese These sei längst noch nicht durch die Antithese »Wiedervereinigung durch Entspannung« zu ersetzen. Und er ergänzte, es wäre freilich »Illusion, die Wiedervereinigung frontal anzugehen, ohne daß zugleich über Sicherheit und Abrüstung gesprochen würde. Innerhalb dieser Pole liegt die politische Realität.«
Außenminister Gerhard Schröder versuchte neue Wege – über den Umweg Osteuropa, unter Ausklammerung der Sowjetunion und der DDR. Das aber war der entscheidende Schwachpunkt dieser Politik. Die Beziehungen zu den Staaten Osteuropas wurden zwar verbessert und Handelsverträge mit Polen, Rumänien, Ungarn und Bulgarien abgeschlossen. Dies lief alles noch unter strenger Einhaltung der Hallstein-Doktrin. Dem stellte Walter Ulbricht schon bald seine Doktrin entgegen. Im Mai 1964 warnte der SED-Chef in Budapest vor der westdeutschen Wirtschaft als einem »trojanischen Pferd«. Die Sowjetunion blockierte wenig später jede weitere Entwicklung.
In zwei anderen Punkten scheiterte die Regierung Erhard ebenfalls: Integration Europas und Pflege der Freundschaft zu Frankreich. Die europäische Integration wurde nicht weiterentwickelt, das Gegenteil war eher der Fall. Ab 1. Juli 1965 betrieb de Gaulle die »Politik des leeren Stuhls« (s. dazu Kap. 4). Ein noch größeres Desaster gab es bei der »Pflege und dem Ausbau« der Beziehungen zu Frankreich. Dies sollte bei gleichzeitiger verstärkter Zusammenarbeit mit den USA geschehen. Das Ergebnis war eine eher groteske Auseinandersetzung zwischen den sogenannten »Gaullisten« und den »Atlantikern«. Auch wenn sich das Schwergewicht der amerikanischen Außenpolitik in jenen Jahren von Europa weg hin nach Südostasien, sprich Vietnam, verlagert hatte: Die USA waren nach wie vor die entscheidende Macht für die Bundesrepublik. De Gaulle konnte da wenig anbieten. Erstaunlich bleibt, daß einige jener »Gaullisten«, u.a. Franz Josef Strauß, damals anderer Meinung waren und die Äußerungen des Generals mit Blick auf die Wiedervereinigung und eine mögliche Zusammenarbeit im atomaren Bereich für bare Münze nahmen.
Schröder war schon vor dem Scheitern des EWG-Beitrittsantrags Großbritanniens durch de Gaulles Nein und vor Unterzeichnung des

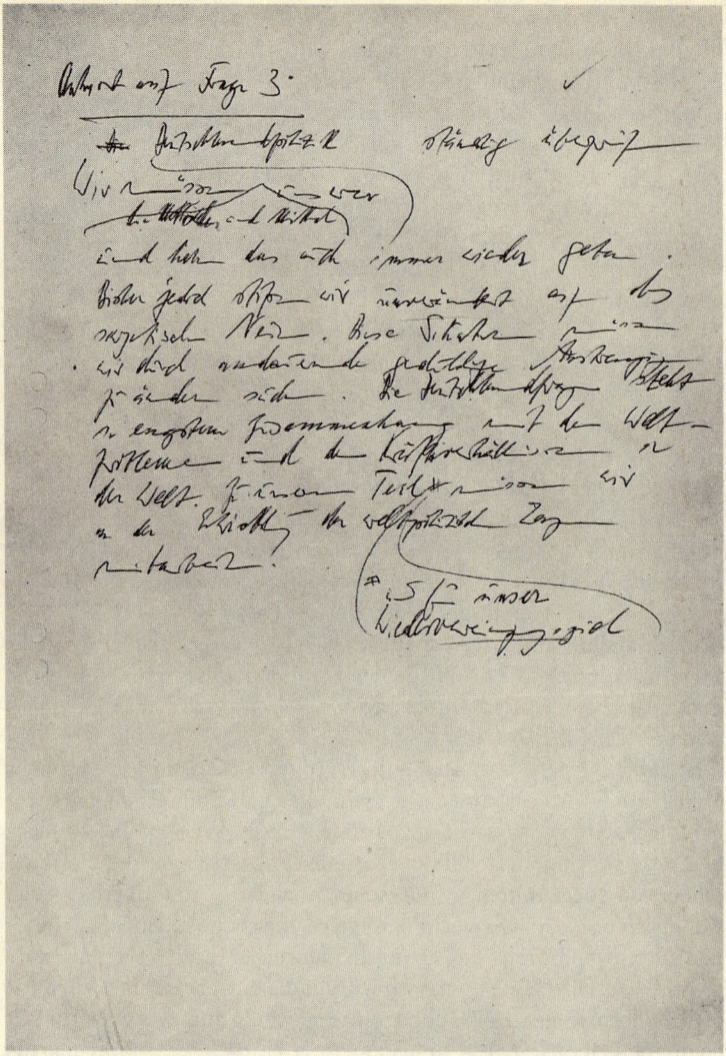

Antwort auf Frage 3:

Deutschlandpolitik ständig überprüfen

Wir müssen unsere [illegible] und Mittel

und haben das auch immer wieder getan. Bisher jedoch stoßen wir unverändert auf das sowjetische Nein. Diese Situation müssen wir durch andauernde geduldige Anstrengungen zu ändern suchen. Die Deutschlandfrage steht in engstem Zusammenhang mit den Weltproblemen und den Kräfteverhältnissen in der Welt. Zu einem Teil* müssen wir an der Entwicklung der weltpolitischen Lage mitarbeiten.

* ist für unsere Wiedervereinigungspolitik

Abb. 16: Aus einem Interview von Bundesaußenminister Gerhard Schröder für die Nachrichtenagentur Associated Press. Entwurf Schröders zur Antwort auf die Frage, ob es nicht an der Zeit sei, die bisherige Deutschlandpolitik zu überprüfen.

deutsch-französischen Vertrages Anfang 1963 ein überzeugter Europäer im Sinne einer Erweiterung der EWG *und* ein überzeugter Atlantiker gewesen und blieb es auch in den folgenden Jahren. Erhard sah das ähnlich. Er war von Anfang an für eine Erweiterung der EWG und vor allen Dingen für den Beitritt Großbritanniens (unabhängig von der Tatsache, daß er von Anfang an kein besonderer Freund der EWG gewesen war). Unter diesen Umständen ging es in den deutsch-französischen Beziehungen nicht nur nicht aufwärts, sondern ziemlich bergab. Erhard wies de Gaulles Angebot bei dessen Besuch in Bonn im Juli 1964, mit Frankreich zusammenzugehen, um den Gang der europäischen Politik zu bestimmen und die anderen vier Mitglieder der EWG zum Einschwenken zu zwingen, »mit Entrüstung zurück«; er empfand dies als »unmoralisch«. Der Tiefpunkt der Beziehungen war dann offensichtlich während eines Besuchs von Erhard in Frankreich, in Colombey-les-deux-Églises, erreicht, als de Gaulle, nachdem er nicht mehr wußte, was man miteinander reden sollte, einen Farbfilm über Tiefseefische hatte vorführen lassen. Es war wohl für Erhard typisch, daß er dies auch noch als Zeichen besonderen Vertrauens wertete.[12]

Probleme gab es aber auch mit dem Bündnispartner in Washington. Darüber konnten auch jene im Westernstil inszenierten Aufenthalte Erhards auf der Ranch Lyndon B. Johnsons in Texas nicht hinwegtäuschen. Die multilaterale Atomstreitmacht, die schon Kennedy angeboten hatte, erwies sich als totgeborenes Kind. Innerhalb der NATO stand außer den Deutschen niemand mehr hinter diesem Konzept. Dahinter verbarg sich der Wille und Wunsch der übrigen Nordatlantikpakt-Partner, die Deutschen auf keinen Fall an den Atomknopf heranzulassen. Die Krise der NATO wurde von Frankreich noch verstärkt, als de Gaulle dann Anfang 1966 aus dem militärischen Bereich der NATO ausscherte, die französischen Truppen in Deutschland der NATO entzog und die entschiedene Bitte aussprach, das Hauptquartier des Bündnisses bei Paris an einen anderen Ort außerhalb Frankreichs zu verlegen (es wurde dann Brüssel).

Erhard zeigte in mehrfacher Hinsicht Führungsschwäche; das war so bei der Debatte im Bundestag über die Verjährung von NS-Verbrechen, aber auch im Verhältnis zu den USA. Hier ging es um Devisenausgleichszahlungen und Hilfe in Vietnam. Daß der Texaner Johnson bei diesen Themen beinhart zur Sache ging, wurde deutlich beim Besuch Erhards in Washington im Dezember 1965. Am späten Abend des 20. Dezember erhielt Erhard im Anschluß an ein Abendessen im

Weißen Haus – zwar hinter verschlossenen Türen, aber in größerem Kreis – das, was man in Washington »Johnson Treatment« nannte (und was sich Adenauer wohl mit Nachdruck verbeten hätte, wenn es dazu überhaupt gekommen wäre). Der Biograph Erhards, Volker Hentschel, hat detailliert geschildert, wie das ablief:

»Johnson kam flott zur Sache. Amerika garantiere Europa Sicherheit und kämpfe in Südvietnam für die Freiheit. Niemand danke ihm das so, wie es sich gehöre. Die Stationierung der Truppen in Deutschland und der Krieg in Vietnam kosteten viel und immer mehr Geld und belasteten die amerikanische Zahlungsbilanz. Die Bundesregierung reduziere ihren Verteidigungshaushalt und wolle den vollen Devisenausgleich nicht leisten. Er erwarte, daß noch vor Jahresende 100 Millionen Dollar überwiesen würden. Außerdem wünsche er, daß die Bundesregierung eine Sanitätskompanie und ein Pionierbataillon nach Vietnam entsende. [...] Der Präsident reckte sich zu seiner vollen Höhe und trat bedrohlich an Erhard heran. Die ohnehin kräftige Stimme wurde noch kräftiger. Ein verbaler Sturzbach, Larmoyanz im Wechsel mit Drohungen, Drohungen im Wechsel mit Schmeicheleien, ergoß sich über den unbehaglich in seinen Stuhl gedrückten Kanzler. Johnson gestikulierte heftig. Erhard möge Haushaltsschwierigkeiten haben, gegen seine Schwierigkeiten seien sie eine Lappalie. Er brauche Hilfe, schnelle Hilfe, konkrete Hilfe. Wer denn, wenn nicht Deutschland, solle sie leisten? Für wen denn habe Amerika mehr getan als für Deutschland? Johnson zählte es im einzelnen auf. Jetzt sei es Zeit, sich zu revanchieren. Jetzt zeige sich, wer Amerikas wahre Freunde seien.«[13]

Erhard fuhr danach – »gleichsam unter Schock« – ins Gästehaus der amerikanischen Regierung zurück, wo ihn die deutsche Delegation »wortkarg und gedrückt« erlebte.[14] Nimmt man diesen Bericht und jenen des amerikanischen Botschafters in Bonn, George C. McGhee,[15] und vergleicht sie mit der offiziellen deutschen Aufzeichnung von diesem Gespräch, so bekommt man einen ziemlich guten Eindruck davon, wie die Dinge damals abgelaufen sind.[16]

In der Öffentlichkeit hatte Erhard nach wie vor nichts von seiner Popularität eingebüßt, wie die Bundestagswahlen am 19. September 1965 zeigten. Die CDU/CSU erhöhte ihren Stimmenanteil von 45,3 % aus dem Jahr 1961 sogar auf 47,6 %; die SPD gewann ebenfalls (von 36,2 % auf 39,3 %). Verlierer war die FDP (von 12,8 % 1961 auf 9,5 %). Hatte Erhard in der Regierungserklärung im Dezember 1963 noch versichert, »den Kontakt zu den geistig und kulturell führenden Schichten unseres Landes zu suchen und zu vertiefen«, so war es im Wahlkampf zu jenem Satz gekommen, mit dem er dann immer wieder assoziiert wurde. Damals unterstützten Rolf Hochhuth und Günter Grass die SPD und kritisierten die bestehende Wirtschafts- und Gesellschaftsordnung der Bundesrepublik. Erhard war empört: »Da hört der Dichter auf, da fängt der ganz kleine Pinscher an.«[17]

Abb. 17: Wahlplakat der CDU für die Bundestagswahl 1965.

Abb. 18: Wahlplakat der SPD für die Bundestagswahl 1965. Auch die SPD ist für Sicherheit und Sicherung des Wohlstands. Symbol dafür: das Autokennzeichen; für die CDU ist es der gefüllte Warenkorb.

Das Wahlergebnis schien alles wieder ins rechte Lot zu rücken. Das Fundament für eine erfolgreichere zweite Legislaturperiode schien gelegt zu sein. Spekulationen über eine mögliche Große Koalition waren hinfällig geworden. Die Bundesregierung wurde sogar außenpolitisch aktiv: Am 25. März 1966 übermittelte sie eine Note »zur Abrüstung und Sicherung des Friedens« nicht nur an jene Staaten, zu denen die Bundesrepublik diplomatische Beziehungen unterhielt, sondern auch an jene des Ostblocks – mit Ausnahme der DDR – und an einige arabische Länder. Diese schon bald als »Friedensnote« bezeichnete Initiative war mit der Opposition abgesprochen worden und sollte dokumentieren, daß Bonn der internationalen, auf Entspannung ausgerichteten Entwicklung – mit Ausnahme Vietnams – nicht hinterherhinken wollte. In Washington interpretierte der Vorsitzende der CDU/CSU-Bundestagsfraktion, Rainer Barzel, die Note als einen Versuch, »die Fenster nach Osten zu öffnen«.[18] Ausgangspunkt war aber die Überlegung, die »politische Initiative« zur Abwehr der »kommunistischen Propaganda gegen Deutschland« zu ergreifen.[19]

Neu waren folgende Vorschläge: stufenweise Verringerung der Atomwaffen in Ost und West sowie Nichtweiterverbreitung von Kernwaffen; die Einrichtung einer rüstungsbeschränkten Zone in Mitteleuropa verbunden mit Schritten zur Wiedervereinigung; Austausch von Gewaltverzichtserklärungen zwischen dem Westen und den Staaten des Ostblocks. Diese drei Punkte waren neu, vergleicht man sie mit der bis dahin verfolgten Politik. Dem standen altbekannte Positionen gegenüber: Alleinvertretungsanspruch für ganz Deutschland, Wiedervereinigung als wichtigstes Ziel der deutschen Politik, Deutschland in den Grenzen von 1937, Weigerung, das Münchener Abkommen für ungültig zu erklären.[20] Auch wenn sich Bonn damit »vorsichtig in die Bemühungen des Westens um Entspannung eingefädelt« hatte,[21] so war auch klar, daß der Osten auf dieser Basis nicht zu Gesprächen bereit sein würde. Außenpolitisch bewegte sich daher wenig – und innenpolitisch begann jetzt der Abstieg des Kanzlers unaufhaltsam.

Erhard war dem Amt des Kanzlers schlicht und einfach nicht gewachsen; er las keine Akten, war wochenlang vom Geschehen in Bonn entfernt am Tegernsee, blieb der ewig unentschlossene »Gummi-Erhard«, der nicht in die parteipolitische Landschaft in Bonn paßte. Der Abstieg begann in einem Bereich, den man Ludwig Erhard, dieser »gepolsterten Verkörperung des Wirtschaftswunders«, am wenigsten zugetraut hatte, nämlich in der Finanz- und Wirtschaftspolitik. Erste Anzeichen einer Wirtschaftskrise wurden erkennbar; im Finanzbereich gab es – auch wegen der Devisenausgleichszahlungen an die USA – keinerlei Spielraum mehr; in Landtagswahlen gab es die ersten Erfolge der rechtsradikalen Nationaldemokratischen Partei Deutschlands (NPD). Der Sturz vollzog sich dann ganz schnell. Erhard meinte später, die CDU sei von »Machtgier, Charakterlosigkeit, Neid, Ehrgeiz und Mißgunst« beherrscht gewesen. Daran war wohl etwas Wahres. Tatsache war aber auch, daß Erhard bei den Führungsspitzen von CDU/CSU abgewirtschaftet hatte. Man sah mit ihm keine Möglichkeit einer weiteren erfolgreichen Politik. Die Amerikaner forderten gnadenlos ihre Zahlungen ein – 3,6 Mrd. DM. Als Erhard bei seinem Besuch in Washington Ende September 1966 gegenüber Johnson meinte, angesichts der angespannten Haushalts- und Wirtschaftslage könne Bonn das Devisenausgleichsabkommen nicht in der im Vertrag vom Mai 1964 vorgesehenen Zeit bis 1. Juli 1967 erfüllen, wurde Johnson noch einmal deutlich. Er habe bislang immer geglaubt, »das Wort eines Deutschen sei verläßlich«; es sei »außerordentlich ernst und bedrückend«, wenn Erhard vorschlage, »das bestehende Abkommen für ungültig zu erklären«. Erhard meinte, er bitte lediglich um einen Zahlungsaufschub, worauf Johnson unmißverständlich klarstellte, er selbst wolle »verständnisvoll und ein guter, wahrer Freund« sein; andererseits wolle er nicht in Amerika eine Lage schaffen, die »für den Bundeskanzler und für Deutschland bedauerlich wäre«, wenn die eingegangene Verpflichtung nicht eingehalten werde. Erhard versicherte, daß die Bundesregierung ihr »Bestes versuchen werde«, um von ihren Verpflichtungen bis zum 1. Juli 1967 möglichst viel abzutragen: »Ein solches Versprechen sei so gut wie Bargeld.«[22]

Die CDU/CSU-Fraktion forderte Erhard auf, Vorschläge für einen Haushaltsausgleich vorzulegen. Das war ohne Steuererhöhungen (Tabak und Branntwein) nicht machbar. Genau das aber schlug Erhard vor, wohl wissend, daß er damit den Widerstand der FDP, möglicherweise ihren Austritt aus der Koalition riskierte, da die FDP strikt gegen Steuererhöhungen war. Beschleunigt wurde die Entwicklung, als Strauß, der die Chance witterte, Erhard loszuwerden, die FDP vor die Wahl stellte, entweder Steuererhöhungen zuzustimmen oder die Koalition zu verlassen – wohl wissend, daß die FDP sich einen solchen zweiten »Umfaller« nicht leisten konnte.[23] Am 27. Oktober 1966 erklärten die FDP-Minister ihren Rücktritt. Die Koalition war geplatzt; Erhards Tage als Bundeskanzler gezählt. »Er kämpft nicht und er geht

nicht«, sagte man damals allgemein über ihn – und bedrängte ihn von allen Seiten, endlich seinen Platz zu räumen.[24]
Aus Washington meldete Botschafter Karl-Heinrich Knappstein, das Gewicht der Bundesrepublik in den USA sei »in einem besorgniserregenden Maße« gesunken, weil Zweifel an der deutschen Leistungsfähigkeit und Leistungswilligkeit und damit an der Bereitschaft entstanden seien, den USA Entlastung auf politischem, wirtschaftlichem und auf dem Sicherheitsgebiet zu geben, »die man von uns erwartet«. Die Bundesrepublik vermittle angesichts des Bestrebens der USA nach Verständigung mit der Sowjetunion insbesondere hinsichtlich des Atomwaffensperrvertrages den Eindruck »mangelnder Opferbereitschaft sowie der Schwäche und Unentschlossenheit«.[25]
In der Sitzung des CDU-Parteivorstandes am 8. November machte Helmut Kohl klar, worum es ging:

»Jeder weiß, um was es geht, keiner spricht es aus. [...] Es wird all das vorgetragen, was eigentlich eine Ausflucht vor uns selbst ist. Das Parteivolk erwartet aber, daß der Vorstand Klarheit schafft. Deswegen meine ich, wir sollten jetzt schlicht und einfach die Namen auf den Tisch bringen.«

Dann nannte er in alphabetischer Reihenfolge jene Namen, von denen jeder wußte, daß sie als Nachfolger für Erhard genannt wurden: Barzel, Gerstenmaier, Kiesinger und Schröder. Erhard begriff offensichtlich gar nicht, worum es ging. Als Strauß, der als Gast der Sitzung beiwohnte, den Vorschlag machte, die vier Kandidaten ohne weitere Diskussion und Präjudizierung der Fraktion zur Wahl vorzuschlagen, und der Vorstand dem folgte, schloß Erhard die Sitzung mit den Worten:

»Dann darf ich Ihnen herzlich für Ihr Erscheinen [...] danken. Es ist dies ein Abschied, den wir nehmen [...]. Ich habe diesem Gremium seit 17 Jahren angehört. Sie können überzeugt sein, daß ich mit Würde und mit Anstand diesen Posten niederlegen werde.«[26]

Am 10. November wurde Kurt Georg Kiesinger, seit 1958 Ministerpräsident von Baden-Württemberg, von der Fraktion in geheimer Abstimmung zum Kanzlerkandidaten gewählt.

Dokumente zum 3. Kapitel

[9] Botschafter Karl Graf von Spreti, Havanna, an das Auswärtige Amt, 12. 1. 1963

Aufzeichnung über Gespräch mit Außenminister Roa am 11. Januar: Kurz nach 10.00 Uhr rief mich heute das Protokoll kubanischen Außenministeriums an mit der Bitte, ich möchte auf Wunsch Außenministers um 12.30 Uhr zu ihm kommen. Auf meine Frage, welches Thema behandelt werden solle in diesem vorgesehenen Gespräch, konnte mir keine Auskunft erteilt werden.

In Begleitung LR I Gracher begab ich mich zum gewünschten Zeitpunkt ins Außenministerium, wo Minister Roa mich nach kurzem Warten empfing. Er teilte mir in sehr klarer, jedoch freundlicher Form mit, daß er den Auftrag bekommen habe vom Präsidenten der Republik und Premierminister Fidel Castro, mir vor Veröffentlichung am Wochenende mitzuteilen, daß die Revolutionsregierung sich entschlossen habe, die Sowjetzone diplomatisch anzuerkennen.

Er stellte fest, daß es zwei deutsche Staaten gebe, und aufgrund Koexistenzbegriffes würden sie sich veranlaßt sehen, auch die Sowjetzone als gleichwertigen Staat zur Bundesrepublik zu akzeptieren. Er halte eine solche Anerkennung auch aus politischen Gründen für gerechtfertigt, da Ostdeutschland zu den kommunistischen Staaten zähle. Ich erwiderte ihm hierauf, daß ich diese Entscheidung außerordentlich bedauerte, da ich in meiner dreijährigen Tätigkeit alles Menschenmögliche getan hätte, um nicht nur die bestehenden Beziehungen aufrechtzuerhalten, sondern auch dieselben so freundschaftlich wie möglich zu vertiefen, daß ich aber vor meinem Weggang von Kuba noch dieses Ende erleben müsse, bedrücke mich sehr.

Minister wollte ein gewisses menschliches Verständnis zeigen, doch hielt er diese Entscheidung, die er beauftragt sei, mir mitzuteilen, für logisch und hoffe, daß die Bundesrepublik die diplomatischen Bezie-

hungen zu Kuba dennoch beibehalte. Hierauf stellte ich fest, daß sich wohl kubanische Regierung in dieser Annahme täusche, da die Bundesrepublik – wie auch heute durchgegebener Informationsfunk klar und eindeutig festgelegt habe – eine Anerkennung Pankows mit Abbruch diplomatischer Beziehungen beantworten müsse, weil sie sich als Nachfolger des ehemaligen Deutschen Reiches fühle und daher auch das gesamte Deutschland verträte.
Minister Roa wies auf Tatsache hin, daß die wirtschaftlichen Beziehungen mit Bundesrepublik unbedeutend geworden seien. Auf meinen Einwand, daß eine Veröffentlichung der Ibero-America-Bank eine Erhöhung der deutschen Einfuhr aus Kuba im letzten Jahr verzeichnet habe, überging Minister auf seine Beauftragung hinweisend.
Ich stellte auch weiterhin fest, daß die Administration in der Sowjetzone, die ein Bestandteil aus der Okkupationszeit sei, kommunistisch sei, hingegen das Volk unter keinen Umständen. Volk sei vielleicht mehr sozialistisch eingestellt, doch lehne es Kommunismus ab.
Minister meinte hierzu, welche dokumentarischen Beweise ich hierfür habe, worauf ich auf die dauernden Fluchterscheinungen, die sich täglich ereignen unter Gewehrfeuer, hinwies, die genügend Beweis hierfür sein dürften.
Minister entgegnete, man könne Flucht Kubaner nach Miami nicht in diesem Sinne deuten, worauf ich erwiderte, daß zwar Vergleich eine gewisse Verwandtschaft habe, doch wäre ein großer Unterschied zwischen Flucht eines Staatsbürgers aus dem Lande – wie z. B. auch in Deutschland in der Hitlerzeit – und der Flucht eines deutschen Staatsbürgers im deutschen Staatsgebiet selbst von einem Verwaltungsgebiet ins andere. Das deutsche Volk, so fuhr ich fort, fühle sich einig – hüben wie drüben –, und dieses Einigkeitsgefühl sei trotz des föderalistischen Wachstums deutschen Staates heute viel größer als je zuvor durch die Flüchtlinge, die sich in allen Teilen Deutschlands bis in die kleinsten Dörfer befänden. Als Vergleich führte ich eine Teilung Kubas an, z. B. zwischen Provinz Oriente und übrigen Teil Insel, wobei ich darauf hinwies, daß man bei einer solchen Teilung auch nicht von zwei Staaten sprechen würde.
Auf meine Anregung hin, die Revolutionsregierung möchte doch noch einmal unter Berücksichtigung Tragweite den Entschluß überprüfen und evtl. eine Änderung ihres Beschlusses herbeiführen, meinte Minister, daß dieser Entschluß auf höchster Ebene gefaßt worden sei, und er hoffe auf ein Weiterbestehen der – wie er sich ausdrückte – guten

Beziehungen Bundesrepublik zu Kuba. Um diesen guten Willen zu unterbauen, führte Minister Tatsache an, daß kubanische Regierung auf die scharfen Erklärungen Bundeskanzlers und Bundesregierung während Krisen nicht reagiert habe, um Beziehungen nicht zu stören. Das gleiche gelte gegenüber anderen Staaten, die Mitglied der NATO sind.
Zum Abschluß Gespräches gab ich noch einmal mein äußerstes Bedauern zum Ausdruck, gab aber Minister zu verstehen, daß die Reaktion auf diese Entscheidung der kubanischen Regierung in Europa in der Bundesrepublik und auch bei Bevölkerung Ostzone unabsehbar sei. Herr Lösch, der hier als Vertreter geschäftlicher bzw. wirtschaftlicher Interessen sei, vertrete vielleicht seine Verwaltung und deren Geschäftsinteressen, aber nicht das Volk der Ostzone.
Ich verabschiedete mich in höflicher Form vom Außenminister.

(AAPD 1963 (2), S. 61 f.)

[10] Runderlaß von Bundesminister Gerhard Schröder, 6. 1. 1964

Betr.: Bundesregierung und Wiedervereinigungsfrage

Die allgemeine Hoffnung auf Entspannung, wie sie im Zeichen des Moskauer Teststopp-Abkommens zutage getreten ist, hat in manchen ausländischen Kreisen die Neigung vorübergehend verstärkt, die Teilung Deutschlands als feststehende Tatsache hinzunehmen. Diese Tendenzen können jederzeit neuen Auftrieb erhalten. Die Auslandsvertretungen müssen in der Lage sein, ihnen wirksam zu begegnen. Um dies zu erleichtern, werden nachstehend die Grundsätze zur Kenntnis gebracht, die die Deutschland-Politik der Bundesregierung bestimmen und auf lange Sicht bestimmen werden.

1) Uns ist bekannt, daß es schwierig ist, im Ausland das Interesse an der Deutschland-Frage wachzuhalten oder überhaupt zu wecken. Seit bald zwei Jahrzehnten beherrscht das Deutschland-Problem die politische Szene, ohne daß eine konkrete Aussicht auf eine Lösung besteht, die alle Beteiligten zufriedenstellt. Die ständige Erinnerung an das ungelöste Deutschland-Problem hat zu Ermüdungserscheinungen geführt. Wir wissen dies. Gleichwohl ist es selbstverständlich, daß wir diese Ermüdungserscheinungen nicht zum Maßstab unseres politischen Vorgehens machen können.

2) Die Wiedervereinigung ist nicht nur eine nationale Forderung. Es geht bei ihr auch um die Grundsatzfrage, ob der Westen und überhaupt die freie Welt das Recht haben, den Freiheitswunsch unterdrückter Menschen und Völker, wo auch immer, zu ignorieren. In Deutschland und Berlin geht es daher um die Glaubwürdigkeit des westlichen Bündnisses. Wir bitten, diesen Gesichtspunkt stets im Auge zu behalten.

3) Unsere Aufgabe ist nicht leicht. Wir haben der Behauptung entgegenzutreten, daß die Bundesregierung stets an die Unterstützung der freien Welt appelliere, ohne selbst die Wiedervereinigungsfrage energisch anzupacken.
Diese Ansicht übersieht, daß eine aktive Deutschland-Politik zunächst die Sicherung der freiheitlichen Ordnung im freien Deutschland voraussetzte. Unsere politischen Anstrengungen in den vergangenen Jahren mußten sich – dies wird heute vielfach vergessen – in erster Linie auf die Gewährleistung der Sicherheit des freien Deutschland und unserer Bundesgenossen im Rahmen des westlichen Bündnisses konzentrieren.

4) Diese Bemühungen waren von Erfolg begleitet. Wir haben uns den Versuchen Moskaus, den kommunistischen Einflußbereich auszudehnen, in den Weg gestellt und haben den Weg in die eigene Zukunft offengehalten. Niemand kann bestreiten, daß unsere Ausgangsposition heute solider ist als im Jahre 1949 oder 1955 oder 1961. In diesem Zusammenhang gewinnt unsere Berlin-Politik ihre entscheidende Bedeutung für den Erfolg unserer Deutschland-Politik. Indem wir Berlin halten, sichern wir den Weg zur Wiedervereinigung. Berlin ist Hebel und Symbol unserer Wiedervereinigungspolitik zugleich.

5) Wie sich die Deutschland-Frage entwickeln wird, läßt sich nicht übersehen. Ihre Regelung hängt zu einem Teil von Faktoren ab, die unserer eigenen Einwirkung nicht immer unterliegen, so – der Entwicklung des Kräfteverhältnisses Ost-West; – der Entwicklung der Beziehungen Moskau-Peking; – der Waffenentwicklung im nuklearen Zeitalter.
Die künftige Entwicklung der Deutschland-Frage hängt ferner von dem Erfolg unserer Politik der Selbstbestimmung ab. Diese zielt darauf ab, vor der Weltöffentlichkeit den Nachweis zu führen, daß die SBZ kein lebensfähiges politisches Gebilde ist.
Wir halten es für möglich, daß diese Vorgänge eines Tages dazu bei-

tragen, daß die Sowjets beginnen umzudenken. Bis dies geschieht, versuchen wir unsererseits, das Kräfteverhältnis Ost-West durch Ausbau des westlichen Bündnisses zu beeinflussen und durch eine Aktivierung unserer Bemühungen im Satellitenbereich nicht nur zu einer Auflockerung der Gegensätze zwischen Ost und West beizutragen, sondern auch den osteuropäischen Ländern ein richtigeres Deutschlandbild zu vermitteln. Alle diese Schritte sollen unsere Ausgangsposition verbessern.

6) Wenn diese Voraussetzungen unserer Deutschland-Politik bekannt sind, wird es leichter fallen, die Tatsachen verständlich zu machen, die unsere Wiedervereinigungsforderung bestimmen:
   - Wir halten an unserer Forderung auf das Selbstbestimmungsrecht fest, nachdem in dem letzten Jahrzehnt 38 Länder, in den letzten 5 Jahren 32 Länder, fast immer auf Grund des Selbstbestimmungsrechts, die eigene Unabhängigkeit errangen.
   - Wir denken nicht daran, die Einheit unseres Landes durch den Imperialismus einer fremden Macht zerstören zu lassen.
   - Wir können nicht mit verschränkten Händen dabeistehen, wenn wir Tag für Tag von Fluchtversuchen aus der Zone und von blutigen Zwischenfällen bei der Flucht hören.
   - Wir sind nach dem Geschehen des Dritten Reiches verpflichtet, dafür zu sorgen, daß totalitäre Regime auf deutschem Boden keinen Platz finden.
   - Wir können nicht übersehen, daß in der Bundesrepublik Deutschland eine junge Generation zur politischen Mitbestimmung heranwächst, die keine Verantwortung für das Geschehen vor 1945 trägt, die sich mit Recht fragt, ob sie für die Fehler der Vergangenheit die Last des Verzichts auf eine gesamtdeutsche Zukunft auf sich nehmen soll, und die deshalb die Wiedervereinigungsforderung unbekümmerter stellen wird.

   Wir fordern die Wiedervereinigung also nicht nur aus politischen, sondern auch aus humanitären und ethischen Gründen und gehen dabei davon aus, daß wir, hielten wir es anders, die Grundlagen unserer Lebensordnung im freien Deutschland in Frage stellen würden. Wenn kein Zweifel über diese Grundlagen unserer Wiedervereinigungs*forderung* besteht, dann muß auch der Zweifel an unserem Wiedervereinigungs*willen* verstummen.

7) Wir verkennen nicht, daß diese Argumente vielfach nicht ausreichen werden, um die Gleichgültigkeit zu beseitigen. Was aber ge-

lingen muß, ist die Beseitigung der Illusion, wir, die Deutschen, könnten eines Tages selbst in Gleichgültigkeit versinken. In Fragen der Selbstbestimmung gibt es keine Nachgiebigkeit. Wir werden diese Forderung um so nachdrücklicher vorzutragen wissen, als sie den Kommunismus erwiesenermaßen an empfindlichster Stelle trifft. Wir bitten, keinen Zweifel darüber zu belassen, daß es uns in der Frage der Selbstbestimmung nicht anders als anderen Nationen geht. Fast jede Nation hat irgendwann vor Aufgaben gestanden, die sich nicht von dem einen auf den anderen Tag regeln ließen. Dies hat nicht dazu geführt, daß als berechtigt empfundene Ansprüche aufgegeben wurden. Wir erinnern an das Verhalten des polnischen Volkes im 19. Jahrhundert, an die Haltung der Sowjets nach der Abtrennung der Ukraine, eines Teils von Weißrußland und Bessarabiens 1917/18; wir erinnern daran, daß keines der kolonialen Länder in den Jahrzehnten der Fremdherrschaft den Anspruch auf nationale Selbständigkeit und Eigenständigkeit aufgegeben hat. Wir werden uns nicht anders verhalten.

8) Wir wissen, daß der Weg zur Wiedervereinigung lang sein kann. Illusionen können nur schaden. Unsere Wiedervereinigungsforderung muß daher illusionsfrei vorgetragen werden – illusionsfrei, weil sie nur dann überzeugend wirkt; illusionsfrei auch deshalb, weil Selbsttäuschung nur dazu führen würde, daß wir nicht die notwendigen Kräfte und vor allem die notwendige Festigkeit entfalten. Nüchternheit und Festigkeit in der Deutschland-Frage bestimmen nicht nur die Haltung der Bundesregierung; sie haben auch die Haltung eines jeden von uns zu bestimmen.

9) Die Aussichten, daß die Wiedervereinigungsfrage in naher Zukunft gelöst wird, sind gering. Unsere Antwort lautet: Es mag schwerfallen zu warten, wir werden dies ertragen. Nur eines ist nicht erträglich, die Vorstellung, der in Freiheit lebende Teil des deutschen Volkes könnte sich mit der Teilung abfinden. Offensiv zu handeln, ohne aggressiv zu sein; überzeugend zu wirken, ohne laut zu scheinen; Initiativen vorzubereiten; Nüchternheit und Festigkeit gleichzeitig an den Tag zu legen, dies sind die Aufgaben, vor die wir uns heute gestellt sehen, Aufgaben, zu deren erfolgreicher Bewältigung wir vor allem der Fähigkeit bedürfen, unsere Forderung mit Selbstverständlichkeit vorzutragen, damit sie auch im Ausland als selbstverständlich empfunden wird und damit Klarheit darüber besteht: Der Wille des deutschen Volkes zur Wiedervereinigung ist die ent-

scheidende Realität der deutschen Situation, an der die Welt heute nicht vorbeikommt und morgen nicht vorbeikommen wird.
Ich bitte, vorstehende Grundsätze bei den dortigen Darlegungen zur Deutschland-Frage zugrunde zu legen und stets zu bedenken, daß In- und Ausland von der festen Haltung, die die Angehörigen des Auswärtigen Dienstes in der Deutschland-Frage an den Tag legen, auf den festen Willen des deutschen Volkes zur Wiedervereinigung schließen werden.

(AAPD 1964 (2), S. 15–18)

[11] Unterredung zwischen Bundeskanzler Ludwig Erhard und dem sowjetischen Botschafter in Bonn, Andrej Smirnow, 27. 7. 1964

Aufzeichnung über ein Gespräch zwischen dem Herrn Bundeskanzler und dem sowjetischen Botschafter Smirnow anläßlich der Überreichung einer Botschaft des sowjetischen Ministerpräsidenten Chruschtschow. Auf deutscher Seite waren Bundesminister Dr. Westrick und Ministerialdirigent Dr. Osterheld anwesend.
Botschafter *Smirnow* erklärte, er habe um die Zusammenkunft gebeten, um die Antwort des sowjetischen Ministerpräsidenten Chruschtschow auf die ihm von Botschafter Groepper am 13. Juni überreichte Botschaft des Herrn Bundeskanzlers zu überbringen.
Auf die Frage des Herrn *Bundeskanzlers*, ob der Botschafter bei der morgigen Begegnung mit Herrn Adschubej anwesend sein werde, antwortete der *Botschafter* verneinend. Herr Adschubej wünsche ein persönliches Gespräch mit dem Herrn Bundeskanzler, wozu er sich auch seinen eigenen Dolmetscher mitgebracht habe.
Botschafter Smirnow verlas sodann die indirekt gehaltene Antwort des sowjetischen Ministerpräsidenten auf die persönliche Botschaft des Herrn Bundeskanzlers in einer deutschen Courtoisieübersetzung.
Der Herr *Bundeskanzler* fragte den Botschafter im Anschluß daran, ob er glaube, daß Herr Adschubej bei dem morgigen Gespräch noch eine Interpretation zu dieser Botschaft geben könne.
Botschafter *Smirnow* erwiderte, diese Frage müsse der Herr Bundeskanzler Herrn Adschubej selbst stellen. An sich wolle dieser, soviel er wisse, über ein anderes Thema sprechen.
Der Herr *Bundeskanzler* erklärte, er halte es sehr wohl für möglich, die

Beziehungen zwischen der Sowjetunion und der Bundesrepublik zu regeln, doch könne man dabei das deutsche Problem nicht aussparen. Es habe keinen Zweck, immer nur die beiderseitigen Standpunkte zu wiederholen, den sowjetischen, wonach es zwei deutsche Staaten, und den deutschen, wonach es nur einen deutschen Staat gäbe usw. Nach deutscher Ansicht müsse Deutschland, wie es der Potsdamer Vertrag vorgesehen habe, wiedervereinigt und dann seine Grenzen festgelegt werden. Auch fühle sich die Bundesregierung für Westberlin verantwortlich und vertrete es außenpolitisch. Eine Verbesserung der Beziehungen zwischen der Sowjetunion und der Bundesrepublik sei nur möglich, wenn man von der statischen Behandlung des Deutschlandproblems abkomme, wenn die Dinge dort in Bewegung kämen. Von deutscher Seite sei immer wieder darauf hingewiesen worden, daß das Mittel dazu sei, dem deutschen Volk überall in Deutschland die Ausübung des Selbstbestimmungsrechts zu gewähren, wie es allen Völkern der Welt heute zuerkannt werde.

Dies sei die Grundlage, auf der man allein aufbauen könne. Niemand wäre froher als er über eine Verbesserung der Beziehungen zwischen den beiden Ländern, zwischen denen es ja außerhalb dieser einen Frage keine unüberwindlichen Gegensätze gebe. Wenn man auch in mancher Hinsicht verschiedener Meinung sei, brauche dies ein gutes Verhältnis nicht zu stören, wie man an zahlreichen Beispielen in der Welt sehen könne. Zwischen den beiden Ländern stehe im Grunde nur die eine einzige Frage. Niemals könne von deutscher Seite die Existenz zweier deutscher Staaten anerkannt werden, vielmehr werde Deutschland nach wie vor als nur durch besondere Umstände geteilt angesehen.

Der Herr Bundeskanzler fragte anschließend, ob der Botschafter noch etwas zur Interpretation des letzten Absatzes der Botschaft sagen könne. Er habe doch durch Botschafter Groepper dem sowjetischen Ministerpräsidenten sagen lassen, wenn er sich von einem persönlichen Meinungsaustausch etwas verspreche, er in Erwiderung des Adenauerbesuchs in Moskau in der Bundesrepublik willkommen sei.

Botschafter *Smirnow* erwiderte, er glaube, Herr Adschubej werde diese Frage beantworten können.

Bundeskanzler *Erhard* sagte, die Bundesregierung mache sich intensiv Gedanken darüber, wie die Beziehungen zwischen den beiden Ländern fruchtbar gestaltet werden könnten. Sie stoße aber dabei immer wieder auf das ungelöste Deutschlandproblem.

Botschafter *Smirnow* erwiderte, auch die sowjetische Regierung und vor allem Ministerpräsident Chruschtschow selbst beschäftige sich seit Jahren mit dem Deutschlandproblem. Die Frage sei jedoch durch die Nachkriegsentwicklung und spätere Ereignisse außerordentlich kompliziert worden. Außerdem berühre sie viele Staaten, so daß sie ohnehin nicht bilateral gelöst werden könne. Zur Zeit komme es darauf an, die Normalisierung der Beziehungen zwischen der Sowjetunion und der Bundesrepublik aktiv in Angriff zu nehmen. Eine solche Normalisierung werde u. a. eine Beruhigung der Situation im Gesamtgebiet des ehemaligen Deutschen Reiches zur Folge haben und dadurch die Lösung anderer Probleme erleichtern.

Der Herr *Bundeskanzler* sagte, das Problem, darin gebe er dem Botschafter recht, sei kein zweiseitiges. Auch er könne nicht für alle Staaten sprechen, die durch den Potsdamer Vertrag gebunden seien. Dies schließe aber eine Unterhaltung über das Problem nicht aus, denn dadurch würden keine rechtsverbindlichen Tatsachen geschaffen. Auf deutscher Seite wäre man froh, wenn im Blick nach Osten klare geordnete Verhältnisse geschaffen würden, und er könne sich vorstellen, daß es auch für den sowjetischen Ministerpräsidenten von Vorteil wäre, ebenso klare und geordnete Verhältnisse zu sehen, wenn er nach Westen blicke.

Botschafter *Smirnow* gab dem Gedanken des Herrn Bundeskanzlers eine andere Wendung und sagte, eine weitgehende Normalisierung des Verhältnisses der Bundesrepublik zu allen Ländern des Ostens würde einen wichtigen Beitrag zur Normalisierung der internationalen Lage darstellen und entspannend wirken. Er müsse jedoch offen sagen, daß es der sowjetischen Regierung und dem sowjetischen Ministerpräsidenten um mehr zu tun sei als lediglich um eine Klarstellung der Beziehungen zwischen der Sowjetunion und der Bundesrepublik. Sie erstrebe vielmehr die Herstellung wirklich gutnachbarlicher Beziehungen und hoffe, ein neues Blatt in der Geschichte der beiden Völker aufzuschlagen. Ein gutes Verhältnis zwischen ihnen wäre ein stabilisierender Faktor und schüfe eine solide Grundlage für die Festigung des Friedens in Europa. Außerdem wäre man dabei weitgehender Zustimmung in aller Welt sicher. Eben deshalb mahne der sowjetische Ministerpräsident immer wieder, doch ja keine Möglichkeiten zu verpassen, sondern jede Gelegenheit zum Meinungsaustausch zu benutzen und an einer langfristigen Verbesserung der deutsch-sowjetischen Beziehungen zu arbeiten. Er, der Botschafter, nehme an, daß Herr Adschubej gerade über diesen Punkt einiges zu sagen haben werde.

Der Herr *Bundeskanzler* erwiderte, das sei schon richtig, aber es gebe eben einen Stein des Anstoßes.
Botschafter *Smirnow* sagte, Steine auf dem Wege ließen sich mit der Zeit vielleicht beseitigen, wenn mit der Normalisierung der Beziehungen erst einmal ein Anfang gemacht werde.
Der Herr *Bundeskanzler* meinte, man könne in diesem Falle sehr handgreiflich von Steinen sprechen, nämlich von der Berliner Mauer.
Botschafter *Smirnow* erwiderte, die Mauer sei die Folge einer viele Jahre hindurch betriebenen falschen Politik der Bundesregierung. Hätte es diese Politik nicht gegeben, hätte man die Steine für die Mauer sparen können.
Nach einem kurzen Wortwechsel, bei dem der Botschafter auf die deutsche Kriegsschuld und der Herr Bundeskanzler auf den Hitler-Stalin-Pakt verwies, erklärte der Herr *Bundeskanzler*, es sei unfruchtbar, in dieser Weise zu polemisieren. Jedes Land müsse mit seiner Geschichte selbst fertig werden. Es gebe jedoch allgemein verbindliche Grundsätze, die im übrigen die Sowjetunion selbst auch vertrete. Ein solcher Grundsatz sei das Selbstbestimmungsrecht der Völker. Man könne nicht ein Recht, das man allen Völkern zuerkenne, einem Volk mit dem Hinweis auf eine historische Schuld verweigern, wie dies von seiten der Sowjetunion im Falle Deutschlands geschehe.
Botschafter *Smirnow* entgegnete, die Bevölkerung habe in beiden Teilen Deutschlands frei über ihr Schicksal entschieden. Das Ergebnis dieser Entscheidung seien die beiden deutschen Staaten, und dieses Ergebnis sei irreversibel. Ihm sei es verdächtig, wenn man sich anschicke, einem Staat die Segnungen einer Demokratie, wie sie der Westen verstehe, aufzudrängen. Auch die Sowjetunion habe man in zwei Weltkriegen demokratisch »umerziehen wollen«, man habe auch sie 24 Jahre lang nicht anerkannt. Das Ergebnis liege klar zutage.
Der Herr *Bundeskanzler* erklärte, auf diese Art und Weise komme man nicht weiter. Wenn die Bundesrepublik und die Sowjetunion gute Nachbarn sein wollten, müsse man von dieser Art Polemik loskommen. Im übrigen könne man mit Fug bestreiten, daß die Bevölkerung in der sowjetisch besetzten Zone ihre Meinung frei habe äußern können. Wenn dies so wäre, so bräuchte die Sowjetunion ja einen Test nicht zu scheuen und dort wie auch in der Bundesrepublik unter internationaler Kontrolle abstimmen zu lassen.
Botschafter *Smirnow* erwiderte, dies sei ein Thema, das der Herr Bundeskanzler mit »seinen Freunden in der DDR« besprechen müsse.

Der Herr *Bundeskanzler* meinte, wenn das so wäre, so bedürfte es ja keiner Mauer und keiner Minenfelder, um die Bevölkerung von der Flucht aus dem Staate, der nach ihrem Wunsche geschaffen worden sei, abzuhalten.
Botschafter *Smirnow* erwiderte, er kenne das Thema »Flucht aus dem Paradiese« aus früheren Gesprächen mit dem Herrn Bundeskanzler. Vielleicht dürfe er darauf hinweisen, daß seit der Schaffung des ersten sozialistischen Staates inzwischen ganze Länder mit Hunderten von Millionen Einwohnern in das Lager des Sozialismus übergegangen seien, das inzwischen weit mehr als eine Milliarde Menschen zähle. Gebe es etwas Vergleichbares in umgekehrter Richtung? Der Osten könne mit der Bilanz zufrieden sein.
Der Herr *Bundeskanzler* fragte, ob der Botschafter etwa Länder wie Ungarn und Rumänien meine.
Botschafter *Smirnow* erwiderte, wenn der Herr Bundeskanzler auf den Aufstand in Ungarn anspiele: Aufstände habe man auch im Innern der Sowjetunion gehabt, z. B. seinerzeit in Kronstadt. Sie bewiesen nur, daß es stets und überall Kräfte gebe, die dem Gestern verhaftet seien.
Der Herr *Bundeskanzler* kam noch einmal kurz auf das Thema »Flucht aus dem Paradies« zurück und sagte, der wesentliche Unterschied sei der, daß in der Bundesrepublik niemand daran gehindert werde, das Land zu verlassen, wann immer es ihm gefiele.
Abschließend meinte der Herr Bundeskanzler, auch dieses Gespräch habe ihm wieder gezeigt, wie notwendig es sei, den Dingen einmal wirklich auf den Grund zu gehen.
Botschafter *Smirnow* wiederholte zum Schluß noch einmal, daß es Herrn Adschubejs Wunsch sei, unter vier Augen – nur in Anwesenheit der Dolmetscher – mit dem Herrn Bundeskanzler zu sprechen. Seine, des Botschafters, Mission sei hiermit erfüllt. Er überlasse jüngeren Kräften das Feld und werde dem Wunsche Herrn Adschubejs entsprechend bei der morgigen Besprechung nicht anwesend sein.

(AAPD 1964 (2), S. 879–883)

[12] Aufzeichnung von Staatssekretär Karl Carstens, Auswärtiges Amt, 17. 10. 1966

Die Problematik unserer Deutschland-Politik:

Die zunehmenden Schwierigkeiten, auf die unsere Deutschland-Politik stößt, veranlassen mich zu der nachfolgenden zusammenfassenden Darstellung.

I. Kennzeichnung unserer Deutschland-Politik

1) Das Ziel unserer Deutschland-Politik ist die Wiedervereinigung der beiden getrennten Teile unseres Volkes in Frieden und Freiheit, d. h. unter Bedingungen, die Sicherheit und die freiheitliche Lebensform des vereinigten Volkes nicht in Frage stellen. Als Mittel zur Erreichung dieses Ziels dienen uns vor allem:
   - der Alleinvertretungsanspruch
   - die Forderung nach Selbstbestimmung für das ganze deutsche Volk
   - das Festhalten an der Vier-Mächte-Verantwortung
   - die Verklammerung von Abrüstungs- und Entspannungsmaßnahmen mit der deutschen Frage.

2) Das wohl wichtigste Mittel unserer Deutschland-Politik ist unser Alleinvertretungsanspruch, d. h. unser von den Westmächten unterstützter Anspruch, für das ganze deutsche Volk in internationalen Angelegenheiten zu sprechen.
   Im einzelnen ziehen wir aus diesem Anspruch nachstehende Folgerungen:
   Wir erkennen die SBZ nicht als Staat, das SBZ-Regime nicht als Regierung an.
   Wir lehnen amtliche Kontakte zu diesem Regime ab. Ausgenommen sind nur die von uns als technisch klassifizierten Kontakte, insbesondere der Treuhandstelle für den Interzonenhandel, der Bundesbahn, der Bundespost, gewisser Schiffahrtsverwaltungsstellen u. a.
   Wir bekämpfen das internationale Vordringen der SBZ in dritten Ländern und in internationalen Organisationen. Wir wenden uns gegen Einladungen führender Persönlichkeiten aus der SBZ (Ulbrichts in die VAR). Wir suchen schon ihre Ausreise aus

der SBZ zu verhindern (TTD-System). Wir wenden uns gegen die Herstellung amtlicher Kontakte zwischen der SBZ und dritten Ländern durch Austausch von Missionen, durch die Aufnahme konsularischer oder diplomatischer Beziehungen und gegen die Anerkennung der SBZ als einen Staat.
Wir nehmen gegen den Abschluß von völkerrechtlichen Verträgen mit der SBZ (ausgenommen Verträge, die wir als technisch klassifizieren), gegen das Zeigen der SBZ-Flagge oder der SBZ-Embleme in dritten Ländern Stellung. Wir suchen jede Art von Verbindung zwischen der SBZ und internationalen Organisationen, sei es durch Erlangung der Mitgliedschaft, einer assoziierten Mitgliedschaft oder auch nur eines Beobachterstatus zu verhindern. Wir behandeln die Einwohner der SBZ als deutsche Staatsangehörige und stellen sie in vieler Hinsicht den Bewohnern des Bundesgebietes gleich. Das Gebiet der SBZ behandeln wir in gewissem Umfang als »Inland«.

3) Ein weiteres Element unserer Deutschland-Politik bildet die These, daß Deutschland in seinen Grenzen von 1937 fortbesteht. Demgemäß erkennen wir die Oder-Neiße-Linie nicht als deutsch-polnische Grenze an. Wir vertreten den Standpunkt, daß diese Grenze nur in einem Friedensvertrag mit dem wiedervereinigten Deutschland festgesetzt werden kann. Wir betrachten uns, d. h. die Bundesrepublik Deutschland als mit dem Deutschen Reich identisch und ziehen daraus – nicht in praxi, aber in der Theorie – die Folgerung, daß auch die Gebiete östlich der Oder und Neiße »Inland« im Sinne unserer Gesetze seien.

4) Wir fordern das Selbstbestimmungsrecht für das ganze deutsche Volk und fordern konkret freie Wahlen in ganz Deutschland, aus denen eine gesamt-deutsche Regierung hervorgehen soll.

5) Wir fordern den Abzug der sowjetischen Truppen aus der SBZ.

6) Als Mittel der Einleitung des Wiedervereinigungsprozesses sehen wir die Vier-Mächte-Verantwortung an. Wir halten an diesem Prinzip fest, wenn wir es auch in letzter Zeit nicht mehr in den Vordergrund gestellt haben, da seit längerem ein gemein-

sames Vorgehen schon der drei Westmächte unmöglich erscheint, von einem solchen der vier Mächte ganz zu schweigen.

7) Hinsichtlich West-Berlins vertreten wir – im Gegensatz zu der Auffassung der drei Westmächte und selbstverständlich der Sowjetunion – den Stand[punkt], daß dieser Teil der Stadt ein deutsches Land und demnach Teil der Bundesrepublik Deutschland ist. Wir suchen diese These durch häufige Besuche des Bundespräsidenten in Berlin, durch Tagungen des Bundestages (die jedoch von den Alliierten seit längerer Zeit nicht mehr zugelassen worden sind), seiner Fraktionen und seiner Ausschüsse zu unterstreichen.
Wir suchen, Berlin faktisch und rechtlich auf das engste mit dem übrigen Bundesgebiet in wirtschaftlicher, kultureller und verwaltungsmäßiger Beziehung zu verbinden.
Zur Aufrechterhaltung des freien Zugangs nach Berlin, für den zivilen Personen- und Warenverkehr auf dem Landweg haben wir ein hohes Engagement (Unterbindung des Interzonenhandels) mit beträchtlichen Risiken übernommen.
Wir erheben den Anspruch, Berlin völkerrechtlich zu vertreten.
Wir streben an, Berlin durch eine besondere Bestimmung in jeden internationalen Vertrag einzubeziehen, und verwenden große Mühe darauf, dieses Ziel durchzusetzen.

8) In der Frage, wie unsere Deutschland-Politik mit der Abrüstungs- und Entspannungs-Politik zu verknüpfen sei, hat sich unsere Haltung mehrfach geändert.
In den 50er Jahren lautete unsere These:
Keine Abrüstung ohne gleichzeitige Fortschritte in der Deutschland-Frage.
Später erklärten wir:
Erste Schritte auf dem Gebiet der Abrüstung können wir akzeptieren, auch wenn damit keine Fortschritte in der Deutschland-Frage verbunden sind. Eine umfassende Abrüstungsvereinbarung kommt jedoch nur zusammen mit der Lösung der Deutschland-Frage in Betracht.
Schließlich modifizierten wir auch diese These:
Wir erklären uns jetzt mit umfassenden Abrüstungsmaßnahmen ohne Verknüpfung mit der Deutschlandfrage einverstan-

den, wenn sie weltweit sind. Europäische Sicherheitsprojekte wollen wir dagegen nur im Zusammenhang mit der Deutschland-Frage erörtern. Es ist jedoch zweifelhaft, wie lange wir diese letzte These noch werden aufrechterhalten können.

II. Motive und Grundlagen unserer Deutschland-Politik

Unsere jetzige Deutschland-Politik wurde in den 50er Jahren konzipiert. Sie entsprach der damaligen allgemeinen Politik des Westens gegenüber dem Ostblock. Deren Ziel war es, die Sowjets aus Mitteleuropa zurückzudrängen, ihnen die Positionen, die sie sich im Verlauf des II. Weltkrieges und danach verschafft hatten, wieder zu entreißen (»roll back«). Es war eine offensive und aggressive Politik gegenüber dem expansiven sowjetischen Kommunismus. Die sowjetische Politik wurde als »Intervention«, »Unterdrückung der Freiheit«, »Neokolonialismus« angeprangert. Zwischen der Sowjetunion und den anderen osteuropäischen Staaten, den »Satelliten«, wurde meist nicht unterschieden; man sprach von »Ostblock« oder »Sowjetblock« schlechthin. Der Wiedervereinigung Deutschlands wurde ein Vorrang vor der Befreiung der osteuropäischen Staaten vom kommunistischen Joch eingeräumt.
Später bezog die westliche Politik auch das Verhältnis der Sowjetunion zu Rot-China in ihre Überlegungen ein. Zuerst nur zögernd vertreten, setzte sich schließlich mehr und mehr die Ansicht durch, daß die Spannungen zwischen diesen beiden Staaten wachsen würden. Um so mehr glaubte der Westen, eine Chance zu sehen, die Sowjetunion zu Konzessionen in Mitteleuropa und vor allem in der Deutschland-Frage zu zwingen.
Die gemeinsame westliche Deutschland-Politik wurde in zahlreichen Verlautbarungen der führenden Staatsmänner immer wieder bekräftigt. Sie wurde 1952/1954 im Deutschland-Vertrag in feierlicher Weise vertraglich festgelegt. Der Deutschland-Vertrag verpflichtet die drei Westmächte uns gegenüber insbesondere,

- mit uns zusammen für eine frei vereinbarte friedensvertragliche Regelung für ganz Deutschland zu wirken,
- die endgültige Festlegung der deutschen Grenzen bis zu dieser Regelung aufzuschieben,
- die Wiedervereinigung Deutschlands zu erstreben.

Im Deutschlandvertrag wurde der Bundesregierung auch das Recht übertragen, Berlin im internationalen Verkehr zu vertreten.

In Erklärungen, die die drei Westmächte und alle anderen NATO-Partner gleichzeitig abgaben, erkannten sie die Bundesregierung als die einzige frei gewählte deutsche Regierung an, die daher auch allein berechtigt sei, für das deutsche Volk zu sprechen.

III. Schwierigkeiten unserer Deutschland-Politik

1) Unsere vorstehend gekennzeichnete Deutschland-Politik leidet darunter, daß wir trotz 16jähriger konsequenter Verfolgung dieser Politik dem eigentlichen Ziel, der Wiedervereinigung, nicht nähergekommen sind. Infolgedessen breitet sich in beiden Teilen Deutschlands Resignation aus. Der Wille zur Wiedervereinigung vermindert sich. Heute wird vielfach auch bei uns gefragt:
Warum soll es nicht in Zukunft zwei deutsche Staaten geben? Warum können wir nicht mit den Deutschen in der »DDR« ebenso zusammenleben wie mit den Österreichern? Auch in der SBZ scheint nach uns vorliegenden Berichten der Drang nach Wiedervereinigung nachzulassen. Die dauernde Trennung führt zu einer inneren Entfremdung der beiden Teile unseres Volkes; diese Entwicklung wird besonders seit dem Bau der Berliner Mauer – August 1961 – deutlich.

2) Zugleich vermindert sich die internationale Unterstützung, die unsere Deutschland-Politik in den 50er Jahren fand. Auch bei unseren Freunden tritt eine gewisse »Deutschland-Müdigkeit« ein. Unsere sich ständig wiederholenden Bitten um Unterstützung in Fragen unserer Deutschland-Politik nutzen den guten Willen, den uns die meisten Regierungen entgegenbringen, ab.

3) In dritten Ländern stoßen wir auf zunehmende Schwierigkeiten. Kaum ein Tag vergeht, an dem nicht irgendwo trotz unserer Proteste eine Flagge der SBZ gezeigt wird, Vertreter der SBZ von Regierungsvertretern eines neutralen Staates empfangen werden oder andere, von uns als unerwünscht angesehene Kontakte stattfinden.
Diese Feststellung schmälert nicht den großen Erfolg unserer Abwehrbemühungen. Es ist erstaunlich, in welchem Ausmaß es uns gelungen ist, ein noch weiteres Vordringen der SBZ in dritten Ländern zu verhindern. An einigen Stellen (Indonesien,

Ceylon, Ghana) haben wir sogar verlorenes Terrain zurückgewinnen können. Das Verdienst dafür gebührt zu einem wesentlichen Teil dem unermüdlichen Einsatz und der Wachsamkeit unserer Auslandsmissionen. Das gleiche gilt von den deutschen Vertretungen bei den großen internationalen Organisationen.

Trotzdem hat sich aufs Ganze gesehen ein langsames Vordringen der SBZ in dritten Ländern und internationalen Organisationen nicht verhindern lassen. Am sichtbarsten ist dies im Bereich des Sports und der internationalen wirtschaftlichen Organisationen.

4) Die entscheidende Schwierigkeit unserer Deutschland-Politik resultiert aus der veränderten weltpolitischen Gesamtlage. Anstatt einer Zurückdrängung des Kommunismus in Europa fordern die führenden Staatsmänner des Westens jetzt:
   - Entspannung
   - Verständigung
   - Zusammenarbeit
   - Versöhnung

   zwischen der Sowjetunion und den anderen osteuropäischen Staaten einerseits und den Ländern der freien Welt andererseits. In diesen Thesen unterscheiden sich Johnson und de Gaulle nicht, und sie scheinen auch weitgehend in den Folgerungen übereinzustimmen, die sie daraus für die westliche Deutschland-Politik ziehen wollen:
   An dem Ziel der Wiedervereinigung halten beide fest. Die Lösung der deutschen Frage sehen sie aber als Ergebnis eines langfristigen Ausgleichsprozesses zwischen Ost und West an, wobei de Gaulle in erster Linie an den Ausgleich zwischen Ost- und Westeuropa denkt. Beide befürworten anscheinend Entspannungsmaßnahmen in Europa, ohne daß damit gleichzeitig Fortschritte in der deutschen Frage verknüpft sein müssen.
   De Gaulle hat klar ausgesprochen, daß er die Oder-Neiße-Grenze als endgültige deutsch-polnische Grenze ansieht.
   Die Rede Johnsons vom 7. Oktober 1966 wird man ebenso interpretieren müssen.
   Unsere bisherige Deutschland-Politik steht also nicht mehr mit der von den führenden westlichen Staaten verfolgten allgemei-

nen Ostpolitik im Einklang. Kein westlicher Staat ist bereit, einen Druck auf die Sowjetunion im Sinne der Erfüllung der deutschen Wiedervereinigungsforderung auszuüben. Bestimmte Entspannungsprojekte erscheinen dem Westen wichtiger als etwa die konsequente Unterstützung der Nichtanerkennungspolitik. Diese Feststellung ist mit der anderen These der amerikanischen Außenpolitik, daß nämlich die Sicherheit Europas und der freien Welt unter allen Umständen gewährleistet bleiben muß, vereinbar.
Wie weit die Sowjetunion auf die neue westliche Entspannungs- und Versöhnungspolitik eingehen wird und kann, ist nicht mit Sicherheit vorherzusagen. Der Vietnam-Konflikt zwingt die Sowjets zu einer Parteinahme zugunsten Nord-Vietnams. Er hindert sie meines Erachtens zugleich daran, jetzt ein größeres Abkommen im Bereich der Entspannung mit den USA abzuschließen. Bis vor kurzem ließen alle öffentlichen Erklärungen der Sowjetunion und die scharfen Angriffe, die sie gegen die USA richtete, diese These als eindeutig richtig erscheinen. Manche Beobachter wollen aus den jüngsten Erklärungen Gromykos (nach dem Gespräch mit Johnson) eine Änderung der sowjetischen Haltung herauslesen. Ich zweifele daran, kann aber die Möglichkeit, daß die Sowjets auf amerikanische Entspannungsvorschläge eingehen werden, nicht mit Sicherheit ausschließen.

5) Unsere Deutschland-Politik bringt uns in einen scharfen Gegensatz zur Sowjetunion und zu anderen osteuropäischen Staaten, besonders zu Polen. In den jüngsten öffentlichen Erklärungen der Sowjetunion wurden hauptsächlich wir (und bisher auch die USA) attackiert. Die weltweite politische und propagandistische Aktivität der Sowjetunion richtet sich in erster Linie gegen uns (und bisher auch gegen die USA). Diese Situation ist angesichts des gewaltigen militärischen Potentials der Sowjetunion, das ebenfalls überwiegend gegen uns konzentriert ist, außerordentlich gefährlich.
Unsere Deutschland-Politik bringt ein hohes zusätzliches Sicherheitsrisiko für die Bundesrepublik mit sich.
Gegen dieses Risiko sind wir durch das NATO-Bündnis und insbesondere durch die amerikanische Bündnisgarantie abgesi-

chert. Die Amerikaner sind verpflichtet, uns auch gegen einen von der Sowjetunion im Zusammenhang mit unserer Deutschland-Politik auf uns ausgeübten Druck zu schützen. Indessen können wir nicht übersehen, daß die Entspannungstendenzen es den USA erschweren, die äußersten Positionen unserer Deutschland-Politik militärisch abzudecken.

6) Die geschilderte Situation führt in jedem Fall zu einer besonders starken Abhängigkeit der Bundesrepublik Deutschland von der Bündnisgarantie der USA, da letztlich nur die USA in der Lage sind, die anspruchsvolle Deutschland-Politik, die wir betreiben, gegen sowjetischen Druck abzusichern.

7) Unsere Deutschland-Politik führt uns in eine zunehmende Isolierung. Die Sowjetunion ist bestrebt, ihr Verhältnis zu ihren Nachbarn und zu einer großen Zahl weiterer Staaten zu normalisieren, um sich in der von ihr befürchteten Auseinandersetzung mit Rot-China zu entlasten. Die meisten dieser Staaten gehen darauf ein. So stehen wir vor der Tatsache, daß sich die Beziehungen der Sowjetunion zu Japan, Pakistan, Iran, Türkei, Frankreich, Italien, um nur einige zu nennen, in den letzten zwei bis drei Jahren wesentlich verbessert haben.
Ob sich eine wesentliche Verbesserung auch im amerikanisch-sowjetischen Verhältnis abzeichnet, ist – wie oben dargelegt – nach meiner Ansicht zweifelhaft. Auszuschließen ist diese Möglichkeit nicht. Sie würde sich sehr wahrscheinlich realisieren, wenn es zu einer Beilegung des Vietnam-Konflikts kommen sollte.

8) Unsere Deutschland-Politik behindert unsere außenpolitische Bewegungsfreiheit. Mit Rücksicht auf sie unterlassen wir Schritte, die wir aus anderen Gründen für nützlich halten würden (Aufnahme diplomatischer Beziehungen zu den osteuropäischen Staaten). Wir erleben es, daß andere Mächte den Dialog mit der Sowjetunion über die Deutschland-Frage aufnehmen, während wir weitgehend die Rolle des Zuschauers spielen. Andererseits ist es zwecklos, auf der Basis unserer bisherigen Vorstellungen unsererseits ein Gespräch mit den Sowjets aufzunehmen. Die Sowjets lehnen dies rundweg ab.

9) Wie mehrfach dargelegt worden ist, besteht die Gefahr, daß wir uns bei äußerster Konsequenz in der Verfolgung unserer Deutschland-Politik aus dem internationalen Verkehr selbst ausschalten. Dies würde der Fall sein, wenn weitere Staaten diplomatische Beziehungen zur SBZ aufnehmen und wir unsere Beziehungen zu ihnen daraufhin abbrechen würden, oder wenn wir uns aus internationalen Gremien oder von internationalen Veranstaltungen zurückziehen würden, falls die SBZ zugelassen wird. Im ganzen haben wir diese Gefahr bisher in Grenzen halten können; ich glaube, daß dies auch weiterhin möglich sein wird.

10) Schließlich müssen wir feststellen, daß manche Länder unsere Deutschland-Politik als ein Mittel betrachten, um uns zu erpressen. Mehrfach haben uns Entwicklungsländer zu verstehen gegeben, daß sie ihre Beziehungen zur SBZ intensivieren würden, wenn unsere Leistungen ihren Erwartungen nicht entsprächen. Man beruft sich dabei meist auf die eigene öffentliche Meinung, die angeblich verlangt, daß jede sich anbietende Geldquelle genutzt wird. Aber auch aus den Ländern unserer Bundesgenossen gibt man uns gelegentlich zu verstehen, daß man glaubt, uns durch die Drohung mit einer Intensivierung der Beziehungen zur SBZ unter Druck setzen zu können. Bisher handelt es sich dabei nur um vereinzelte Stimmen.

IV. Das Dilemma unserer Deutschland-Politik

1) Die vorstehenden Darlegungen könnten die Schlußfolgerung nahelegen, daß wir unsere Deutschland-Politik ändern müssen, um größere außenpolitische Bewegungsfreiheit zu erlangen, um uns von einem übermäßig starken Druck zu befreien und um womöglich das schwindende Zusammengehörigkeitsgefühl unseres Volkes wieder zu stärken. Zu denken wäre etwa an
   - eine Änderung unserer Haltung zur Entspannungspolitik
   - die Modifizierung unseres Alleinvertretungsanspruchs und der Folgerungen, die wir aus ihm ziehen
   - die Änderung unserer Berlin-Politik (»negative Berlin-Klausel«)
   - die Änderung unseres Standpunktes in der Grenzfrage.

Nach meiner Auffassung müssen diese Probleme gründlich durchdacht werden. Ich halte Modifikationen für möglich und nötig.

Aber was auch immer das Ergebnis dieser Überlegungen sein wird, über eins müssen wir uns im klaren sein: Wir werden aus dem Dilemma, in dem wir uns befinden, nicht herauskommen.

2) Diejenigen, die uns eine entgegenkommendere Haltung gegenüber dem Zonen-Regime anraten, übersehen meines Erachtens, daß dieses Regime uns gegenüber eine durchaus feindselige Haltung einnimmt.

Es verleumdet den Bundespräsidenten, die Bundesregierung, die Bundesrepublik Deutschland, die wirtschaftlichen und sozialen Verhältnisse bei uns in der ganzen Welt. Es wird aller Voraussicht nach etwaige Erfolge, die es in seiner Deutschland-Politik uns gegenüber erringt, zu einer verstärkten politischen Aktivität gegen uns ausnutzen.

Nach meiner Überzeugung ist eine dauerhafte friedliche Koexistenz zwischen uns und dem Regime in der Zone nicht erreichbar. Es handelt sich um ein aus fanatisierten Deutschen bestehendes politisches System, welches sich zum Ziel gesetzt hat, ganz Deutschland kommunistisch zu machen. Dieses System ist während der letzten Jahre innenpolitisch, wirtschaftlich und außenpolitisch erstarkt. Es spricht nichts dafür, daß es sich mit einem für es günstigeren Status endgültig abfinden wird. Es wird meines Erachtens alsbald den Versuch machen, die Bundesrepublik Deutschland politisch zu unterwandern.

Insoweit spielt die SBZ und das SBZ-Regime innerhalb des Warschauer Paktes eine selbständige Rolle. Ich halte es eher für möglich, daß wir uns mit den Sowjets selbst werden arrangieren können, als daß ich ein dauerhaftes Arrangement mit dem Zonen-Regime für erreichbar halte. Vom Standpunkt der Sowjets wird das China-Problem die deutsche Frage voraussichtlich mehr und mehr in den Schatten stellen. Vom Standpunkt der SBZ wird das nicht der Fall sein.

Durch Konzessionen gegenüber dem Zonen-Regime werden wir also die Gefahr, die den Grundlagen unserer eigenen Gesellschaftsordnung von dort droht, nicht abwenden, sondern wir werden sie vielleicht vergrößern.

3) Wir müssen auch die innenpolitischen Folgen der etwa notwendig werdenden Korrekturen unserer Deutschland-Politik sorgfältig vorher überdenken, und wir müssen diese Folgen, soweit es geht, einzufangen und unter unsere Kontrolle zu bringen versuchen. Ein offenes Wort mit den Vertriebenenverbänden wird unumgänglich sein.

Aus all dem ergibt sich, daß eine neue Deutschland-Politik nur das Ergebnis eines sorgfältigen Vorbereitungsprozesses sein kann, mit dem allerdings nach meiner Auffassung alsbald begonnen werden sollte.

V. Folgerungen

Was auch immer wir tun, ob wir die alte Deutschland-Politik fortsetzen oder ob wir eine veränderte Deutschland-Politik konzipieren, wir werden unsere Ziele nur durch kraftvolles Handeln erreichen. Dabei müssen wir zwei Dinge ständig im Auge behalten:

– Unsere eigene Sicherheit darf nicht gefährdet werden.
– Wir müssen uns die Unterstützung unserer Freunde in der Welt sichern.

Diese beiden Voraussetzungen sind nur dann zu erreichen, wenn wir angemessene Geldmittel sowohl für unsere Verteidigung wie für die Entwicklungshilfe zur Verfügung stellen. Dies ist seit Jahren das ceterum censeo des Auswärtigen Amts. Unser Verteidigungshaushalt und unsere Entwicklungshilfe sind der für alle Welt sichtbare Maßstab für die Ernsthaftigkeit unserer gesamten auswärtigen Politik.

Dazu müßte nach meiner Auffassung eine noch kraftvollere Selbstdarstellung unseres Staates und unserer Gesellschaftsform kommen. Dies ist eine schwierige Aufgabe angesichts der völligen Freiheit, die die Publizistik in der Bundesrepublik Deutschland genießt, aber wir müssen sie anpacken. Um nur ein Beispiel zu nennen: Das deutsche Fernsehen kann von etwa 60 % der Deutschen in der Zone gesehen bzw. gehört werden. Aber der Eindruck, den es von unserem Staat und unserer Gesellschaftsordnung drüben vermittelt, ist zu schwach, zu widersprüchlich und teilweise negativ.

Alles in allem würde ich sagen, daß wir zu großen Opfern bereit sein müssen, um das angeblich höchste Ziel unserer Politik, nämlich die Wiedervereinigung Deutschlands, zu erreichen. Wenn wir diese Opfer nicht bringen, ist es letzten Endes gleichgültig, welche

Methoden wir anwenden; denn: Es gibt keinen leichten Weg zur Lösung des deutschen Problems. Wir müssen uns auf eine jahrelange schwierige Auseinandersetzung einrichten; und wir müssen uns selbst und unser Volk mit dem Willen erfüllen, diese Auseinandersetzung erfolgreich zu bestehen.

(AAPD 1966 (2), S. 1374–1383)

4. Kapitel

1955–1969: Die europäische Integration

1955–1969: Die europäische Integration

«Die ganze Sache geschah in Rom, wir standen unter Zeitdruck, und es herrschte ein gewisses Durcheinander. Wie Sie sich vorstellen können, war der Wortlaut des Vertrages am Vormittag des 25. März noch nicht vollständig ausgearbeitet. [...] Als um 16 Uhr alles zur Unterzeichnung bereit war, herrschte in Rom eine Stimmung, die einem wirklich zu Herzen gehen konnte. Natürlich war ausgesprochen schlechtes Wetter, und es regnete in Strömen, als um 16 Uhr plötzlich von allen Türmen Roms die Glocken erklangen. Die ganze Stadt war von diesem Läuten erfüllt, die Menschen versammelten sich auf den Straßen oder saßen dichtgedrängt vor den Fernsehapparaten in den Gasthäusern. Unsere Sitzung, die im Saal der Horatier und Curatier des Kapitolpalastes stattfand, verlief dagegen eher klassisch und in gewisser Weise sogar in einer trockenen Atmosphäre. An einem langen Tisch saßen die Unterzeichner in alphabetischer Reihenfolge; Spaak hielt nach der Unterzeichnung, was sonst nicht seine Art war, eine improvisierte Rede und betonte die Umsicht und den Mut, unter deren Zeichen die Verhandlungen gestanden hatten. Darauf folgten Ansprachen des italienischen Ministerpräsidenten, eines der Unterzeichner, sowie des Bürgermeisters von Rom, der jedem Unterzeichner zur Erinnerung an diesen Vertrag eine kleine goldene Medaille überreichte, auf der Romulus und Remus mit der Wölfin abgebildet waren.«[1]

So schildert ein Teilnehmer jenes denkwürdige Ereignis vom 25. März 1957, als die Vertreter Frankreichs, Italiens, Belgiens, Luxemburgs, der Niederlande und der BRD den EWG-Vertrag unterzeichneten, mit dem der Grundstein für eine der größten Erfolgsstories Europas gelegt wurde.

Eine Initiative der »Kleinen«

Dabei hatte es Ende 1954 – nach dem Scheitern der Europäischen Verteidigungsgemeinschaft und der damit verbundenen Politischen Gemeinschaft – noch ganz anders ausgesehen. Daß der Gedanke einer europäischen Integration Ende 1954 wieder aufgegriffen wurde, hing auch mit den Besorgnissen der Beneluxländer und Italiens wegen der Pläne für eine deutsch-französische Annäherung zusammen, nämlich der Regelung der Saarfrage. Dies wurde als Beginn einer bevorrechtigten Zusammenarbeit zwischen Frankreich und der Bundesrepublik Deutschland – zu Lasten der übrigen Mitgliedstaaten der Europäischen Gemeinschaft für Kohle und Stahl (EGKS) – gewertet. Um einer derartigen Entwicklung vorzubeugen, begann die Suche nach Einigungsprojekten, die ohne großen Widerstand durchgesetzt werden konnten und daher geeignet waren, die Lähmung des Integrationsprozesses zu überwinden.

Hier bot sich die Erweiterung der Befugnisse der Montanunion (EGKS) auf die übrigen Energiebereiche – Gas, Elektrizität, Atom – sowie auf die Verkehrspolitik an. Hinter dieser Initiative stand wiederum der Schöpfer des Schuman-Plans und »Vater der europäischen Integration«, Jean Monnet (s. Bd. 2, S. 125 ff.), der seine Hoffnungen insbesondere auf die Integration der Atomenergie setzte, um Frankreich für diesen Schritt zu gewinnen. (Für Paris gab es dafür drei Gründe: Wachsender Energiebedarf Frankreichs und damit Unabhängigkeit von Ölimporten; von den USA unabhängige Atomwaffen; Kontrolle der nach der Aufhebung des Besatzungsstatuts nicht mehr verbotenen zivilen Nutzung der Atomenergie durch die Bundesrepublik.) Da Monnet selbst nicht mehr den direkten Zugang zum französischen Außenminister hatte und Ministerpräsident Pierre Mendès-France im übrigen seine Ablösung als Präsident der Hohen Behörde betrieben hatte, erklärte er am 9. November 1954, für eine zweite Amtsperiode nicht mehr zur Verfügung zu stehen, und trug dem belgischen Außenminister Paul-Henri Spaak die neue Einigungsinitiative an. Spaak wurde von nun an so etwas wie der *spiritus rector* der neuen Integrationsbewegung. Am 2. April 1955 richtete er ein Schreiben an Adenauer, den italienischen Außenminister Gaetano Martino und den französischen Außenminister Antoine Pinay, in dem er neue Fortschritte auf dem Wege zur europäischen Einigung vorschlug. Darin hieß es u. a.:

»Der europäische Gedanke sollte durch Ausweitung der Befugnisse der Europäischen Gemeinschaft für Kohle und Stahl mit neuem Leben erfüllt werden. Dieser Ausbau der Gemeinschaft könnte sämtliche derzeitigen Energiearten (Strom, Gas, Brennstoffe) sowie den Verkehrssektor (Eisenbahn, Binnenschiffahrt, Straßenverkehr) zum Gegenstand haben. Außerdem könnte eine der EGKS unterstehende Einrichtung mit der gemeinsamen Entwicklung der Kernenergie zu friedlichen Zwecken betraut werden. Hierzu müßte dringend eine internationale Konferenz anberaumt werden mit der Aufgabe, diesen Gedanken zu prüfen und einen Vertragsentwurf zu erstellen. Der Vorsitz dieser Konferenz könnte Jean Monnet übertragen werden.«[2]

Dieser Vorschlag wurde in den drei Hauptstädten mit großer Zurückhaltung aufgenommen, was die Beneluxländer jedoch nicht daran hindern sollte, dieses Projekt mit Entschlossenheit weiter zu verfolgen. Der niederländische Außenminister Jan Willem Beyen sah in der Ausweitung der sektoralen Integration neue Hindernisse für den gemeinsamen Markt und plädierte für eine Globallösung. Den Außenministern der Sechs sollte die Bildung einer »supranationalen Gemeinschaft« vorgeschlagen werden, die »über den Weg einer Zollunion bis zur Verwirklichung einer Wirtschaftsunion fortschreiten soll«. Das hieß: supranationale Ausrichtung der Wirtschaftsgemeinschaft von Anfang an, um somit auch das Gefühl der Verantwortlichkeit für die gemeinsame Zukunft der Europäer zu entwickeln und um die wirtschaftliche Modernisierung abzufedern.
Die Franzosen waren gegen dieses Konzept. Man hatte Angst vor dem Ausverkauf noch nicht wettbewerbsfähiger Wirtschaftszweige, und es gab eine allgemein verbreitete Aversion gegen die Supranationalität. Lediglich beim Plan einer Gemeinschaft zur zivilen Nutzung der Atomenergie sah man politische und finanzielle Vorteile, machte aber sofort klar, daß Atomwaffen in nationaler Verantwortung bleiben sollten. In Bonn begeisterte man sich weder für den gemeinsamen Markt noch für die Atomgemeinschaft. Wirtschaftsminister Ludwig Erhard sah in einer Zollunion der Sechs ein dirigistisches Hindernis auf dem Weg zu einem weltweiten Freihandelssystem, das den Exportinteressen der deutschen Wirtschaft entsprach. Und Sonderminister Franz Josef Strauß, der wenig später mit der Verantwortung für die Atomfrage betraut wurde, zog die Zusammenarbeit auf diesem Gebiet mit den technisch viel weiter fortgeschrittenen Amerikanern und Briten vor. Adenauer wollte eine verstärkte politische Integration, um die Bundesrepublik noch stärker an den Westen zu binden und außenpolitisch handlungsfähig zu werden; er befürchtete, daß dies mit einer nur wirtschaftlichen Integration eben nicht zu erreichen sei.
Jean Monnet war damals im Hintergrund aktiv. Er versuchte Spaak und Beyen dafür zu gewinnen, die Vorschläge für die Ausweitung der sektoralen Integration und die Pläne für den gemeinsamen Markt miteinander zu verbinden, was auch gelang. Am Ende dieser Überlegungen stand das sogenannte Benelux-Memorandum, das von den Ministern Spaak und Beyen sowie dem luxemburgischen Regierungschef Joseph Bech ausgearbeitet und von den Benelux-Regierungen am 20. Mai 1955 der Bundesrepublik Deutschland, Italien und Frankreich

unterbreitet wurde – als Verhandlungsgrundlage für die inzwischen vereinbarte Konferenz von Messina am 1. und 2. Juni. Da Regionalwahlen die Präsenz des italienischen Außenministers Gaetano Martino in Sizilien erforderlich machten, war Messina als Konferenzort gewählt worden.

1./2. Juni 1955: Die Konferenz von Messina

Neben dem Benelux-Memorandum lagen in Messina noch zwei weitere Memoranden vor, ein italienisches und ein deutsches. Italien stimmte den Vorschlägen der Beneluxländer zu, lehnte jedoch eine Integration nach Sektoren als einzige Methode ab. Zur Schaffung eines gemeinsamen Marktes wurde gefordert, die Integration schrittweise zu vollziehen und auch in den einzelnen Sektoren einen unterschiedlichen Integrationsrhythmus zuzulassen.
Auch die Bundesregierung stimmte jetzt dem Benelux-Memorandum zu, d. h. sie war für den gemeinsamen Markt, hielt aber noch zusätzliche Maßnahmen für notwendig: freier Verkehr von Kapital, Dienstleistungen und Arbeitskräften; Aufstellung von Normen zur Gewährleistung des freien Wettbewerbs und damit Ausschluß jeder nationalen Diskriminierung. Die Franzosen legten überhaupt nichts vor. Der französische Außenminister Antoine Pinay hielt es für besser, sich auf das Machbare zu konzentrieren, statt Idealvorstellungen nachzuhängen. Er empfahl in Messina, zunächst nach Sektoren vorzugehen. Diese Methode habe den Vorteil, daß unverzüglich mit der Verwirklichung der Vorhaben begonnen werden könne, während eine Gesamtintegration die schrittweise Harmonisierung der wirtschaftlichen und sozialen Bedingungen in den sechs Ländern voraussetze. Paul-Henri Spaak sprach vom Wagnis einer Gesamtintegration, bot aber gleichzeitig vorübergehende Schutzmaßnahmen für bestimmte Sektoren an. In Messina wurde am 1. und 2. Juni jeweils von 16.00 bis 19.00 Uhr diskutiert. Die Minister tauschten verhältnismäßig allgemein gehaltene Monologe aus, ohne wirklich auf das Benelux-Memorandum einzugehen.
In der Historiographie wird die Messina-Konferenz als eine entscheidende Wende in der Geschichte des europäischen Aufbauwerks bezeichnet. Tatsache aber ist, daß diese Konferenz beinahe ergebnislos zu Ende gegangen wäre. Zumindest nach den zwei offiziellen Verhand-

lungstagen gab es noch kein Ergebnis. Es waren wiederum die sogenannten Kleinen, die den entscheidenden Anstoß zu einem grundlegenden Beschluß gaben. Am Abend des 2. Juni stellten die Experten fest, daß überhaupt noch nichts beschlossen worden war, die Minister inhaltlich nichts erörtert hatten und, wie man heute sagen würde, nicht zu einem Konsens über irgendeine Schlußfolgerung gekommen waren. Joseph Bech – turnusmäßig Präsident der EGKS – bat daraufhin einen seiner Mitarbeiter, die Expertenrunde erneut einzuberufen. Man brauchte keine zehn Minuten, um festzustellen, daß eine weitere Sitzung erforderlich sein würde. Ein Mitarbeiter Bechs erinnert sich, wie es weiterging:

»Daraufhin habe ich zu meinen Kollegen gesagt: ›Wir fahren jetzt zurück nach Taormina und bitten die Minister um eine weitere Sitzung.‹ Noch heute sehe ich mich, wie ich gegen 21 Uhr bei den Ministern ankomme, die sich auf den steinernen Stufen des griechischen Theaters niedergelassen hatten, um einer Aufführung des römischen Balletts beizuwohnen. Ich erstattete dem Präsidenten, Bech, Bericht. ›Herr Präsident‹, sagte ich, ›zu meinem großen Bedauern konnten wir Ihrer Aufforderung nicht nachkommen, da die Minister, offen gestanden, noch gar keine Entscheidung getroffen haben. Wir brauchen eine neue Sitzung!‹ Bech machte eine verzweifelte Handbewegung und fragte: ›Wie darf ich das verstehen?‹ Darauf ich: ›Das muß nicht unbedingt sofort sein, natürlich können Sie sich zunächst das Ballett ansehen.‹ ›Sie haben wohl vergessen, daß wir nach der Aufführung auf Einladung der italienischen Regierung mit all diesen charmanten Tänzerinnen zu Abend essen werden?‹, entgegnete er. Ich antwortete: ›Dann eben nach dem Abendessen, Herr Präsident.‹ Und so kam es, daß die eigentliche Konferenz von Messina nicht am 2. Juni in Messina, sondern am 3. Juni zwischen 2 und 5 Uhr morgens in Taormina stattfand.«[3]

Zu aller Überraschung verabschiedeten die Minister dann eine Erklärung, die die im Benelux-Memorandum und im deutschen Memorandum genannten Integrationsziele als Studienobjekte aufführte und eine Expertengruppe unter dem Vorsitz einer, wie es hieß, »politischen Persönlichkeit« mit ihrer Prüfung beauftragte. In der Resolution wurden die ersten drei Absätze des Benelux-Memorandums aufgegriffen; außerdem wurde die Notwendigkeit hervorgehoben, eine neue Phase auf dem Wege zum Bau Europas auf wirtschaftlichem Gebiet einzuleiten.

Paul-Henri Spaak äußerte zum Abschluß der Konferenz seine tiefe Befriedigung über die Erklärung der Sechs: »Wir haben ein neues Verfahren eingeführt, das zwar nicht vollkommen ist, das uns aber Mut gibt und das man als neuen Anlauf zum Aufbau Europas werten kann.« Jean Monnet äußerte sich zur Konferenz folgendermaßen: »Das Wichtigste war für mich, daß jemand beauftragt wurde, in der Richtung aktiv zu werden, in der wir uns schon seit nahezu fünf Jahren mit dem Schuman-Plan engagiert hatten.«

Mit Messina wurde der Europagedanke neu belebt, und von daher stellte diese Konferenz zweifellos einen Markstein des europäischen Aufbauwerks dar, zu dem Paul-Henri Spaak den Anstoß gegeben hatte. Spaak war es auch, der die Gespräche von Messina entscheidend geprägt hatte.

Der Spaak-Bericht

Messina war ein Anstoß, aber die Probleme wurden jetzt erst deutlich. Spaak ging jedenfalls die Sache beherzt an. Er übernahm bis zur Unterzeichnung der Römischen Verträge im März 1957 die zweifache Aufgabe eines Koordinators und Mittlers. Der von ihm geleitete Ausschuß legte am 27. April 1956 einen ersten Bericht vor. In diesem sogenannten Spaak-Bericht waren die Mittel und Wege zur Erreichung der in Messina gesteckten Ziele aufgezeigt, nämlich die Schaffung eines allgemeinen, gemeinsamen Marktes und die Schaffung von EURATOM. Dieser Bericht wurde dann von den Außenministern der Sechs Ende Mai auf ihrer Konferenz in Venedig als Grundlage für weitere Verhandlungen angenommen. Das sah gut aus, aber es gab immer noch große Probleme. Die Deutschen zeigten wenig Neigung, Frankreich eine Sonderrolle als militärische Atommacht und Kolonialmacht einzuräumen, und fanden die französische Forderung nach einer Harmonisierung der Sozialleistungen geradezu absurd. Ludwig Erhard hoffte weiter auf eine große Freihandelszone, deren Errichtung im Herbst 1956 die Briten offiziell vorschlugen. Für den Ökonomen Erhard war der geplante Gemeinsame Markt nach wie vor »volkswirtschaftlicher Unsinn«, während es für den Politiker Adenauer bei der Europapolitik von Anfang an auch darum ging, den Handlungsspielraum der mit beschränkter Souveränität ausgestatteten Bundesrepublik zu erweitern, wie er in einem Brief an Erhard am 13. April 1956 zu erkennen gab: »Die europäische Integration war das notwendige Sprungbrett für uns, um überhaupt wieder in die Außenpolitik zu kommen.« Um dann fortzufahren:

»Europäische Integration ist auch um Europas willen und damit um unsretwillen notwendig. Europäische Integration war aber vor allem notwendig, weil die Vereinigten Staaten sie als Ausgangspunkt ihrer ganzen Europapolitik betrachteten und weil ich genau wie Sie die Hilfe der Vereinigten Staaten als absolut notwendig für uns betrachte.«[4]

Spaak und manche andere fürchteten damals bereits ein Scheitern des Messina-Projekts. Aber wie so oft vorher und nachher wurde die Verhandlungskrise überwunden. Dafür waren mehrere Gründe ausschlaggebend: einmal die Lösung der Saarfrage zwischen Frankreich und Deutschland, zum anderen aber, und das war wohl wichtiger, hatte das von den USA und der Sowjetunion erzwungene Ende des Suez-Abenteuers in Frankreich das Gespür für die Notwendigkeit der europäischen Einigung nachhaltig verstärkt. Ministerpräsident Guy Mollet nutzte diese Klimaverbesserung, um die Vertragsverhandlungen durch größere Konzessionsbereitschaft zu beschleunigen.

25. März 1957: Unterzeichnung in Rom

Am 25. März 1957 schließlich wurden die Verträge unterzeichnet. Durch die Gründung der Europäischen Wirtschaftsgemeinschaft sollte ein gemeinsamer Wirtschaftsmarkt geschaffen werden, dessen Kennzeichen eine Zollunion war und der damit den freien Warenverkehr, die Freizügigkeit, den freien Dienstleistungs- und Kapitalverkehr sowie die Ausarbeitung gemeinsamer Politiken, insbesondere für die Landwirtschaft und den Verkehr, sowie die Gründung von EURATOM zur Schaffung eines gemeinsamen Marktes auf dem Gebiet der Kernenergie ermöglichte. Die Ziele der wirtschaftlichen Integration, die im Sinne ihrer Gründer auf die stufenweise Verwirklichung einer politischen Union abstellten, waren erreicht. Ohne weitreichende Kompromisse war dies nicht möglich gewesen.
Spaak meinte damals: »Wenn wir Erfolg haben, wird dieser Tag als einer der wichtigsten in die Geschichte Europas eingehen.« Damals erhielt »Europa« einen organisatorischen Kern. Die Römischen Verträge konnten als Grundlage für eine Weiterentwicklung dienen, bargen zugleich aber auch das Risiko eines Abgleitens in die bloße Verwaltung der Krise der Gemeinschaftsbildung. Die mit den Verträgen geschaffenen beiden europäischen Gemeinschaften »stellten so eine Herausforderung dar, an der sich Kreativität und Mut der Europäer bewähren konnten«.[5] Adenauer hatte sich vier Wochen vorher in einem seiner berühmten »Teegespräche« folgendermaßen dazu geäußert:

Abb. 19: 15. März 1957: In Rom unterzeichnen die Außenminister Frankreichs, Italiens, der BRD und der Benelux-Länder die Verträge zur Gründung der Europäischen Wirtschaftsgemeinschaft (EWG) und der Europäischen Atomgemeinschaft (EURATOM). Für die Bundesrepublik unterzeichnet Bundeskanzler Konrad Adenauer (1. Reihe Mitte).

»Man kann, meine Herren, sehr schwer geschichtliche Urteile aussprechen, wenn alles noch in Bewegung ist, aber vielleicht ist dieser Zusammenschluß das wichtigste Ereignis der Nachkriegszeit.«

Das war keine schlechte Einschätzung.

De Gaulle sagt Nein zu Großbritannien

Am Mittwoch, dem 9. Januar 1963, tagte der französische Ministerrat unter Vorsitz von General Charles de Gaulle. Im Anschluß an die Sitzung kündigte Informationsminister Alain Peyrefitte für Montag, den 14. Januar, eine Pressekonferenz des Generals an; ergänzend fügte er hinzu, es werde sich um eine »conférence de choc« handeln. So sollte es dann auch kommen. De Gaulle sagte Nein zum Beitritt Großbritanniens zur EWG. In diesem Punkt war de Gaulle »hart und kompromißlos«, wie die deutsche Botschaft nach Bonn berichtete; man hatte weiter den Eindruck, daß er »geradezu einen Grabgesang auf die Brüsseler Verhandlungen gesungen« habe. Die britische Botschaft berichtete als wichtigsten Punkt nach London, daß de Gaulle offensichtlich »völlig überzeugt ist vom Scheitern der Verhandlungen«; und da de Gaulle so stolz sei auf seine prophetischen Gaben, könne man davon ausgehen, daß er alles daransetzen werde, daß die Ereignisse ihn nicht Lügen strafen würden. De Gaulles Veto bedeutete das Ende der britischen Beitrittsbemühungen. Die größte europäische Industriemacht außerhalb der EWG würde nicht Mitglied dieser EWG werden. Die Art und Weise, wie de Gaulle sein Nein formulierte, wirkte damals auf viele Beobachter wie ein Schock; in der Sache selbst allerdings war das, was er auf der Pressekonferenz gesagt hatte, für einige keine Überraschung.

Wie sah die Entwicklung bis zu diesem Zeitpunkt aus? Großbritannien hatte sich 1950 geweigert, Mitglied der Europäischen Gemeinschaft für Kohle und Stahl zu werden. Im Gefolge dieser Entscheidung war es nur konsequent, daß London auch an den Verhandlungen zur Gründung der Europäischen Wirtschaftsgemeinschaft nicht teilnahm. London wollte, mit den Worten des amerikanischen Unterstaatssekretärs George Ball, nicht Mitglied in diesem »Club der besiegten Nationen« sein. Statt dessen hatte man die »special relationship« mit den USA gepflegt und als Gegengewicht zur EWG 1960 die Europäische Freihandelszone EFTA gegründet. Seit 1960 gab es in Europa die Sechs der EWG (Frankreich, Bundesrepublik Deutschland, Italien, Belgien, die Niederlande und Luxemburg) und die Sieben der EFTA (Großbritannien, Norwegen, Dänemark, Portugal, Schweden, Schweiz, Österreich). Im wahrsten Sinne des englischen Wortes »at Sixes and Sevens« war Europa sich ziemlich uneins: Bei dem Versuch, ein geeintes Europa zu schaffen, stand man vor einem geteilten Europa.

Zwischen EWG und EFTA gab es nämlich gewichtige Unterschiede, insbesondere, was den Grad der politischen Integration betraf, den die EFTA-Mitglieder, von denen drei neutrale Staaten waren, zu akzeptieren bereit und in der Lage waren. Die EWG hatte die wirtschaftliche *und* politische Integration zum Ziel, die EFTA *nur* eine wirtschaftliche Freihandelszone. Die EWG entwickelte seit ihrer Gründung eine ungeheure wirtschaftliche Dynamik: von allen Wirtschaftsräumen wies sie die höchsten Wachstumsraten auf. Je erfolgreicher EWG und EFTA für sich waren, um so größer wurde die Gefahr der wirtschaftlichen Spaltung Westeuropas, mit Konsequenzen, die die Briten Anfang Juni

1961, nachdem man sich entschlossen hatte, den Antrag auf Mitgliedschaft in der EWG zu stellen, ihren EFTA-Partnern mit Nachdruck klarmachten. Demnach war der einzige Weg, um EWG und EFTA zusammenzubringen, der Beitritt Großbritanniens und möglichst vieler weiterer EFTA-Mitglieder zur EWG und für die übrigen eine wirtschaftliche Assoziierung mit dieser erweiterten EWG. Die Gründe dafür nannten die Briten auf einer EFTA-Ministerratssitzung am 26. Juni 1961 in London. Sie lauteten folgendermaßen:

1. Die EWG werde zur dominierenden wirtschaftlichen und politischen Macht in Westeuropa, die zu einem *Block* werden könnte, vergleichbar mit den USA und der Sowjetunion. Ohne Beitritt werde Großbritanniens Einfluß nicht nur in Europa, sondern in der Welt schwinden, da die USA ihre Politik mit der Sechsergemeinschaft absprechen würden.
2. Bei einem Beitritt werde man politisch und wirtschaftlich an Einfluß gewinnen und gleichzeitig Einfluß auf die Gemeinschaft nehmen und damit helfen, »Deutschland stärker an den Westen zu binden«. Und für den unwahrscheinlichen Fall, daß die Gemeinschaft auseinanderbrechen werde, könnte man dann seine ganze Macht einsetzen, »um zu verhindern, daß auch die NATO auseinanderbricht und Deutschland sich auf die Seite der Sowjetunion schlägt«.
3. Die Fortsetzung der wirtschaftlichen Spaltung Europas werde möglicherweise zu seiner politischen Spaltung führen, was
4. auch zu Konsequenzen in Afrika führen werde. Die neuen unabhängigen Staaten hätten wirtschaftliche Beziehungen entweder mit dem Commonwealth oder mit der EWG. Bei Fortsetzung der Spaltung würde es keine wirtschaftliche Einheit Afrikas geben; daraus könnten Probleme entstehen, »von denen wiederum nur der Sowjetblock profitieren wird«.

Man sei daher zu dem Entschluß gekommen, daß nur mit einer Vollmitgliedschaft in der EWG die politischen Ziele erreicht und die politischen Gefahren gebannt werden könnten.

Am 9. August 1961 stellte Großbritannien formell den Antrag auf Eröffnung von Verhandlungen über den Beitritt zur EWG. Am nächsten Tag überreichte auch Dänemark ein formelles Beitrittsgesuch in Brüssel, nachdem das nicht zur EFTA gehörende Irland bereits am 31. Juli einen Beitrittsantrag gestellt hatte. (Ein Jahr später stellte auch Norwegen einen Beitrittsantrag.) Am 8. November 1961 wurden die Verhandlungen mit Großbritannien aufgenommen. Sie erwiesen sich als sehr langwierig und schwierig, und es wurde bis zum Schluß nicht klar, ob London wirklich bereit war, alle sich aus dem EWG-Vertrag ergebenden Pflichten zu übernehmen. Für de Gaulle jedenfalls stand fest, daß Großbritannien weder europareif noch europawillig war. Sein Veto führte auch zur Krise zwischen Frankreich und den übrigen fünf Partnern in der EWG, die den Beitritt Großbritanniens wollten und nicht bereit waren, den Willen de Gaulles einfach nachzuvollziehen – sehr zum Ärger des Generals, der allerdings zu Recht davon ausging, daß niemand in Bonn es wegen des gescheiterten britischen EWG-Beitrittes auf einen Bruch mit Paris ankommen lassen würde. Genauso verliefen denn auch die Gespräche in Paris, wo am 21. Januar der deutsch-französische Freundschaftsvertrag unterzeichnet wurde. Adenauer bemühte sich mehr schlecht als recht, den General umzustimmen; Schröder tat dies zwar mit größerem Nachdruck, letztlich aber auch ohne Erfolg. Am unverrückbaren Nein de Gaulles konnte nach diesen Gesprächen kein Zweifel mehr bestehen, auch wenn Adenauer nach seiner Rückkehr in Bonn versuchte, einen anderen Eindruck zu erwecken. Da war viel die Rede davon, daß Zeit gewonnen werden müsse und die EWG-Kommission beauftragt werden sollte, zunächst einmal eine Bilanz zu erstellen. Schröder hatte gegenüber de Gaulle diesen Vorschlag gemacht – allerdings mit der Ergänzung, die Kommission sollte auch Lösungsvorschläge unterbreiten. Der General hatte mit Desinteresse reagiert und lediglich festgestellt, die Kommission habe »schon so oft Bilanzen erstellt«.

In Washington beobachtete man die Entwicklung zwischen Paris und Bonn – oder besser de Gaulle und Adenauer – mit größtem Mißtrauen. Die »Liebesaffäre« der beiden alten Männer konnte gravierende Folgen für die amerikanische Europa- und Deutschlandpolitik haben. Die Frage war, so hatte es Präsidentenberater Walt Rostow am 18. Januar formuliert, ob die USA, »die wegen Deutschland zwei blutige Kriege geführt haben, die Deutschen jetzt politisch an de Gaulle verlieren«[6] (s. auch Kap. 5). Die Unterzeichnung des deutsch-französischen Vertrages wirkte in Washington wie ein Schock. Die Frage war, wie weit Adenauer bereits ins Fahrwasser de Gaulles geraten war. Unterstaatssekretär George Ball sah schon »das Ende der NATO und die Neutralisierung Deutschlands«.[7]

Präsident John F. Kennedy und Außenminister Dean Rusk äußerten sich bereits einen Tag nach Unterzeichnung des Vertrages besorgt gegenüber Botschafter Knappstein, der ein Schreiben Adenauers vom

22. Januar an Kennedy überbrachte; Rusk wies ergänzend auf die Bedeutung hin, die Washington der Verhinderung eines Abbruches der Verhandlungen in Brüssel beimaß.

Adenauer hatte in seinem Brief an Kennedy – mit den Worten Balls – den deutsch-französischen Vertrag »in den höchsten Tönen gelobt« und das Problem des britischen EWG-Beitritts lediglich in einem »völlig unbefriedigenden« letzten Absatz abgehandelt. Nach Aussage des britischen Botschafters in Washington, David Ormsby-Gore, war es ein »deprimierendes« Dokument; der »selbstzufriedene« Ton habe den Präsidenten wütend gemacht. Was Brüssel betraf, hatte Adenauer nicht einmal von Lösungsmöglichkeiten gesprochen. »Halbherziger hätte die Unterstützung für uns nicht ausfallen können«, berichtete Ormsby-Gore nach London, was dort zu der Schlußfolgerung führte, daß Adenauer ein »Doppelspiel« treibe. Die Amerikaner taten jedenfalls »alles, was sie können, um die Deutschen für den britischen Standpunkt zu gewinnen«.

Der ganze Zorn Kennedys traf Botschafter Knappstein, der den Kanzlerbrief persönlich überbrachte und dem Kennedy geradezu die Leviten las. Kennedy konnte Adenauers Lobpreisungen über den Vertrag kaum verstehen; die deutsch-französische Feindschaft sei schon seit 15 Jahren erledigt, während die kommunistische Bedrohung weltweit andauere und die westliche Allianz offensichtlich zerfalle. In diesem Stil ging es weiter. Der Präsident stellte dann ein paar Fakten über das weltweite militärische Gleichgewicht klar und ergänzte, er gehe davon aus, daß die Bundesrepublik nach wie vor im konventionellen und nuklearen Bereich auf die Unterstützung der USA setze (vgl. Dok. 15,16). Knappstein war ziemlich erschüttert (»badly shaken«), während Kennedy seinem alten Freund Ormsby-Gore anvertraute, er sei so weit gegangen, wie er es für richtig gehalten habe, aber vielleicht sei er doch »etwas zu weit gegangen«.

Jedenfalls führte dies dazu, daß sich Staatssekretär Karl Carstens am nächsten Tag bei Botschafter Walter C. Dowling über den amerikanischen Druck und die Fehlinterpretation der deutschen Absichten beschwerte. Nach Aussage Balls hat Dowling mit allem Nachdruck auf die Bedeutung der Brüsseler Verhandlungen hingewiesen. Noch am selben Abend traf Dowling Adenauer, der offensichtlich in bester Laune war und voller Begeisterung über den deutsch-französischen Vertrag sprach, »ein klares Zeichen dafür, daß de Gaulle ihn erfolgreich gegen den Premierminister und die britischen Absichten in Nassau

aufgehetzt hat«, wie Ball meinte. Der Kanzler fügte hinzu, daß Hallstein ihm »von der arroganten Art der Briten während der Verhandlungen« berichtet habe. Er gab zu verstehen, daß Großbritannien eines Tages Mitglied der EWG werden solle, es bestünde aber keine Eile; man müsse de Gaulle Zeit lassen, um seine Meinung zu ändern. Dowling sah das anders und machte klar, worum es ging: Für die USA sei die Haltung der Deutschen in der Sitzung der Sechs mit den Briten am 28. Januar der wahre Testfall für die politischen Absichten der Bundesrepublik. Adenauer sagte zu, seinen Einfluß geltend zu machen, sah aber weiterhin keinen Grund zur Eile (vgl. Dok. 17).
Am 26. Januar wußten die Amerikaner auch nicht mehr, was sie noch tun konnten, um den Briten zu helfen. Nach Meinung Kennedys hatte Adenauer offensichtlich keine Vorstellung von den außerordentlich gefährlichen Konsequenzen, falls de Gaulle der EWG seine Politik diktieren konnte. Damit nicht genug: Das eigentliche Problem waren nicht Zeitpunkt und Umstände des britischen EWG-Beitritts, sondern »die Zukunft der NATO«. Wenn die Bundesrepublik und die übrigen Europäer zulassen würden, daß de Gaulle die Allianz zerstöre, dann sollten sie sich über die Konsequenzen im klaren sein, was dies für ihr Verhältnis zu den USA und dem Sowjetblock bedeuten würde. Kennedy äußerte die Hoffnung, daß, falls Großbritannien und die USA zusammenstünden, beide Länder die »vorübergehenden Verwirrungen eines Frankreichs unter der Diktatur de Gaulles überleben können«.[8]
Am 29. Januar 1963 wurden die Beitrittsverhandlungen in Brüssel ergebnislos abgebrochen. Die Delegationsleiter gaben Erklärungen ab, die sich wie Grabgesänge anhörten. Spaak, der als erster sprach, hielt eine »traurige und bewegte« Rede; er erinnerte an Churchill, an die Römischen Verträge, mit denen Europa vereint werden sollte, offen für andere Länder; General de Gaulle könne das nicht im Rahmen einer Pressekonferenz zerstören. Schröder und sein italienischer Kollege Emilio Colombo stellten klar, daß es nach wie vor darum gehe, daß Großbritannien Mitglied der EWG werden solle. Couve de Murville las eine vorbereitete Presseerklärung herunter – mit den von de Gaulle am 14. Januar genannten Argumenten: Großbritannien habe eine gemeinsame Agrarpolitik abgelehnt, wolle Mitglied einer Gemeinschaft werden, die in sich noch nicht gefestigt genug sei, und sei nicht europäisch genug. Damals ging, wie der niederländische Außenminister Joseph Luns das formulierte, »ein schwarzer Tag für Europa« zu Ende. In Bonn meinte Ludwig Erhard in der Kabinettssitzung am 30. Januar, vor

30 Jahren habe Hitler die Deutschen unter sein Joch gezwungen, gestern habe de Gaulle ein Gleiches mit Europa getan.[9]

Der nächste »schwarze Tag« für Europa kam in der Nacht zum 1. Juli 1965. Der amtierende Ratspräsident Couve de Murville erklärte die Verhandlungen über den gemeinsamen Agrarmarkt für gescheitert. De Gaulle betrieb jetzt die vielzitierte »Politik des leeren Stuhls«, mit der er die Gemeinschaft in die nächste Krise stürzte und erpreßte. Am 29. Januar 1966 fanden die Minister in Luxemburg einen »Kompromiß« – ganz im Sinne de Gaulles und dessen Vorstellung eines »Europa der Vaterländer«: Die EWG-Kommission erhielt keine eigenen Einkünfte, die Befugnisse des Europäischen Parlaments wurden nicht erweitert, und im Ministerrat durfte – entgegen den Römischen Verträgen – kein Mitgliedstaat bei wichtigen nationalen Fragen überstimmt werden.

Ein Jahr später, im April 1967, entschied das britische Kabinett, einen zweiten Beitrittsantrag zu stellen. Labour-Premierminister Harold Wilson meinte dazu am 2. Mai im Unterhaus, Ziel seiner Regierung sei es, »unser Beitrittsansuchen mit aller uns zur Verfügung stehenden Kraft und Entschlossenheit zu verfolgen«. Am 11. Mai 1967 wurde der Antrag offiziell beim Ministerrat der EWG eingereicht. Wie 1961 folgten jetzt wieder andere Länder: am 11. Mai Irland, am 12. Mai Dänemark, am 24. Juli Norwegen. Schweden beantragte am 28. Juli die Aufnahme von Verhandlungen, die es dem Land ermöglichen sollten, sich in einer Form anzuschließen, die mit der Beibehaltung seiner Neutralität vereinbar sei. Dabei erklärte es allerdings ausdrücklich, daß auch die Vollmitgliedschaft nicht von vornherein ausgeschlossen sei. Die EWG-Kommission befürwortete die Anträge mit der Begründung, daß der Beitritt dieser Länder »die Gemeinschaft zugleich stärken und ihr einen Anstoß für neue Forschritte geben kann«. Allerdings müßten »die neuen Mitglieder [...] grundsätzlich alle von den Gründungsmitgliedern bisher befolgten Regelungen übernehmen, vorbehaltlich gewisser Ausnahmebestimmungen«. Demgegenüber sollte der Beitritt Schwedens nur dann in Betracht gezogen werden, wenn sich Stockholm die politischen Ziele der Gemeinschaft vorbehaltlos zu eigen mache.

In Paris regierte immer noch de Gaulle. Auf einer Pressekonferenz am 16. Mai 1967 begrüßte er zwar den britischen Antrag, machte aber mit Nachdruck klar, daß Großbritannien noch Erhebliches tun müsse, um Mitglied zu werden. Im Grunde wies er damit auf das Dilemma zwischen Erweiterung und Vertiefung der Gemeinschaft hin. Die Gemeinschaft könne entweder in eine größere europäische und dann möglicherweise atlantische Handelszone verwässert werden, eine Art Assoziierung zwischen Großbritannien, EFTA und EWG, oder aber in Großbritannien »findet eine grundlegende wirtschaftliche und politische Veränderung statt, die es den Briten erlaubt, den sechs Staaten beizutreten«. Es war klar, daß de Gaulle letzteres favorisierte.

Im Europa der EWG gab eben immer noch de Gaulle den Ton an. Zwar hatte die Europäische Gemeinschaft, wie sie fortan etwas euphemistisch genannt wurde, am 1. Juli mit der Fusion der Organe von Montanunion, EURATOM und EWG in Organisationsfragen einen beachtlichen Fortschritt gemacht, in politischer Hinsicht stagnierte das Unternehmen aber nach wie vor. Symptomatisch dafür war die Reaktion auf den Sechstagekrieg im Nahen Osten im Juni 1967. Bundeskanzler Kiesinger jedenfalls empfand es als eine »Schande, daß die Europäer [...] nicht einmal versucht haben, über das Nahostproblem zu diskutieren. Dies zeigt, daß Europa nicht darauf vorbereitet ist, einer derartigen Krise entgegenzutreten.«[10]

De Gaulle wünschte keinen Beitritt Großbritanniens – dies vor allem auch wegen der wachsenden Wirtschaftsprobleme der Briten, die im November zur Abwertung des Pfund Sterling führten. Auf einer Pressekonferenz am 27. November wiederholte er seine Zweifel mit Blick auf die Fähigkeit Großbritanniens, die für den Beitritt notwendigen Veränderungen durchzuführen; auf dem Weg nach Europa müßten die Briten noch eine weite Strecke zurücklegen. Seiner Meinung nach hatten die Briten »keine Währung, sondern nur die Fiktion einer Währung«, wie er bereits im Januar Kiesinger bei dessen Besuch in Paris anvertraut hatte. Sollten die übrigen EWG-Staaten auf einem britischen Beitritt bestehen, werde Frankreich gegebenenfalls die Gemeinschaft verlassen. Die Beitrittsfrage bleibe »zur Zeit am besten suspendiert«.[11]

Nun lag der Antrag aber vor, und damit war man in der gleichen Situation wie Anfang 1963, wie in der Ministerratssitzung vom 18. und 19. Dezember 1967 deutlich wurde. In einem nach Abschluß der Beratungen veröffentlichten Kommuniqué wurde klar zum Ausdruck gebracht, daß fünf Mitgliedstaaten die Aufnahme von Verhandlungen befürworteten, »während ein Mitgliedstaat der Meinung war, daß der Genesungsprozeß der britischen Wirtschaft vollendet sein muß, bevor der Antrag Großbritanniens wieder in Betracht gezogen werden kann«. Mit weniger Dramatik als 1963 hatte de Gaulle wiederum Nein gesagt. Diesmal war er allerdings besorgt wegen der wirtschaftlichen Schwäche Großbritanniens, die die Entwicklung der Gemeinschaft möglicherweise behindern würde. 1963 hatte er andere Gründe gehabt. Die Beitrittsanträge wurden diesmal allerdings nicht endgültig abgelehnt, sondern nur vertagt. Sie blieben auf der Tagesordnung des Rates. Trotz allem verursachte das französische Veto wieder eine schwere innere Krise der Gemeinschaft.

Auch 1968 gab es keinerlei Fortschritt. Das änderte sich im Jahre 1969. Am 28. April war de Gaulle zurückgetreten, am 15. Juni der ehemalige Premierminister Georges Pompidou zum neuen französischen Staatspräsidenten gewählt worden. Die politische Gesamtlage hatte sich zu diesem Zeitpunkt – auch und vor allem aus französischer Sicht – grundlegend geändert. Bis zu diesem Zeitpunkt hatten die Westdeutschen keine große Rolle gespielt; nun setzte Willy Brandt mit seiner Außenpolitik neue Maßstäbe. Dies, zusammen mit der sowjetischen Invasion in der Tschechoslowakei und den amerikanischen Überlegungen, Truppen aus Europa abzuziehen, bewirkte bei den Franzosen das Gefühl, verwundbar zu sein. Angesichts dieser instabilen Gesamtlage glaubte Pompidou nun, daß eine Erweiterung der EWG die Gemeinschaft stärken werde.

Im Juli 1969 konnte daraufhin der Rat die Prüfung der Beitrittsgesuche Großbritanniens, Irlands, Dänemarks und Norwegens wieder aufnehmen. Die Kommission wurde aufgefordert, einen Bericht vorzulegen. Dieser lag bereits im Oktober vor. Die Kommission befürwortete erneut die Erweiterung der Gemeinschaft, sofern sich die beitrittswilligen Staaten bei Beginn der Verhandlungen mit dem »Grundsatz der Übernahme des gemeinschaftlichen Besitzstandes« einverstanden erklärten. (Zur weiteren Entwicklung s. Kap. 11, Von sechs auf neun: die europäische Integration.)

Dokument zum 4. Kapitel

[13] Schreiben von Staatssekretär Rolf Lahr, Auswärtiges Amt, an seine Schwester, 30. 1. 1966

Liebe Ruth,
... Seit heute ein Uhr nachts röchelt das arme Europa nicht mehr, es schnauft nur noch, und der böse Stier, der ihm Gewalt antun wollte, hat von seinem Vorhaben Abstand genommen.
Natürlich wollten die Franzosen in die Gemeinschaft zurückkehren. Aber sie machten es weder sich selbst noch ihren Partnern leicht. Mitte dieses Monats erschienen sie auf die wiederholte Einladung der Fünf in Luxemburg mit unschuldiger Miene und den bekannten Ladenhütern des Gaullismus. Keine Einigung. Am letzten Freitag kamen sie wieder. Am Abend sah es immer noch ziemlich trübe aus. Am Sonnabendnachmittag warfen sie Ballast ab, und dann begann sich ein magerer Frieden abzuzeichnen. Nun wärmen sie also wieder ihren Stuhl. Alles freut sich und fragt sich, warum sie eigentlich weggegangen waren; denn alles, was sie erhalten haben, hätten sie auch schon vor sieben Monaten haben können, nicht mehr und nicht weniger. De Gaulle hat drei Erfahrungen machen müssen: einmal die ganz simple, daß es leichter ist, eine Tür zuzuwerfen, als durch diese wieder einzutreten. Ferner, daß wer an der Spitze einer Demokratie steht, Politik nicht allein nach seinem persönlichen Gedankenflug betreiben kann, sondern die Überlegungen seiner Staatsbürger in die eigenen einbeziehen muß. Wie wenig aber interessieren den »français moyen« schon die Begriffe der Supranationalität und wieviel mehr der Nutzen, den ihm der Gemeinsame Markt bringt? Und schließlich – das die große Überraschung –, daß sein Stern im Sinken ist. Er hat nicht mehr die absolute Mehrheit der Franzosen hinter sich, sondern mußte sich in den Präsidentschaftswahlen vom Dezember einem der verachteten Parlamentarier – Mitterrand – zur Stichwahl stellen.

Ich habe mich in den letzten Jahren häufig gewundert, daß die traditionelle, aus gesundem Menschenverstand, Nüchternheit und Spottlust geborene Skepsis, die die Franzosen gegenüber der Autorität zeigen – eine der großartigen Eigenschaften dieses großartigen Volkes, die ich mir für uns Deutsche in vermehrtem Maße wünschte –, einer seltsamen Heldenverehrung Platz gemacht hat, die mir wiederum mehr eine deutsche Spezialität zu sein scheint – besser: gewesen zu sein scheint. Jetzt finden die Franzosen offenbar zu ihren alten Tugenden zurück.

Couve hat sich als erfahrener Diplomat in Luxemburg von diesen Enttäuschungen nichts anmerken lassen; aber ich möchte nicht in seiner Haut gesteckt haben. Umgekehrt hatte uns der Bundestag mit der Aufforderung den Rücken gestärkt, uneingeschränkt am Rom-Vertrag festzuhalten. Auf dieser Grundlage kam die Entscheidung zustande. Die Sechs haben zur Mehrheitsentscheidung erklärt, daß sich der Ministerrat »in sehr wichtigen Fällen« bemühen werde, in einer angemessenen Frist zu einer von allen gebilligten Lösung zu gelangen – was immer die allgemeine Auffassung und Praxis gewesen ist. Die Franzosen haben die einseitige Erklärung hinzugefügt, daß nach ihrer Auffassung die Erörterung in jedem Falle bis zur Erzielung der Einstimmigkeit fortgesetzt werden solle, während die Fünf der dem Rom-Vertrag entsprechenden Meinung sind, daß durch Abstimmung – durch Mehrheitsentscheidung – beschlossen wird, wenn sich in angemessener Frist eine Einstimmigkeit nicht erreichen läßt. Nachdem die Franzosen die Forderung der Vertragsänderung schon von sich aus nicht erhoben und das statt dessen von ihnen geforderte Gentlemen's Agreement über die Nichtanwendung des Mehrheitsprinzipes von den Fünf abgelehnt worden ist, haben letztere es in der Hand zu bestimmen, inwieweit mit Mehrheit entschieden wird. Für die Verbesserung der Zusammenarbeit zwischen der Kommission und dem Ministerrat sind Regeln, die die der Kommission vom Vertrag eingeräumte Stellung nicht einschränken, und für die Agrarfinanzierung ist ein Zeitplan aufgestellt worden, der sich von dem im Vorjahr erreichbaren nur durch eine siebenmonatige Verzögerung unterscheidet.

Wie es sich in einer Gemeinschaft gehört, verkündet man, es gebe weder Sieger noch Besiegte. Aber das stimmt nicht ganz. Wenn de Gaulle das Luxemburger Ergebnis mit seiner pompösen Rede vom 9. September vergleicht, wird er wohl von einer seiner melancholischen Stimmungen erfaßt werden. Was er erreichen wollte, hat er nicht erreicht,

und was er erreicht hat – Verdruß und Zeitverlust –, hat er wohl nicht gewollt. Aber auch die Gemeinschaft hat, wenn sie an die Zeit vor dem 30. Juni zurückdenkt, Anlaß zur Melancholie. Es hat also keine Sieger, sondern nur Verlierer gegeben.
Die Helden des Tages waren Schröder und Spaak. Spaak, ein Europäer der Avanguardia, der »Weise«, der wohl den größten persönlichen Anteil am Zustandekommen des Rom-Vertrages hat, vier Jahre lang Generalsekretär der Nato, jetzt wieder belgischer Außenminister, ist einer der Hauptakteure auf der europäischen Nachkriegsbühne. Auch etwas Primadonna – es behagte ihm nicht ganz, die Rolle des großen Europäers mit Schröder zu teilen. »Mais ce sont les Allemands qui font tout!« so die mißmutige Bemerkung zu einem seiner Mitarbeiter. Dem war wohl etwa so. Schröder führte auf der Seite der Fünf – klar, präzis, leidenschaftslos, auf das Wesentliche konzentriert, schnell in der Erfassung der Lage, schlagfertig im Gegenzug, nobel und unprätentiös, in manchem seinem ungeliebten Partner Couve de Murville ähnlich. Gerechterweise muß man hinzufügen, daß Couve sich ebenfalls großartig schlug – leider für eine weniger gute Sache, die Schwächung der Gemeinschaft. Manche meinen, er sei ein Skeptiker oder sogar Zyniker, der in seiner Rolle weder Unbehagen noch Auflehnung kenne; aber das werden wir wohl nie genau erfahren. Er ist der Prototyp des hohen Beamten, der eine Weisung besser ausführt, als der Weisunggebende es könnte …

(Rolf Lahr, Zeuge von Fall und Aufstieg. Private Briefe 1934–1974, Hamburg 1981, S. 436 ff.)

5. Kapitel

22. Januar 1963: Der deutsch-französische Vertrag

Dokumente

22. Januar 1963: Der deutsch-französische Vertrag

Adenauer in Frankreich

Am 1. Juni 1958 betrat ein Mann wieder die politische Bühne, der Europa in den folgenden zehn Jahren seinen Stempel aufdrücken sollte: General Charles de Gaulle. Angesichts des Putsches der französischen Armee in Algier wählte ihn die französische Nationalversammlung mit großer Mehrheit zum Ministerpräsidenten. De Gaulles Ehrgeiz war es nach wie vor, Frankreich zur beherrschenden Macht in Europa zu machen – unter Ausschluß der Anglo-Amerikaner und mit Hilfe der Bundesrepublik. Am Ende dieser Entwicklung stand der deutsch-französische Vertrag vom 22. Januar 1963, den Adenauer rückblickend als das Hauptwerk seiner Kanzlerschaft bezeichnet hat[1] (was er mit Sicherheit nicht war, wie schon der Berliner Historiker Henning Köhler in seiner Adenauer-Biographie betont hat[2]). Diese Einschätzung ist nur zu verstehen auf dem Hintergrund der Berlinkrise und des wachsenden Mißtrauens Adenauers gegenüber Kennedy. Erst in der Berlinkrise wurde de Gaulle jener Partner, von dem Adenauer glaubte, er könne sich auf ihn verlassen.

Alles, was die Anglo-Amerikaner Adenauer während der Berlinkrise zumuteten: De-facto-Anerkennung der DDR, Anerkennung der Oder-Neiße-Grenze, keine Atomwaffen für die Deutschen, Nichtangriffspakt zwischen NATO und Warschauer Pakt, West-Berlin kein Teil der Bundesrepublik, schien auch bei de Gaulle auf Ablehnung zu stoßen. Jedenfalls lehnte der General vehement Verhandlungen mit den Sowjets ab. Konnte de Gaulle die Stütze werden, die die Amerikaner aus der Sicht Adenauers nicht mehr waren? Im April 1960 war de Gaulle zu Gesprächen mit Eisenhower in Washington. Es ging um die Vorbereitung der für Mai angesetzten Gipfelkonferenz in Paris. Für de Gaulle gab es in der Berlin- und Deutschlandfrage nichts zu verhandeln; er schlug Eisenhower daher vor, diese Themen auf der bevor-

stehenden Gipfelkonferenz in Paris am besten überhaupt nicht zu behandeln. Das war genau die Position, die auch Adenauer vertrat, was diesen in seiner Auffassung bestärkte, daß die Franzosen die einzigen seien, auf die man sich in der Berlinfrage »vollständig verlassen« könne, wie er es gegenüber dem amerikanischen Botschafter in Bonn, Walter C. Dowling, formulierte.
Vielleicht hätte Adenauer etwas anders gedacht, hätte er das Protokoll des ersten Gesprächs zwischen de Gaulle und Eisenhower gelesen, das bezeichnenderweise nicht in dem entsprechenden Band der *Foreign Relations of the United States* abgedruckt ist (wie so manches andere auch nicht), aber zweifelsohne das Interessanteste ist. Mit seltener Offenheit sprach de Gaulle nämlich hier über die Oder-Neiße-Linie und über die Wiedervereinigung. Für ihn stand fest, daß die Oder-Neiße-Linie als polnische Westgrenze von den Westmächten anerkannt und von ihnen garantiert werden müsse. Dies sei eine Karte, die nach der Bundestagswahl 1961 gespielt werden könne, wenn die deutsche Haltung in dieser Frage möglicherweise flexibler werde. Auch zur Wiedervereinigung hatte de Gaulle eine klare Meinung: Frankreich sei zwar um enge Beziehungen zur Bundesrepublik bemüht, halte aber nichts davon, daß Deutschland wiedervereint oder stärker werde. Was Berlin anging, so hatte er offensichtlich doch noch Hintergedanken. Er betonte zwar mit Nachdruck, daß sich die Westmächte niemals aus Berlin verdrängen lassen dürften, warnte Eisenhower aber davor, daß man mit Blick auf das Berlinproblem das Wort »niemals, niemals, niemals« nicht benutzen solle.[3]
In einem anderen Punkt sorgte de Gaulle von Anfang an für absolute Klarheit: er war sich mit den übrigen Siegern darin einig, daß die Deutschen nicht in den Besitz von Atomwaffen gelangen dürften. Von daher war es nur konsequent, daß er als eine seiner ersten Maßnahmen diesbezügliche deutsch-französische Aktivitäten – noch von seinem Vorgänger gebilligt (vgl. Kap. 1) – stoppte. De Gaulles Absichten mit Blick auf die Bundesrepublik waren ziemlich klar. Die Frage bleibt, was Adenauer sich von der Hinwendung zu de Gaulle versprach? Was war die Basis dieser »Freundschaft zweier alter Männer«, wie es in London hieß? Ausschließlich das wachsende Mißtrauen gegenüber den Amerikanern? Waren es die großen Gesten, mit denen de Gaulle zweifelsohne Adenauer, aber auch die deutsche Öffentlichkeit beeindruckte?
De Gaulle lud Adenauer jedenfalls sofort nach seinem Machtantritt zu einem Gespräch unter vier Augen in Frankreich ein, für Adenauer zu

diesem Zeitpunkt »ein notwendiger, wenn auch nicht sehr angenehmer Besuch«, wie er am 5. September aus seinem Urlaubsort Cadenabbia seinem Vertrauten Robert Pferdmenges schrieb.[4] Die Begegnung fand am 14./15. September 1958 auf dem Landsitz de Gaulles in Colombey-les-deux-Églises statt – eine Ehre, die de Gaulle nie vorher und nie nachher (mit einer Ausnahme: Erhard, der aber nur einen Farbfilm über Tiefseefische zu sehen bekam) einem ausländischen Staatsgast zuteil werden ließ. De Gaulle schrieb später in seinen Memoiren:

»Ich meine, diesem Treffen ein außergewöhnliches Gepräge geben zu sollen und halte für die historische Aussprache zwischen dem alten Franzosen und diesem sehr alten Deutschen den Rahmen eines Familienheims für sinnfälliger als die Kulisse eines Palastes.«

Nach den Gesprächen war Adenauers Gesamteindruck uneingeschränkt positiv. Das wurde noch durch das von de Gaulle selbst entworfene Kommuniqué über das Treffen vertieft, in dem es hieß: »Wir glauben, daß die vergangene Gegnerschaft ein für allemal überwunden sein muß und daß Franzosen und Deutsche dazu berufen sind, im guten Einverständnis zu leben und Seite an Seite zu arbeiten.«[5] Der Besuch wurde »zu einer der historischen Zäsuren der Adenauerzeit« und schuf die Voraussetzungen für die »entente élémentaire« kommender Jahre.[6] In den folgenden fünf Jahren bis zum Ende seiner Kanzlerschaft traf sich Adenauer noch fünfzehn Mal zu persönlichen Gesprächen und Verhandlungen mit de Gaulle – mehr als mit jedem anderen ausländischen Staats- oder Regierungschef. Die beiden unterhielten sich über 100 Stunden lang unter vier Augen und im Beisein ihrer Minister. Ein Ergebnis war der Elysée-Vertrag vom 22. Januar 1963.

Das zweite Treffen zwischen de Gaulle und Adenauer fand am 26. und 27. November 1958 im Kurhaus von Bad Kreuznach statt. Am zweiten Tag wurde Chruschtschows Berlin-Ultimatum veröffentlicht. Von nun an erhielten die Beziehungen Adenauer – de Gaulle eine besondere Qualität – ausgerichtet auf die entschlossene Haltung de Gaulles in der Berlinfrage.

Besonders nach dem Mauerbau wurde dies deutlich. Gegenüber den Briten machte de Gaulle seine Position absolut klar[7] – während Adenauer bei seinem Besuch im November 1961 in Washington von den Amerikanern unter Druck gesetzt wurde. Adenauer setzte damals seine ganze Hoffnung auf de Gaulle. Am 15. Februar 1962 fand in Baden-Baden ein weiteres, kurzfristig anberaumtes Treffen mit dem französischen Staatschef statt. Gegenüber dem deutschen Botschafter in Moskau, Hans Kroll, meinte Adenauer damals: »Trauen Sie den Amerikanern nicht; sie bringen es fertig, sich auf unserem Rücken mit den Russen zu verständigen.« Mißtrauen gegenüber der amerikanischen Politik: Das konnte man damals in der Presse lesen und auf den Gängen hören. De Gaulle spielte bei dem Treffen in Baden-Baden genau auf dieser Klaviatur und warnte vor dem Schicksal der Bundesrepublik im Schlepptau der Amerikaner:

»Nach und nach werde Amerika der Mauer in Berlin zustimmen und damit der endgültigen Teilung Deutschlands. Und nach und nach werde Amerika einer gewissen Neutralisierung Deutschlands zustimmen, weil es akzeptiere, daß die deutschen Streitkräfte niemals nuklear ausgerüstet werden. Dann werde Amerika, um in den Luftkorridoren und beim Zugang nach Berlin keinen Ärger zu haben, und weil es auch viel praktischer sei, die ostdeutsche Republik in der einen oder anderen Form anerkennen.«[8]

Am Nachmittag wurde de Gaulle noch deutlicher:

»Die Bundesrepublik sei sich heute nicht mehr so sicher, daß die Vereinigten Staaten zur Verteidigung der Bundesrepublik Atomwaffen einsetzen würden. Sie sei wohl auch nicht sehr glücklich darüber, daß sich Atomsprengköpfe in der Bundesrepublik häuften, über die sie keine Kontrolle habe, die sie nicht einsetzen könne, so daß es sehr wohl sein könnte, daß die Bundesrepublik wegen dieser Atomwaffen sterben müsse, ohne die Möglichkeit eines Gegenschlags zu haben.«[9]

Wenig später lud de Gaulle Adenauer zu einem Staatsbesuch ein, der dann vom 2. bis 8. Juli 1962 stattfand. Der Höhepunkt war ein Besuch in Reims mit Hochamt und den beiden betenden Staatsmännern in der Kathedrale: »Ein Bild, das sich in das kollektive Bewußtsein diesseits und jenseits des Rheins tief einprägte«, wie Köhler das nennt.[10] Zuvor hatte de Gaulle in der Besprechung am 5. Juli erreicht, was er wollte. Er hatte Adenauer in aller Form die sehr direkte Frage gestellt, »ob, wenn alles scheitere, d. h. wenn eine politische Union nur entstehen könne, wenn Großbritannien Mitglied sei, [...] man dann nicht den Vertrag zu zweit schließen könne«. Adenauer war zunächst ausgewichen; de Gaulle wollte es aber genau wissen und, so der Leiter des Außenpolitischen Büros im Kanzleramt, Horst Osterheld, in seinen Aufzeichnungen,

»ließ nicht locker: ›auch die anderen werden auf die Dauer wohl mitmachen; aber ich frage noch einmal, und es ist für Frankreich eine sehr wichtige Frage: sind Sie bereit, wenn es sein muß, auch zu zweit zusammenzuarbeiten?‹ Der Bundeskanzler sagte: ›Ja.‹ [Außenminister] Schröder und die anderen Teilnehmer empfanden diese Äußerung als sensationell.«[11]

Hinter diesem »Ja« steckte die Überzeugung Adenauers, die er Herbert Blankenhorn, deutscher Botschafter in Paris und langjähriger Vertrauter, auf dessen vorsichtig warnende Worte geantwortet hatte, nämlich,

»daß er das deutsche Volk festbinden müsse. Es sei nicht so, daß man sicher sein konnte, daß es nicht plötzlich doch mit Rußland gehe und zwischen den beiden Blöcken tanze. Wir seien politisch unklug, wir seien politische Träumer. Außerdem seien wir bequem geworden. Er wolle das deutsche Volk sichern und einbauen. Wir seien in der Welt sehr unbeliebt, bei unseren Nachbarn, aber auch bei anderen Völkern. [...] Die deutsch-französische Verständigung, die von Volk zu Volk komme, sei eine große Sache, sie müßten so fest miteinander verbunden werden, daß keine deutsche und keine französische Regierung die Bande wieder zerreißen oder sie wenigstens nicht leicht zerreißen könne.«[12]

De Gaulle in der Bundesrepublik

De Gaulles Gegenbesuch in der Bundesrepublik fand vom 4. bis 10. September 1962 statt. Ein glanzvoller Auftritt folgte dem anderen; unvergessen seine in deutscher Sprache gehaltene Rede auf dem Bonner Marktplatz (»das große deutsche Volk, jawohl ...«). Adenauer konfrontierte de Gaulle hier mit der Idee eines deutsch-französischen Konsultativpaktes. De Gaulle griff diese Idee auf; in dem gemeinsamen Kommuniqué vom 7. September vereinbarten sie »praktische Maßnahmen, um die Bande wirksam zu verstärken, die bereits auf zahlreichen Gebieten bestehen«. Schon am 20. September übersandte de Gaulle ein Memorandum, das als »die Urfassung des Elysée-Vertrages« bezeichnet worden ist.[13] Im Dezember 1962 einigten sich dann die Außenminister Schröder und Couve de Murville auf ein entsprechendes Protokoll, das regelmäßige Konsultationen auf Regierungsebene vorsah. Dieses Protokoll sollte anläßlich einer ersten gemeinsamen Kabinettssitzung in Paris am 21. und 22. Januar 1963 von Adenauer und de Gaulle unterzeichnet werden.

Die Unterzeichnung

Dann kam die Pressekonferenz de Gaulles am 14. Januar und sein Nein zum beabsichtigten Beitritt Großbritanniens zur EWG, zu der im britisch-amerikanischen Abkommen von Nassau vorgesehenen multilateralen NATO-Atomstreitmacht und zu dem damit in Verbindung ste-

Abb. 20: 22. Januar 1963: Bundeskanzler Konrad Adenauer und der französische Staatspräsident Charles de Gaulle unterzeichnen im Pariser Elysée-Palast den Vertrag über die deutsch-französische Zusammenarbeit. Im Bild (v. l. n. r.) am Tisch: Bundesaußenminister Gerhard Schröder, Konrad Adenauer, Charles de Gaulle, der französische Premierminister Georges Pompidou und der französische Außenminister Maurice Couve de Murville.

henden amerikanischen Angebot, Polaris-Raketen an Frankreich zu liefern. De Gaulles Nein wirkte in der Bundesrepublik und den übrigen EWG-Staaten wie ein Schock. Die führenden Politiker in Bonn – mit Ausnahme Adenauers – waren enttäuscht und verärgert über de Gaulle. In allen politischen Parteien formierte sich der Widerstand gegen dessen Politik. Wenn überhaupt noch etwas zu retten war, dann mußte die anstehende Unterzeichnung des deutsch-französischen Vertrages genutzt werden, um de Gaulle umzustimmen.
Adenauer gelang es zwar noch, sich am 16. Januar die Zustimmung des Bundeskabinetts zum Abschluß des Vertrages zu sichern, doch in den nächsten Tagen trugen Vertreter der SPD, aber auch der FDP und der Unionsparteien mit Vehemenz die Forderung vor, den Besuch in Paris abzusagen oder zumindest die Unterzeichnung des Vertrages zu verschieben. Der Druck wurde so stark, daß Adenauer sich genötigt sah,

die Fraktionsvorsitzenden von CDU/CSU, SPD und FDP am 18. Januar zu empfangen, unmittelbar vor seiner Abreise nach Paris. Mehr als ein unbestimmtes Versprechen, sich bei de Gaulle für die Fortsetzung der Beitrittsverhandlungen einzusetzen, konnte man ihm allerdings zunächst nicht abringen. Erich Ollenhauer (SPD) war entsetzt und drängte den Kanzler in einem persönlichen Brief, in Paris seinen ganzen Einfluß geltend zu machen, daß Großbritanniens Beitritt zur EWG nicht an Frankreichs Widerstand scheitere. »Eine deutsch-französische Freundschaft, die nicht dazu dient, Europa zu vereinen, wäre ein Anachronismus.« Er versicherte dem britischen Botschafter in Bonn, Christopher Steel, daß man den Kanzler nach dessen Rückkehr aus Paris zur Rechenschaft ziehen werde, falls er seine Pflichten vernachlässigt haben sollte.

Auch die USA setzten sich energisch zugunsten Großbritanniens ein und übten Druck auf Adenauer aus. Von Kennedy erhielt Adenauer einen Brief, in dem er den Deutschen »die volle Teilhabe« an der multilateralen Atomstreitmacht zusagte und den amerikanischen Schutz Europas noch einmal mit Nachdruck unterstrich. Außenminister Dean Rusk meinte gegenüber dem deutschen Botschafter in Washington, Adenauer falle beim Besuch in Paris eine »historische Aufgabe zu, die nur er allein und niemand anders lösen könne«. Mit »beschwörendem Unterton« äußerte er die Befürchtung, aus den Auseinandersetzungen um die Politik Frankreichs könne sich eine Kettenreaktion entwickeln, die am Ende Adenauers eigenes Werk, die atlantische Verteidigung und die europäische Einigung, gefährden werde. Adenauer »könne und müsse das Abrutschen der Ereignisse aufhalten«.[14] Ähnlich drängten der ehemalige US-Außenminister Dean Acheson und der ehemalige US-Hohe Kommissar in Bonn, John McCloy. Dean Acheson telegrafierte an Adenauer:

> »Wenn irgend jemand auf General de Gaulles Entscheidung einwirken kann, sind sicherlich Sie dieser Mann. Ich bitte Sie dringend, ihn vor dem verhängnisvollen Kurs des Abbruchs der Verhandlungen mit den Briten über ihre Zulassung zum Gemeinsamen Markt abzubringen. Der von ihm bezeichnete Kurs wird die Einheit Europas und die des Westens, an deren Vervollkommnung Sie so glänzend und so geduldig gearbeitet haben, zerstören.«

Und McCloy beschwor ihn, sich bei de Gaulle »scharf« gegen jede Abweichung von einer »vereinigten europäischen Front, die Großbritannien einschließt und mit den USA auf der Basis einer soliden Partnerschaft verbunden ist«, zu verwahren[15] (s. auch Kap. 5).

In Bonn glaubte wohl niemand so recht daran, daß Adenauer de Gaulle zu einer Meinungsänderung bewegen könnte – oder wirklich wollte, zumal der General noch vor Adenauers Abflug diesem klargemacht hatte, daß ein Beitritt Großbritanniens zur Zeit nicht möglich sei. Adenauer kam jedenfalls in ziemlich schlechter Stimmung in Paris an. Seine Stimmung wurde nicht gerade besser, als Jean Monnet, der alte Kämpfer für die europäische Integration, einen »taktischen Fehler« machte, wie Walter Hallstein, der Präsident der EWG-Kommission, meinte. Monnet war nämlich auf Adenauer zugegangen und hatte ihn direkt für ein Nachgeben de Gaulles verantwortlich gemacht. Der Kanzler war »wütend« geworden und hatte klargestellt, daß er nach Paris gekommen sei, um den deutsch-französischen Vertrag zu unterschreiben, für den er seit Jahren gearbeitet habe und den er als den »krönenden Abschluß« seiner politischen Arbeit betrachte. Die ganze Entwicklung in Brüssel sei etwas völlig Neues und eine unvorhersehbare Krise; er weigere sich, damit in Verbindung gebracht zu werden.[16]

Inzwischen war Adenauer davon überzeugt, daß ein Vertrag und nicht ein einfaches Protokoll unterzeichnet werden müsse. Offensichtlich informierte er de Gaulle von dieser Absicht erst im letzten Moment; der General war dennoch einverstanden. Wie überraschend diese Entwicklung für die deutsche Delegation war, wird daran deutlich, daß ihr das für Verträge übliche Papier und die obligatorische blaue Ledermappe fehlten. Der Vertrag sollte am Nachmittag des 22. Januar um 17.30 Uhr unterschrieben werden; noch am Vormittag versuchte ein deutscher Diplomat, in Paris vertragsähnliches Papier aufzutreiben – was dann auch gelang. In gemeinsamen Erklärungen betonten de Gaulle und Adenauer die historische Bedeutung des Ereignisses: Versöhnung der beiden Völker und das Ende einer jahrhundertealten Rivalität. Um den dauerhaften Charakter des Vertrages zu verdeutlichen und zu gewährleisten, daß auch nach der Regierungszeit der beiden Staatsmänner die Zusammenarbeit der Nachbarstaaten fortgeführt werde, enthielt das Dokument keine Kündigungsformel.

Die »Achse Bonn-Paris« erweckte den Anschein, als ob de Gaulle damit seine Vormachtstellung in Europa ausbauen wollte. Nach der Rückkehr Adenauers nach Bonn wurde denn auch erhebliche Kritik geäußert. Herbert Wehner erklärte, der Vertrag sei weder die anzustrebende politische Union noch ein Ersatz für Europa. Die deutsch-französische Aussöhnung dürfe nicht auf Kosten Europas durch Sonderbündeleien angestrebt werden. Und die »Frankfurter Allgemeine Zeitung« kommentierte:

»Es müssen konkrete und genaue Überlegungen angestellt werden, ob der Vertrag die Arbeit der bestehenden europäischen Einrichtungen und die Struktur der NATO beeinträchtigt. Die Sicherheit der Bundesrepublik hängt zuerst und vor allem von der amerikanischen Politik ab. Nichts darf geschehen, was Bonn in ernsthaften Gegensatz zu Washington brächte.«

Noch schärfer äußerte sich Rudolf Augstein, Herausgeber des »Spiegel«:

»Die Tränen der Rührung, die von Hamburg bis München bei hoch und niedrig vergossen wurden, als der raffinierte große Schauspieler aus Paris die Bundesrepublik an sein Herz drückte, galten keiner dauerhaften Sache. Unter dem Schwanenrittermantel der deutsch-französischen Verbrüderung wurde die Spaltung des freigebliebenen Teils Europas vorbereitet, wurde die weitere Spaltung der kleineuropäischen Sechs [EWG] Tatsache, wurde ein mottenzerfressenes Prestige und Arc de Triomphe-Denken eingesegnet, eine Politik begonnen, die, würde man ihr nicht in den Arm fallen, zur Preisgabe Westberlins und zu Schlimmerem führen könnte. Frankreich unter De Gaulle treibt eine egozentrische, eine für den Westen schädliche Politik.«

Ganz im Sinne der Kritiker fiel dann die Ratifizierung aus. Der Bundestag stellte dem Vertrag nämlich am 16. Mai 1963 eine Präambel voran, die in direktem Gegensatz zu den Intentionen de Gaulles stand. Darin wurde festgelegt, daß die Bundesrepublik den Vertrag so anwenden werde, daß er der Erhaltung und Festigung der Atlantischen Partnerschaft und der NATO-Integration sowie der Einigung Europas unter »Einbeziehung Großbritanniens« diente. Vergeblich hatte sich Adenauer gegen die innerparteiliche Front und gegen diese Präambel gestemmt.

Entgegen allen Befürchtungen sollte sich aber gerade dieser Vertrag langfristig bewähren, auch wenn Ministerpräsident Pompidou noch Ende 1966 gegenüber Außenminister Brandt meinte, durch die Präambel sei die politische Zusammenarbeit zwischen der Bundesrepublik und Frankreich »in gewisser Weise ihrer Substanz beraubt« worden.[17]

Dokumente zum 5. Kapitel

[14] Der Vertrag vom 22. Januar 1963

a) Gemeinsame deutsch-französische Erklärung

Der Bundeskanzler der Bundesrepublik Deutschland, Dr. Konrad Adenauer, und der Präsident der Französischen Republik, General de Gaulle, haben sich

zum Abschluß der Konferenz vom 21. und 22. Januar 1963 in Paris, an der auf deutscher Seite der Bundesminister des Auswärtigen, der Bundesminister der Verteidigung und der Bundesminister für Familien- und Jugendfragen, auf französischer Seite der Premierminister, der Außenminister, der Armeeminister und der Erziehungsminister teilgenommen haben

- *in der Überzeugung*, daß die Versöhnung zwischen dem deutschen und dem französischen Volk, die eine jahrhundertealte Rivalität beendet, ein geschichtliches Ereignis darstellt, das das Verhältnis der beiden Völker zueinander von Grund auf neugestaltet,
- *in dem Bewußtsein*, daß eine enge Solidarität die beiden Völker sowohl hinsichtlich ihrer Sicherheit als auch hinsichtlich ihrer wirtschaftlichen und kulturellen Entwicklung miteinander verbindet,
- *angesichts der Tatsache*, daß insbesondere die Jugend sich dieser Solidarität bewußt geworden ist und daß ihr eine entscheidende Rolle bei der Festigung der deutsch-französischen Freundschaft zukommt,
- *in der Erkenntnis*, daß die Verstärkung der Zusammenarbeit zwischen den beiden Ländern einen unerläßlichen Schritt auf dem Wege zu dem vereinigten Europa bedeutet, welches das Ziel beider Völker ist,

mit der Organisation und den Grundsätzen der Zusammenarbeit zwischen den beiden Staaten, wie sie in dem heute unterzeichneten Vertrag niedergelegt sind, einverstanden erklärt.

Geschehen zu Paris, am 22. Januar 1963 in zwei Urschriften in deutscher und französischer Sprache.
Der Bundeskanzler der Bundesrepublik Deutschland
Adenauer
Der Präsident der Französischen Republik
C. de Gaulle

b) Vertrag zwischen der Französischen Republik und der Bundesrepublik Deutschland über die französisch-deutsche Zusammenarbeit vom 22. Januar 1963

Im Anschluß an die gemeinsame Erklärung des Präsidenten der Französischen Republik und des Bundeskanzlers der Bundesrepublik Deutschland vom 22. Januar 1963 über die Organisation und die Grundsätze der Zusammenarbeit zwischen den beiden Staaten wurden die folgenden Bestimmungen vereinbart:

I. Organisation
1. Die Staats- und Regierungschefs geben nach Bedarf die erforderlichen Weisungen und verfolgen laufend die Ausführung des im folgenden festgelegten Programms. Sie treten zu diesem Zweck zusammen, so oft es erforderlich ist, und grundsätzlich mindestens zweimal jährlich.
2. Die Außenminister tragen für die Ausführung des Programms in seiner Gesamtheit Sorge. Sie treten mindestens alle drei Monate zusammen. [...]
3. Zwischen den zuständigen Behörden beider Staaten finden regelmäßige Zusammenkünfte auf den Gebieten der Verteidigung, der Erziehung und der Jugendfragen statt. [...]

II. Programm
A. Auswärtige Angelegenheiten
1. Die beiden Regierungen konsultieren sich vor jeder Entscheidung in allen wichtigen Fragen der Außenpolitik und in erster Linie in den Fragen von gemeinsamem Interesse, um so weit wie möglich zu einer gleichgerichteten Haltung zu gelangen. Diese Konsultation betrifft unter anderem folgende Gegenstände:
   - Fragen der europäischen Gemeinschaften und der europäischen politischen Zusammenarbeit; Ost-West-Beziehungen sowohl im politischen als auch im wirtschaftlichen Bereich;

– Angelegenheiten, die in der Nordatlantikvertragsorganisation und in den verschiedenen internationalen Organisationen behandelt werden und an denen die beiden Regierungen interessiert sind, insbesondere im Europarat, in der Westeuropäischen Union, in der Organisation für wirtschaftliche Zusammenarbeit und Entwicklung, in den Vereinten Nationen und ihren Sonderorganisationen.

[...]

2. Hinsichtlich der Entwicklungshilfe stellen die beiden Regierungen ihre Programme einander systematisch gegenüber, um dauernd eine enge Koordinierung durchzuführen. Sie prüfen die Möglichkeit, Vorhaben gemeinsam in Angriff zu nehmen. [...]
3. Die beiden Regierungen prüfen gemeinsam die Mittel und Wege dazu, ihre Zusammenarbeit im Rahmen des Gemeinsamen Marktes, in anderen wichtigen Bereichen der Wirtschaftspolitik, zum Beispiel der Land- und Forstwirtschaftspolitik, der Energiepolitik, der Verkehrs- und Transportfragen, der industriellen Entwicklung ebenso wie der Ausfuhrkreditpolitik, zu verstärken.

B. Verteidigung

[...]

C. Erziehungs- und Jugendfragen

[...]

1. Auf dem Gebiet des Erziehungswesens richten sich die Bemühungen hauptsächlich auf folgende Punkte:
   a) Sprachunterricht
      [...]
   b) Frage der Gleichwertigkeit der Diplome
      [...]
   c) Zusammenarbeit auf dem Gebiet der wissenschaftlichen Forschung
      [...]
2. Der französischen und deutschen Jugend sollen alle Möglichkeiten geboten werden, um die Bande, die zwischen ihnen bestehen, enger zu gestalten, und ihr Verständnis füreinander zu vertiefen. Insbesondere wird der Gruppenaustausch weiter ausgebaut. Es wird ein Austausch- und Förderungswerk der beiden Länder errichtet, an dessen Spitze ein unabhängiges Kuratorium steht. Diesem Werk

wird ein französisch-deutscher Gemeinschaftsfonds zur Verfügung gestellt, der der Begegnung und dem Austausch von Schülern, Studenten, jungen Handwerkern und jungen Arbeitern zwischen beiden Ländern dient.

III. Schlußbestimmungen

[...]

3. Dieser Vertrag gilt mit Ausnahme der die Verteidigung betreffenden Bestimmungen auch für das Land Berlin, sofern nicht die Regierung der Bundesrepublik Deutschland gegenüber der Regierung der Französischen Republik innerhalb von drei Monaten nach Inkrafttreten des Vertrages eine gegenteilige Erklärung abgibt.
4. Die beiden Regierungen können die Anpassungen vornehmen, die sich zur Ausführung dieses Vertrages als wünschenswert erweisen. [...]
5. Dieser Vertrag tritt in Kraft, sobald jeder der beiden Vertragschließenden dem anderen mitgeteilt hat, daß die dafür erforderlichen innerstaatlichen Voraussetzungen erfüllt sind.
   Geschehen zu Paris am 22. Januar 1963 in zwei Urschriften, jede in deutscher und französischer Sprache, wobei jeder Wortlaut gleichermaßen verbindlich ist.

Der Bundeskanzler der Bundesrepublik Deutschland:
Adenauer
Der Bundesminister des Auswärtigen der Bundesrepublik Deutschland:
Schröder
Der Präsident der Französischen Republik:
C. de Gaulle
Der französische Premierminister:
Pompidou
Der französische Außenminister:
M. Couve de Murville

c) Präambel des Ratifikationsgesetzes zum deutsch-französischen Vertrag (16. Mai 1963)

In der Überzeugung,
– daß der Vertrag zwischen der Bundesrepublik Deutschland und der Französischen Republik vom 22. Januar 1963 die Aussöhnung und

Freundschaft zwischen dem deutschen und dem französischen Volk vertiefen und ausgestalten wird;

mit der Feststellung,

– daß durch diesen Vertrag die Rechte und Pflichten aus den von der Bundesrepublik Deutschland abgeschlossenen multilateralen Verträgen unberührt bleiben;

mit dem Willen,

– durch die Anwendung dieses Vertrages die großen Ziele zu fördern, die die Bundesrepublik Deutschland in Gemeinschaft mit den anderen ihr verbündeten Staaten seit Jahren anstrebt und die ihre Politik bestimmen,

nämlich

die Erhaltung und Festigung des Zusammenschlusses der freien Völker, insbesondere einer engen Partnerschaft zwischen Europa und den Vereinigten Staaten von Amerika, die Verwirklichung des Selbstbestimmungsrechts für das deutsche Volk und die Wiederherstellung der deutschen Einheit, die gemeinsame Verteidigung im Rahmen des nordatlantischen Bündnisses und die Integrierung der Streitkräfte der in diesem Bündnis zusammengeschlossenen Staaten, die Einigung Europas auf dem durch die Schaffung der Europäischen Gemeinschaften begonnenen Wege unter Einbeziehung Großbritanniens und anderer zum Beitritt gewillter Staaten und die weitere Stärkung dieser Gemeinschaften, den Abbau der Handelsschranken durch Verhandlungen zwischen der Europäischen Wirtschaftsgemeinschaft, Großbritannien und den Vereinigten Staaten von Amerika sowie anderen Staaten im Rahmen des »Allgemeinen Zoll- und Handelsabkommens«;

in dem Bewußtsein,

– daß eine deutsch-französische Zusammenarbeit, die sich von diesen Zielen leiten läßt, allen Völkern Nutzen bringen, dem Frieden in der Welt dienen und dadurch zugleich dem deutschen und dem französischen Volke zum Wohl gereichen wird;

hat der Bundestag das folgende Gesetz beschlossen:

[...]

(Bulletin des Presse- und Informationsamtes der Bundesregierung Nr. 15 vom 24. Januar 1963, S. 117f., Nr. 87 vom 17. Mai 1963, S. 765)

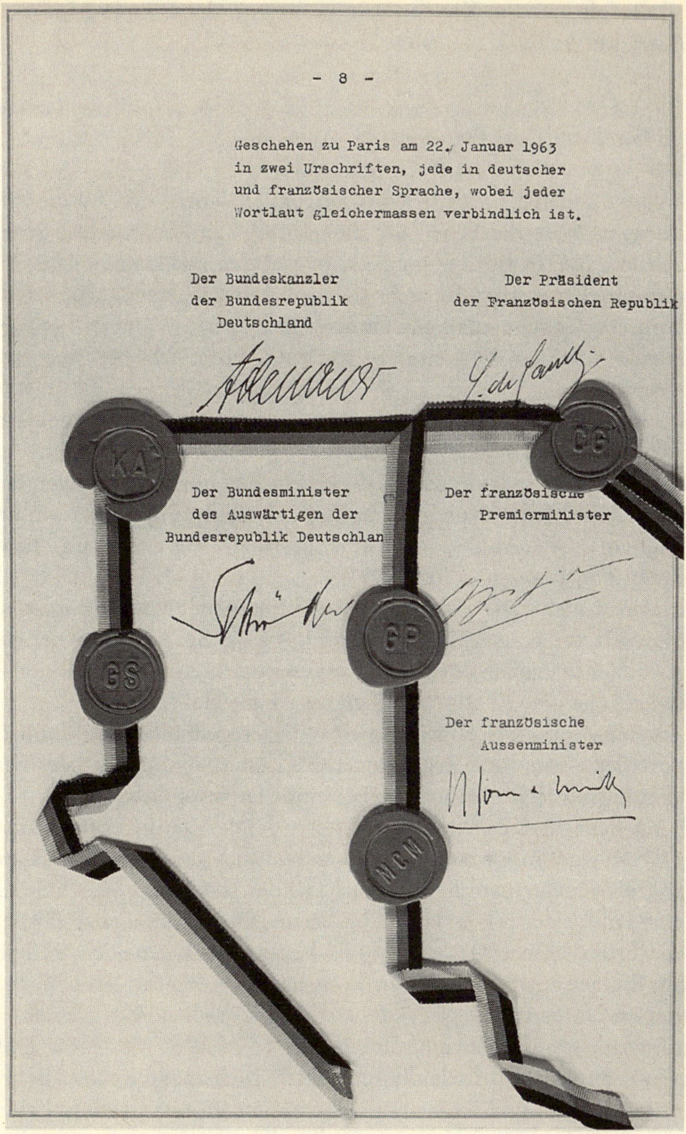

\- 8 -

Geschehen zu Paris am 22. Januar 1963
in zwei Urschriften, jede in deutscher
und französischer Sprache, wobei jeder
Wortlaut gleichermassen verbindlich ist.

Der Bundeskanzler
der Bundesrepublik
Deutschland

Der Präsident
der Französischen Republik

Der Bundesminister
des Auswärtigen der
Bundesrepublik Deutschlan

Der französische
Premierminister

Der französische
Aussenminister

Abb. 21: Letzte Seite des Vertrages über die deutsch-französische Zusammenarbeit mit den Siegeln und Unterschriften des französischen Staatspräsidenten de Gaulle, der Regierungschefs und der Außenminister.

[15] Bundeskanzler Konrad Adenauer, z. Z. Paris, an Präsident John F. Kennedy, 22. 1. 1963

Geheim

Sehr verehrter Herr Präsident!

Ich danke Ihnen sehr für Ihren Brief vom 19. Januar und für die Mitteilung, daß Sie die Schaffung einer multilateralen Nuklear-Streitmacht der NATO mit Energie betreiben wollen. Sie können dabei fest auf unsere Unterstützung rechnen. Auch in der Überzeugung, daß die atlantische Gemeinschaft als Einheit anzusehen ist und daß wir bestrebt sein sollten, sie weiter zu stärken, stimme ich mit Ihnen voll überein.

Ich habe heute mit General de Gaulle einen Vertrag über die deutsch-französische Zusammenarbeit unterzeichnet. Dieser Vertrag sieht eine Konsultation zwischen uns und den Franzosen in allen wichtigen Fragen der Außenpolitik vor. Im Bereich der Verteidigung werden wir uns bemühen, unsere Auffassungen einander anzunähern, um zu gemeinsamen Konzeptionen zu gelangen.

Auf dem Gebiet des Erziehungswesens und der Jugendfragen ist ein Austausch und eine verstärkte Verbreitung der Sprache jedes der beiden Länder in dem anderen Land vorgesehen, und in einigen weiteren Bereichen ist eine Zusammenarbeit ins Auge gefaßt.

In organisatorischer Hinsicht haben wir regelmäßige Zusammenkünfte der Staats- und Regierungschefs, der Außenminister, der Verteidigungsminister und anderer Fachminister vereinbart.

Ich bin sicher, daß durch diesen Vertrag, der der Ratifizierung bedarf, die Grundlage für ein weiteres Zusammenwachsen Deutschlands und Frankreichs gelegt worden ist. Nach meiner festen Überzeugung, die meine Politik seit fast 14 Jahren bestimmt, fördert diese enge Zusammenarbeit zwischen Deutschland und Frankreich ebenso die europäische Einigung, wie sie die freie Welt insgesamt stärkt. Ich betrachte daher die Unterzeichnung des deutsch-französischen Vertrages als ein für uns alle sehr bedeutsames Ereignis.

Ich habe mit General de Gaulle auch ausführlich über die europäischen Gemeinschaften und die Beitrittsverhandlungen mit Großbritannien gesprochen. Der General steht auf dem Standpunkt, daß der innere Aufbau der Gemeinschaften beendet sein müsse, bevor weitere Staaten als Mitglieder aufgenommen werden. Ich habe darauf hingewie-

sen, daß wir unter allen Umständen dramatische Zuspitzungen vermeiden und daß wir die entstandenen Probleme in Ruhe behandeln müssen. Dem hat der General zugestimmt.
Ich werde mich darum bemühen, daß die Kommission der EWG beauftragt wird, einen Bericht über die organisatorischen und institutionellen Probleme der Gemeinschaften, insbesondere auch über diejenigen, die sich im Falle des Beitritts Großbritanniens und weiterer europäischer Staaten ergeben, und über den Stand der Verhandlungen mit Großbritannien zu erstatten. Die Außenminister der »Sechs« werden sich am kommenden Montag in Brüssel mit diesem Vorschlag befassen.
Sie können versichert sein, Herr Präsident, daß meine Regierung sich weiterhin nachdrücklich für einen positiven Ausgang der Verhandlungen mit Großbritannien einsetzen wird. Natürlich müssen beide Seiten entsprechende Beiträge leisten.
Mit meinen besten Grüßen bin ich
gez. Ihr Adenauer
(AAPD 1963 (2), S. 153 ff.)

[16] Botschafter Karl-Heinrich Knappstein, Washington, an Bundesminister Gerhard Schröder, 23. 1. 1963

Geheim
Wegen meiner Befürchtungen über die amerikanische Reaktion auf die europäische und atlantische Politik de Gaulles und zur Erläuterung des Vertrages über die deutsch-französische Zusammenarbeit gemäß o. a. Drahtweisung habe ich heute vormittag darum gebeten, daß Präsident Kennedy mich zur Übermittlung des Briefes des Bundeskanzlers vom 22. Januar persönlich empfange. Ich habe dem Präsidenten um 11.30 Uhr hiesiger Zeit im Weißen Haus den Brieftext mit einer hier gefertigten inoffiziellen Übersetzung übergeben und hatte mit ihm ein 35 Minuten dauerndes Gespräch. Um 14 Uhr werde ich Außenminister Rusk sehen.
Der Präsident war in spürbar schlechter Stimmung, brachte seine Kritik an dem inneren Zustand der Allianz und seine Besorgnisse über den Abschluß des Vertrages wiederholt und deutlich zum Ausdruck. Im Verlaufe des Gesprächs habe ich – allerdings nur teilweise mit Erfolg – wiederholt versucht, das Verständnis des Präsidenten für den Abschluß

des Vertrages zu gewinnen, habe die positive Bedeutung des Vertrages für die europäische Politik und die Zukunft der Allianz hervorgekehrt und auf die Möglichkeit verwiesen, daß eine enge deutsch-französische Zusammenarbeit gerade in den den Präsidenten irritierenden Aspekten der Politik de Gaulles gute Früchte für die ganze Allianz tragen könne.

Zusammengefaßt war die Reaktion des Präsidenten nach Lektüre der Übersetzung des Briefes folgende:

De Gaulle habe 1958 den Vorschlag gemacht, ein Dreier-Direktorium für [die] NATO zu bilden. Eisenhower habe es abgelehnt, darauf einzugehen, weil es die Bundesrepublik zu einer zweitklassigen Macht innerhalb des Bündnisses gemacht hätte. Der französische Vorschlag sei 1961 wieder belebt worden und wiederum habe er, Kennedy, das Dreier-Direktorium abgelehnt – der Bundesrepublik wegen. Eine Woche nach der Pressekonferenz de Gaulles, die eine gegen die Vereinigten Staaten gerichtete Politik offenbart habe, unterzeichne nun die Bundesregierung einen Vertrag mit Frankreich, dessen Inhalt weit über das hinausgehe, was ein Dreier-Direktorium gebracht hätte. Unseretwegen sei Amerika auf ein Dreier-Direktorium nicht eingegangen, unseretwegen seien Frankreich die Atomgeheimnisse vorenthalten worden, unseretwegen sei die multilaterale NATO-Atomstreitmacht projektiert worden. Amerika hätte mehrfach Gelegenheit gehabt, einen ähnlichen Vertrag mit Frankreich zu schließen, wie ihn Deutschland nun geschlossen habe, nachdem sich de Gaulle gegen die Vereinigten Staaten gewandt habe. Was sollten die Amerikaner davon halten?

(Hier folgte ein Hinweis auf den scharfen Artikel von James Reston in der New York Times vom 21. Januar.) Die Ausführungen des Senators Javits gestern im Auswärtigen Ausschuß (Wortlaut folgt gesondert) seien bereits ein Anzeichen, wie hier darauf reagiert werde.

Truman, Eisenhower und er selbst hätten fünfzehn Jahre lang für die Verteidigung Europas gesorgt. Dort stünden sechs amerikanische Divisionen und Ausrüstung für acht. Frankreich trage nur eineinhalb Divisionen bei. Warum verlangten wir nicht von den Franzosen einen angemessenen Beitrag? Er sei es zufrieden, wenn Europa glaube, sich selbst verteidigen zu können. Die Amerikaner hätten nicht das Verlangen, unbedingt länger zu bleiben, wenn Europa in der Lage sei, sich selbst zu verteidigen. Doch wäre der Abzug amerikanischer Truppen aus Europa eine Katastrophe für die ganze freie Welt.

In dem Augenblick, wo Chruschtschow seine Politik zu ändern beginne

und der kommunistische Block zwischen Moskau und Peking Risse bekomme, biete die Politik de Gaulles der Welt das Schauspiel des Auseinanderstrebens des westlichen Bündnisses. Das sei Wahnsinn (»insane«). Was solle in den übrigen Teilen der Welt passieren, in Laos, Südvietnam, in ganz Ostasien, in Lateinamerika, wenn der freie Westen so zerfalle?
Er könne keinen Sinn darin sehen, daß Deutsche und Franzosen eine »force within a force« bilden wollten. Wie solle das NATO-Bündnis funktionieren, wenn zwei Mitgliedsmächte sich verpflichteten, sich vorher zu konsultieren und dann einen gemeinsamen Standpunkt verträten? Wenn der deutsch-französische Vertrag darauf hinauslaufe, daß Bonn künftig Paris in seinem Anti-Amerikanismus unterstütze, würden die Folgen für das Bündnis und für die Bekämpfung der kommunistischen Expansion in allen Teilen der Welt katastrophal sein.
Sehr eindringlich habe ich dem Präsidenten die historische und psychologische Bedeutung des Vertrages für die beiden Nachbarvölker dargelegt. Er bezweifelte jedoch, daß es sich nur um eine Krönung der Aussöhnung zwischen Frankreich und Deutschland handele. Die historisch entscheidenden Schritte seien der Schuman-Plan, die Lösung der Saar-Frage und die Verträge von Rom gewesen; er glaube nicht, daß es gerade jetzt eine deutsch-französische Konfliktgefahr zu bannen gebe. Der Präsident lenkte jedoch schließlich wenigstens dahin ein, daß er glaube, daß die kurze zeitliche Aufeinanderfolge der Pressekonferenz de Gaulles und der Unterzeichnung des Vertrages, jedenfalls was uns angehe, »eine Koinzidenz« sei.
Der Präsident hörte zwar aufmerksam zu, zeigte sich aber kaum überzeugt, als ich ihm darlegte, daß es sich nicht um ein deutsch-französisches »Direktorium« handele, das Entscheidungen für das Bündnis fälle, wie jenes seinerzeit von Paris vorgeschlagene Dreier-Direktorium getan hätte, sondern um ein bloßes Konsultationssystem der beiden Nachbarn. Es sei durchaus möglich, daß die Konsultation über manche Fragen nicht zu einer deutsch-französischen Übereinstimmung führten. Von einer Vorausbindung im Sinne gemeinsamer Stellungnahmen z. B. im Ministerrat der EWG oder im NATO-Rat könne keine Rede sein. Er dürfe nicht verkennen, daß sich beide Seiten zur Konsultation verpflichtet hätten und daß sich dadurch Einflußmöglichkeiten eröffneten, die bisher so nicht bestanden hätten. Mit dem Brief des Bundeskanzlers und (wenn die noch nicht offiziellen Nachrichten zuträfen) mit der Bereitschaft der Franzosen, einer Über-

brückung der Brüsseler Verhandlungskrise durch einen Bericht der Kommission zuzustimmen, sei bereits ein erster Beweis dafür erbracht, daß der deutsche Einfluß auf dem Wege der Konsultation zu Geltung kommen könne.
Auf eine Anspielung meinerseits auf das amerikanisch-britische Abkommen von Nassau erklärte der Präsident, daß dieses von ganz anderer Art sei als der deutsch-französische Vertrag. Einmal habe es eine Lösung für das bilaterale Skybolt-Problem gebracht, zum anderen enthalte es einen großen Sprung nach vorwärts in Richtung auf eine multilaterale Lösung der Nuklear-Verteidigung. Nicht zuletzt sei es einer der Zwecke des Abkommens gewesen, gerade die Bundesrepublik am Kommando und der Kontrolle der atomaren Verteidigung des Bündnisses zu beteiligen.
Der Präsident erklärte sich schließlich erfreut, den Brief empfangen zu haben. Man müsse nun versuchen, »for the time being« das beste aus der Lage zu machen, und abwarten, wie sich die deutsch-französische Konsultation praktisch entwickeln werde. Ich sagte ihm zu, daß ich seine Gesichtspunkte der Bundesregierung unverzüglich übermitteln würde.

(AAPD 1963 (2), S. 162–165)

[17] Gespräch zwischen Bundeskanzler Konrad Adenauer und dem amerikanischen Botschafter in Bonn, Walter C. Dowling, 24. 1. 1963

Geheim

Der Herr *Bundeskanzler* empfing am 24. Januar 1963 um 19 Uhr den amerikanischen Botschafter Dowling zu einem Gespräch, bei dem außerdem Herr VLR I Dr. Osterheld zugegen war.
Auf die Frage von Botschafter *Dowling*, ob der Herr Bundeskanzler das Telegramm von Herrn Knappstein über sein Gespräch mit Präsident Kennedy und Außenminister Rusk gelesen habe, erwiderte der Herr *Bundeskanzler*, er habe diese Aufzeichnung gelesen und sei einfach platt. Das hätte er niemals erwartet. John Foster Dulles wäre ihm wegen des deutsch-französischen Vertrags vor Freude um den Hals gefallen. Vor einigen Monaten habe er ja zu Herrn Rusk gesagt, Deutschland wolle mit Frankreich eine enge Verbindung eingehen, ob Amerika

etwas dagegen habe. Rusk habe darauf geantwortet, Amerika habe natürlich nichts dagegen. Es werde immer besonders enge Beziehungen zu England haben und infolgedessen wäre es gut, wenn Deutschland mit Frankreich solche Bindungen hätte.
Der Herr *Bundeskanzler* fügte hinzu, de Gaulle würde heute zweifellos das, was er in seiner Pressekonferenz über England gesagt habe, nicht mehr sagen. Botschafter Dowling wisse vielleicht, daß Macmillan zwei Tage vor der Bahamakonferenz in Rambouillet gewesen sei und mit de Gaulle über Verteidigung, den Gemeinsamen Markt usw. gesprochen habe. De Gaulle habe dann zu Macmillan gesagt, wenn Amerika die Skybolt nicht bauen wolle, solle Macmillan sich doch an der europäischen Verteidigung beteiligen. Macmillan habe darauf keine Antwort gegeben. Zwei Tage später habe Macmillan dann mit Amerika das Polaris-Abkommen geschlossen. De Gaulle habe er davon vorher kein Wort gesagt.
Botschafter *Dowling* warf ein, auch für Amerika sei dieser Vorschlag Macmillans völlig überraschend gekommen.
Der Herr *Bundeskanzler* fuhr fort, durch diese Dinge sei de Gaulle praktisch dazu gebracht worden, seine Pressekonferenz in der bekannten Form abzuhalten. Man müsse auch de Gaulle gegenüber gerecht sein und eingestehen, daß dieses Verhalten Macmillans nicht fair gewesen sei. Wenn England nicht gerade jetzt dauernd betonte, daß es eine europäische Politik machen wolle, wäre niemand überrascht gewesen über das Bahama-Abkommen. In diesem Zusammenhang aber sei es doch sehr erstaunlich.
Der Herr *Bundeskanzler* sagte dann, er habe geglaubt, daß Amerika de Gaulle dasselbe vorgeschlagen habe wie Macmillan. Das sei aber nicht wahr. Aufgrund seiner langen Zusammenarbeit mit Amerika auf dem Atomgebiet könne England die Sprengköpfe für die Polarisraketen selbst bauen. De Gaulle könne das aber nicht.
Botschafter *Dowling* bemerkte hierzu, theoretisch müßte England in der Lage sein, solche Sprengköpfe zu bauen, denn es habe mit der Arbeit an der Atombombe noch vor Amerika angefangen, und viele Jahre hindurch hätten Amerika und England daran gemeinsam gearbeitet. England habe aber noch keine nuklearen Sprengköpfe für die Polarisraketen, und er glaube, daß England größte Schwierigkeiten haben werde, solche Sprengköpfe zu bauen. Amerika werde England dabei auf keinen Fall helfen. Amerika habe lediglich die Raketen als solche angeboten, und zwar an Frankreich und England. Dabei habe England er-

klärt, daß es das übrige selbst bauen könne. Jedenfalls habe Amerika ganz klar gemacht, daß es keiner der beiden Mächte Sprengköpfe liefern werde. Er frage sich aber manchmal, ob de Gaulle wirklich die eigentliche Bedeutung des Nassau-Abkommens erkenne. Der Präsident habe mit diesem Abkommen vor allem das Ziel verfolgt, daß hier ein erster Schritt getan werden sollte, um England und Frankreich in ein europäisches nukleares Verteidigungssystem hineinzubringen und die Bundesrepublik auf gleichberechtigte Basis zu stellen. Er frage sich, ob de Gaulle dies klar sei.

Der Herr *Bundeskanzler* bemerkte, nach seiner Beurteilung der Lage sei das Nein de Gaulles noch nicht das letzte Wort. Dies habe er von Anfang an geglaubt. De Gaulle sei nämlich der Auffassung, daß man ihm etwas anderes angeboten habe als England.

Der Herr Bundeskanzler kam dann auf das Gespräch zwischen Präsident Kennedy und Botschafter Knappstein zu sprechen, dem Kennedy erklärt habe, daß Amerika dafür gesorgt habe, daß kein Dreier-Direktorium zustande gekommen sei. Der Vertrag zwischen Deutschland und Frankreich, so sagte der Herr Bundeskanzler, verfolge ebenfalls dieses Ziel, denn nach dem Vertrag müsse Frankreich die Bundesrepublik konsultieren, ehe es wichtige Entscheidungen treffe. Alles in allem hätten weder der Präsident noch Herr Rusk den geringsten Grund, irgendwie gekränkt zu sein. Er selbst habe ja schon von Paris aus einen Brief geschrieben. Er hätte dies nicht getan, wenn er nicht im besten Glauben gehandelt hätte und überzeugt gewesen wäre, im Sinne der gemeinsamen Politik zu handeln. Er habe auch de Gaulle gesagt, daß Frankreich, auch ehe es seine Armee aufgebaut habe, sich stärker an den NATO-Sitzungen beteiligen müsse. De Gaulle habe dem zugestimmt. Botschafter Seydoux habe er selbst gesagt, daß er mit de Gaulle darüber gesprochen habe und de Gaulle eine stärkere Beteiligung ebenfalls wünsche. Seydoux habe mit Botschafter Grewe einen sehr engen Kontakt. Er versuche also überall, de Gaulle näher an die Zusammenarbeit heranzubringen. Wenn man de Gaulles Schicksal verfolge, müsse man ihn auch verstehen. Mit nichts hinter sich habe er als junger General in London gegen Pétain Stellung bezogen und Frankreich gerettet. Dann sei de Gaulle Premierminister geworden und nach seinem Rücktritt zwölf Jahre lang in Colombey ganz einsam und von allen Freunden verlassen gewesen. Diese zwölf Jahre hätten de Gaulle sicherlich stark geprägt. Der Herr Bundeskanzler schilderte dann im einzelnen, wie es zu der Freundschaft zwischen ihm und de Gaulle gekommen sei. Er fügte hinzu, er glaube, ein gutes Werk im Interesse aller zu tun, wenn er diese Freundschaft pflege. Wenn Frankreich nicht Deutschlands Freund wäre, sondern gegen Deutschland Stellung bezöge und erklärte, das jetzige Deutschland sei ein Nazideutschland, ein Aggressor, dann könnte es in Europa keine Ruhe geben. Dieses enge Verhältnis zu Frankreich habe im übrigen ja schon vor de Gaulle begonnen, nämlich mit Robert Schuman. Ohne eine gute Aussöhnung mit Frankreich wäre die europäische Politik, die ja auch Amerika wünsche, nicht möglich. Dazu brauche man sich nur einmal die Karte zu vergegenwärtigen, wo Deutschland eingezwängt sei zwischen Rußland und den Satelliten auf der einen Seite und Frankreich auf der anderen Seite. Jahrzehnte hindurch hätten entweder Deutschland mit Rußland gegen Frankreich oder Frankreich mit Rußland gegen Deutschland paktiert. Im Jahre 1944 habe de Gaulle eben diese Befürchtung ebenfalls gehabt und sei deswegen nach Moskau gefahren, um den Vertrag gegen Deutschland zu erneuern. Nachdem nun der deutsch-französische Vertrag geschlossen sei, sei es unmöglich, daß Frankreich mit der Sowjetunion gegen Deutschland oder Deutschland mit der Sowjetunion gegen Frankreich zusammengingen. Hiermit sei also ein Schutzdamm gegen den Kommunismus geschaffen, der jetzt 100 Millionen Menschen zähle, und das weitere Vordringen des Kommunismus aufhalten könne. Das sei das beabsichtigte Ziel gewesen. Eigentlich, so fügte der Herr Bundeskanzler lächelnd hinzu, hätten sie beide einen großen Orden verdient.

Botschafter *Dowling* bemerkte, Kennedy und Rusk hätten beide Herrn Knappstein klarzumachen versucht, daß Amerika nicht gegen die französisch-deutsche Aussöhnung sei. Seit 1945 arbeite Amerika für zwei Ziele: die deutsch-französische Aussöhnung und die europäische Integration. Es wolle aber beide diese Ziele erreicht sehen, und zwar im europäischen Zusammenhang.

Rusk habe auch erklärt, wenn der neue Vertrag zur Integration Europas einschließlich Großbritanniens beitragen werde, sei Amerika sehr glücklich. Wenn aber England von den Sechs zurückgewiesen würde, müsse man tiefe Veränderungen im westlichen Verhältnis innerhalb der atlantischen Gemeinschaft ins Auge fassen, denn die gesamte amerikanische Politik sei seit Monaten auf gerade dieses Ziel, nämlich den Beitritt Englands, gerichtet.

Der Herr *Bundeskanzler* bemerkte, Botschafter Dowling wisse vielleicht, daß England zweimal einen Beitritt abgelehnt habe. All das sei plötzlich jetzt vergessen. Ganz vertraulich gesagt, habe Hallstein ihm erklärt, er habe nie eine solche Arroganz erlebt, wie er sie in der Verhandlungsweise der Engländer habe feststellen müssen. Der Herr Bundeskanzler las dann aus der gemeinsamen Erklärung den Absatz vor, daß die Verstärkung der Zusammenarbeit zwischen den beiden Ländern ein unerläßlicher Schritt auf dem Wege zu einem vereinigten Europa sei.

Botschafter *Dowling* bemerkte, wenn dies sich als richtig herausstelle, werde niemand glücklicher sein als Präsident Kennedy.

Der Herr *Bundeskanzler* sagte, ob Dowling denn glaube, daß man absichtlich in ein solch feierliches Dokument eine Unwahrheit hineinschreiben wolle.

Botschafter *Dowling* sagte, Amerika wisse natürlich, was der Herr Bundeskanzler denke, aber es frage sich manchmal, was de Gaulle denke.

Der Herr *Bundeskanzler* bemerkte, er sei überzeugt, daß de Gaulle dies absolut ernst gemeint habe. De Gaulle sei ein Mann, der sehr auf Formen halte. Er würde nie seine Unterschrift unter eine Unwahrheit setzen. De Gaulle sei zwar eigen, aber so etwas würde er niemals tun. In Frankreich werde er von der überwältigenden Mehrheit des Volkes hoch verehrt und geschätzt. Er (der Herr Bundeskanzler) sei froh, daß de Gaulle da sei, und zwar sei er für Europa froh. Es sei ein Glück für Europa, wenn de Gaulle noch lange lebe. Im übrigen werde der deutsch-französische Vertrag voraussichtlich einstimmig vom Bundestag ratifiziert werden. Er bitte Botschafter Dowling, doch diese amerikanische Mißstimmung in Ordnung zu bringen. Im übrigen sei der Botschaftsrat Kidd laufend über die Verhandlungen unterrichtet worden.

Botschafter *Dowling* bemerkte, der Herr Bundeskanzler wisse, daß er seit drei Jahren sein Bestes tue. Er werde dies auch weiter tun, diesmal aber verlange der Herr Bundeskanzler sehr viel, es sei denn, daß die Ausführungen des Herrn Bundeskanzlers durch Tatsachen bekräftigt würden. Ganz offen sei er der Auffassung, daß all dies zurückzuführen sei auf eine unterschiedliche Auslegung der Ziele de Gaulles in Bonn und in Washington. Er hoffe, daß der Herr Bundeskanzler recht habe.

Der Herr *Bundeskanzler* fragte, welche Ziele Washington denn hinter de Gaulle vermute.

Botschafter *Dowling* bemerkte, die Sorge in Washington sei folgende: Frankreich habe sich immer mehr aus einer aktiven Beteiligung an der westlichen Gemeinschaft zurückgezogen, und Amerika glaube, daß de Gaulle ein Europa der Sechs wolle, das nicht mehr in dem mitarbeite, was Amerika eine atlantische Partnerschaft nenne. Er könne nur hoffen, daß diese Befürchtung sich als unrichtig herausstelle.

Der Herr *Bundeskanzler* bemerkte an dieser Stelle, daß vor kurzem einmal jemand Botschafter Steel gefragt habe, wann denn die Engländer anfingen, europäisch zu denken. Steel habe darauf geantwortet, er sei Schotte. Auf die Frage, wann denn die Briten anfingen, europäisch zu denken, sei Steel die Antwort schuldig geblieben. Man müsse aber auch England richtig verstehen.

Es sei für England außerordentlich schwierig, kontinental zu denken. Wenn man sich einmal ansehe, welches Weltreich England besessen habe, welche Weltmacht es gewesen sei, viel mächtiger als die Vereinigten Staaten, und wenn man das vergleiche mit dem jetzigen Niedergang, spüre man, daß es für England außerordentlich schwierig sei, sich plötzlich als ein Teil Kontinentaleuropas zu fühlen. Er habe diese Frage auch mit Präsident Eisenhower bei seinem letzten Besuch im Sommer in Bonn erörtert. Eisenhower habe damals erklärt, er verstehe die Engländer nicht. Wenn er Engländer wäre, würde er das Commonwealth zusammenhalten und nicht nach Europa gehen wollen. Viele Engländer dächten dasselbe. Die Schwierigkeit für England sei ungeheuer groß. Er selbst, wäre er Engländer, wüßte auch nicht, was er tun sollte.

Botschafter *Dowling* stimmte dem Herrn Bundeskanzler zu. Andererseits habe Herr Hallstein trotz all der Schwierigkeiten den Amerikanern gesagt, daß England jetzt die Erfordernisse des Romvertrags zu etwa zwei Dritteln erfüllt habe. Er habe dann hinzugefügt, daß er nicht glaube, daß in dem restlichen Drittel Schwierigkeiten lägen, die rechtfertigten, die Verhandlungen nicht fortzusetzen. Dies weise doch darauf hin, daß England bereit sei, Anpassungen vorzunehmen und den Romvertrag zu akzeptieren, um Mitglied werden zu können.

Der Herr *Bundeskanzler* erklärte, de Gaulle habe ihm gesagt, wenn England den Romvertrag akzeptiere, werde Frankreich einer britischen Mitgliedschaft zustimmen.

Botschafter *Dowling* bemerkte, diese Frage sei ganz leicht zu lösen, indem man England eine Chance gebe, das restliche Drittel zu akzeptieren oder abzulehnen. In Brüssel habe jedoch Couve de Murville die Verhandlungen praktisch zum Stillstand gebracht.

Der Herr *Bundeskanzler* sagte, man dürfe nicht vergessen, daß dies auf die Verärgerung de Gaulles über das Bahama-Abkommen zurückzuführen sei. Macmillan habe ihm kein Wort von seinen Polaris-Plänen gesagt, dadurch fühle sich de Gaulle verletzt. Man müsse jetzt etwas Zeit verstreichen lassen und dann wieder anfangen.

Auf die Frage von Botschafter *Dowling*, wieviel Zeit man dafür brauche, antwortete der Herr *Bundeskanzler*, das brauche nicht lange zu sein. Allerdings müsse man auch berücksichtigen, daß de Gaulle sein Gesicht wahren müsse.

Botschafter *Dowling* fragte, ob der Herr Bundeskanzler irgend etwas sehe, was England oder Macmillan tun könnten, um die Franzosen milder zu stimmen.

Der Herr *Bundeskanzler* erwiderte, die Engländer müßten Geduld zeigen und etwas Zeit verstreichen lassen.

Botschafter *Dowling* fragte dann, ob er Präsident Kennedy sagen solle, daß der Herr Bundeskanzler diese Zeit abzukürzen versuchen werde.

Der Herr *Bundeskanzler* erwiderte, er werde dies tun, falls der Zeitraum sich zu lange hinausziehe. Zu kurz dürfe er aber auch nicht sein.

Botschafter *Dowling* bemerkte, der Präsident sei eben ein sehr ungeduldiger Mann.

Der Herr *Bundeskanzler* bemerkte, er habe ganz diesen Eindruck. Er habe aber immer die Auffassung vertreten, daß in der Politik Geduld das wichtigste sei.

Botschafter *Dowling* wies ernstlich darauf hin, daß wenn diese Zeitspanne zu lang sei, andere Kräfte ins Spiel kämen, die dann genauso schlimm wären wie eine formale Ablehnung des britischen Beitrittsgesuchs. Wenn der Herr Bundeskanzler etwas tun könnte, um zu erreichen, daß das restliche Drittel der offenen Fragen geprüft werde, dann werde Präsident Kennedy bereit sein, die Beurteilung des Herrn Bundeskanzlers als richtig anzuerkennen. Der Präsident wolle, daß Frankreich der Fortsetzung der Verhandlungen zustimme.

Wenn England dann ablehne, sei daran nichts zu ändern. Wenn England aber akzeptiere, dann müsse es zu einer Aussöhnung zwischen Frankreich und England kommen, ähnlich der, wie Deutschland und Frankreich sie jetzt vollzogen hätten.

Der Herr *Bundeskanzler* bemerkte scherzhaft, er glaube nicht, daß eine solche Aussöhnung zwischen den beiden Ländern nötig sei. Er fügte hinzu, Amerika sei durch so ausgezeichnete Botschafter in Paris [Charles E. Bohlen] und London [David K. Bruce] vertreten, ob die denn nichts erreichen könnten.

Botschafter *Dowling* bemerkte, die Meinung von Bruce sei, daß, wenn man England die Gelegenheit gebe, es den europäischen Standpunkt zu den wesentlichen noch offenen Fragen annehmen werde. In anderen Worten sei England bereit, in diesen Fragen den Romvertrag Wort für Wort zu akzeptieren.
Der Herr *Bundeskanzler* äußerte gewisse Zweifel daran.
Botschafter *Dowling* bemerkte, er werde natürlich dem Präsidenten getreulich über das heutige Gespräch berichten. Er hoffe jedoch, daß der Herr Bundeskanzler verstehe, wenn er ihm gleichzeitig ganz klar sage, daß der Westen eine ganz große Gefahr der Uneinigkeit laufe, wenn es nicht gelinge, auf dem Gebiet der europäischen Integration Fortschritte zu machen, wenn es nicht gelinge, Großbritannien beitreten zu lassen und auf dem Gebiet des Handels und der Politik die Integration weiter voranzubringen. Dies aber würde Präsident Kennedy und zweifellos auch der Herr Bundeskanzler sehr bedauern.
Der Herr *Bundeskanzler* bemerkte, man solle die Dinge nicht so tragisch nehmen. In die Verhandlungen müsse nun eine Pause eingelegt werden, damit die Wogen sich glätten könnten, und dann werde man sehen, was herauskomme. Jedenfalls dürfe man Herrn Chruschtschow keine Freude machen.
Botschafter *Dowling* betonte, daß Präsident Kennedy besorgt sei, daß die Franzosen für sich aus der deutsch-französischen Aussöhnung einen Vorteil herausschlügen. Chruschtschow allerdings sei da anderer Ansicht, denn er meine, daß Deutschland aus der Aussöhnung einen Vorteil für sich heraushole.
Der Herr *Bundeskanzler* fragte, warum diese Sache denn nicht für beide Seiten zum Vorteil sein könne. Es sei aber auch etwas für Europa getan worden, denn das habe man immer dabei im Auge gehabt.
Botschafter *Dowling* bemerkte, dann sei ja alles gut, er könne nur hoffen, daß de Gaulle auch höre. Er habe nun nur die eine Bitte an den Herrn Bundeskanzler, daß die Verhandlungspause, deren Notwendigkeit auch Amerika anerkenne, nicht zu lange dauere.
Der Herr Bundeskanzler versprach dies.
Das Gespräch endete um 20.15 Uhr.

(AAPD 1963 (2), S. 173–179)

6. Kapitel

Holocaust und Israel

Dokumente

Holocaust und Israel

»Vergangenheitsbewältigung«

Am 19. August 1965 überreichte der erste Botschafter der Bundesrepublik Deutschland in Israel, Rolf Pauls, Staatspräsident Zalman Shazar in Jerusalem sein Beglaubigungsschreiben. Damit waren die diplomatischen Beziehungen zwischen den beiden Staaten offiziell aufgenommen. Dem ehemaligen Wehrmachtsoffizier und Kriegsverwundeten Pauls wurde in der israelischen Öffentlichkeit kein freundlicher Empfang bereitet. Wie zuvor schon bei seiner Ankunft demonstrierten jetzt während der halbstündigen Zeremonie vor dem Präsidentengebäude wieder ehemalige Verfolgte des Nazi-Regimes gegen die Aufnahme diplomatischer Beziehungen zur Bundesrepublik. Auf Plakaten konnte man lesen: »We want a germanfree Israel« (wir wollen ein deutschfreies Israel).
Am selben Tag endete der sogenannte »Auschwitz-Prozeß« in Frankfurt am Main. Das Schwurgericht verkündete nach 182 Verhandlungstagen die Urteile im Prozeß um die Ermordung von mehreren Millionen Häftlingen des Vernichtungslagers Auschwitz. Von den 20 angeklagten früheren SS-Aufsehern erhielten sechs »wegen Mordes in mehreren Fällen und der Beihilfe zum Mord in mehreren hundert oder mehreren tausend Fällen« lebenslänglich, zehn Zuchthausstrafen zwischen dreieinhalb und 14 Jahren. Drei Angeklagte wurden freigesprochen. Das Strafmaß blieb damit weit unter den Anträgen der Staatsanwaltschaft, die für 16 Angeklagte lebenslänglich und für zwei je 12 Jahre Zuchthaus gefordert hatte.
Daß beide Ereignisse auf dasselbe Datum fielen, war natürlich Zufall, hatte aber in dem Zusammenhang fast symbolische Bedeutung: etwas wie Anfang und Ende zugleich. Hier das Land der Täter, dort das Land der Opfer – beide verbunden durch eine Vergangenheit, die in erster Linie die Bundesrepublik betraf. Für die Deutschen stellte sich nach

dem Zweiten Weltkrieg die Frage, wie man mit dem Holocaust umgehen sollte, mit den Tätern und den Opfern. Es ging um Recht und Gerechtigkeit, aber auch um Wiedergutmachung. Es wurde der Versuch gemacht – und das war der erste Versuch in der Geschichte der Völker –, für staatlich befohlenen Massenmord nach dem Untergang des verbrecherischen NS-Regimes Täter und Handlanger mit den Mitteln des Strafrechts zur Verantwortung zu ziehen. Diesem Versuch war nur in höchst unzureichender Weise Erfolg beschieden, wie die geringen Verurteilungszahlen und die häufig erschreckend niedrigen Strafmaßentscheidungen in der Bundesrepublik – aber auch in Österreich – zeigen.

In der BRD gab es neben Licht viel Schatten. Mit Hans Globke – immerhin Kommentator der Nürnberger Rassegesetze – als Staatssekretär im Kanzleramt war die Glaubwürdigkeit erheblich in Frage gestellt. Da war oftmals schlichter Pragmatismus bzw. Opportunismus angesagt. Man gab sich allzu lange der Illusion hin, daß mit den von den Alliierten durchgeführten Militärgerichtsverfahren das strafrechtliche Kapitel der NS-Vergangenheit im wesentlichen abgeschlossen sei. Der neugefaßte Artikel 131 des Grundgesetzes trat im Mai 1951 in Kraft. Entlassenen Nazis wurde es damit ermöglicht, in den öffentlichen Dienst zurückzukehren. Und damit kamen auch ehemalige Nazijuristen wieder zurück – und die hatten kein besonderes Interesse an der Verfolgung von NS-Verbrechen. Und damit es keine Begnadigungswelle geben würde, mußte sich die Bundesrepublik 1955 gegenüber den Westmächten verpflichten, keinen NS-Verbrecher anzuklagen, der schon von einem alliierten Gericht verurteilt worden war. 1955 verjährten überdies alle Kriegs- und anderen Verbrechen. Justitiabel blieben nur Mord und Beihilfe zum Mord.

Wie ein Paukenschlag wirkte es da, als man bei der Durchführung des sogenannten Ulmer Einsatzgruppen-Prozesses erkennen mußte, daß man ganz am Anfang einer strafrechtlichen Aufarbeitung stand. Dieser Prozeß war dann das auslösende Moment für den Beschluß der Länder-Justizminister im Oktober 1958, die »Zentrale Stelle zur Aufklärung nationalsozialistischer Gewaltverbrechen« in Ludwigsburg einzurichten. Sie sollte Verbrechen »gegenüber Zivilpersonen außerhalb der eigentlichen Kriegshandlungen, insbesondere bei der Tätigkeit der sogenannten Einsatzkommandos« der SS und »in Konzentrationslagern und ähnlichen Lagern« systematisch aufklären und alle Ermittlungsverfahren zusammenführen. Das war zu einem Zeitpunkt,

an dem eine Welle antisemitischer Schmierereien durchs Land ging und Leugner des Holocaust Hochkonjunktur hatten. Die ganze Problematik wurde erkennbar, als 1961 der ehemalige SS-Obersturmbannführer Adolf Eichmann in Jerusalem vor Gericht stand und zum Tode verurteilt wurde.
In der Bundesrepublik drohte inzwischen die Verjährung für Mord und Beihilfe zum Mord. In Frankfurt am Main war am 20. Dezember 1963 der Prozeß gegen 20 ehemalige Aufseher des Vernichtungslagers Auschwitz eröffnet worden. 359 Zeugen aus 19 Nationen, darunter viele aus Israel, sagten aus. Die Deutschen wurden mit einer Vergangenheit konfrontiert, die die meisten am liebsten längst vergessen hätten und verdrängen wollten. In dieser Situation wäre die zwanzigjährige Frist für die Verfolgung von Mord am 8. Mai 1965 abgelaufen. Inzwischen hatte der Auschwitz-Prozeß deutlich gemacht, daß längst nicht alle Verjährungsfristen unterbrochen worden waren. Daran hatte bei Einrichtung der Zentralen Stelle in Ludwigsburg niemand gedacht. Dies war eine krasse Fehleinschätzung. Die Mehrheit der Bundestagsabgeordneten fand es unerträglich, daß unter Umständen Hauptbeschuldigte, gegen die eine Unterbrechung der Verjährung deshalb nicht möglich war, weil man ihre Taten noch nicht kannte, nach diesem Datum aus dem Untergrund oder dem Ausland wieder auftauchen konnten – vor Strafverfolgung sicher. In der Bundesrepublik setzte eine Diskussion über die Aufhebung der Verlängerung der Verjährungsfrist ein. Im Bundestag forderten Abgeordnete der SPD, die Nichtverjährbarkeit von Mord in das Grundgesetz aufzunehmen. Sie scheiterten: Die FDP-Fraktion und Abgeordnete der CDU/CSU-Fraktion sahen in einer nachträglichen Änderung der Regelung die Gefahr der Rechtsbeugung durch den Gesetzgeber. Auch im Bundesvorstand der CDU war die Meinung geteilt. Es war der junge Vorsitzende der CDU-Fraktion im Landtag von Rheinland-Pfalz, Helmut Kohl, der damals mit einem historisch fundierten Beitrag für die Verlängerung eintrat.
Im Bundestag einigte man sich schließlich auf einen Kompromiß, der am 25. März 1965 mit 344 gegen 96 Stimmen bei 4 Enthaltungen angenommen wurde. Demnach wurden die Jahre zwischen Kapitulation 1945 und Gründung der Bundesrepublik 1949 bei der Berechnung der Verjährungsfrist nicht angerechnet, so daß sich der Zeitraum, in dem NS-Verbrechen weiterverfolgt werden konnten, um etwa viereinhalb Jahre verlängerte. Die FDP stimmte mit ihrem Justizminister Ewald Bucher geschlossen gegen das Gesetz. Bucher erklärte nach der An-

nahme des Gesetzes durch den Bundestag seinen Rücktritt. Als in den folgenden Jahren immer mehr Straftaten erkennbar wurden, wiederholte sich die Diskussion im Jahr 1969. Nunmehr wurde die Verjährungsfrist auf 30 Jahre erhöht. 1979 stellte sich das Problem erneut. Erst dann hob der Bundestag die Verjährungsfrist für Mord vollständig auf.

Die bundesdeutsche Öffentlichkeit reagierte auf die Verjährungsdebatten sehr unterschiedlich. Zwar war in der Zwischenzeit die Kriegsgeneration der Juristen abgetreten und durch die Generation der Kinder ersetzt worden, die unbelastet von moralischer Schuld auch an die Aufarbeitung der NS-Vergangenheit herangehen konnte und ging. Aber in der Öffentlichkeit gab es eben auch die Generation der Väter, und darauf nahmen Presse und Parteien weitgehend Rücksicht; so genau wollte man es gar nicht wissen. Über weite Zeiträume fanden NS-Prozesse unter faktischem Ausschluß der Presse-Öffentlichkeit statt. Daß bei dieser Seite der »Vergangenheitsbewältigung« die Kirchen – katholische wie evangelische – keine besonders rühmliche Rolle spielten, macht eher betroffen. Da konnte man oft noch den Satz hören, man habe nichts gewußt. Die »Woche der Brüderlichkeit« bewirkte hier genauso wenig wie die auf Druck der Amerikaner gegründeten »Gesellschaften für christlich-jüdische Zusammenarbeit«. Von beiden Kirchen wurde eine Mitverantwortung am Judenmord nicht eingestanden. Daran hatte auch das »Schuldbekenntnis« der evangelischen Kirche vom Oktober 1945 nichts geändert, und die katholische Kirche hatte es verstanden, sich in den Jahren nach 1945 als Opfer des Nationalsozialismus darzustellen. Beide Kirchen leisteten in der unmittelbaren Nachkriegszeit den schlimmsten Naziverbrechern Beistand; der Vatikan war die größte Einzelorganisation, die über die »Rattenlinie« in die Fluchthilfe für Nazis verwickelt war. Geholfen wurde allen, sofern sie nur gegen den Kommunismus und für die katholische Kirche waren. In den Prozessen gegen NS-Verbrecher wurden zahlreiche Kirchenvertreter zu Anwaltsgehilfen der Nazi-Verteidiger und Fürsprecher der Kriegsverbrecher. Kirchenvertreter scheuten sich nicht, mit ehemals führenden Nazis einträchtig zusammenzuarbeiten. Als die Opfer in die Gaskammern getrieben wurden, schwiegen die Kirchen; den Mördern standen sie nach 1945 bei. Beinahe für jeden fand sich ein kirchlicher Fürsprecher – ein unbewußtes Eingeständnis, daß der Anti-Judaismus der Kirchen nach Auschwitz und Treblinka führte und nach 1945 lebendig blieb.

Noch trauriger ist die ganze Problematik im Zusammenhang mit der DDR und deren Umgang mit dem Holocaust. »Holocaust« war ein Wort, das bis 1957 in keinem Buch, geschweige denn Schulbuch der DDR vorkam! Im ostdeutschen Kommunismus galt das Dogma, wonach NS-Verfolgung im wesentlichen Ergebnis des antifaschistischen Widerstandes gewesen sei. Ohne Hierarchisierung von unpolitischen »rassischen« Opfern und Widerstandskämpfern kam dieses Geschichtsbild nicht aus. Das zweite Hauptdefizit ergab sich aus dem Unvermögen der marxistischen Klassentheorie, die Singularität des Holocaust anzuerkennen und zu akzeptieren, was drittens zu einer abstrakten, sich theoretisch gebenden Auseinandersetzung mit dem Holocaust führte. Opferperspektive bzw. Selbstkritik blieben dabei weitgehend ausgeblendet. Die DDR war sicher der braunen Vergangenheit energischer entgegengetreten, hatte deren Restbestände durchschlagender bereinigt als die BRD, hatte vergangenheitsträchtige Vergehen oder Verherrlichungen des Dritten Reiches oder gar Renaissance-Denken unnachgiebiger verfolgt und rascher geahndet. Ehrlicher war man dabei allerdings nicht gewesen.

Das Luxemburger Abkommen[1]

Die deutsch-israelischen Beziehungen wurden durch die Schatten der Vergangenheit – aber nicht nur durch sie – geprägt; sie waren nach dem Krieg auch Teil des Ost-West-Konfliktes. Der neue Staat Israel erhob den Anspruch, als legitimer Erbe der vernichteten Juden anerkannt zu werden. Das Kollektiveigentum der Ermordeten und Beraubten sollte dem neuen Staat erstattet werden, um ihm zu ermöglichen, die Heimatlosen zu integrieren. Individuelle Forderungen von Überlebenden waren davon nicht berührt. Die Deutschen hätten sich durch individuelle Entschädigungen der Wiedergutmachung an Israel entziehen können. Möglicherweise hätte Adenauer dafür öffentlich Beifall bekommen; doch er entschied anders. Er kannte die moralische – und auch politische – Dimension des Problems. In der Wiedergutmachung an Israel sah er eine moralische Verpflichtung, die er gegen alle Bedenken von anderer Seite erfüllte. Dabei war der Beginn dieses Unternehmens gar nicht vielversprechend. Im November 1949 bot er Israel als Zeichen des guten Willens öffentlich einen einmaligen Betrag von 10 Millionen DM an. Israel reagierte zutiefst verärgert. Adenauer wurde beschuldigt, in makabrer Art für jeden ermordeten Juden 1,60 DM zu bieten. Die israelische Presse kritisierte den Kanzler, in linken Zeitungen wurde er gar als Neonazi bezeichnet. In Israel hatte man ganz andere Vorstellungen von Wiedergutmachung.

Ministerpräsident war damals David Ben Gurion, ein Pragmatiker par excellence. Er verneinte zwar eine deutsche Kollektivschuld, nicht aber die deutsche Verantwortung, die Schuldigen nach rechtsstaatlichen Kriterien zu verurteilen, die Vergangenheit aufzuarbeiten und vor allen Dingen Hilfe an das Volk der Opfer zu leisten. Er hat 1950 allen Ernstes erwogen, zu erklären, daß Deutschland und Israel sich im »Kriegszustand« befänden. Er wußte zwar, daß es das rein formal eigentlich gar nicht geben konnte, da der Staat Israel erst drei Jahre nach Kriegsende gegründet worden war, hoffte aber, damit eine bessere Ausgangsposition bei den bevorstehenden Verhandlungen über Reparationen zu erlangen. Völkerrechtler seines Außenministeriums redeten ihm dies allerdings schon bald aus.

Die israelische Regierung einigte sich dann darauf, in zwei Noten an die vier Besatzungsmächte Ansprüche auf deutsche Entschädigungszahlungen geltend zu machen. In der ersten vom 16. Januar 1951 ging es um die Entschädigung für materielle und andere Verluste jüdischer Einzelpersonen und um Rückerstattung von verlorengegangenem Eigentum; in der zweiten vom 12. März 1951 forderte Israel Entschädigungsleistungen in Höhe von 1 Milliarde Dollar von der Bundesrepublik und 500 Millionen Dollar von der DDR für die materiellen Verluste des jüdischen Volkes und zur Deckung der Eingliederung von Holocaust-Opfern in den jüdischen Staat. Die Westmächte empfahlen der israelischen Regierung das direkte Gespräch mit Bonn, die Sowjetunion antwortete erst am 24. März 1952, zwei Wochen nach der Stalin-Note: Erst müsse ein Friedensvertrag mit Deutschland unterzeichnet sein, bevor über eventuelle Wiedergutmachungsleistungen verhandelt werden könne. Da es das eine nicht gab, gab es auch das andere nicht.

Die ersten deutsch-israelischen Kontakte fanden am 19. April 1951 in Paris statt. Am 27. September 1951 gab Adenauer dann im Bundestag eine Regierungserklärung ab, in der es um die Verpflichtung zu moralischer und materieller Wiedergutmachung ging. Entscheidend für die weitere Entwicklung war ein Treffen am 6. Dezember 1951 in London zwischen Adenauer und Nahum Goldmann, dem Präsidenten der 1951 in New York ins Leben gerufenen Conference on Jewish Material Claims against Germany (Mitglieder dieser Organisation waren unter

anderem der World Jewish Congress, das American Jewish Committee und das American Jewish Joint Distribution Committee). Das Treffen fand unter größter Geheimhaltung in Adenauers Hotel statt. Rückblickend hat Goldmann das Gespräch als »emotionell das schwierigste und politisch vielleicht das bedeutendste« seines Lebens bezeichnet. Am Ende dieser Unterredung stand ein Brief, den Adenauer der Sekretärin Goldmanns diktierte und anschließend unterzeichnete. Es war ein einmaliges Dokument mit weitreichenden Verpflichtungen. Es enthielt ein Bekenntnis zur deutschen Verantwortung für die Nazi-Verbrechen. Die Wiedergutmachung wurde als »moralische Verpflichtung« und »Ehrenpflicht des deutschen Volkes« bezeichnet; die Bundesregierung wolle das Möglichste tun, um das am jüdischen Volk begangene Unrecht wieder gutzumachen und begrüße in dem Zusammenhang auch die Möglichkeit, »durch Waffenlieferungen für den Aufbau des Staates Israel einen Beitrag zu leisten«.
Für die Bundesregierung erklärte Adenauer weiters die Bereitschaft, bei den Verhandlungen die israelische Note vom 12. März 1951 zur Grundlage zu machen. Das war eine Zusage von 1 Mrd. Dollar, d. h. rd. 4 Mrd. DM, für damalige Verhältnisse eine ungeheure Summe (im Vergleich: die Marshallplanhilfe für Westdeutschland betrug rd. 1,5 Mrd. Dollar). Die Adenauer-Biographen Hans-Peter Schwarz und Henning Köhler rätseln bis heute, was Adenauer zu dieser unglaublichen Zusage gebracht hat. Schwarz meint, Adenauer habe den Deutschen eine Strafe auferlegen wollen; Köhler meint, Adenauer habe einen kapitalen Fehler gemacht und dabei die Konsequenzen seines Handelns einfach verdrängt. Wahrscheinlicher sind zwei andere Überlegungen: zum einen die extrem negative Erfahrung, die Adenauer mit seinem 10-Millionen-DM-Angebot vom November 1949 gemacht hatte, zum anderen der Wunsch, zu einem Staatsbesuch in die USA eingeladen zu werden. Eine Wiederholung des Angebots vom November 1949 war unter diesen Umständen nicht wünschenswert. Das State Department nahm das Schreiben Adenauers an Goldmann denn auch »mit Wohlwollen« zur Kenntnis.
In Israel gab es trotz allem massiven Widerstand gegen direkte Verhandlungen mit den Deutschen. Auf der rechten Seite wurden sie angeführt von Menachem Begin. Als die Knesseth über die anstehenden Verhandlungen diskutierte, wollte eine wütende Menschenmenge das Gebäude stürmen; nur durch das Eingreifen der Armee wurde das verhindert.
Die Verhandlungen begannen am 21. März 1952 in Wassenaar, einem

Vorort von Den Haag. Die Israelis, die deutschen Boden nicht betreten wollten, lehnten die Begriffe »Wiedergutmachung« und »Reparationen« ab; man übernahm dann den vom israelischen Außenminister Moshe Sharett kreierten Ausdruck »Schilumim«, einen Begriff, der in der Bibel »Zahlung« oder »Vergeltung« bedeutet. So großzügig Adenauer im Dezember 1951 in London war, so schwierig gestalteten sich nun die Verhandlungen, zumal von besonderer Großzügigkeit in den Reihen der CDU/CSU nicht sehr viel erkennbar war. Gleichzeitig liefen nämlich die Schuldenverhandlungen in London, wo sich die Bundesrepublik Forderungen in Milliardenhöhe gegenübersah. Hermann Josef Abs von der Deutschen Bank leitete die Delegation in London und gab in mehrfacher Hinsicht die Richtung an. So ventilierte er unter anderem eine mögliche Vorfinanzierung der deutschen Leistungen an Israel über die USA. Das wiederum rief beträchtlichen Unwillen auf jüdischer Seite hervor. Adenauer wurde von allen Seiten bedrängt, unter anderem auch von seinem Finanzminister. Er hielt dennoch Kurs; am 8. April 1952 schrieb er an Abs:

»Ich glaube, daß, wenn es uns gelingt, das Judentum wenigstens in seinen maßgebenden Männern zu versöhnen, wir dann doch auf wirtschaftliche Hilfe in stärkerem Maße rechnen können, als wenn dieser schroffe Gegensatz weiterbesteht. Abgesehen von diesem Grunde bewegt mich auch das Gefühl der moralischen Verpflichtung, das wir gegenüber dem Judentum haben. Natürlich darf das Ergebnis Ihrer Verhandlungen in London, das entscheidend für unsere wirtschaftliche Zukunft ist, nicht darunter leiden.«

Als Abs sein erstes Minimalangebot von 100 Millionen DM jährlich machte und auf die mögliche amerikanische Refinanzierung hinwies, appellierte Goldmann am 19. Mai an Adenauer:

»Führen Sie die Verhandlungen wieder zurück zu dem hohen moralischen Niveau, von dem Sie sie bisher betrachtet haben. Lassen Sie nicht Methoden, die bei rein kommerziellen Fragen üblich sind, diese Verhandlungen degradieren und gefährden. Der jetzige Zustand der Ungewißheit, das dauernde Hinausschieben eines konkreten Angebotes, das im Einklang mit Ihrem Brief vom 6. Dezember 1951 steht, kann nicht länger anhalten.«

Am Ende einigte man sich auf eine Summe von 3,45 Milliarden DM. Der Staat Israel sollte drei Milliarden DM bekommen, zahlbar in 14 Jahresraten. Gleichzeitig verpflichtete sich die Bundesrepublik, zugunsten der jüdischen Weltorganisationen weitere 450 Millionen zur Verfügung zu stellen. Diese Summe sollten jüdische Organisationen erhalten, die besonders die in den USA und auch Großbritannien eingewanderten jüdischen Flüchtlinge vertraten und unterstützten.

Am 10. September 1952 wurde das Abkommen unter strengen polizeilichen Sicherheitsvorkehrungen im Stadthaus von Luxemburg unterzeichnet. Luxemburg war gewählt worden, weil die israelische Delegation auch jetzt deutschen Boden nicht betreten wollte. Die Unterzeichnung fand, wie die Israelis betonten, in sachlicher Atmosphäre statt. Für die Bundesrepublik unterschrieb Adenauer, für Israel Außenminister Sharett. Begrüßungsansprachen, wie sie sonst bei Vertragsabschlüssen üblich waren, wurden nicht gehalten. Das war ursprünglich anders geplant gewesen, aber der Vergleich der Texte hatte gezeigt, daß Sharett Formulierungen verwenden wollte, die Adenauer als »zu alttestamentarisch« ablehnte. Auch sonst war der Kanzler eher zurückhaltend bei bestimmten Formulierungen. Vor Pressevertretern meinte er zwar, daß dieses Abkommen helfen werde, begangenes Unrecht wiedergutzumachen (»Ich hoffe, daß dieses Ereignis wesentlich dazu beitragen wird, das Prinzip von Recht und Gerechtigkeit aufs Neue im Bewußtsein der Völker zu stärken«), aber zum ersten Absatz der Präambel – »In der Erwägung, daß während der nationalsozialistischen Gewaltherrschaft unsagbare Verbrechen gegen das jüdische Volk verübt worden sind« – meinte er gegenüber Herbert Blankenhorn, das sei doch »etwas sehr peinlich«, und er stellte die Frage: »Kann man nicht das Wort Verbrechen ersetzen durch Unrecht, so daß es heißen würde ›unsagbares Unrecht‹?« Man konnte nicht!

Das Abkommen war ein Kompromiß: Es war für die deutsche Seite – auch finanziell – noch so eben tragbar, für Israel aber stellte es nach dem Urteil von Goldmann »geradezu eine Rettung dar«. Die Arabische Liga protestierte einen Tag nach Vertragsabschluß. Sie befürchtete, daß das Kräfteverhältnis im Nahen Osten durch die bundesdeutsche Unterstützung einseitig zugunsten Israels verändert werden könnte. Dazu erklärte Bundespressechef Felix von Eckardt, die Bundesregierung würde es

> »außerordentlich bedauern, wenn ihr Wiedergutmachungswille gegenüber dem jüdischen Volk in der arabischen Welt mißverstanden würde. Zwischen Deutschland und dem Arabertum hat von jeher eine echte und durch nichts getrübte Freundschaft bestanden. Die Bundesregierung ist entschlossen, diese freundschaftlichen Beziehungen mit großer Sorgfalt weiterzupflegen und auszubauen.«

Damit zeichnete sich ein Problem ab, das bis zur Aufnahme diplomatischer Beziehungen 1965 ein Fixpunkt der bundesdeutschen Außenpolitik mit Blick auf Israel und den Nahen Osten war.

Am 18. März 1953 ratifizierte der Bundestag das Abkommen. Von 400

Abgeordneten sprachen sich 239 für das Abkommen aus, 35 stimmten dagegen, 86 enthielten sich der Stimme; 40 blieben der Abstimmung fern. Den größten Widerstand gab es in den Reihen von CDU/CSU und FDP. Adenauer war auf die Stimmen der SPD-Opposition angewiesen; ohne deren geschlossene Unterstützung wäre das Abkommen gescheitert. Für die Sozialdemokraten sollte sich das allerdings nicht auszahlen: Mit diesem mit Hilfe der SPD errungenen Erfolg in der Tasche konnte Adenauer nämlich seine USA-Reise antreten, die letztlich mitentscheidend war für den grandiosen Wahlsieg der CDU/CSU und die Niederlage der SPD im September 1953.
Schon bald nach der Ratifizierung ging es auch um die Frage der Aufnahme diplomatischer Beziehungen. Hier war Israel der drängende Teil, nicht immer zur Freude Bonns. Das Auswärtige Amt verwies immer wieder auf mögliche Reaktionen der arabischen Staaten, insbesondere deren geradezu erpresserische Drohung, im Falle der Aufnahme diplomatischer Beziehungen zwischen Bonn und Jerusalem die DDR anzuerkennen. Hier wirkte die Hallstein-Doktrin wie ein Damoklesschwert. Staatssekretär Hallstein kommentierte dies im Frühjahr 1956 einmal folgendermaßen:

»Wir können jedoch aus Gründen der Selbstachtung nicht zugeben, daß wir unsere Entscheidung in dieser Frage von den arabischen Staaten abhängig machen. Wir würden durch ein solches Eingeständnis unser Gesicht verlieren, was, wie die Herren aus dem Nahen Osten selbst betonen, gerade da katastrophale Folgen hätte. Wir haben Meldungen dieser Art kategorisch dementiert.«[2]

Insofern kann man zu Recht Israel als erstes Opfer der Hallstein-Doktrin bezeichnen.

Adenauer – Ben Gurion

Öffentlich reduzierten sich die deutsch-israelischen Beziehungen auf das Verhältnis Adenauer–Ben Gurion. Ben Gurion sah auch eine gewisse Verantwortung für die Zukunft auf Seiten der Opfer, nämlich den Deutschen die Hand zur Versöhnung zu reichen und sie auf ihrem neuen Weg – Demokratie, Verankerung im Westen, konstruktive Zusammenarbeit mit ihren Nachbarn – zu ermutigen. Er und Adenauer waren beide »realistische Visionäre« und haben sich, sowohl was die Beurteilungen der realpolitischen Gegebenheiten ihrer Zeit als auch die historischen Dimensionen angeht, auf Anhieb verstanden. In der

Abb. 22: 14. März 1960, Waldorf-Astoria Hotel in New York: Das historische Treffen zwischen Bundeskanzler Konrad Adenauer und dem israelischen Regierungschef David Ben Gurion. Es geht u. a. um weitere Bonner Hilfe für Israel. Adenauer sagt anschließend: »Ich bin tief bewegt über diese Zusammenkunft mit Ben Gurion.«

Suez-Krise 1956 stand Adenauer auf der Seite Israels. Er beurteilte die israelische Intervention positiv und war auch nicht bereit, in diesem Zusammenhang Schilumim-Lieferungen zu stoppen. Damit stellte er sich gegen die USA.
Ein Höhepunkt in den Beziehungen Adenauer – Ben Gurion war ihr erstes Treffen am 14. März 1960 im Waldorf-Astoria Hotel in New York. Adenauer war in keiner besonders beneidenswerten Situation. Wenige Wochen vorher hatte mit der Synagogen-Schändung in Köln Weihnachten 1959 eine antisemitische Hetz- und Schmierkampagne in der Bundesrepublik begonnen, die zu massivem internationalen Protest geführt hatte. Von daher wurde das Treffen öffentlich als Sensation gewertet. Nach dem Gespräch gab Adenauer folgende Erklärung ab:

»Ich bin tief bewegt über diese Zusammenkunft mit Ministerpräsident Ben Gurion. Seit langem bewundere ich seine Qualitäten als Staatsmann und seine Ausdauer als erster Architekt eines modernen Israels und dessen bemerkenswerter Entwicklung. Das deutsche Volk zieht eine große Befriedigung aus der Tatsache, daß es dank der Entschädigungen an die Opfer des Nazismus einen Beitrag am Aufbau Israels leisten konnte. Ich bin sicher, daß das deutsche Volk gleich wie seine Regierung überzeugt ist, daß die gegenseitige Zusammenarbeit und Unterstützung auch künftig Früchte tragen wird.«

Ben Gurion gab folgende Erklärung ab:

»Es hat mich mit Genugtuung erfüllt, Bundeskanzler Adenauer zu treffen. Ich gehöre zu einem Volk, das seine Vergangenheit nicht vergessen kann. Wir erinnern uns aber daran, um eine Wiederholung zu verhindern. Letzten Sommer habe ich im israelischen Parlament erklärt, daß das Deutschland von heute nicht das Deutschland von gestern ist. Nach dem Treffen mit Bundeskanzler Adenauer habe ich die Gewißheit, daß mein Urteil richtig ist. Ich wünsche dem Kanzler vollen Erfolg in seinen Bemühungen, Deutschland auf den Weg der Demokratie und der internationalen Zusammenarbeit zu führen.«[3]

Zum Thema Antisemitismus gab Adenauer gegenüber Ben Gurion die Versicherung ab, solchen Tendenzen entgegenzutreten und die demokratische Entwicklung zu fördern. Die Frage der Aufnahme diplomatischer Beziehungen zwischen den beiden Staaten wurde nicht behandelt. Es gab zwar immer noch Schwierigkeiten, Mißverständnisse, Vorurteile und Vorbehalte auf beiden Seiten, aber die persönliche Beziehung Ben Gurion – Adenauer trug mit dazu bei, das Verhältnis zu entkrampfen. Ben Gurion erhielt jedenfalls, was er wollte: Zusagen für weitere Bonner Unterstützung. Zum einen eine Finanzhilfe, die in Bonner Geheimakten unter dem Decknamen »Geschäftsfreund« lief und zusätzlich zu den Wiedergutmachungszahlungen geleistet wurde. Die erste Zahlung erfolgte 1961. Die Israelis erwarteten zehn Jahre lang Darlehen von jährlich 200 Millionen DM, d. h. insgesamt 2 Mrd. DM. Darüber kam es dann später zu Mißverständnissen und Mißstimmigkeiten. Von deutscher Seite wurde im April 1966 bestritten, daß Adenauer in New York überhaupt Zahlen genannt hatte. Das Auswärtige Amt interpretierte dessen Feststellung gegenüber Ben Gurion »Wir werden Israel helfen!« als eine »politische Absichtserklärung, als Erklärung nämlich der deutschen Absicht, Israel in jeweils zu vereinbarender Weise bei der Entwicklung der Wirtschaft zu helfen«, während Ministerpräsident Eshkol zur gleichen Zeit in einem Interview erklärte, er könne

»die klaren Notizen von Ben Gurion und der Leute in seiner Begleitung bezeugen. Es wurde gesprochen über 500 Mio. Dollar in 10 Jahren. Ein Beweis dafür ist, daß wir im Laufe von drei Jahren auf diese Rechnung bereits den entsprechenden Teil erhalten haben.«[4]

Insgesamt erhielt Israel im Rahmen der Aktion »Geschäftsfreund« 629,4 Millionen DM.
Zum anderen ging es um verstärkte Waffenlieferungen an Israel.

Militärische Zusammenarbeit

Die Israelis waren und sind Pragmatiker. Israel hatte – und hat – mehr als genug Feinde. Das Land benötigte – und benötigt – Freunde und jede wirtschaftliche, finanzielle, militärische, politische und diplomatische Unterstützung. In Bonn gab es Freunde. Antisemitische Ausbrüche in der Bundesrepublik, deutsche Wissenschaftler in Ägypten und die fehlende Bereitschaft zur Aufnahme diplomatischer Beziehungen wurden durch finanzielle und militärische Hilfe Bonns kompensiert. Hier waren die Akteure Bundesverteidigungsminister Franz Josef Strauß und der Generalsekretär im israelischen Verteidigungsministerium und spätere Verteidigungsminister (Premierminister und Außenminister), Shimon Peres, aber auch Ben Gurion. Strauß und Peres trafen sich erstmals im Dezember 1957 im Privathaus des Bundesverteidigungsministers in Rott am Inn. Peres berichtete darüber später:

> »Wir sagten, daß Amerika uns mit Geld half, aber nicht mit Waffen, und daß Frankreich uns mit Waffen half, aber nicht mit Geld. Deutschland könnte den Brückenschlag über die Vergangenheit weit voranbringen, wenn es uns kostenlos Waffen liefern würde. [...] Wir boten an, die Beziehungen zwischen unseren Ländern wie die zu Frankreich zu gestalten – gegründet auf gegenseitiges Vertrauen, langfristige Perspektiven und direkten Kontakt.«

Das Gespräch dauerte drei Stunden, und Strauß versprach Hilfe. »Wir hatten den Eindruck, daß tatsächlich ein Grundstein gelegt war für besondere Beziehungen zwischen unseren beiden Ländern«, schrieb Peres.
Ben Gurion notierte in sein Tagebuch:

> »Shimon meint, daß Strauß' Haltung zu erklären ist durch 1) Haß auf die Russen und Angst vor ihnen; 2) Bewunderung für die israelische Verteidigungsarmee; 3) Kenntnis der politischen Interessen Europas im Nahen Osten und in Afrika.«

Strauß befaßte sich mit den deutsch-israelischen Beziehungen in Absprache mit Adenauer: »Er legte besonderen Wert auf die Geheimhaltung der Kontakte«, hielt Ben Gurion fest.[5] Die von Strauß »zugesagten Geräte und Waffen« wurden »heimlich aus den Depots der Bundeswehr geholt«. Anschließend wurde

»als Ablenkungsmanöver bei der Polizei in einigen Fällen Diebstahlsanzeige erstattet. Hubschrauber und Flugzeuge wurden ohne Hoheitszeichen nach Frankreich geflogen und von Marseille aus nach Israel verschifft.«[6]

Am 31. März 1959 wurde ein Geschäft über die Lieferung von israelischen Maschinenpistolen, Mörsern und Handgranaten im Wert von 6,5 Millionen Dollar unterzeichnet. Die israelische Maschinenpistole »Uzi« wurde zur Standardwaffe der Bundeswehr. Umgekehrt trafen zahlreiche Rüstungsgüter aus der Bundesrepublik in israelischen Häfen ein.

Anfang März 1960 kam es in Bonn zu einer Begegnung zwischen einigen Israelis und Strauß. Die Israelis wollten U-Boote, »die im Mittelmeer und auch im Roten Meer operieren könnten«, Luftabwehrraketen, Luft-Luft-Raketen und Boden-Boden-Raketen. Strauß habe eine »positive Haltung« eingenommen. Nun liege es, so Ben Gurion in New York zu Adenauer, beim Kanzler, ob dieser sich »dieser Haltung von Herrn Strauß anschließe oder nicht«. Adenauer erwiderte daraufhin, »er stimme mit Herrn Strauß überein«. Anfang Juni 1961 kam es in Paris zu einer Begegnung zwischen Ben Gurion und Strauß. Die Dinge waren und sind so geheim, daß bis heute nicht alle Einzelheiten bekannt sind; das betrifft vor allen Dingen auch die Zusammenarbeit im atomaren Bereich. So notierte Staatssekretär Carstens nach einem Gespräch mit Strauß am 10. Juni 1961 lediglich: »Ben Gurion ist auf die Produktion atomarer Waffen zu sprechen gekommen.«[7] Ein Jahr später, im Juni/Juli 1962, war Peres in Bonn und legte unter Hinweis auf Adenauers im März 1960 in New York gegebenes »General Commitment« folgende Wunschliste vor: 6 Schnellboote, 3 U-Boote, 36 Haubitzen, 24 Hubschrauber, 12 Noratlas-Transportflugzeuge, 15 Panzer, 54 Flakgeschütze sowie Cobra-Raketen – Wert insgesamt: 240 Millionen DM.[8]

Wieder ein Jahr später lag die ausdrückliche Genehmigung des Bundeskanzlers vor. Gegen den Widerstand des Auswärtigen Amts (Schröder: »Ich übernehme keinerlei Verantwortung dafür.« Carstens: »Unbedingt dagegen.«) wurde mit der Lieferung begonnen. Das Unternehmen wurde als »Ausrüstungshilfe« bezeichnet und erhielt den Decknamen »Frank./Kol.« [Frankreich/Kolonien]. Nur ein Teil der Waffen war deutscher Herkunft; der Rest wurde angekauft und unterschiedlich getarnt nach Israel transportiert. Ein ganz kleiner Kreis von Mitgliedern aller im Bundestag vertretenen Fraktionen wurde, nachdem die SPD um Aufklärung über einen als »Ausrüstungshilfe« bezeichneten

Betrag im Haushalt gebeten hatte, unter äußerster Geheimhaltung von der Vereinbarung unterrichtet, und »alle waren mit dem Abschluß einverstanden«.[9]

Aufnahme diplomatischer Beziehungen

Eine neue Phase der Beziehungen begann Mitte 1964, als die USA Bonn baten, schweres Kriegsmaterial, vor allen Dingen 150 Panzer aus amerikanischer Produktion an Israel zu liefern. Das Geschäft wurde im Juni 1964 beim Besuch von Bundeskanzler Ludwig Erhard in Washington abgesegnet. Auf die Erhard vom FDP-Fraktionsvorsitzenden Erich Mende unter vier Augen vorgelegte Frage, »warum [...] die Amerikaner nicht lieber gleich selbst« lieferten, erhielt Mende die Antwort:

> »Sie wollen uns die Chance geben, durch eine Geste den Israelis gegenüber die Solidarität zu beweisen. Gerade wir, die wir ja allerhand hinter uns haben, sollten dazu beitragen, die Sicherheit des israelischen Volkes durch eine Lieferung aus unserem Arsenal und zu unseren Lasten zu verstärken.«[10]

Die USA wollten in der Hinterhand bleiben; aus ihrer Sicht nachvollziehbar, rüsteten sie doch damals gerade die jordanische Armee mit Waffen aus. Mit deutscher Hilfe blieb sozusagen das militärische Gleichgewicht im Nahen Osten erhalten, ohne daß die USA direkt involviert waren. Von den Panzern sollten 100 Stück zunächst in Italien überholt, 50 zu Übungszwecken sofort über den Hafen Rotterdam nach Israel geliefert und später zur Überholung nach Italien geschickt werden, um dort mit neuen Kanonen und Motoren bestückt zu werden.[11]

Wenig später sickerten Informationen über den deutsch-israelischen Panzer-Deal durch; der Skandal war perfekt. Die Rückwirkungen auf Bonn waren erheblich und führten letztlich zur Aufnahme diplomatischer Beziehungen mit Israel. Gamal Abd el Nasser, Präsident der Vereinigten Arabischen Republik, protestierte gegen diese Unterstützung des Feindes der arabischen Staaten und reagierte mit einer Einladung an den Staatsratsvorsitzenden der DDR, Walter Ulbricht. Alle Bemühungen Bonns, dies zu verhindern, schlugen fehl. Am 27. Januar 1965 wurde die Einladung bekanntgegeben. Aus Bonner Sicht bedeutete das die diplomatische Anerkennung der DDR durch Ägypten. Am 20. Februar fand im Bundeskanzleramt unter Vorsitz Erhards eine Besprechung über die Nahost-Krise statt. Es wurde der Beschluß gefaßt festzustellen, ob die 60 aus der Bundesrepublik nach Israel verladenen M 48 Panzer bereits in Israel angekommen seien (sie waren; und sie bewährten sich im Sechstagekrieg »hervorragend«, wie ein Generalstabsoffizier im Juni 1967 zu Botschafter Pauls sagte[12]), und ob eventuell die USA bereit wären, die weiteren Lieferungen zu übernehmen. Während der Chef des Presse- und Informationsamtes, Karl-Günter von Hase, auf die »Kampagne des Weltjudentums« hinwies, nach der Israel ein »verbürgtes Recht auf Waffenhilfe« habe, verlangte der Bundesminister für wirtschaftliche Zusammenarbeit, Walter Scheel, die sofortige Einstellung, da er andernfalls nicht mehr bereit sei, »den ganzen Komplex öffentlich zu decken«: »keine Schraube dürfe mehr versandt werden«. Hinsichtlich möglicher Sanktionen, mit denen auf den Besuch Ulbrichts reagiert werden könne, betonte Außenminister Schröder, daß nichts geschehen dürfe, was die »schwachen Sicherungen«, die noch gegen eine Anerkennung der DDR durch Nasser bestünden, »durchschlagen würde«.[13]

Ulbricht traf am 24. Februar in Kairo ein und blieb bis zum 2. März. Es war dies der erste Aufenthalt des 71jährigen außerhalb der Staaten des Warschauer Paktes. Nassers Erpressungspolitik gegenüber Bonn war eindeutig: Er wollte die Einstellung der deutschen Waffenlieferungen an Israel erreichen. Das wiederum gefährdete die Unabhängigkeit und Flexibilität der politischen Entscheidungsfreiheit der Bundesrepublik. In Bonn war man sich nach der Reise Ulbrichts – die nicht wie befürchtet zur Aufnahme diplomatischer Beziehungen zwischen Kairo und Ost-Berlin geführt hatte – einig, das Waffengeschäft mit Israel nicht fortzusetzen. Unklar war, ob man die diplomatischen Beziehungen zu Ägypten abbrechen sollte. Am 4. März plädierte etwa die Hälfte der Regierungsmitglieder in einer Kabinettssitzung für den Abbruch, die andere Hälfte sprach sich dagegen aus. Am Samstag-Nachmittag, dem 6. März, fand im Verteidigungsministerium eine Spitzenbesprechung statt. Hier trat vor allen Dingen der Vorsitzende der Unionsfraktion, Rainer Barzel, massiv für die Aufnahme diplomatischer Beziehungen zu Israel ein. Er war gerade aus den USA gekommen und hatte entsprechende Informationen erhalten. Sein Motiv waren moralische Gründe. Er entsprach damit genau dem, was Erhard bereits lange als sein Anliegen betrachtet hatte.

Am Tag darauf, bei einem Spaziergang im Park des Palais Schaumburg mit Barzel, aber ohne Außenminister Schröder, hat sich Erhard dann, wie wir von Staatssekretär Lahr wissen, für die Aufnahme der Beziehungen zu Israel entschlossen.[14] Das war eine primär moralisch motivierte Entscheidung. Dabei schien der Abbruch der diplomatischen Beziehungen durch die arabischen Staaten – wenn auch nicht die gleichzeitige Anerkennung der DDR – unvermeidlich, sobald Botschafter mit Israel ausgetauscht würden. Staatssekretär Carstens meinte dazu Anfang April nach Rückkehr von einer Reise in den Nahen Osten, die Haltung der Verbündeten Bonns lasse vielfach zu wünschen übrig; sie werde teils als Gleichgültigkeit, teils als »schlecht verhohlene Schadenfreude« bezeichnet.[15] Am 12. Mai 1965 wurden die diplomatischen Beziehungen zwischen beiden Ländern aufgenommen. Bei der Einstellung der Waffenlieferungen an Israel blieb es. (Die Bundesrepublik zahlte für die zugesagten, aber nicht mehr ausgelieferten 90 Panzer an Israel eine Ablösungssumme von insgesamt 140 Mio. DM.) Am 19. August überreichte Botschafter Pauls sein Beglaubigungsschreiben in Jerusalem. Der in Wien geborene Asher Ben-Nathan wurde erster Botschafter des Staates Israel in Deutschland.

Aus Bonner Sicht war der Schaden in der arabischen Welt geringer als befürchtet. Zwar brachen die arabischen Staaten mit Ausnahme von Marokko, Libyen und Tunesien ihre diplomatischen Beziehungen zur Bundesrepublik ab, erkannten aber die DDR nicht an. Wenn man so will, waren letztlich die USA nicht ganz unbeteiligt an der Bonner Entscheidung, diplomatische Beziehungen zu Israel aufzunehmen. Die USA waren die Führungsmacht, auf die Bonn angewiesen war. Man war abhängig von den USA, insbesondere von deren nuklearem Schutz. Sonst aber, so Erhard am 21. Juli 1966 gegenüber de Gaulle, bestehe keinerlei Abhängigkeit von Amerika, und es bestehe auch keine Absicht, »sozusagen zum 51. Staat der Vereinigten Staaten zu werden«.[16] Das mußte man auch nicht, aber für die dann eingeleitete Bonner Deutschland- und Ostpolitik brauchte man zur Wirksamkeit dieser Politik nicht nur amerikanisches Verständnis und Vertrauen, sondern von Fall zu Fall auch aktive amerikanische Unterstützung gegenüber den Sowjets. Das galt natürlich auch für den Nahen Osten, wo im Juni 1967 die Entwicklung zum Sechstagekrieg eskaliert war.

Gerade dieser schwere Konflikt zeigte die Fülle von Handlungszwängen, denen die deutsche Politik damals ausgesetzt war. Neben der besagten Rücksichtnahme auf die eigenmächtige Nahostpolitik der USA wollte man, wie es in einer internen Aufzeichnung des Auswärtigen Amts vom 23. Juni 1967 hieß, verhindern, daß die Bundesrepublik im

Nahen Osten als »Komplize der israelischen ›Aggression‹« hingestellt würde,[17] um das seit 1965 geschädigte Verhältnis zu den arabischen Staaten nicht noch weiter zu belasten. Dabei durfte natürlich zu keinem Zeitpunkt ein Zweifel daran aufkommen, daß Bonn sich für das Lebensrecht Israels einsetzte. Und das sollte auch in den folgenden Jahren beim Dauerkonflikt Naher Osten so bleiben.

Auf wenig Verständnis stieß dann in Bonn 1990 die massive israelische Ablehnung der deutschen Wiedervereinigung. Unbehagen und Mißtrauen gegen die Deutschen waren nach wie vor groß. Ungeachtet dessen zahlten die Deutschen weiter – 1991 beim Golfkrieg bei der eher peinlichen »Scheckbuchdiplomatie«. Im selben Jahr sollte es auch wieder geheime Waffenlieferungen geben, diesmal aus Altbeständen der Nationalen Volksarmee. Der Deal flog allerdings auf (vgl. hierzu Bd. 4, Kap. 9).

Die DDR und Israel

Im Mai 1948 wurde Israel gegründet, zu einem Zeitpunkt, als es noch keine DDR gab. Aber es gab bereits die spätere Staatspartei, die SED. Und die begrüßte die Gründung, die nicht zuletzt auf Initiative und Unterstützung der Sowjetunion zustande gekommen war. So wie sich das Verhältnis der Sowjetunion zu Israel in den folgenden Jahren zum Negativen entwickelte, verschlechterte sich auch das Verhältnis der DDR zu Israel. Das entsprach ganz dem Gesamtverhältnis der osteuropäischen Staaten zu Israel. Höhepunkt dieser Entwicklung des Antizionismus bzw. Antisemitismus war der Slansky-Prozeß in Prag. Im Dezember 1952 faßte das ZK der SED einen Beschluß über die »Lehren aus dem Prozeß gegen das Verschwörertum Slansky«, in dem behauptet wurde, daß

> »der amerikanische Imperialismus über den Staat Israel seine Spionage- und Diversantentätigkeit mit Hilfe zionistischer Organisationen in den Volksdemokratischen Ländern organisiert und durchführt. Die zionistische Bewegung hat nichts gemein mit Zielen der Humanität und wahrhafter Menschlichkeit. Sie wird beherrscht, gelenkt und befehligt vom USA-Imperialismus, dient ausschließlich seinen Interessen und den Interessen der jüdischen Kapitalisten.«

Das – jüdische – SED-Führungsmitglied Paul Merker wurde beschuldigt, Leiter einer zionistischen Agentengruppe gewesen zu sein, »der die Entschädigung der jüdischen Vermögen nur forderte, um dem

USA-Finanzkapital das Eindringen in Deutschland zu ermöglichen«. Merker war von 1952 bis 1956 inhaftiert.[18] 1953 gab es Beschuldigungen in Moskau im Zusammenhang mit dem Tod Stalins. Es verwundert nicht, daß unter diesem Vorzeichen mehrere hundert Juden, die nach 1945 in die sowjetische Besatzungszone zurückgekehrt waren, das Land wieder verließen.

Im Mittelpunkt des israelischen Interesses stand die Forderung nach Wiedergutmachung von seiten der DDR. Das war ausdrücklich in dem Schreiben vom März 1951 erwähnt worden. Die Antwort war ein Jahr später von der Sowjetunion, nicht von der DDR gekommen. Die antwortete erst im Dezember 1955, und da hieß es u. a.:

»Die Regierung der Deutschen Demokratischen Republik hat bisher alles in ihren Kräften Stehende getan, um den deutschen Faschismus mit seinen Wurzeln zu vernichten und Bedingungen zu schaffen, die ausschließen, daß von Deutschland nochmals eine Bedrohung der Sicherheit und Existenz anderer Völker – auch des jüdischen Volkes – ausgeht. Den auf dem Territorium der Deutschen Demokratischen Republik wohnhaften Opfern des Faschismus wurde in großzügiger Weise Unterstützung und Hilfe gewährt. Die Regierung der Deutschen Demokratischen Republik hat die von den Vier Alliierten festgelegten Reparationsleistungen zur Wiedergutmachung des von dem deutschen Faschismus angerichteten Schadens erfüllt.«[19]

Dies waren die charakteristischen Grundargumente der DDR bis 1989. In den Jahren seit 1955 wurden die Ereignisse im Nahen Osten geradezu spiegelverkehrt in Bonn und Ost-Berlin zur Kenntnis genommen. Entsprechend sahen die Reaktionen aus. Stand Adenauer in der Suezkrise 1956 auf der Seite Israels, so sicherte DDR-Außenminister Lothar Bolz Ägypten »weiterhin politische und materielle Unterstützung« zu.[20] Die DDR sah im Nahen Osten eine Möglichkeit, die Hallstein-Doktrin auszuhebeln, als in Jerusalem 1961 der Eichmann-Prozeß lief. In Ost-Berlin sah man eine einmalige Chance, »den Fall Eichmann, der international großes Aufsehen erregt, maximal gegen das Bonner Regime zuzuspitzen« – so Politbüro-Mitglied Albert Norden an Walter Ulbricht am 28. Mai 1960.[21] Es ging im Folgenden darum, ehemalige Nazis, die in der BRD in hochrangigen Positionen tätig waren, zu »entlarven«, während Außenminister Heinrich von Brentano Instruktionen für die politische Öffentlichkeitsarbeit im Ausland hinausgehen ließ.[22]

Eine Zäsur, aber noch kein Durchbruch in der Nahostpolitik der DDR war der bereits erwähnte Besuch von Walter Ulbricht in Ägypten im Februar/März 1965. Die nächste Station war der ebenfalls bereits erwähnte Sechstagekrieg. Jüdische Bürger der DDR entsprachen den Forderungen der SED, antiisraelische Erklärungen abzugeben. Im SED-Zentralorgan »Neues Deutschland« konnte man daher am 11. Juni 1967 u. a. lesen:

»Es ist die Tragik der jüdischen Bevölkerung Israels, daß die Machthaber dieses Staates eine Politik betreiben, die sich in den Dienst der strategischen Interessen imperialistischer Großmächte am Suezkanal und an den arabischen Ölquellen gestellt hat. Leider trifft das nicht nur auf das Jahr 1967 zu. Schon die Geburt Israels ist behaftet mit Wortbruch und Annexion.«

Allerdings hatten sich einige Persönlichkeiten geweigert, diese Erklärung zu unterschreiben, u.a. Arnold Zweig. Dazu meinte Albert Norden in einer Hausmitteilung an Walter Ulbricht am 8. Juni 1967: »Arnold Zweig hat rundheraus erklärt, daß er mit dem Inhalt der Erklärung nicht einverstanden sei. Das ist angesichts seiner althergebrachten prozionistischen Einstellung nicht erstaunlich.«[23]
Zur Grundeinstellung der DDR zu Israel gehört auch das Verhältnis zur PLO und zu Jassir Arafat. Arafat besuchte die DDR 1971 zum ersten Mal und 1988 gleich dreimal. Am 15. November 1988 erkannte die DDR den »Staat Palästina« an und benannte die palästinensische Vertretung in Berlin am 16. Januar 1989 um in »Botschaft des Staates Palästina in der DDR«. Die Ostberliner Historikerin Angelika Timm, die sich am intensivsten mit den Beziehungen DDR–Israel beschäftigt hat, meinte dazu 1993 zusammenfassend:

»In den Kontext der generellen außenpolitischen Linienführung und der Nahostpolitik ist das Verhältnis der DDR zum Staat Israel einzuordnen. Es war bis 1985 durch prinzipielle Ablehnung und Verurteilung israelischer Politik, durch einseitige Stellungnahme im israelisch-arabischen Konflikt und zur Palästinenserproblematik, durch Ignorierung jeglicher Wiedergutmachungsansprüche Israels und durch vollkommene Negation bzw. Diskreditierung des Zionismus charakterisiert.«[24]

Nachdem Erich Honecker 1987 die Bundesrepublik besucht hatte, war es sein Wunsch, auch die USA zu besuchen. Mit Hilfe des Jüdischen Weltkongresses sollten zunächst die Beziehungen zu den USA verbessert werden. Die Führer des Weltkongresses sollten vom antifaschistischen Charakter der DDR überzeugt und als Fürsprecher im Weißen Haus tätig werden. Erich Honecker empfing denn auch den Präsidenten der Conference on Jewish Material Claims against Germany, Rabbi Israel Miller.
Im folgenden Jahr wurden auch erstmals offizielle Kontakte zu Israel geknüpft. Die DDR lud anläßlich des Gedenkens an die Pogromopfer

von 1938 Vertreter Israels ein. Umgekehrt reiste im Januar 1989 der Staatssekretär für Kirchenfragen, Kurt Löffler, zu einem offiziellen Besuch nach Israel. In einem inoffiziellen Gespräch im Außenministerium in Jerusalem, an dem Löffler nicht teilnahm, wurde laut DDR-Protokoll von israelischer Seite erklärt,

»die DDR nehme eine einseitige Haltung zugunsten der arabischen Staaten ein. [...] Man sei besorgt über die Zusammenarbeit mit bestimmten Regimes, z. B. in Libyen. [...] Die Auffassung der DDR hinsichtlich der Wahrnehmung ihrer historischen Verantwortung werde nicht akzeptiert.«[25]

Offizielle Gespräche kamen in der Folgezeit nicht zustande, die Entwicklung in der DDR ging über sie hinweg. Honecker kam nicht bis nach Washington.

Am 12. April 1990 baten die Abgeordneten der neugewählten Volkskammer der DDR die Juden und Israel um Verzeihung für Heuchelei und Feindseligkeit der offiziellen DDR-Politik gegenüber Israel und für die Verfolgung und Entwürdigung jüdischer Mitbürger auch nach 1945 in der DDR (vgl. hierzu Bd. 4, Kap. 8).

Dokumente zum 6. Kapitel

[18] Bundeskanzler Konrad Adenauer, z. Z. London, an Nahum Goldmann, London, 6. 12. 1951

Sehr geehrter Herr Goldmann!
Unter Bezugnahme auf die Erklärung, die die Bundesregierung am 27. September 1951 im Bundestag abgab und in der sie sich bereit erklärte, mit den Vertretern des jüdischen Volkes und Israels Verhandlungen wegen der Wiedergutmachung der unter dem nazistischen Regime entstandenen Schäden aufzunehmen, möchte ich Ihnen mitteilen, dass die Bundesregierung den Zeitpunkt für gekommen erachtet, in dem solche Verhandlungen beginnen sollten. Ich bitte Sie in Ihrer Eigenschaft als Vorsitzender der »Conference on Jewish Material Claims« sowohl dieser Konferenz als auch der Regierung Israels von dieser Bereitschaft Kenntnis zu geben.
Ich möchte dazu bemerken, dass die Bundesregierung in dem Problem der Wiedergutmachung vor allem auch eine moralische Verpflichtung sieht und es für eine Ehrenpflicht des deutschen Volkes hält, das Möglichste zu tun, um das an dem jüdischen Volk begangene Unrecht wiedergutzumachen. Die Bundesregierung wird in diesem Zusammenhang die Möglichkeit begrüßen, durch Waffenlieferungen für den Aufbau des Staates Israel einen Beitrag zu leisten. Die Bundesregierung ist bereit, bei diesen Verhandlungen die Ansprüche, die die Regierung des Staates Israel in ihrer Note vom 12. 3. 1951 gestellt hat, zur Grundlage der Besprechung zu machen.

(Zionistisches Zentralarchiv, Jerusalem; abgedruckt bei Jelinek, Moral (359), S. 177 f.)

[19] Vermerk von Staatssekretär Walter Hallstein, Auswärtiges Amt, 17.9.1957

I. Vermerk
Der Leiter der Israel-Mission, Gesandter Shinnar, hatte mich aus Anlaß des fünften Jahrestages des Israel-Vertrages am 10. September angerufen. Bei dieser Gelegenheit hatten wir eine Rücksprache für heute vereinbart. Der Gesandte kam nach einigen einleitenden Bemerkungen wie erwartet auf die Frage der Aufnahme diplomatischer Beziehungen zu sprechen.
[...]
Ich erwiderte, daß die Frage seit meiner Rückkehr nicht in der Bundesregierung erörtert worden sei. Ich könne ihm also nichts anderes als meine persönliche Auffassung sagen. Ich schickte voraus, daß wir, wie er aus früheren Unterhaltungen wisse, die Frage im Licht der weltpolitischen Lage sehen. Wir unterwürfen uns nicht einer arabischen Pression in der Frage der Anerkennung der DDR, auch seien günstige Wirtschaftsbeziehungen mit den arabischen Ländern kein entscheidendes Motiv. Keinesfalls wünschten wir durch einen falschen Schritt der sowjetischen Politik, insbesondere im Nahen Osten, Vorschub zu leisten. Mit den deutschen Wahlen habe die Frage wenig zu tun, es sei denn, daß wir in diesen Wahlen eine Bestätigung unserer Außenpolitik im Großen und im Detail sehen. Im Verhältnis zu Moskau sei eine Lösung, wie er wisse, inzwischen leider nicht eingetreten, die Lage dem Ostblock als Ganzem gegenüber sei nicht leicht, wie aus der in Belgrad soeben geschehenen Anerkennung der Oder-Neiße-Linie hervorgehe. Das heiße nicht, daß wir nicht auch dem Osten gegenüber eine elastische Politik zu betreiben bereit seien, nur stellen sich im Augenblick die Bedingungen dafür nicht als günstiger dar als vor einigen Monaten. Was speziell den Nahen Osten anlangt, so verfolgten wir, wie alle Regierungen des Westens, die Entwicklung in Syrien mit großer Sorge. Aus ihr scheine uns zwingend die Notwendigkeit zu folgen, alles zu vermeiden, was den arabischen Nationalismus zu einigen geeignet sei. Leider sei der Israel-»issue« ein Thema, auf das man mit Sicherheit die Araber vereinigen könne. Es scheine uns deshalb nicht klug, im Augenblick eine Maßnahme zu ergreifen, die auf die stark emotionalen arabischen Regierungen einigende Wirkungen auslösen müsse oder könne. Diesem Risiko stehe nach meiner Auffassung auch keine genügende Vorteilschance gegenüber. Als Staat sei Israel von uns aner-

kannt. Die Beziehungen seien praktisch so gut wie normalisiert, da der Gesandte hier wie ein Chef einer diplomatischen Voll-Mission behandelt werde. Wie ich ihm schon in einer früheren Unterredung gesagt hätte, könne ich auch eine praktische, technische Notwendigkeit für die Errichtung einer deutschen diplomatischen Behörde in Israel nicht sehen. Das alles rühre, wie ihm immer wieder gesagt worden sei, nicht an das Grundsätzliche unseres Verhältnisses zu Israel. Wir hätten die Ausführungen von Herrn Ben Gurion mit Aufmerksamkeit und Dankbarkeit aufgenommen. Es sei auch ausgemacht, daß diplomatische Beziehungen hergestellt würden, sobald die Lage es erlaube. Nur würde eben der jetzige Augenblick schlecht gewählt sein. Schließlich müßte ich wiederholen, was dem Gesandten gleichfalls schon früher gesagt worden sei: Wir könnten nicht finden, daß es im wohlverstandenen Interesse Israels läge, wenn wir unser doch vorhandenes positives Verhältnis zu den arabischen Staaten selbst störten, ohne daß daraus für die Sache des Westens insgesamt ein entsprechender Vorteil erwachse.
Auf die etwas unklar vorgetragene Bitte des Gesandten, doch in eine periodische Prüfung des Problems einzutreten (es klang so, als ob er uns auf eine Art Zeitplan für die Behandlung der Frage festlegen wollte), erwiderte ich, daß er sicher sein könne, daß die Frage ständig bei uns geprüft werde. Ich würde auch nicht verfehlen, seine Auffassung zur Kenntnis der Bundesregierung zu bringen.
Replizierend machte Herr Shinnar geltend, seine Regierung wisse positiv, daß Kairo nicht an eine Anerkennung der DDR denke. Das Interesse seiner Regierung ergäbe sich im übrigen daraus, daß in analogen Fragen die türkische und die spanische Regierung ihre Haltung von der der Bundesregierung abhängig gemacht hätten. Er glaube schließlich, daß die Bundesregierung bei einem Entschluß, diplomatische Beziehungen aufzunehmen, die Billigung des Bundestages finden werde.

(Politisches Archiv, Auswärtiges Amt; abgedruckt bei Jelinek, Moral (359), S. 458 ff.)

[20] Bundesminister Gerhard Schröder an Bundeskanzler Konrad Adenauer, z. Z. Cadenabbia, 27. 8. 1963

Geheim

Betr.: Aufnahme diplomatischer Beziehungen zu Israel

Sehr verehrter Herr Bundeskanzler!
Ihrem Schreiben vom 17. d. M. entnehme ich, daß Sie Herrn Botschafter Shinnar erklärt haben, Sie beabsichtigten, nunmehr diplomatische Beziehungen zu Israel aufzunehmen. Das Auswärtige Amt hat im Vertrauen auf eine konsequente Fortführung unserer seit vielen Jahren festliegenden Politik noch gerade in diesen Tagen aus anderem Anlaß den Botschaftern der arabischen Staaten versichert, daß sich an der Haltung der Bundesregierung gegenüber dem Problem der Anerkennung Israels nichts geändert habe. Dieselbe Erklärung war sämtlichen arabischen Regierungen im April dieses Jahres durch unsere in den arabischen Hauptstädten akkreditierten Botschafter abgegeben worden. Auch unsere westlichen Verbündeten sind laufend über diese unsere Haltung informiert und konsultiert worden und stimmen hierin mit uns überein. Wir würden meines Erachtens durch eine Abkehr von unserer Politik unsere Glaubwürdigkeit mindestens in der arabischen Welt verlieren.
Auf die außerordentlich schwerwiegenden Konsequenzen einer Anerkennung Israels durch die Bundesrepublik im Zusammenhang mit dem Deutschlandproblem und der »Hallstein-Doktrin« weist eine in der Anlage beigefügte Aufzeichnung hin, die meine Auffassung zu diesem Problemkreis wiedergibt. Ich glaube, es bedarf sorgfältigster Überlegungen, ehe wir einen Schritt unternehmen, der für unsere Außen- und Deutschlandpolitik schwerwiegende Folgen haben kann.
Wir haben uns in der letzten Zeit aus dem bekannten Anlaß viele Gedanken um die Gefahr einer politischen Aufwertung der sogenannten DDR gemacht. Eine solche Gefahr wird in Zusammenhang mit dem Israel-Problem in viel stärkerem Maße heraufbeschworen, und diesmal durch uns selbst. Wir müssen mit der großen Wahrscheinlichkeit rechnen, daß die arabischen Staaten, die in der Israel-Frage vorwiegend emotional reagieren, auf die Aufnahme diplomatischer Beziehungen zwischen uns und Israel mit der Aufnahme diplomatischer Beziehungen zur sogenannten DDR antworten. Hätten aber erst einmal die 12

arabischen Staaten mehr oder weniger vollzählig die sogenannte DDR und ihre Regierung anerkannt, wäre die »Hallstein-Doktrin« nicht mehr zu halten und Kettenreaktionen mindestens in der neutralen Welt wohl nicht mehr zu vermeiden. Das wissen die arabischen Staaten ebenso gut wie wir, und deswegen können die Gefahren, die sich hier vor uns auftun, schwerlich überschätzt werden.
Die jüngsten Nachrichten aus dem Nahen Osten lassen eine Verschärfung der Spannungen zwischen Israel und den arabischen Staaten, die erfahrungsgemäß jedenfalls in dieser Frage zusammenhalten, erkennen. Insofern liegt seit Ihrem Gespräch mit Botschafter Shinnar schon wieder eine neue Entwicklung vor, die unsere besondere Aufmerksamkeit verdient.
Ich wäre Ihnen daher sehr dankbar, wenn Sie mir vor weiteren Schritten in dieser Richtung Gelegenheit zu eingehender Rücksprache gäben.

Mit verbindlichen Grüßen

Ihr sehr ergebener
Schröder

(AAPD 1963 (2), S. 1063 ff.)

[21] Bundesminister Gerhard Schröder an Bundeskanzler Ludwig Erhard (Entwurf), 22. 3. 1965

Geheim

Sehr verehrter Herr Bundeskanzler!
Die Entwicklung der Nahostkrise hat unsere Bemühungen um Aufrechterhaltung des Alleinvertretungsrechts der Bundesrepublik Deutschland in der nichtgebundenen Welt in Schwierigkeiten gebracht. Wir müssen damit rechnen, daß eine Reihe arabischer Staaten die diplomatischen Beziehungen zu uns abbrechen und daß vielleicht sogar einige dieser Staaten Beziehungen zur SBZ aufnehmen werden? Möglicherweise werden andere, nichtarabische Staaten sich im Laufe der Entwicklung dazu entschließen, dem Beispiel dieser arabischen Staaten Folge zu leisten. Diese Gefahr dürfte anläßlich der Ende Juni in Algier beginnenden Konferenz der sogenannten Bandung-Staaten besonders groß sein.

Es hat den Anschein, daß sich diese bedauerliche Entwicklung trotz intensiver diplomatischer Bemühungen nicht aufhalten lassen wird. Für unsere Politik kommt es im gegenwärtigen Zeitpunkt daher darauf an, die negative Wirkung dieser Ereignisse möglichst klein zu halten und gleichzeitig den Versuch zu unternehmen, aus ihr Gewinn zu ziehen. Die Begrenzung der negativen Wirkung könnte einerseits durch eine aktive Politik in der Deutschlandfrage erzielt werden, die gegenwärtig im Washingtoner Botschafterlenkungsausschuß erörtert wird. Darüber hinaus könnten wir Gewinn aus der Entwicklung ziehen, indem wir das unsere Bewegungsfreiheit in der Deutschlandfrage einengende Problem unserer Beziehungen zu den osteuropäischen Staaten in Angriff nehmen. Ich messe dieser Überlegung entscheidende Bedeutung bei.
Daher schlage ich vor, daß wir unverzüglich mit Rumänien Verhandlungen über den Austausch von Botschaften aufnehmen, falls eine Reihe von Staaten im Laufe der jetzigen Krise oder im Zuge der Algier-Konferenz Beziehungen zu Pankow aufnimmt oder falls andere gewichtige Gründe uns das nahelegen. Bei einer positiven Reaktion der Rumänen sollten wir versuchen, auch mit Ungarn und Bulgarien ins Gespräch über das gleiche Thema zu kommen.
Nach Lage der Dinge habe ich keine Zweifel daran, daß entsprechende Fühlungnahmen positiv aufgenommen werden.
Ich gebe mich nicht der Illusion hin, daß der Austausch von Botschaften mit einigen osteuropäischen Staaten in absehbarer Zeit zu sichtbaren Erfolgen, insbesondere auf dem Gebiet der Einstellung dieser Staaten zur Deutschlandfrage, führen wird. Er wird aber erneut dokumentieren, daß uns an einer Normalisierung unseres Verhältnisses zu dieser Staatengruppe gelegen ist. Wir könnten überdies gewiß sein, daß eine Aufwertung unseres Verhältnisses zu diesen osteuropäischen Staaten, die auch im Sinne des »Jaksch-Berichts« aus dem Jahre 1961 läge, weitgehende Zustimmung bei unserer Öffentlichkeit und auch bei den westlichen Verbündeten erfahren würde, die uns seit Jahren eine ähnliche Politik nahegelegt haben.
Ich bin mir darüber klar, daß eine Beziehungsaufnahme etwa zu Rumänien möglicherweise nicht ohne Rückwirkungen auf die Haltung dritter Länder zu unserer Nichtanerkennungspolitik bleiben wird. Wenn ich den Vorschlag trotzdem mache, dann weil ich den gegenwärtigen Augenblick für besonders günstig halte. In einem Zeitpunkt, wo Ulbricht unsere Position in der nichtgebundenen Welt auszuhöhlen

sucht, gehen wir dazu über, ihm in seinem eigenen Bereich, dem kommunistischen Lager, die Stellung streitig zu machen.
Außerdem erscheinen mir folgende Erwägungen für die Wahl des jetzigen Zeitpunktes zu sprechen: Um die Klärung unserer Beziehungen zu den osteuropäischen Staaten kommen wir nicht herum. Ein entsprechender Vorstoß sollte daher zu einem für uns günstigen Augenblick unternommen werden. Die Aufnahme diplomatischer Beziehungen zu den osteuropäischen Staaten würde in einem späteren Zeitpunkt wahrscheinlich einen zusätzlichen Anstoß zur Beziehungsaufnahme dritter Staaten zu Pankow geben. Dies ist aber derzeit nicht in gleicher Weise der Fall, da sich ein solcher Schritt gewissermaßen im Schatten der Vorgänge um die Nahost-Krise vollzieht.
Wir haben im gegenwärtigen Zeitpunkt noch die Wahl zwischen der Hinnahme eines Rückschlages für unsere Deutschland-Politik auf Grund der Nasserschen Aktion oder einer Politik, welche die negative Wirkung eines solchen Vorganges mindert, indem wir selbst zur Aktion übergehen und aus der gegebenen Lage politischen Gewinn zu ziehen versuchen. In dem einen Fall reflektiert unsere Politik eine defensive Grundhaltung, in dem anderen Selbstbewußtsein und Aktionsbereitschaft. Zumindest psychologisch könnte auf diese Weise die negative Wirkung der jüngsten Entwicklung abgefangen werden.
Das Ausmaß des Rückschlages für unsere Nichtanerkennungspolitik wäre begrenzt. Unabhängig hiervon würden wir einen erheblichen Gewinn erzielen:
Wir würden mit dem von mir vorgetragenen Entschluß endlich aus der Erpressungssituation hinausgelangen, in der sich die Bundesrepublik Deutschland in letzter Zeit ständig befunden hat.
Ich wäre Ihnen, sehr verehrter Herr Bundeskanzler, daher sehr dankbar, wenn Sie Ihre Zustimmung dazu erteilen könnten, daß das Auswärtige Amt zunächst mit Rumänien und kurz darauf mit Ungarn und Bulgarien Fühlung aufnimmt, um festzustellen, welche Möglichkeiten bestehen, zu einem Austausch diplomatischer Beziehungen zu gelangen. Wie im Falle der Beziehungsaufnahme zur Sowjetunion würden wir uns auch gegenüber den osteuropäischen Staaten bemühen, einen Vorbehalt hinsichtlich unseres Alleinvertretungsanspruches zu machen. Wenn die geheim zu führenden Verhandlungen konkrete Ergebnisse zeigen sollten, werden die Auslandsmissionen Instruktionen erhalten, den Regierungen des jeweiligen Gastlandes die Aktion zu erklären und darzulegen, wieso es sich hier um einen anderen Tatbe-

stand handelt als bei der Anerkennung Pankows durch dritte Staaten, die bisher ausschließlich Beziehungen zu uns unterhalten haben. Außerdem sollte die Aktion gegenüber der deutschen Öffentlichkeit und der deutschen Presse durch vorbereitende Gespräche erläutert werden.
Mit verbindlichen Empfehlungen

Ihr sehr ergebener
gez. Schröder

(AAPD 1965 (2), S. 574–577)

7. Kapitel

Österreich, Italien, Südtirol

Dokument

Österreich, Italien, Südtirol

»Diese ganze österreichische Schweinerei«[1]

»Bleich und irritiert, etwas fahrig in seiner Gemütsverfassung, die man vielleicht als sarkastisch-resigniert bezeichnen kann«, kehrte der deutsche diplomatische Vertreter in Wien, Carl Hermann Mueller-Graaf, kurz vor Mitternacht des 14. Mai 1955 in die deutsche Gesandtschaft zurück. »Räuber und Diebe!« entfuhr es dem sonst so verbindlichen und beherrschten Mann – ein wörtlicher Bezug auf das, was ihm Leopold Figl, der österreichische Außenminister, am Vortag gesagt hatte: Die Österreichische Volkspartei (ÖVP) stehe auf dem Standpunkt, daß sie nicht »rauben und stehlen« werde. Der nächste Tag war Österreichs großer Tag: Der Staatsvertrag wurde unterzeichnet, die Besatzungstruppen – vor allem die sowjetischen – würden abziehen, Österreich würde frei sein. Und gleichzeitig das deutsche Eigentum im Lande stehlen?

In Bonn kam Bitternis auf. »Wie ein roter Faden«, so der Österreichreferent im Auswärtigen Amt, ziehe sich durch den Staatsvertrag die Absicht, zwischen der Bundesrepublik und Österreich einen tiefen Graben aufzureißen. Seinen prägnantesten Ausdruck fand das in Artikel 4, der das Verbot des Anschlusses Österreichs an Deutschland beinhaltet. Nachgerade für Empörung aber sorgte die im letzten Moment durchgeführte Neufassung des Artikels 22. Damit gingen die mit deutschem Kapital nach 1938 in Österreich errichteten Staatsunternehmen in österreichischen Besitz über, verloren Unternehmen wie Siemens und AEG ihre bereits vor 1938 bestehenden Kapitalbeteiligungen an den österreichischen Mutter- bzw. Tochterfirmen und viele Deutsche ihr Alteigentum. Das kam einer Enteignung des gesamten deutschen Vermögens in Österreich gleich.

Mueller-Graaf hatte im Namen der Bundesregierung bei Bundeskanzler Julius Raab und Figl in der Privatwohnung des Außenministers dagegen protestiert. Beide hatten etwas zu viel getrunken (oder erweckten zumindest diesen Eindruck) und waren nicht mehr in der Lage, den Protest entgegenzunehmen. Sie dachten, Mueller-Graaf sei gekommen, um ihnen zum Staatsvertrag zu gratulieren.

In Bonn ließ Bundeskanzler Adenauer die drei westlichen Botschafter »einbestellen« und Protestnoten gegen diesen Griff nach dem deutschen Eigentum übergeben. Mueller-Graaf wurde sofort zurückberufen und auf Urlaub geschickt. Am Empfang des diplomatischen Corps in Schloß Schönbrunn zum Abschluß des Staatsvertrages nahm kein deutscher Vertreter teil, Bonn übermittelte keine Glückwünsche. Die deutsch-österreichischen Beziehungen waren auf einem Tiefpunkt angelangt.[2] Als dann auch noch die österreichischen Sozialisten den »Erfolg« des Artikels 22 für sich reklamierten und der Vorsitzende der Partei, Adolf Schärf, öffentlich auf die große Schädigung Österreichs infolge des Anschlusses 1938 verwies, war man endgültig beim Thema. Der Leiter der Rechtsabteilung im Auswärtigen Amt empfahl die Einstellung deutscher Investitionen in Österreich und eine »systematische Propaganda gegen den Fremdenverkehr« (was an Hitlers Tausendmarksperre im Jahr 1933 erinnerte). Bonn wollte jedenfalls die österreichische Opfer- und Okkupationstheorie nicht länger stillschweigend hinnehmen.

Diese aber war das Grund- und Gründungsprinzip der 1945 errichteten Zweiten Republik. Demnach war Österreich 1938 erstes Opfer der Hitlerschen Aggression geworden. Das hatten ja auch die Alliierten 1943 in ihrer Moskauer Deklaration so formuliert – wenn auch aus ganz anderen Gründen –, und nun sollte es auch so sein! Die Alliierten wußten es zwar besser, spielten diesen Geniestreich der österreichischen Diplomatie aber mit. (Erst Jahrzehnte später wurde auch Österreich von seiner Vergangenheit eingeholt.) Mit den »deutschen Brüdern« wollte man jedenfalls – ganz im Sinne der Sieger – nichts mehr zu schaffen haben; man war jetzt ein eigener Staat, vielleicht sogar eine eigene Nation, allenfalls noch Teil der deutschen Kulturnation, höchstens aber Teil der deutschen Kulturgemeinschaft.

Wenn schon Brüder, dann zumindest wie Kain und Abel. Daraus folgte in den ersten Nachkriegsjahren ein Kurs schroffer Abgrenzung gegenüber Deutschland, der zeigt, daß Österreich mit der Anschlußbewegung seit 1918 und seinen »deutschen Jahren« 1938 bis 1945 ein Problem hatte – und nicht umgekehrt. Österreich hatte mit Deutschland, so Unterrichtsminister Felix Hurdes, gleichzeitig Generalsekretär

Abb. 23: Mai 1953: Der österreichische Außenminister Karl Gruber auf Staatsbesuch in Bonn. V. l. n. r.: Josef Schöner, der 1958 österreichischer Botschafter in Bonn wird; Wirtschaftsminister Ludwig Erhard; Gruber; Staatssekretär Walter Hallstein; Bundeskanzler Konrad Adenauer.

der ÖVP von 1945–1951, »nichts als die Schriftsprache gemein«. Da wurde das Schulfach »Deutsche Sprache« in »Unterrichtssprache« umgewandelt, was zum beliebten Ziel ironischer Angriffe gegen Österreich wurde. Die Wiener nannten das »Hurdistanisch«; 1952 benannte Hurdes das Fach in »Deutsche Unterrichtssprache« um. Mit dem Staatsvertrag änderte sich auch das. Für Unterrichtsminister Heinrich Drimmel (seit 1954) stand außer Frage, daß Österreich Teil der deutschen Kulturnation war; er lehnte auch die These vom »Anschluß wider Willen« 1938 ab und sprach lieber vom »Blumensieg der Deutschen Wehrmacht«.

Eher traurig – vorsichtig formuliert, und nach wie vor aus der Erinnerung in Österreich ausgeblendet, da kein besonderes Ruhmesblatt – war das Schicksal der etwa 346000 »Reichsdeutschen«, die sich bei Kriegsende noch in Österreich aufhielten. Sie wurden über Nacht als unerwünschte Ausländer abgestempelt und unterschiedslos mit dem

Nazi-Regime identifiziert. Sie mußten das Land verlassen; alles was sie mitnehmen durften, waren 30 Kilogramm Gepäck!
Im ausbrechenden Kalten Krieg spielte Österreich dann eine besondere Rolle. Die »Vier im Jeep« wurden nachgerade zu einem Symbol für eine mehr oder weniger funktionierende Vier-Mächte-Verwaltung – ganz im Gegensatz zu Deutschland. In den Verhandlungen mit den Sowjets wurde allerdings immer deutlicher, daß es ohne eine Lösung der deutschen Frage auch kein wirklich freies und unabhängiges Österreich geben würde. Österreich wurde damit zur Geisel der deutschen Frage. »Für die Sowjets«, so George F. Kennan, US-Botschafter in Moskau, im Juli 1952, »ist Österreich eine Trumpfkarte, die sie möglicherweise erst ausspielen werden, wenn die Lösung der deutschen Frage definitiv ansteht.«[3]
Im Frühjahr 1955 war es soweit: Als die Ratifizierung der Pariser Verträge – NATO-Beitritt der BRD – anstand, spielten die Sowjets die »österreichische Karte« aus und ergriffen die Initiative: Bundeskanzler Raab wurde nach Moskau eingeladen. Gegen den Wunsch und Willen der Westmächte flog er nach Moskau, wo in atemberaubender Geschwindigkeit die Grundlagen für den Staatsvertrag erarbeitet wurden – auf der Basis der Neutralität Österreichs. Im Westen breitete sich teilweise Pessimismus aus. Der britische Außenminister Harold Macmillan war davon überzeugt, daß schon bald mit dem Angebot Moskaus einer militärischen Neutralität eines wiedervereinigten Deutschland zu rechnen sei. Die »Frankfurter Allgemeine Zeitung« sprach offen vom »Vorbild Österreich«. Adenauer geriet unter Druck: Konnte die »Österreichlösung« das Modell für eine Lösung auch der deutschen Frage sein? Für Adenauer mit Sicherheit nicht. Wenn die Sowjets möglicherweise gehofft hatten, mit ihm ins Geschäft zu kommen, so wurden sie gründlich enttäuscht. Sie luden Adenauer nach Moskau ein, aber der flog bekanntlich erst nach Washington und dann nach Moskau. Für ihn waren Chruschtschow und Bulganin »ungebildet und primitiv«, für ihn gab es kein Ausscheren aus der westlichen Gemeinschaft (vgl. Kap. 1 und Bd. 2, S. 296–302).
Der Beitritt der BRD zur NATO, d. h. der klare Westkurs Adenauers, war die Grundvoraussetzung für den österreichischen Staatsvertrag. Bitter war das schon für etliche in Bonn: Dort der Abzug der Sowjets, hier die fortdauernde Teilung. Und dann kam noch die Sache mit dem deutschen Eigentum hinzu. Für Adenauer war denn auch alles zusammen »diese ganze österreichische Schweinerei«, wie er intern formu-

lierte. Er hielt die Österreicher im übrigen für einen notorisch unzuverlässigen deutschen Volksteil, den er nicht sonderlich schätzte. Und er vergaß keinen Moment, daß Hitler Österreicher gewesen war (»nirgendwo ist ja Hitler so begeistert aufgenommen worden wie in Wien«). Die Opfertheorie, mit der Österreich sich auch der Last des Besiegten entzog, empörte ihn.

Hinter der Liquidierung des deutschen Eigentums, über die man sich in Bonn so aufregte, standen allerdings die Amerikaner, die damit vorsorgen und keinen Präzedenzfall für das in den USA beschlagnahmte deutsche Eigentum schaffen wollten. Das erfuhr man in Bonn erst später, und es führte dann prompt zu Spannungen zwischen Bonn und Washington, während Bonn und Wien schon bald eine Lösung fanden. Wien war halt anders, auch wenn sich beide Länder in vielfacher Hinsicht bei der Normalisierung ihrer Beziehungen schwer taten. Erst 1956 wurde z. B. aus der seit 1953 bestehenden »Deutschen Wirtschaftsdelegation« in Wien die deutsche Botschaft. Die Empfindlichkeiten wurden auch bei der Wiedereröffnung des Burgtheaters und der Staatsoper im Herbst 1955 erkennbar. Während beim Burgtheater – ausgerechnet unter Leitung eines »Reichsdeutschen«, der seit den Dreißigern (vor 1938) in Wien lebte – noch gestritten wurde, mit welchem Dichter eröffnet werden sollte, Grillparzer oder Goethe, war das bei der Staatsoper kein Thema: Beethoven würde es sein. *Den* betrachteten die Wiener längst als einen der Ihren.

Im diplomatischen Bereich war Adenauers Besuch in Wien im Juni 1957 ein wichtiger Schritt auf dem Weg zur Normalität. Hatte Raab noch bei seinem Besuch in Bonn im Oktober 1956 das Gefühl gehabt, daß Adenauer ihn »ein bißchen als den Kleinen« behandelte, so stellte man jetzt am Ballhausplatz zufrieden fest, daß sich die Beziehungen zwischen beiden Ländern »normal und ohne Komplexe zu entwickeln begonnen haben«, und das, obwohl Adenauer auf einer Pressekonferenz gesagt hatte, man habe ihm in Wien »von kompetenter Seite erzählt, die Leute hier seien Bajuwaren«.

Vor allem die wirtschaftlichen Beziehungen entwickelten sich erfreulich: Hier floß schon bald viel deutsches Kapital nach Österreich. Hermann Josef Abs von der Deutschen Bank hatte von der Androhung von Wirtschaftssanktionen abgeraten; sie würden nur jenen Kreisen in der SPÖ Auftrieb geben, die jede Verständigung mit Bonn ablehnten. Es sollte alles vermieden werden, was zur Verhärtung der Fronten führen könne. Mit der Wirtschafts- und Handelspolitik besaß Deutschland ein

Instrument, das sich wie kein anderes zur Gestaltung der Beziehungen anbot; politische Klugheit gebot Bonn, öffentlich möglichst wenig darüber zu reden. Am 27. November 1961 wurde in Bad Kreuznach ein Vertrag unterschrieben, in dem sich die BRD verpflichtete, 125 Mio. DM Entschädigung an bestimmte Gruppen österreichischer und deutscher Staatsbürger zu zahlen.[4]

Staatsvertrag und Neutralität wurden allmählich zur Grundlage eines neuen österreichischen Nationalbewußtseins. Dies verband sich mit einem gesunden Selbstbewußtsein, das Bruno Kreisky als Außenminister seit 1959 und verstärkt als Bundeskanzler ab 1970 für seine »aktive Neutralitätspolitik« nutzte. Dies führte auch zur weiteren Entkrampfung des Verhältnisses zwischen Bonn und Wien, das jahrelang auch von einem anderen Thema beherrscht wurde: Südtirol. Und bei dem Thema gab es noch einen »Mitspieler«: Italien.

Italien und »das deutscheste aller deutschen Länder«: Südtirol

Bis 1945 – insbesondere seit der sogenannten Option 1939, als sich 86 % der Südtiroler für die deutsche Staatsbürgerschaft entschieden und rd. 75 000 das Land verlassen hatten – war die Südtirolfrage in vielfacher Hinsicht auch offiziell eine deutsche Frage. Das änderte sich nach dem Zweiten Weltkrieg. Eine offizielle Südtirolpolitik Bonns im alten Sinn gab es nicht mehr. Das offiziell bekundete politische Desinteresse Bonns an der Südtirolfrage und den berechtigten Klagen der Südtiroler änderte allerdings nichts an der Tatsache, daß im Bewußtsein vieler Deutscher Südtirol einen ganz besonderen Stellenwert hatte. Vielen Deutschen erschien Südtirol als »urdeutsches, manchen als das deutscheste aller deutschen Länder«, wie das der Ministerialdirektor und dann Staatssekretär im Auswärtigen Amt und spätere Bundespräsident Karl Carstens im August 1959 einmal gegenüber dem österreichischen Botschafter in Bonn formulierte.[5] Viele historische Erinnerungen verbanden sich mit dem Namen Südtirol; viele Südtiroler hatten in der Deutschen Wehrmacht (und anderen Truppenteilen) gedient, und dies war nicht nur für jene, die das Glück gehabt hatten zu überleben (von 24 000 waren etwa 8000 gefallen, »ein höherer Blutzoll als die anderen Gaue«, wie man oft hören konnte), sondern auch für viele »Reichsdeutsche« mit Blick auf die Südtiroler eine durchaus positive Erfahrung – zumindest wurde dies nach 1945 von ihnen so empfunden.

So mußte man in Bonn jahrelang zur Kenntnis nehmen, wie überempfindlich die Italiener reagierten, wenn das Thema Südtirol in Deutschland erwähnt wurde. Bonns Vertreter in Rom, Clemens von Brentano, sah sich 1951 gezwungen, den römischen Korrespondenten deutscher Medien – einen allerdings etwas verkürzten – »Nachhilfeunterricht« in der Behandlung des Themas Südtirol zu erteilen. Es sei verfehlt, sich in Deutschland zum Dolmetscher der Beschwerden und Wünsche der Südtiroler zu machen. Die Südtiroler seien zwar Deutsche im ethnischen Sinne, »gehörten aber niemals zum Deutschen Reich, waren vielmehr bis 1918 Österreicher und sind seither Italiener«.
Um italienische Befürchtungen zu beschwichtigen, lehnte Bundeskanzler Konrad Adenauer im Oktober 1953 in einem Interview mit der italienischen Zeitung »Il Messaggero« eine Stellungnahme zum Südtirolproblem mit dem Hinweis ab, diese Frage berühre Deutschland »in keiner Weise«. Dieses Interview galt als »rigorose Sprachregelung« für die offizielle Bonner Politik der folgenden Jahre. Doch in Italien blieb man weiterhin skeptisch. Die Tageszeitung »La Stampa« kritisierte: »Bei jeder patriotischen Gelegenheit, wenn ein ›Deutschland, Deutschland über alles‹ angestimmt wird, singt zwar Adenauer die dritte Strophe, aber seine Minister die Worte der ersten, in denen von der Etsch die Rede ist.« In Italien traute man der offiziellen deutschen Nichteinmischungspolitik nicht ganz. Das wird deutlich in einer Aufzeichnung des italienischen Außenministeriums vom 16. April 1958. Darin hieß es:

»Wenn wir es nur mit den Fremdstämmigen [›allogeni‹; das waren im italienischen Verständnis die deutschsprachigen Südtiroler, wie sie auch schon von den Faschisten genannt worden waren] oder auch nur mit den Fremdstämmigen plus den Österreichern zu tun hätten, brauchten wir uns keine Sorgen zu machen. Aber leider sehen die Dinge anders aus. Hinter den Fremdstämmigen und den Österreichern steht die Macht von 50 Millionen Deutschen der BRD.«[6]

Es gab damals zahlreiche Aktivitäten von Bundesministern und Bundestagsabgeordneten. In erster Linie sind hier die Minister Hans-Christoph Seebohm (DP) und Theodor Oberländer (BHE/CDU) zu nennen, sowie die Abgeordneten Ewald Bucher (FDP), Wenzel Jaksch (SPD, Vorsitzender der Sudetendeutschen Landsmannschaft) und der Vorsitzende der bayerischen FDP, Josef Ertl. Sie gründeten später in Bonn den Arbeitskreis »Freunde Südtirols im Deutschen Bundestag«, was in Rom massiv kritisiert wurde. Das Auswärtige Amt blieb jedenfalls bei seiner reservierten Haltung. Man fürchtete dort, so der österreichische

Botschafter in Bonn, Josef Schöner, daß »Italien jede noch so kleine Geste mit dem Vorwurf der Neuerweckung nationalistischen und großdeutschen Gedankengutes beantworten könnte«. Von seiten der italienischen Botschaft in Bonn wurde sogar damit argumentiert, daß eine westliche Intervention zugunsten Südtirols eine derartige Welle nationaler Emotionen in Italien hervorrufen würde, daß die Haltung Italiens zur NATO gefährdet würde, was ja auch genau die Befürchtungen des Auswärtigen Amts waren.

Als der österreichische Außenminister Bruno Kreisky die Südtirolfrage im September 1959 erstmals vor der UNO-Generalversammlung in New York ansprach und ankündigte, das Thema notfalls auf die Tagesordnung der nächsten Generalversammlung setzen zu lassen, löste dies im Auswärtigen Amt »Genugtuung« aus. Der österreichische Botschafter Josef Schöner zitierte Staatssekretär Hilger van Scherpenberg, der ihm noch folgendes gesagt hatte:

> »Wir wüßten ja, wie heikel die Situation der Bundesrepublik gegenüber Italien gerade in dieser Frage sei, und er nehme an, daß wir diese Zurückhaltung verstünden und begrüßten. Südtirol sei eine Frage zwischen Österreich und Italien, aus der sich Deutschland schon deshalb streng heraushalten müsse, um Rom keinen Anlaß zu Argumenten aus dem vergangenen Sprachschatz zu geben. Auf welcher Seite aber seine aufrichtigen Sympathien stünden, müsse er mir wohl nicht sagen.«

Im Außenministerium in Wien unterstrich ein Beamter das Wort »Sympathien« und notierte: »Schön wär's, wenn man Sympathie auch verkaufen könnte!«[7] Genau das wollte Bonn eben nicht!

In der Folgezeit wurden die Dinge immer komplizierter, was besonders deutlich wurde, als Österreich die Südtirolfrage im Herbst 1960 tatsächlich vor die UNO brachte. Bis zu diesem Zeitpunkt war die Verleumdungskampagne des Ostblocks gegen die »militaristische und faschistische« Bundesrepublik, wie es hieß, deren Träger in Italien die linksradikalen Parteien waren, in Rom weitgehend als kommunistische Propaganda abgetan worden, und infolgedessen war ihre Wirkung auf die deutsch-italienischen Beziehungen beschränkt. Unter dem Eindruck des Südtirolkonflikts wurde jetzt aber nach Ansicht des deutschen Botschafters in Rom, Manfred Klaiber, in die der Bundesrepublik bisher wohl gesonnene öffentliche Meinung »eine erhebliche Bresche geschlagen«. Auf einmal wurde auch in der bürgerlichen Presse das Gespenst des »Pangermanismus« als ernste Gefahr beschworen. Und nachdem das Urteil über Deutschland unsicher geworden sei, würden auch die Meldungen und Behauptungen vom Wiedererwachen des deutschen Militarismus und Revanchismus »leichter geglaubt und fallen in breiten Schichten auf fruchtbaren Boden«.

Der allzu besorgte Klaiber nannte noch weitere Folgen, nämlich,

»daß unter diesen Umständen auch die deutsche Forderung nach dem Selbstbestimmungsrecht, zunächst für Berlin und die Bevölkerung der sowjetischen Besatzungszone, später für die Bevölkerung der deutschen Ostgebiete, nur noch lahm unterstützt wird«.

Die Forderung des Selbstbestimmungsrechts für Südtirol

»wird als ein Ausfluß jenes ›Pangermanismus‹ angesehen und dargestellt, der im Osten und Süden für das deutsche Volkstum kämpft und sich zunächst blind gegen Freunde Deutschlands richtet, weil er gegen seine Gegner vorerst nichts auszurichten vermag. Italien als etwaiges Opfer pangermanistischer Bestrebungen, die sich auf das Selbstbestimmungsrecht der Völker berufen, fühlt sich gegen seinen Willen an die Seite der kommunistischen Staaten Osteuropas gedrängt und dies, obwohl die Brennergrenze im Gegensatz zu den deutschen Ostgrenzen vertraglich festgelegt ist und Italien eigentlich glauben konnte, gegen diese unheimliche Bewegung abgeschirmt zu sein.«

Schließlich müsse auch gesehen werden, wie bitter es für die italienische Regierung sei, vor dem Weltforum der Vereinten Nationen ihre Südtirolpolitik rechtfertigen zu müssen. Es fühle sich der Verletzung von Prinzipien angeklagt, die es selbst verkünde und durchsetzen wolle. Und abschließend, geradezu als Mahnung an die deutsche Politik, meinte Klaiber:

»In einer solchen Lage braucht ein Land gute und verständnisvolle Freunde. Es ist zu beklagen, daß die Bundesrepublik Deutschland, als Partner Italiens in den westlichen Sicherheitssystemen und in den europäischen Gemeinschaften, sich in der Südtirolfrage nur als neutral bezeichnen kann. Dies mindert in den Augen vieler Italiener den Wert der deutschen Freundschaft und öffnet ihr Ohr antideutschen Einflüsterungen. Eine gewisse Kühle gegenüber der Bundesrepublik Deutschland macht sich auch in den italienischen Regierungskreisen bemerkbar, von denen einige Exponenten diese Stimmungsmache wohl hinter den Kulissen gesteuert haben, teilweise vielleicht in der Absicht, uns zu warnen. Es ist zu befürchten, daß diese Abkühlung sich vor allem dann auch in konkreten Fällen auswirken wird, in denen die Bundesregierung die italienische Unterstützung in der Vertretung gesamtdeutscher Interessen und in ihrer Politik zum Schutze Berlins und gegen die Bestrebungen der Machthaber der sowjetisch besetzten Zone sucht.«[8]

Das Auswärtige Amt in Bonn war jetzt besorgt darüber, daß bei der anstehenden UNO-Debatte der Vertreter Italiens sich über »Pangermanismus ausläßt und damit den Ostblockvertretern das Stichwort für weitere Angriffe gegen die Bundesrepublik gibt«. Staatssekretär Karl Carstens wies den deutschen Vertreter bei den Vereinten Nationen, Botschafter Karl-Heinrich Knappstein, an, den italienischen Außenminister Antonio Segni aufzusuchen, auf die neutrale Haltung der Bundesregierung in der Südtirolfrage hinzuweisen und folgendes klarzustellen:

»Die Erwähnung des Pangermanismus wird, wenn sie auch von italienischer Seite im Zusammenhang mit der österreichischen Aktion und nicht mit der Absicht eines Angriffs auf die Bundesrepublik erfolgt, ungünstige Wirkungen für die Bundesrepublik haben. Schon aus sprachlichen Gründen (Germanismus – Germania – Germany) muß bei den weniger gut über das Südtirolproblem orientierten Delegationen die Vorstellung entstehen, daß in erster Linie die Bundesrepublik, ihre Regierung und das deutsche Volk angeprangert werden sollen und erst in zweiter Linie Österreich. Die Delegationen des Ostblocks werden sich die Gelegenheit nicht entgehen lassen, jetzt oder später aus diesem Anlaß die Bundesrepublik erneut wegen ihrer angeblich expansiven und revanchistischen Bestrebungen anzugreifen. Es besteht die Gefahr, daß auch neutrale Staaten, wenn das Schreckgespenst des Pangermanismus heraufbeschworen wird, dem Ostblock hier Beihilfe leisten.«

In dem Gespräch mit Segni sollte allerdings jede Schärfe vermieden werden, denn: »Wir haben eine hohe Meinung von ihm. Er hat sich stets als maßvoll erwiesen und die gesamteuropäischen Interessen immer im Auge gehabt.«[9]

Nach einer heftigen Debatte in der UNO wurden Italien und Österreich aufgefordert, in Verhandlungen eine Lösung des Südtirolproblems zu finden. In Bonn war man einigermaßen erleichtert. Die Haltung zur Südtirolfrage wurde von der österreichischen Botschaft folgendermaßen zusammengefaßt:

»Gefühlsmäßig hat die Bundesregierung und die Bundesrepublik für das Anliegen der Südtiroler größtes Verständnis, aber die prekäre Situation Deutschlands, eine gewisse Vergangenheit und die Bündnisbande der Bundesrepublik mit Italien gebieten der Bundesrepublik, sich strikte aus dem Streitfall zwischen Österreich und Italien herauszuhalten.«[10]

Der reservierten Haltung der Bundesregierung stand gegenüber, daß die UNO-Debatte das Interesse an Südtirol in weiten Kreisen der Bundesrepublik beträchtlich gesteigert hatte. Als die Verhandlungen zwischen Österreich und Italien ergebnislos verliefen, gab es die ersten Attentate in Südtirol, mit dem Höhepunkt in der Nacht vom 11. auf den 12. Juni 1961. Diese Nacht ist als »Feuernacht« in die Geschichte Südtirols eingegangen. Der italienische Botschafter in Bonn, Gastone Guidotti, wertete die Anschläge als »erste deutsche Militäraktion seit Kriegsende« (womit er allerdings ziemlich daneben lag). Die italienischen Zeitungen warfen den Deutschen »antiitalienische Hetze«, »Revanchismus« und »Militarismus« vor.

Das Auswärtige Amt beobachtete die Entwicklung mit wachsendem

Unbehagen. Trotz der immer wieder beteuerten strikten Neutralität in der Südtirolfrage befürchtete man eine weitere Verschlechterung der deutsch-italienischen Beziehungen. Dabei verfolgte das italienische Außenministerium eine äußerst perfide Taktik. Auf der einen Seite wurde Österreich offiziell der Unterstützung, wenn nicht gar Mittäterschaft bei den Sprengstoffanschlägen beschuldigt, während gegenüber der Bundesrepublik die italienische Presse diesen Part übernahm, mit Artikeln, die, wie es in der deutschen Botschaft in Rom hieß, vom Außenministerium »inspiriert« waren.

Als im September 1961 drei Mitglieder der Burschenschaft »Germania« aus Erlangen in Trient mit mehreren Koffern voll Molotow-Cocktails verhaftet wurden, war das für Italien der endgültige Beweis für eine deutsche Beteiligung an Terrorakten in Südtirol. Eine Nachrichtenagentur meldete, die römische Staatsanwaltschaft habe den Verdacht geäußert, das Hauptquartier der antiitalienischen Terroristen liege nicht in Österreich, sondern in Köln.

Für noch mehr Aufregung sorgte der »Fall Burger«. Der österreichische Rechtsextremist Norbert Burger wurde im Mai 1963 in München verhaftet, aber kurz darauf wieder freigelassen, weil seine Beteiligung an den Anschlägen in Südtirol als politisches Vergehen beurteilt wurde. Als sich Bundesinnenminister Hermann Höcherl gegen eine Abschiebung Burgers nach Österreich aussprach, wertete Italien diese Erklärung als moralische Ermutigung für die Terroristen. Wegen Burger kam es im Frühjahr 1964 sogar zu einer hochkarätigen Sitzung in Bonn, an der alle Justiz- und Innenminister der Länder, der Bundesinnenminister, der Bundesjustizminister, der Chef des BKA, der Chef des Bundesverfassungsgerichtes und Vertreter des Auswärtigen Amts teilnahmen.

Auch wenn die Mauer in Berlin, das Deutschlandproblem insgesamt, die Solidarität des Westens und des EWG- und NATO-Partners Italien für Bonn wichtiger waren als die Beziehungen zum neutralen Österreich oder gar zu Südtirol, der Südtirolkonflikt begann, die deutsch-italienischen Beziehungen zunehmend zu belasten. Er begründete auch bereits Probleme in der europapolitischen Entwicklung. Österreich hatte 1963 seinen 1961 gestellten Antrag auf Assoziierung mit der EWG erneuert. Auf der Tagung des EWG-Ministerrats am 30. November 1964 in Brüssel erklärten sich alle Mitgliedsländer außer Italien mit der Aushandlung eines solchen Abkommens einverstanden. Den Grund dafür nannten die Italiener gegenüber Staatssekretär Rolf Lahr:

Kein italienisches Parlament werde ein EWG-Abkommen mit Österreich ratifizieren, wenn nicht zuvor mit Wien Fortschritte in der Südtirolfrage erzielt worden seien. Damit hatten die Italiener schon zu diesem Zeitpunkt indirekt ein Junktim zwischen Südtirol und den Verhandlungen mit der EWG hergestellt.

In der Südtirolfrage verfolgte das offizielle Bonn eine Politik der »strikten Neutralität«; dies galt aber nicht für die EWG-Verhandlungen mit Österreich. Von daher wurde gegenüber den Italienern »eindringlich die politische und wirtschaftliche Notwendigkeit eines Abkommens« mit Österreich unterstrichen. Wien war aus der Sicht Bonns »der Testfall für die offene Haltung der Gemeinschaft«. Außenminister Schröder wies bei dem Treffen mit seinem italienischen Kollegen Giuseppe Saragat am 8. Dezember 1964 mit Nachdruck auf diesen Sachverhalt hin. Als der Südtirolterror zunahm, reagierte Italien dann drei Jahre später: das italienische Veto blockierte die Verhandlungen mit Österreich.

Die italienische Botschaft in Bonn, das Außenministerium in Rom und die italienische Presse beobachteten in jenen Jahren alles, was im Zusammenhang mit Südtirol in der Bundesrepublik vor sich ging, mit größter Aufmerksamkeit bzw. größtem Mißtrauen. So führte eine Fernsehsendung im Sommer 1966 zu einer der bislang schwersten Belastungen der deutsch-italienischen Beziehungen. Es ging um Neonazismus, Pangermanismus, Mitverantwortung der Deutschen am Terror in Südtirol, Änderung der italienischen Deutschlandpolitik etc. Unmittelbarer Anlaß war ein am 10. Juni 1966 in der ARD-Sendung »Monitor« ausgestrahltes Interview mit den Südtirol-Terroristen Peter Kienesberger und Norbert Burger. Das römische Außenministerium protestierte vehement. Die italienische Presse bezeichnete München als »Hauptstadt des Neonazismus«, sprach von Ausbildungslagern für Terroristen in Bayern und »materieller Hilfe aus Österreich und Deutschland«.

Erst 1968, als sich mit dem »Paket« eine Lösung der Südtirolfrage anbahnte (die es dann ein Jahr später gab), begann sich auch die gereizte Stimmung in Italien allmählich zu legen. Angesichts zunehmender internationaler Spannungen (Prager Frühling, Vietnamkrieg) hatten Rom und Bonn kein Interesse, die gegenseitigen Beziehungen durch die Südtirolfrage zu belasten. Das änderte allerdings nichts an der Tatsache, daß die Italiener weiterhin glaubten, man habe es bei den Südtirolern mit »tedeschi«, Deutschen im weitesten Sinne, zu tun.[11]

Dokument zum 7. Kapitel

[22] Botschafter Hans Herwarth von Bittenfeld, Rom, an das Auswärtige Amt, 13.9.1966

Betr.: Südtirol
Gestern abend habe ich Abschiedsessen für nach Bonn versetzten Gesandten Favale gegeben. Abend war Demonstration deutsch-italienischer Freundschaft; alle geladenen führenden Beamten des Außenministeriums und der Ministerpräsidentschaft waren, trotz zum Teil großer Arbeitsbelastung wegen im Parlament verhandelter Südtirol-Frage, erschienen. Bei dieser Gelegenheit haben italienische Gäste mich und meine Mitarbeiter mit größter Eindringlichkeit gebeten, deutsche Regierung möge in Südtirol-Frage etwas unternehmen und italienische Regierung in schwieriger Frage unterstützen.
Gesandter Gaja, Leiter politischer Abteilung, sagte mir folgendes: Dies sei eine entscheidende Stunde für Italien und auch eine entscheidende Stunde der Bewährung für deutsch-italienische Freundschaft. Ausgezeichnete Wirkung des Moro-Besuches in Deutschland verblasse mehr und mehr wegen des Südtirol-Problems. Erklärung Bundesministers des Auswärtigen, deutsch-italienische Beziehungen seien in der Vergangenheit noch nie so gut gewesen wie heute, habe seinerzeit hervorragendes Echo gefunden. Nach Auffassung der politisch Verantwortlichen sei diese Erklärung im Grunde immer noch richtig, aber im Augenblick leider doch verdunkelt.
Gaja beklagte sich über Haltung der deutschen Presse. Ich habe auf die scharfe, zum Teil tendenziöse hiesige Presseberichterstattung, vor allem der »Stampa«, und auf den anonymen Artikel Guerrieros hingewiesen.
Gaja fuhr fort, italienische Regierung habe Debatte in der Kammer nicht gewünscht. Attentate hätten diese Debatte indessen unausweichlich gemacht. Die Wellen der Empörung schlügen schon sehr

hoch, und leider lasse sich nicht vorhersagen, welche Auswirkungen etwaige weitere Attentate haben würden. Regierung werde sich trotz aller Schwierigkeiten bemühen, zu einer Vereinbarung mit Österreich zu gelangen. Wenn eine solche Vereinbarung jetzt nicht zustandekomme, würde das Südtirol-Problem für mindestens drei Jahre liegenbleiben.

Zum deutschen Aspekt der Sache sei noch folgendes zu sagen: Zwar arbeite italienische und deutsche Polizei gut zusammen, aber Teil der Geldmittel, über die Terroristen verfügten, stammten doch offenbar aus Deutschland (Staatspräsident Saragat hat, wie berichtet, schonungslosen Kampf auch gegen Geldgeber der Terroristen gefordert). Gaja meinte, eine führende deutsche politische Persönlichkeit sollte Erklärung zur Südtirol-Frage abgeben. Der nüchterne Piemontese Gaja, der die schwierigen Verhandlungen mit Österreich geführt hat, schloß mit geradezu beschwörender Bitte: »Helfen Sie uns!«

Botschafter a. D. Quaroni, der als Präsident der RAI immer wieder mäßigend auf italienisches Fernsehen und italienischen Rundfunk einwirkt, meinte, die von Gaja erbetene Erklärung brauche nicht unbedingt von einem Mitglied der deutschen Regierung zu kommen. Er könne sich vorstellen, daß eine Erklärung des Bundeskanzlers a. D. Adenauer, der sich augenblicklich in Cadenabbia befinde, sehr gut wirken werde.

Ich bin überzeugt, daß deutsch-italienische Beziehungen augenblicklich starker Belastung ausgesetzt sind. Wir dürfen die Dinge meiner Ansicht nach nicht weiter treiben lassen. Einige Beobachter fürchten eine auf Jahre nachwirkende italienische Verstimmung, die in weiten politischen Bereichen Niederschlag finden könnte. Ich hielte es deshalb für wünschenswert, wenn die von Gaja erbetene Erklärung abgegeben würde (zu deren Inhalt möchte ich auf Bezugstelegramm verweisen).

Amtierender diplomatischer Berater Moros, Cottafavi, erklärte mir gestern abend, der Deutschlandpassus in der Rede Moros (hierzu folgt gesonderter FS-Bericht) gehe auf stellvertretenden Ministerpräsidenten Nenni zurück. Nenni habe Moro überzeugt, daß Ministerpräsident Angriffen in der Debatte teilweise zuvorkommen könne, wenn er Problem wenigstens anspreche. Cottafavi fügte hinzu, Moro sei in jeder Weise bemüht, das gute Verhältnis zu Deutschland nicht zu stören und uns in dieser Sache zu schonen. Er hoffe, daß Moros Bemühung von deutscher Seite anerkannt und seine Rede vor der Kammer entsprechend verstanden werde.

Quaroni meinte im übrigen, daß die Regierungskoalition einschließlich der Sozialisten wohl zusammenhalten und die gemäßigte Linie Moros unterstützen werde.

(AAPD 1966 (2), S. 1183–1186)

8. Kapitel

1966–1969: Die Große Koalition

Dokument

1966–1969: Die Große Koalition

Regierungsbildung

Ludwig Erhard trat am 30. November 1966 zurück. Einen Tag später wurde Kurt Georg Kiesinger (CDU), seit 1958 Ministerpräsident von Baden-Württemberg, zum Bundeskanzler einer großen Koalition aus CDU/CSU und SPD gewählt. Diese Koalition hielt drei Jahre; nach den Bundestagswahlen 1969 bildeten Willy Brandt und Walter Scheel die neue sozial-liberale Koalition. Der mit den sechziger Jahren gut vertraute Publizist Hermann Rudolph konstatierte 1980 in einer Besprechung der »Reden und Erklärungen« von Kanzler Kiesinger über die Große Koalition, diese sei mit ihrem Ende 1969 »fast vollständig in Vergessenheit geraten«. Der Bonner Historiker Klaus Hildebrand bezeichnete dies 1984 in seiner Darstellung über Kiesinger im vierten Band der »Geschichte der Bundesrepublik Deutschland« als zutreffend. Vielleicht liegt das daran, daß Kiesinger nicht mehr dazu kam, Memoiren über die Zeit seiner Kanzlerschaft zu schreiben. Er starb im März 1988, ohne hierzu mehr als nur ein paar Skizzen zu hinterlassen. Grundsätzlich ist nämlich zu sagen, daß die Regierung der Großen Koalition weit besser war als ihr späterer Ruf und sie zu Unrecht in Vergessenheit geraten ist. Es bleibt festzuhalten, daß sie in der öffentlichen Meinung im übrigen gar nicht so schlecht dastand – anders als in Teilen der veröffentlichten Meinung.
Dennoch bleibt unstrittig, daß die Bildung der Großen Koalition, jene »Elefantenhochzeit«, mit der die SPD regierungsfähig wurde, bei vielen damals ein unbehagliches Gefühl hervorrief, auch wenn das Zusammengehen der zwei größten Parteien grundsätzlich in einer Demokratie möglich sein muß. Von vielen, insbesondere bei der SPD, wurde das damals ganz anders gesehen. Warum sollte die SPD Mitverantwortung für eine verfehlte Innen-, Wirtschafts- und Außenpolitik übernehmen? Dabei konnte man nichts gewinnen. Und dann ein Kanz-

ler, dessen NSDAP-Mitgliedschaft allseits bekannt war, auch wenn er nur einer jener üblichen Mitläufer gewesen war. Und Franz Josef Strauß wieder im Kabinett? Die Entrüstung war allseits groß. Konnte man nicht mit der FDP zusammengehen? Der zukünftige SPD-Wirtschaftsminister Karl Schiller begründete das ungeliebte, aber pragmatische Bündnis folgendermaßen: »Mit der FDP fahren wir leicht, aber unsicher, mit der CDU schwer, aber sicher.« Der Schriftsteller und Wahlhelfer Willy Brandts, Günter Grass, sah das ganz anders. Er schrieb in der SPD-Zeitung »Vorwärts« am 30. November einen offenen Brief an Willy Brandt:

> »Diese Entscheidung wird mich und viele meiner Freunde gegen ihren und meinen Willen in eine linke Ecke drängen. [...] Wie sollen wir weiterhin die SPD als eine Alternative verteidigen, wenn das Profil eines Willy Brandt im Proporz-Einerlei der Großen Koalition nicht mehr zu erkennen sein wird? [...] Die allgemeine Anpassung wird endgültig das Verhalten zu Staat und Gesellschaft bestimmen. Die Jugend unseres Landes jedoch wird sich vom Staat und seiner Verfassung abkehren, sie wird sich nach Links und Rechts verrennen, sobald diese miese Ehe beschlossen sein wird.«

Willy Brandt antwortete:

> »Sorgen um das Profil Willy Brandts sollten Sie sich nicht machen. Sie, Ihre Freunde und viele der kritischen jungen Menschen dürfen sich gerade jetzt nicht in das Abseits der Resignation oder des bloßen Protestes stellen. [...] Niemand sollte den Stab brechen, solange wir nicht die Chance gehabt haben, zu beweisen, was jetzt möglich ist. Für uns ist dies ein neuer Beginn. Wir werden in das neue Kapitel der deutschen Geschichte wesentliche neue Elemente einführen. Dafür werden wir Verantwortung tragen und gerade das geistige Deutschland nicht enttäuschen.«[1]

Der entscheidende Mann auf SPD-Seite bei der Bildung dieser Koalition war allerdings nicht Willy Brandt, sondern Herbert Wehner. Er hatte aus taktisch-strategischen Überlegungen diese Koalition angestrebt, mit Sicherheit nicht aus Sympathie für den ihm aus gemeinsamen Bundestagszeiten gut bekannten Kiesinger, der die Kanzlerschaft »wie einen Hermelin« trug, wie Journalisten später einmal halb spöttisch, halb bewundernd urteilten. Jeder von beiden wußte, daß der andere in der neuen Regierung das bestmögliche Ergebnis für das Land, aber auch für seine Partei anstrebte. Aber dessen ungeachtet fanden sich der sächsische Proletariersohn Wehner und der schwäbische Bildungsbürger Kiesinger in häufigen, auch privaten Gesprächen. Wehner sagte dazu: »Man konnte mit ihm über alles ernsthaft reden, er mit mir und ich mit ihm. Das Verhältnis hatte ich vorher nie gehabt mit einem Mann in entsprechender Stellung, noch nachher.«[2]

Die tiefe Loyalität Wehners gegenüber seiner eigenen Partei, aber auch gegenüber den Vereinbarungen mit dem Koalitionspartner ließen diesen sonst so schwierigen Mann zur verläßlichsten Stütze der Großen Koalition auf seiten der SPD werden. Eine ähnliche Beziehung hat es zwischen Kiesinger und Willy Brandt, dem neuen Außenminister, nie gegeben. Dieses Verhältnis war stets höflich, aber kühl-distanziert. Es gab weitere Schwergewichte in dieser Regierung: SPD-Wirtschaftsminister Karl Schiller und Finanzminister Franz Josef Strauß. Strauß war der einzige Politiker, mit dem sich Kiesinger duzte. Er hatte die Koalition befürwortet, die ihm die Chance bot, wieder in das Bonner Kabinett auf einen der wichtigsten Ministerposten zurückzukehren. Sachlich bedingte Übereinstimmung und erfolgreiche gemeinsame Aktionen führten bald dazu, daß die Bonner Journalisten sie – frei nach Wilhelm Busch – »Plisch und Plum« tauften. Ähnlich einflußreich und erfolgreich agierten die Fraktionsvorsitzenden Helmut Schmidt und sein CDU/CSU-Kollege Rainer Barzel.
Der damals vielfach prophezeite Untergang Deutschlands fand nicht statt, im Gegenteil: Die Regierung der Großen Koalition konnte große Leistungen aufweisen, insbesondere in der Innenpolitik. Auf zahlreichen Gebieten wurde eine bewußte Modernisierung eingeleitet, es gab eine Fülle von Reformen, mehrere Grundgesetzänderungen und die Reform des Strafrechts. Gleichzeitig wurde der Weg hin zu einem modernen Regierungsmanagement beschritten. Nur: Diese Reformen, so wichtig sie schon damals waren, wurden kaum zur Kenntnis genommen.

Wirtschafts-, Finanz- und Sozialpolitik

In der Wirtschafts-, Finanz- und Sozialpolitik waren die Erfolge sichtbarer. Die Regierung war auch gebildet worden, um den bis dahin stärksten Einbruch in der Wirtschaft der Bundesrepublik zu meistern. Er wurde gemeistert: Am Ende der Legislaturperiode gab es wieder Hochkonjunktur. Das war möglich, weil die Krise großteils hausgemacht war. Die Bundesfinanzen wurden konsolidiert; es gab das »Stabilitätsgesetz«, und es gab eben »Plisch und Plum«, die diese Politik medienwirksam nach außen vertraten. Schiller erfand die »Konzertierte Aktion«, eine informelle Beraterrunde von Unternehmern, Gewerkschaftern etc. Kiesinger erfand den »Kressbronner Kreis«: Er hatte Ende August 1967 prominente Mitglieder beider Koalitionspar-

teien zu zwanglosen, aber intensiven Gesprächen an seinen damaligen Urlaubsort Kressbronn am Bodensee eingeladen. Daraus wurde dann eine feste Institution: Der Kreis tagte in wechselnder, aber stets kleiner Zusammensetzung in Bonn fast wöchentlich dienstags beim Mittagessen. Hier wurden Weichen gestellt, die spätere Kabinetts- und Parlamentsbeschlüsse erleichterten.
Auch wenn die Erfolge der rechtsradikalen NPD einige politische Beobachter dazu veranlaßten, 1966 von einer Krise der Demokratie zu sprechen: Es hatte eine solche nie gegeben. 1966 gab es lediglich eine Krise der Union. Diese wurde durch die Große Koalition überwunden, gleichzeitig aber die SPD »regierungsfähig« gemacht – mit dem bekannten Ergebnis im Jahr 1969. Die für alle sichtbaren wirtschaftlichen Erfolge der Regierung führten dazu, daß verlorengegangenes Vertrauen in das politische System zurückgewonnen wurde; ein Erfolg war der Niedergang der NPD.

Außerparlamentarische Opposition

Tatsache war aber auch, daß es keine wirkliche parlamentarische Opposition gab; und von daher entstand schon bald eine Bewegung, die sich selbst als »Außerparlamentarische Opposition« (APO) bezeichnete. Sie wurde mehrheitlich von Studenten getragen, die die ihrer Meinung nach verkrustete Gesellschaft aufbrechen wollten. Die Lehren von Herbert Marcuse, Theodor W. Adorno und Max Horkheimer hatten Hochkonjunktur. »Sit-ins« wurden zu einer Dauereinrichtung an den Universitäten, wo »Unter den Talaren der Muff von tausend Jahren« skandiert wurde. Der Protest richtete sich aber nicht nur gegen die gesellschaftlichen Verhältnisse der Bundesrepublik, sondern ging weiter. Ausgangspunkt waren Studentenproteste in den USA gegen den Vietnamkrieg. In Verkennung der politischen Strukturen Nordvietnams wurde deren Führer zur Symbolfigur einer neuen Zeit; man skandierte »Ho Ho Ho Chi-Minh«.
Einzelne Ereignisse verschärften die Auseinandersetzung in der Bundesrepublik. So wurde am 2. Juni 1967 der 26jährige Student Benno Ohnesorg im Zusammenhang mit Demonstrationen gegen den Staatsbesuch des Schahs von Persien in Berlin von Polizeiobermeister Karl Heinz Kurras erschossen.[3] Das führte zu schweren Auseinandersetzungen in Berlin und in zahlreichen anderen Städten der Bundesrepu-

blik. Die konservative Presse fand wenig Gefallen an diesen Ereignissen, und so verwundert es nicht, daß der Springer-Konzern, in dem die »Bild«-Zeitung erschien, zum erklärten Gegner der APO erklärt wurde. Der Schlachtruf lautete: »Enteignet Springer!« Die Situation eskalierte, als am 11. April 1968 ein Mordanschlag auf den Studentenführer Rudi Dutschke verübt wurde. Dutschke wurde schwer verletzt (und starb 1979 an den Spätfolgen des Anschlags). Der Attentäter, Josef Erwin Bachmann, ein 23jähriger vorbestrafter Anstreicher aus Peine, erklärte nach seiner Festnahme, er sei durch die Lektüre der »Nationalzeitung« und der »Bild«-Zeitung zu dieser Tat angeregt worden. Es kam damals zu den schwersten Unruhen und Straßenschlachten in der Geschichte der Bundesrepublik.

Notstandsgesetze

Fast zeitgleich liefen im Bundestag Beratungen über die sogenannten Notstandsgesetze, mit denen die Vorbehaltsrechte der Siegermächte des Zweiten Weltkrieges für Krisensituationen aufgehoben werden sollten. Die Gegner organisierten sich im »Kuratorium Notstand der Demokratie«. Als im Mai 1968 die Verabschiedung der Notstandsgesetze anstand, kam es zu weiteren Massendemonstrationen. Es wurde befürchtet, daß mit diesen Gesetzen auch in Friedenszeiten Grundrechte eingeschränkt werden und Sondervollmachten für die Regierung den Weg in eine erneute Diktatur öffnen würden. Auf der zentralen Kundgebung in Bonn am 11. Mai war Heinrich Böll einer der Hauptredner. In einem bis zum 8. Mai von über 200 Professoren unterzeichneten Aufruf hieß es: »Erheben wir unsere Stimme gegen die Pläne einer Regierung, die unter Täuschung der Öffentlichkeit sich diktatorische Gewalt erschleichen will; die bereit ist, die Bundeswehr gegen das eigene Volk einzusetzen.« Und der bekannte Publizist Sebastian Haffner warnte: »Wenn der Notstand erklärt wird, können fast sämtliche Freiheitsrechte, von der freien Wahl des Arbeitsplatzes über die Meinungsfreiheit bis zur Sicherheit der Person jederzeit außer Kraft gesetzt werden.« Der Bundestag verabschiedete die Gesetze am 30. Mai mit 384 zu 100 Stimmen bei einer Enthaltung. Die Gegenstimmen stammten von der SPD (53), der FDP (46), der CDU (1). Nach Zustimmung des Bundesrates trat das Gesetz am 28. Juni 1968 in Kraft – und wurde bis heute kein einziges Mal angewendet.

Atomwaffensperrvertrag

In der Außenpolitik hatte die neue Regierung die Probleme der alten übernommen: USA, Frankreich, Deutschland- und Ostpolitik. Kiesinger setzte neue Akzente vor allem im Verhältnis zu den USA und zu de Gaulle. Bei den USA ging es um den Devisenausgleich und vor allen Dingen den Atomwaffensperrvertrag. Im ersten Punkt konnte man sich relativ schnell einigen, beim zweiten war es schwieriger. Hier kam es auch zu Problemen in der Koalition. Die SPD wollte unterschreiben, die Union lehnte ab. Konrad Adenauer meldete sich zu Wort und sprach von einem »Morgenthau-Plan im Quadrat«, Franz Josef Strauß sah »ein neues Versailles ... von kosmischen Ausmaßen« auf die Bundesrepublik zukommen.
Die Zeiten ungetrübter deutsch-amerikanischer Freundschaft wie unter Adenauer und John Foster Dulles waren längst vorbei. Die amerikanische Politik hatte damals andere Prioritäten, nämlich Vietnam. Die Deutschen mit ihrer Forderung nach Wiedervereinigung nervten; und es gab die stillschweigende Übereinkunft zwischen den USA und der Sowjetunion in wichtigen Bereichen. So hatten z. B. die Truppen des Warschauer Paktes 1968 den »Prager Frühling« erst niedergewalzt, nachdem Präsident Johnson auf Breschnews formelle Anfrage, ob sich die Vereinigten Staaten noch an die Vereinbarungen von Jalta und Potsdam gebunden fühlten, Moskau versichert hatte, Washington werde nichts unternehmen, um die Invasion zu stoppen. Das hatte man in Bonn offensichtlich schon ein Jahr vorher geahnt. Im Februar 1967 brachte es jedenfalls Kiesinger im Zusammenhang mit dem Atomwaffensperrvertrag auf den Punkt, als er in einer Ansprache vor deutschen Journalisten von einem »atomaren Komplizentum« sprach. Das wirkte: Nur wenige Tage später kam der amerikanische Chefunterhändler für Abrüstungsfragen zu einer »Aufklärungsmission« nach Bonn, um den Deutschen die Furcht davor zu nehmen, daß die Sowjets den Atomwaffensperrvertrag in erster Linie als ein Mittel zur Diskriminierung der Bundesrepublik betrachteten.

Paris und Bonn

In Paris saß ein ungleich schwierigerer Partner: Charles de Gaulle. Der war nach wie vor gegen die Erweiterung der Europäischen Gemeinschaft, gegen die USA und für sein »Europa der Vaterländer« unter französischer Vorherrschaft. Was die Atmosphäre zwischen Paris und Bonn betraf, so waren zwar die Blütenträume aus der Zeit Adenauers verblüht, aber die »polemische Gallophobie der Erhard-Schröder-Ära« wurde beendet und durch einen »freundlichen Realismus« ersetzt. Als Bilanz der deutsch-französischen Regierungsbesprechungen in Paris im Januar 1967 stellte de Gaulle fest, der deutsch-französische Vertrag von 1963 »lebe« und sei »jetzt wieder ans Licht getreten«.[4]

Deutschland- und Ostpolitik

In der Deutschland- und Ostpolitik sah es so aus, als ob die Regierung neue Akzente setzen würde. Tatsächlich aber wurde kein wirklicher Durchbruch erzielt. Zeit und Umstände waren noch nicht so weit, auch wenn Egon Bahr, der Willy Brandt von Berlin ins Auswärtige Amt gefolgt war, dort in einer Besprechung am 27. Februar 1967 meinte, daß dem alten Konzept der »Wiedervereinigung durch Anschluß« das neue Konzept »Wiedervereinigung durch Umarmung« entgegengestellt werden müsse (»die Dogmatiker in Ostberlin sollen sich nicht mehr halten können«). Eine Änderung der Deutschlandpolitik sei nur durch eine weitere Entwicklung der Entspannungspolitik möglich. Im Verlauf der Diskussion kam dabei mehrfach zum Ausdruck, daß die bisherige Deutschlandpolitik nicht mehr »in die Landschaft passe«.[5]
Die SPD wäre möglicherweise schneller vorangeschritten (in Vorlagen des Auswärtigen Amts korrigierte Brandt bereits »Ostdeutschland« in »die DDR«), aber mit der CDU/CSU war das nicht zu machen. Die sogenannte »neue Ostpolitik« lief zwar gut an: Am 31. Januar 1967 wurden diplomatische Beziehungen mit – ausgerechnet – Rumänien aufgenommen. Das sah wie eine Fortsetzung der Ostpolitik von Gerhard Schröder aus. In jedem Fall war es der bis dahin weitreichendste Schritt zur Überwindung der »Hallstein-Doktrin«. Brandt sah Schwierigkeiten, die dann auch kamen: Moskau zeigte die Rote Karte. Die Rumänien-Aktion als Zeichen einer »›elastischeren‹ deutschen Ostpolitik« wurde von Moskau als »zunehmende Gefährdung« und »besondere

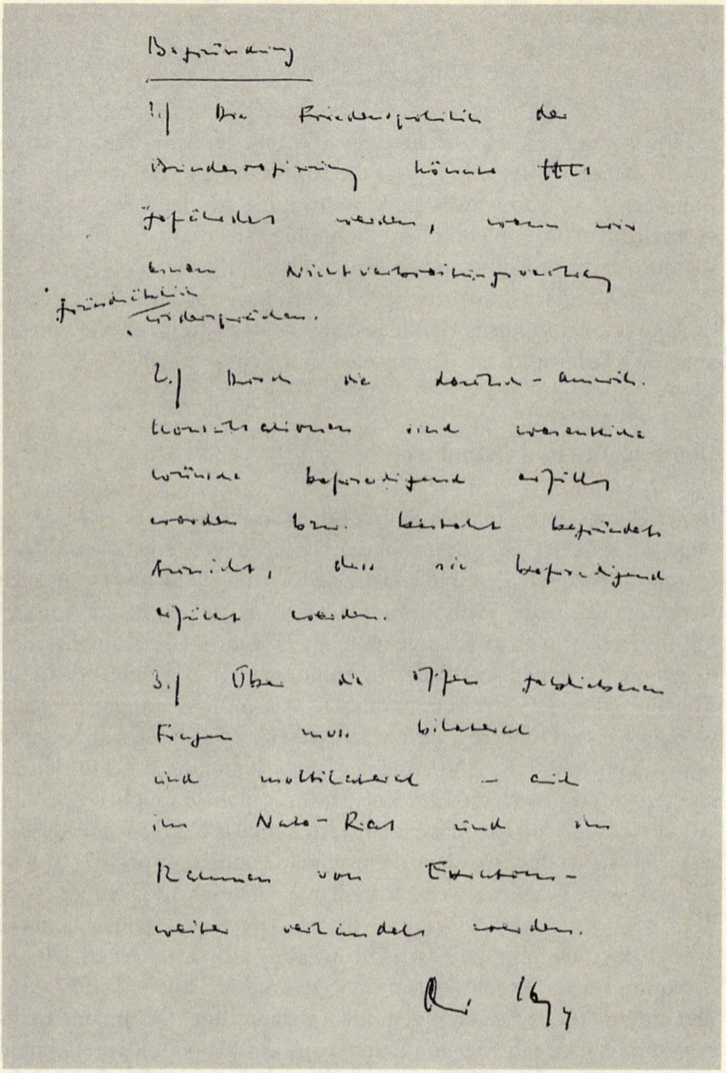
Begründung

1.) Die Friedenspolitik der Bundesregierung könnte [illegible] gefährdet werden, wenn wir einem Nichtverbreitungsvertrag grundsätzlich widersprechen.

2.) Durch die deutsch-amerik. Konsultationen sind wesentliche Wünsche befriedigend erfüllt worden bzw. besteht begründete Aussicht, dass sie befriedigend erfüllt werden.

3.) Über die offen gebliebenen Fragen muss bilateral und multilateral – auch im Nato-Rat und im Rahmen von [illegible] weiter verhandelt werden.

[illegible]

Abb. 24: 16. April 1967: Aus einer Weisung von Bundesaußenminister Willy Brandt zur Verhandlungsführung über den Atomwaffensperrvertrag.

Perfidie« empfunden, weil man dort den Eindruck gewann, daß Bonn »einen Keil zwischen die Staaten des Warschauer Paktes treiben wolle«, wie der deutsche Botschafter in Moskau, Helmut Allardt, berichtete.[6] Die Sowjetunion machte klar, daß sie diese Politik – Aufnahme diplomatischer Beziehungen mit den osteuropäischen Staaten unter Ausschluß der DDR und Nichtkonsultierung der sowjetischen Regierung – nicht akzeptieren würde.

Es kam dann zwar noch zum Austausch von Handelsmissionen mit Prag und 1968 zur Wiederaufnahme von diplomatischen Beziehungen mit dem blockfreien Jugoslawien, aber grundsätzlich trat die Bonner Ostpolitik auf der Stelle; das deutsch-sowjetische Verhältnis geriet in ein »Stadium der Stagnation«.[7] In der Folgezeit wurden die Kontakte mit der Sowjetunion zwar intensiviert und den Sowjets der Abschluß eines Gewaltverzichts angeboten. Der Kreml nahm das aber zum Anlaß, seine Bedingungen für eine solche Politik zu formulieren, Bedingungen, die allseits bekannt waren: Anerkennung der DDR und der in Europa bestehenden Grenzen (für Gromyko war das 1968 eine »Frage von Krieg und Frieden«), West-Berlin eine besondere politische Einheit, das Münchener Abkommen von 1938 von Anfang an ungültig, Unterzeichnung des Atomwaffensperrvertrages. Allardt nannte das am 2. August 1968 gegenüber Gromyko zwar »totale Unterwerfung«, das änderte aber nichts an dessen Haltung.[8]

Aber nicht nur beim weltpolitischen Gegner, sondern auch bei den Verbündeten rief die neue ostpolitische Beweglichkeit der Bonner Politik nervöses Interesse hervor. So zeigte sich das US-State Department, das zuvor das Auswärtige Amt über Jahre zu einer aktiveren Ostpolitik gedrängt hatte, »zunehmend bemüht, mehr über den Fortgang unserer Kontakte zu den osteuropäischen Staaten zu erfahren«. Dem kam die deutsche Politik schnell nach, wußte man doch am Rhein sehr wohl, daß zur Wirksamkeit der neuen Politik nicht nur amerikanisches Verständnis und Vertrauen, sondern von Fall zu Fall auch aktive amerikanische Unterstützung gegenüber den Sowjets benötigt wurde.

Die wiederum war nicht umsonst zu haben; vielmehr ließen die Amerikaner keinen Zweifel daran, daß sie für die Flankierung der Bonner Deutschland- und Ost-Politik dort deutsches Entgegenkommen erwarteten, wo sie es brauchten. Das galt für den Beitritt der Bundesrepublik zum Atomwaffensperrvertrag, auf den Washington drängte, es galt für den nach dem belgischen Außenminister Pierre Harmel benannten »Harmel-Bericht« der NATO, der am 14. Dezember 1967

Abb. 25: 8. August 1969: Bundeskanzler Kurt Georg Kiesinger zu Gesprächen im Weißen Haus bei US-Präsident Richard M. Nixon. In der gemeinsamen Schlußerklärung heißt es u. a.: »Ihre Unterhaltungen zeichneten sich aus durch herzliche Freundschaft und gegenseitiges Vertrauen. Dies ist ein wichtiges Element im Verhältnis zwischen den USA und der BRD.«

durch die Außenminister verabschiedet wurde und militärische Sicherheit und Entspannung als komplementäre politische Strategien definierte, und es galt natürlich für die krisenhafte Entwicklung im Nahen Osten, die während des Juni 1967 im Sechstagekrieg eskaliert war. 1969 wurde von den Sowjets auch der Gedanke einer europäischen Sicherheitskonferenz wiederbelebt. Mit Kiesingers Union war die damit verbundene Anerkennung der »europäischen Realitäten« nicht zu machen. Nach Einschätzung Allardts sahen die Sowjets das wohl ähnlich. Sie setzten auf eine künftige SPD/FDP-Regierung. Im Vorstand der CDU meinte Kiesinger dazu am 17. April 1969 kurz und bündig: »Der Brandt will Anerkennung, der Kiesinger will sie nicht.« Komme es aber nach den Wahlen 1969 zu einer sozialdemokratisch-liberalen Regierung, »dann setzt unmittelbar ihre neue Ostpolitik ein, d. h. Anerkennung. [...]«[9]

Dokument zum 8. Kapitel

[23] Vermerk von Egon Bahr, Auswärtiges Amt, 22. 2. 1967

Betr.: Deutschlandpolitik.

Die Zone, aufgeschreckt durch Erfolge unserer Osteuropapolitik, in der Gefahr der Isolierung, zum ersten Mal in der Defensive, hat begonnen, eine Gegenoffensive zu starten.
Die Gegenoffensive geht darauf aus, die sozialistischen Länder zu binden, die Bundesrepublik zu blockieren und sie zu zwingen, die DDR anzuerkennen.
Die veränderte Haltung der Bundesrepublik hat die Zone dabei genötigt, Positionen einzunehmen und Methoden zu benutzen, die sie selbst in die Gefahr der Isolierung bringen. Sie versucht das durch die übersteigerte Form des Separatismus zu überspielen. Es handelt sich um eine verbesserte Neuausgabe der Rolle des »unentbehrlichen Satelliten«.
Die Auswirkungen auf Osteuropa werden diese Länder mit Unbehagen verfolgen, obwohl sie an der Durchführungsmethode, der Spaltung des deutschen Nationalbewußtseins, nichts kritisieren können noch wohl wollen.
Auf eine Kurzformel gebracht heißt das: Die Zone hat einen Wettlauf mit der Bundesrepublik angetreten, bei dem es um die Frage geht: Wer isoliert wen; wer zwingt dem anderen seine Konzeptionen auf; wer blockiert wen?
In dieser Situation wird es nicht nur für unsere Osteuropapolitik, sondern für unsere Deutschlandpolitik entscheidend, mit der Sowjetunion in ein Gespräch zu kommen und uns in Osteuropa weiter zu etablieren.
Wenn der gegenwärtige Zonenkurs einige Jahre gehalten werden kann, werden neue, schwer revidierbare Tatsachen des Bruches zwi-

schen den beiden Teilen Deutschlands geschaffen, die undogmatischen Kräfte entmutigt und in den Hintergrund gedrängt und die Friedenspolitik der Bundesrepublik bis nahezu an den Rand der Unbeweisbarkeit gestört.

Umgekehrt erscheint es in diesem Anfangsstadium noch möglich, diesen Kurs der Zone zu beeinflussen oder gar umzukehren.

Dies erfordert einen neuen Anlauf. Dabei denke ich nicht an äußerlich sichtbare dramatische Akzente, sondern intensive diplomatische Aktionen, bis Erfolge eintreten.

Es versteht sich am Rande, daß Teile der öffentlichen NP-Diskussion hierzulande in diesem Zusammenhang besonders konzentriertes Gift sind. Aber gerade dies ist ein zusätzlicher Grund, im Rahmen der nicht vermeidbaren »competition« mit der Zone neue eigene Aktionen zu unternehmen.

(AAPD 1967 (2), S. 314)

9. Kapitel

1961–1969: Die DDR nach dem Mauerbau

Dokumente

1961–1969: Die DDR nach dem Mauerbau

Politische Strafurteile

Mit dem Bau der Mauer wurde das »Schaufenster« West-Berlin geschlossen, der Flüchtlingsstrom aus der DDR gestoppt. Damit schienen die Voraussetzungen zur wirtschaftlichen und auch politischen Stabilisierung der DDR, des »ersten Arbeiter- und Bauernstaates auf deutschem Boden«, wie sie sich selbst nannte, geschaffen. Ihre Bewohner konnten nicht mehr flüchten, mußten sich irgendwie einrichten und auf die neuen Realitäten einstellen. Viele hofften dabei auf bessere Zeiten, die zunächst aber auf sich warten ließen. Nach Errichtung des »antifaschistischen Schutzwalles« – wie die Mauer im SED-Jargon hieß – wurde es zunächst einmal schlechter, vor allem für die Gegner der von der DDR durchgeführten »Maßnahmen«. Gegen sie wurde rigoros durchgegriffen: Die Zahl der politischen Strafurteile vervierfachte sich im zweiten Halbjahr 1961 gegenüber dem ersten Halbjahr (von 4442 auf 18297). Das Politbüro des ZK der SED hatte bereits am 22. August 1961 »Maßnahmen zur Sicherung der Grenzen der DDR« beschlossen – mit Schießbefehl! Unmißverständlich hieß es da, daß »jeder, der die Gesetze unserer Deutschen Demokratischen Republik verletzt – auch wenn erforderlich – durch Anwendung der Waffe zur Ordnung gerufen wird«.[1] Gleichzeitig wurde eine Kampagne gegen »geistige Grenzgänger« eingeleitet. Bei den Aktionen »Blitz kontra NATO-Sender« und »Ochsenkopf« (vom Ochsenkopf im Fichtelgebirge wurde das westdeutsche Fernsehprogramm in die DDR ausgestrahlt) stiegen FDJ-Brigaden auf die Dächer und zerstörten nach Westen ausgerichtete Antennen.

Abb. 26: SED-Chef Walter Ulbricht und Erich Honecker nach dem Mauerbau.

Neues Ökonomisches System

Gravierender aber war die Tatsache, daß auch noch ein Jahr nach dem Mauerbau die Wachstums- und Versorgungsschwierigkeiten nicht beseitigt werden konnten. Davon aber hing die Existenz der DDR-Diktatur ab. Hier setzte nun erstaunlicherweise SED-Chef Walter Ulbricht mit weitgreifenden Reformen insbesondere in der Wirtschaftspolitik an. Auf dem VI. Parteitag der SED vom 15. bis 21. Januar 1963 kündigte er das an, was in Führungsgremien der SED diskutiert worden war: Neuorientierung der Wirtschaftspolitik nach dem »Grundsatz des höchsten ökonomischen Nutzeffekts« und der »materiellen Interessiertheit«. Ein halbes Jahr später beschlossen das Zentralkomitee der SED und der Ministerrat die »Richtlinie für das Neue Ökonomische System der Planung und Leitung der Volkswirtschaft« (NÖS). Von nun an ging es um Steigerung der Arbeitsproduktivität, Nutzung von Wissenschaft als unmittelbare Produktivkraft und »Meisterung« der »wissenschaftlich-technischen Revolution« als Beweis der endgültigen

Überlegenheit des Sozialismus gegenüber dem Kapitalismus, insbesondere jenem der Bundesrepublik. Ulbricht, der eingefleischte Stalinist, hatte früher und deutlicher als seine Widersacher erkannt, auf welchem Felde die Überlebenschancen des zehn Jahre später so genannten »real existierenden Sozialismus« – wenn überhaupt – zu suchen waren. Er bezeichnete das NÖS als die konkrete Anwendung und Weiterentwicklung der Leninschen Prinzipien der sozialistischen Wirtschaftsführung in einem hochentwickelten Industrieland. Auf der 5. Tagung des ZK der SED im Februar 1964 betonte er:

»Wir sind uns bewußt, daß wir in der Deutschen Demokratischen Republik den Übergang vom Kapitalismus zum Sozialismus entsprechend unserer nationalen Bedingungen durchgeführt haben und durchführen. Diese Bedingungen unterscheiden sich von denen, die die Sowjetmacht hatte, als sie den Übergang zum Sozialismus vollzog.«

Es war jetzt die Rede von Eigenverantwortlichkeit für die Betriebe, größerer Flexibilität in der Planung, Nutzung von Marktmechanismen, schneller Überführung moderner wissenschaftlicher Erkenntnisse in die Praxis, Entwicklung von Lehre und Forschung an den Hochschulen. Es ging darum, in einem hochindustrialisierten Land sozialistische Planwirtschaft zu verwirklichen. Das aber kam einer Quadratur des Kreises gleich, weil die politischen Strukturen unangetastet blieben.

Kulturpolitischer Kahlschlag

Das galt auch für die Jugend-, Frauen- und Kulturpolitik, die sich im Zuge des NÖS offener gestalteten. Von der »neuen« Kulturpolitik schien für die konservativen »Bremser« um Erich Honecker die größte Gefahr auszugehen. Ein Ergebnis war der kulturpolitische Kahlschlag auf dem 11. Plenum des Zentralkomitees der SED im Dezember 1965. Hier war Honecker der Wortführer, der mit der offenen Politik seit 1963 abrechnete. Da war die Rede von »schädlichen Tendenzen« in Filmen, Fernsehsendungen, Theaterstücken und literarischen Arbeiten. Der Liedermacher Wolf Biermann, der Schriftsteller Stefan Heym und der Professor Robert Havemann, der schon 1964 aus der SED ausgeschlossen worden war, wurden scharf angegriffen.

Gleichzeitig wurden die Konsequenzen aus der ersten Phase des NÖS gezogen. Zwar waren wirtschaftliche Erfolge zu verzeichnen gewesen, aber die Entwicklung war hinter den optimistischen Erwartungen der Reformer zurückgeblieben: Die Steigerung der Arbeitsproduktivität verlief langsamer als gewünscht, und im Außenhandel erwies sich die wachsende Verflechtung mit der Sowjetunion als problematisch. Ein erfolgreicher Westhandel war unter diesen Bedingungen, wo die DDR hochwertige Fertigprodukte zum Ausgleich für sowjetische Rohstofflieferungen unter Weltmarktpreisen in die Sowjetunion exportieren mußte, nicht möglich. Dies war wohl mit ein Grund dafür, daß vor Beginn des 11. Plenums der Leiter der staatlichen Planungskommission, Erich Apel, Selbstmord beging. Grundsätzlich aber hielt die SED am NÖS fest, nannte dies zwei Jahre später nur anders, nämlich »Ökonomisches System des Sozialismus« (ÖSS). Hatte es vorher noch mit Blick auf die Bundesrepublik »einholen und überholen« geheißen, so lautete die Formel jetzt »überholen ohne einzuholen«. Nach Ulbricht drückte diese Formel aus,

»daß es nicht darum gehen kann, uns allmählich an den gegenwärtigen Höchststand heranzupirschen. Sie orientiert sich vielmehr darauf, gewissermaßen am gegenwärtigen wissenschaftlich-technischen Höchststand vorbei, völlig neue Prinzipien, neue Verfahren auszuarbeiten und praktisch zu beherrschen, die dazu erforderlichen Systeme und Instrumente zu entwickeln und auf diese Weise einen neuen wissenschaftlich-technischen Höchststand zu bestimmen.«

Der SED-Chef forderte jetzt:

»Alle anderen Teilbereiche des gesellschaftlichen Lebens, wie Bildung, Kultur, Recht, Demokratie, Ideologie, politische Massenarbeit usw., auf ein gleiches, fortgeschrittenes Niveau zu bringen und dadurch in einem Prozeß bewußt gestalteter Wechselbeziehungen mit geringst möglichem Aufwand und in historisch kürzest möglicher Frist die entwickelte sozialistische Gesellschaft zu schaffen.«

Äußere Symbole des Veränderungswillens bildeten die neuen Stadtzentren mit ihren »Großbauten des Kommunismus«, für die rigoros Platz geschaffen wurde.[2] Hatte Ulbricht 1950 mit der Sprengung des Berliner Stadtschlosses – an dessen Stelle 1976 der »Palast der Republik« entstand – ein Zeichen für den »Fortschritt« setzen wollen, so hatte auch die Sprengung der aus dem 13. Jahrhundert stammenden Leipziger Universitätskirche am 30. Mai 1968 symbolische Bedeutung: An ihrer Stelle wurde der hochaufragende Neubau der Karl-Marx-Universität als Monument der einzigen wissenschaftlichen Weltan-

schauung, des Fortschritts und der ökonomischen Leistungskraft der DDR errichtet.[3] Dazu paßte auch der Bau des Fernsehturms am Alexanderplatz in Ost-Berlin, der am 7. Oktober 1969 in Betrieb ging und in der DDR das Zeitalter des Farbfernsehens eröffnete – zwei Jahre nach der BRD.
1968 wurde eine neue Verfassung verabschiedet, es gab ein neues Strafgesetzbuch und eine neue Strafprozeßordnung, ein neues Gesetz über die Staatsbürgerschaft und eine Flut von neuen Bestimmungen und Änderungen, insbesondere im Bereich der Hochschulen und wissenschaftlichen Einrichtungen. Im Kern änderte sich allerdings dadurch nichts an den aus der Stalinzeit überkommenen Machtverhältnissen und Herrschaftsmethoden. Und das war und blieb das eigentliche Problem.

Ulbrichts Scheitern

War Ulbricht der Reformer, Honecker der Bremser? Ulbricht wollte die DDR zum Modell und Schaufenster des Sozialismus ausbauen. Dies war für ihn eine Frage des Überlebens. Dazu gehörten die Bewältigung des wissenschaftlich-technischen Fortschritts und eine verstärkte Integration der DDR in den Rat für gegenseitige Wirtschaftshilfe (RGW). Er wollte, daß die von den Kapitalisten gekaufte neue Technik in der DDR – evtl. auch in Polen und der ČSSR – effektiver eingesetzt würde, als dies in den westlichen Ländern möglich schien – unter der Voraussetzung, daß die Sowjetunion Rohstoffe und Vorprodukte unter Weltmarktpreis liefern würde. Er scheiterte: zum einen am unlösbaren Widerspruch zwischen wirtschaftlicher Rationalität und politischem Herrschaftsanspruch.
Man erzählte sich damals folgenden Witz in der DDR: Während eines Kurses am Institut für sozialistische Wirtschaftsführung sollte das ökonomische System auf der Basis eines Rechenprogramms wissenschaftlich optimiert werden. Alle wesentlichen Daten der DDR-Wirtschaft wurden in einen Großrechner eingegeben, und die Funktionäre erwarteten gespannt das Ergebnis. Das Optimierungsprogramm machte schnell die zentrale Fehlerquelle des Systems ausfindig – und empfahl die Absetzung des Politbüros der SED. Der Computer hatte keinen Klassenstandpunkt.[4]
Zum anderen scheiterte Ulbricht an den hegemonialen Interessen Leo-

Abb. 27: Mit der Wirtschaft der DDR geht es weiter bergab: Schlangestehen bleibt eine Dauererscheinung im »ersten Arbeiter- und Bauernstaat auf deutschem Boden«.

nid Breschnews. Die von der DDR geforderten Lieferungen wurden ihr von den »Freunden« in Moskau in gleicher Weise verwehrt wie schon zu Chruschtschows Zeiten. Auch die chronische Unterbewertung der DDR-Waren konnte nicht korrigiert werden. Es gab auch noch andere Unstimmigkeiten zwischen Ulbricht und Breschnew: seine ideologischen Eigenmächtigkeiten im Jahr 1968, die das Führungsmonopol der sowjetischen Partei in Frage stellten, die Verabschiedung der DDR-Verfassung gegen sowjetischen Willen, seine Haltung beim Prager Frühling. Zumindest anfänglich begrüßte er die von Alexander Dubček eingeleiteten Reformen, was ihm später von seinen Gegnern vorgehalten wurde.
Seine Ablösung ging dennoch nicht auf eine sowjetische Intervention zurück, sondern auf die Eskalation der Meinungsverschiedenheiten im SED-Politbüro. Ausgangspunkt waren wirtschaftliche Probleme. Der ostdeutsche Historiker Stefan Wolle schildert anschaulich »den endlosen Winter« 1969/70 in der DDR oder »die vier Hauptschwierigkeiten beim Aufbau des Sozialismus«: Frühling, Sommer, Herbst und Winter. Im harten Winter 1969/70 gab es kaum noch Heizmaterial, Kartoffeln waren knapp, in der Silvesternacht lagen die Städte der DDR im Dunkeln – sogar die »Hauptstadt der DDR«, Ost-Berlin (mit Ausnahme der

Flutlichtanlagen an der Mauer). Zum 20. Jahrestag der DDR-Gründung reimte der Volksmund: »Keine Kohlen im Keller, keine Kartoffeln im Sack. Es lebe der zwanzigste Jahrestag!«

Noch wichtiger aber war Ulbrichts mehr als zögerliche Zustimmung zur Reaktion der Sowjets auf die Ostpolitik der Brandt/Scheel-Regierung. Seit Bildung dieser Regierung wuchs an der Spitze der KPdSU außerdem der Verdacht, »daß Ulbricht seine ökonomische Vorwärtsstrategie nunmehr in allzu enger Verbindung mit den westdeutschen Sozialdemokraten an der Sowjetunion vorbei zu verwirklichen trachtete«.[5] Ulbrichts Ende war vorprogrammiert; seine Gegner im Politbüro, allen voran Erich Honecker, warteten nur noch auf den geeigneten Zeitpunkt zum Handeln.

Dokumente zum 9. Kapitel

[24] »Die geschichtliche Aufgabe der DDR und die Zukunft Deutschlands«, 25. 3. 1962

Geschichte und Gegenwart des deutschen Volkes haben bewiesen, daß die Herrschaft der Imperialisten und Militaristen in unversöhnlichem Gegensatz zu den Lebensinteressen des deutschen Volkes steht. Die Lebensinteressen des deutschen Volkes fordern die Beseitigung der Herrschaft der Konzerne, Großbanken und ihrer Hitlergenerale. Geschichte und Gegenwart des deutschen Volkes haben es andererseits auch hundertfach bewiesen, daß Sozialismus und Lebensinteressen des deutschen Volkes, daß Sozialismus und nationale Interessen völlig übereinstimmen.

Der Sieg des Sozialismus in der Deutschen Demokratischen Republik liegt also im nationalen Interesse des ganzen deutschen Volkes und ist entscheidende Voraussetzung für die Lösung unserer nationalen Frage. Der Sieg des Sozialismus in der Deutschen Demokratischen Republik und später auch in der westdeutschen Bundesrepublik befreit unser Volk von dem unheilvollen Kreislauf Konjunktur, Krise, Krieg, befreit es für immer von kapitalistischer Ausbeutung, sichert die Einheit des Vaterlandes und ein glückliches Leben in Frieden und Sozialismus.

Die Deutsche Demokratische Republik, die sich im Einklang weiß mit den Entwicklungsgesetzen der menschlichen Gesellschaft, kann mit der Vollendung des Aufbaus des Sozialismus, mit der Erfüllung dieser ihrer historischen Mission nicht warten, bis die friedliebenden Kräfte in Westdeutschland unter Führung der Arbeiterklasse den Sieg errungen haben. Sie kann und wird ihre Entwicklung nicht abhängig machen von dem Zurückbleiben der Gesellschaftsordnung in Westdeutschland, der wir in der Deutschen Demokratischen Republik bereits um eine ganze geschichtliche Epoche voraus sind.

Die Deutsche Demokratische Republik würde sich am deutschen Volk und seiner Zukunft versündigen, wenn sie sich bei der Erfüllung ihrer historischen Mission von der Entwicklung der Klassenkämpfe und dem Tempo des Verfalls der kapitalistisch-imperialistischen Herrschaft in Westdeutschland abhängig machen wollte.

(»Neues Deutschland«, 25. 3. 1962)

[25] Erich Honecker vor dem ZK der SED: DDR – »ein sauberer Staat«, 15. 12. 1965

Unsere DDR ist ein sauberer Staat. In ihr gibt es unverrückbare Maßstäbe der Ethik und Moral, für Anstand und gute Sitte. Unsere Partei tritt entschieden gegen die von den Imperialisten betriebene Propaganda der Unmoral auf, die das Ziel verfolgt, dem Sozialismus Schaden zuzufügen. Dabei befinden wir uns in voller Übereinstimmung mit der Bevölkerung der DDR und der überwiegenden Mehrheit der Menschen in Westdeutschland.
Wir stimmen jenen zu, die feststellen, daß die Ursachen für diese Erscheinungen der Unmoral und einer dem Sozialismus fremden Lebensweise auch in einigen Filmen, Fernsehsendungen, Theaterstücken, literarischen Arbeiten und in Zeitschriften bei uns zu sehen sind. Es häuften sich in letzter Zeit auch in Sendungen des Fernsehfunks, in Filmen und Zeitschriften antihumanistische Darstellungen. Brutalitäten werden geschildert, das menschliche Handeln auf sexuelle Triebhaftigkeit reduziert. Den Erscheinungen der amerikanischen Unmoral und Dekadenz wird nicht offen entgegengetreten. Das gilt besonders für den Bereich der heiteren Muse und der Unterhaltung, für einzelne literarische Arbeiten. [...] Biermann wird systematisch vom Gegner zum Bannerträger einer sogenannten literarischen Opposition der DDR, zur Stimme der »rebellischen Jugend« gemacht. Davon zeugen Sendungen westdeutscher Rundfunkstationen, Berichte in der westdeutschen Presse und Rezensionen zu seinem in Westberlin erschienenen Gedichtband. Biermann wird dort als ein »äußerst freimütiger und kühner Kritiker des mitteldeutschen Regimes« gefeiert. Biermanns sogenannte Gedichte kennzeichnen sein spießbürgerliches, anarchistisches Verhalten, seine Überheblichkeit, seinen Skeptizismus und Zynismus. Biermann verrät heute mit seinen Liedern und Gedichten sozialistische Grundpositionen. Dabei genießt er wohlwol-

lende Unterstützung und Förderung einiger Schriftsteller, Künstler und anderer Intellektueller. Es ist an der Zeit, der Verbreitung fremder und schädlicher Thesen und unkünstlerischer Machwerke, die zugleich auch stark pornographische Züge aufweisen, entgegenzutreten. Es stärkt nicht die Autorität des Deutschen Schriftstellerverbandes und anderer Organisationen wie zum Beispiel des Deutschen Kulturbundes, wenn sie sich nicht mit diesen Machwerken auseinandersetzen.
[...]
Leider hat sich in den letzten Jahren eine neue Art Literatur entwickelt, die im wesentlichen aus einer Mischung von Sexualität und Brutalität besteht. Ist es ein Wunder, wenn nach dieser Welle in Literatur, Film, Fernsehen und Zeitschriften manche Jugendliche nicht mehr wissen, ob sie richtig oder falsch handeln, wenn sie dort ihre Vorbilder suchen? Wir sind keine Anhänger des Muckertums und sind selbstverständlich für die realistische Darstellung aller Seiten des menschlichen Lebens in Literatur und Kunst. Aber das hat nichts damit zu tun, daß wir die neuesten Ergüsse der Enthemmung und Brutalität aus dem kapitalistischen Westdeutschland einschleusen lassen, um unsere Jugend zu verseuchen. In diesem Sinne legen wir entschieden Wert auf die Sauberkeit auch in der Produktion des Fernsehens und des Films.

(Erich Honecker: Bericht des Politbüros an die 11. Tagung des ZK der SED, 15. bis 18.12. 1965, Berlin (Ost) 1966, S. 56 ff.)

[26] Aus den Thesen zum 20. Jahrestag der DDR, 24. 1. 1969

I. Die DDR ist der durch die vielhundertjährige Geschichte unseres Volkes legitimierte deutsche Staat des Friedens und der Freiheit, der Menschlichkeit und der sozialen Gerechtigkeit. In der DDR werden alle großen, progressiven Ideen, die das deutsche Volk je hervorgebracht hat, wird das Vermächtnis aller Kämpfe um ein Reich des Friedens und der sozialen Sicherheit, der Menschenwürde und Brüderlichkeit erfüllt. Verwirklicht wird das Kampfziel der revolutionären deutschen Arbeiterbewegung, das Deutschlands größte Söhne, Karl Marx und Friedrich Engels, vor 120 Jahren im »Kommunistischen Manifest« proklamierten. Wofür die Scharen des Thomas Müntzer im großen deutschen Bauernkrieg in die Schlacht zogen, was deutsche Aufklärer und Humanisten an Ideengebäuden errichteten, wofür die Volksmassen 1813 und 1848 stritten, wofür die deutsche Arbeiterklasse unter August Bebel, Wilhelm Liebknecht, Rosa Luxemburg, Karl Liebknecht und Ernst Thälmann – während des Sozialistengesetzes – in der Novemberrevolution und in der Weimarer Republik – kämpfte, wofür Kommunisten, Sozialdemokraten, Christen und bürgerliche Patrioten im antifaschistischen Widerstand Kerker und Tod, Folter und Emigration auf sich nahmen –, das alles ist Wirklichkeit geworden in der Deutschen Demokratischen Republik.

(Hermann Weber (Hrsg.), DDR. Dokumente zur Geschichte der Deutschen Demokratischen Republik 1945–1985, München 1986, S. 305)

[illegible]
[illegible]
[illegible]
[illegible]
[illegible]
[illegible]
[illegible]

[illegible]
[illegible]

10. Kapitel

1962–1969: Deutsch-deutsche Beziehungen

Dokumente

1962–1969: Deutsch-deutsche Beziehungen

Friedliche Koexistenz

Auch wenn es in den Jahren 1962 bis 1969 deutsch-deutsche Beziehungen nicht wirklich gegeben hat, so werden doch in dieser Phase auf westdeutscher und auf DDR-Seite Ansätze erkennbar, die dann in die Ostpolitik der Regierung Brandt/Scheel einmünden. Die Positionen waren klar: hier Alleinvertretungsanspruch mit Hallstein-Doktrin, dort das Bemühen um völkerrechtliche Anerkennung als souveräner Staat. Die »geschichtliche Aufgabe der DDR« nach dem Mauerbau wurde darin gesehen, den westdeutschen Werktätigen bei ihrem Bemühen zu helfen, sich der »Fesseln des kapitalistischen und imperialistischen Regimes zu entledigen und zum Aufbau des Sozialismus überzugehen«, wie es am 25. März 1962 in einer Erklärung der Nationalen Front, dem Zusammenschluß aller politischen Parteien und Massenorganisationen der DDR unter Führung der SED, hieß. Darin war auch die Rede von der friedlichen Koexistenz, wonach

> »die beiden deutschen Staaten normale wirtschaftliche, kulturelle und auch politische Beziehungen untereinander haben, daß sie auf den verschiedensten Gebieten zusammenarbeiten und auf der Basis der Gegenseitigkeit und völligen Gleichberechtigung ihre Rechte und vernünftigen Interessen achten«.

Man konnte so etwas fordern, da davon auszugehen war, daß im Westen niemand darauf eingehen würde. So wurden denn diese Forderungen in den folgenden Jahren geradezu gebetsmühlenartig wiederholt. Der VI. Parteitag der SED in Ost-Berlin vom 15. bis 23. Januar 1963 verabschiedete den von Walter Ulbricht eingebrachten »Vorschlag eines Abkommens zwischen beiden deutschen Staaten«; im »Vertrag über Freundschaft, gegenseitigen Beistand und Zusammenarbeit zwischen der DDR und der UdSSR« vom 12. Juli 1964 wurden in Artikel 7 »gleichberechtigte Verhandlungen und eine Verständigung zwischen beiden souveränen deutschen Staaten« als Voraussetzung für die »Schaffung eines friedliebenden, demokratischen, einheitlichen deutschen Staates« genannt. Das aber war – zumindest vorläufig – nicht zu haben.

Wolfgang Schollwer (FDP)

In der Bundesrepublik gab es damals allerdings schon Stimmen, die von der Notwendigkeit einer Kursänderung in der Deutschlandpolitik überzeugt waren. Auf der Suche nach einer neuen Politik tat sich Anfang 1962 der Referent für gesamtdeutsche Fragen in der FDP-Bundesgeschäftsstelle und des FDP-Pressedienstes, Wolfgang Schollwer, hervor. Sein »Minimalprogramm« lautete: 1. Anerkennung der Zweistaatlichkeit Deutschlands und der Souveränität der DDR bis zur Wiedervereinigung. 2. Aufgabe der Hallstein-Doktrin und Aufnahme voller diplomatischer Beziehungen zu den Staaten Osteuropas. 3. Einfrieren des atomaren Status der Bundesrepublik, Einbeziehung Westdeutschlands in militärische Inspektionszonen, Prüfung von Vorschlägen über die Schaffung atomwaffenfreier und militärisch verdünnter Zonen in Mitteleuropa. 4. Abbau der Funktionen West-Berlins als antikommunistischer Propagandazentrale, statt dessen Zentrierung internationaler und gesamtdeutscher Institutionen in Berlin. 5. Offizielle Respektierung der Ostgrenzen bis zur Friedensregelung. Eingeleitet werden sollte die Wiederannäherung der beiden Teile Deutschlands durch die Einsetzung einer »Gesamtdeutschen Kommission«. Das war ein Vorgriff auf eine noch ferne Zukunft. Schollwer stieß mit seinen »Gedanken zur Deutschlandpolitik der Freien Demokraten« sogar in seiner eigenen Partei auf heftigen Widerspruch.

»Wandel durch Annäherung« und das Passierscheinabkommen

In der CDU/CSU bewegte sich damals nichts, aber auch nicht in der Bonner SPD. Herbert Wehner drängte in Bonn an die Macht und wollte alles vermeiden, was die Koalitions- und Regierungsfähigkeit der SPD beeinträchtigen konnte. Und so verwundert es nicht, daß neue Ideen in der Deutschlandpolitik nicht aus Bonn, sondern aus Berlin kamen, wo die Teilung am schmerzlichsten empfunden wurde. Es war der Pressesprecher des Senats, Egon Bahr, der in einer inzwischen berühmten

Rede im Juli 1963 in der Evangelischen Akademie in Tutzing die neue Politik auf die griffige Formel »Wandel durch Annäherung« brachte, d. h. »Überwindung des Status quo, indem der Status quo zunächst nicht verändert werden soll«. Manche verstanden das nicht und sprachen ablehnend von »Annäherung durch Wandel«. Dennoch wurde hier das Muster für jene Politik angedeutet, die dann ab 1969 mit einer »Politik der kleinen Schritte« umgesetzt wurde.
Vorerst gab es nur eine Politik der ganz kleinen Schritte: Im Dezember 1963 das erste Passierscheinabkommen, durch das immerhin 1,2 Millionen Westberliner zu Weihnachten und Neujahr 1963 zum ersten Mal seit dem Mauerbau ihre Verwandten im Ostteil der Stadt besuchen konnten. Ab November 1964 durften Rentner aus der DDR (im Alter ab 65 Jahren) in den Westen reisen. Sie konnten auch im Rahmen der »Familienzusammenführung« in die Bundesrepublik übersiedeln. In der DDR gab es dann schon bald folgenden makabren Witz: Im Jahre 2014 werde alles besser; dann werde die DDR 65 und könne ausreisen. Fast gleichzeitig, am 1. Dezember 1965, führte die DDR den »Mindestumtausch« für alle Besucher aus dem »nicht-sozialistischen Ausland« ein.

Der gescheiterte Zeitungsaustausch

Im April 1964 erklärte Walter Ulbricht die Bereitschaft, einige westdeutsche Zeitungen, etwa »Die Zeit« oder die »Süddeutsche Zeitung«, in der DDR zum Verkauf auszulegen, wenn in der Bundesrepublik das SED-Zentralorgan »Neues Deutschland« in gleichem Maße öffentlich verkauft werden konnte. »Neues Deutschland« schlug daraufhin der Hamburger »Zeit« zur Vorbereitung dieses Austausches einen »vereinbarten Artikelaustausch« vor, der aber nach einem ersten gegenseitigen Artikelabdruck vom »Neuen Deutschland« abgebrochen wurde. Zögerndes Verhalten der Bundesregierung und neue Bedingungen der DDR (Vereinbarungen auf Regierungsebene) führten in der Frage des Zeitungsaustausches zu keinem Ergebnis. Während die Bedenken in Bonn gegen die Einführung propagandistischer Druckerzeugnisse aus der DDR im Lauf der Zeit abnahmen, stiegen in Ost-Berlin die Befürchtungen vor ideologischer Aufweichung. Vorerst gab es keinen Zeitungsaustausch. Die in der Bundesrepublik Deutschland notwendige Änderung der Staatsschutzgesetzgebung (Genehmigungspflicht für den Bezug von Zeitungen aus der DDR) erfolgte erst 1968; ab 1. August 1968 wurde der Bezug zunächst bis März 1971 befristet, ab 1. April 1971 unbefristet freigegeben. Zuvor hatte Ulbricht an Bundeskanzler Erhard den Entwurf eines Vertrages geschickt, mit dem beide deutsche Staaten auf Atomwaffen verzichten sollten; der Vertrag brauche, so hatte er hinzugefügt, »die staatlichen Beziehungen nicht zu präjudizieren«; der Kanzler könne dazu einen »ausdrücklichen Vorbehalt« machen. Der Brief ging, wie alle solchen Briefe, ungeöffnet zurück.[1]

Die SED und die Wiedervereinigung

Eine ganze Reihe anderer DDR-Maßnahmen wurde damals unter dem Begriff »Normalisierung der Beziehungen zur Bundesrepublik« durchgeführt. Das war zu einem Zeitpunkt, als man in Bonn und Moskau davon ausging, daß Chruschtschow der Bundesrepublik möglicherweise einen Besuch abstatten würde. Nach seinem Sturz 1964 ging Ost-Berlin wieder auf Distanz zu Bonn. Ulbricht gab die Parole aus: »Wer normale menschliche Beziehungen will, muß auch normale staatliche Beziehungen wollen.« Immerhin schlug er in seiner Neujahrsansprache am 1. Januar 1965 »Verhandlungen der beiden deutschen Staaten über unsere deutschen Probleme« vor. Auf dem Weg dahin ging es auch darum, die Hallstein-Doktrin Schritt für Schritt zu demontieren. Dazu diente vor allem auch der Besuch Ulbrichts im Frühjahr 1965 in Ägypten (siehe Kapitel 6).

Am 1. August 1965 erklärte Ulbricht, ein Wahlsieg der CDU/CSU bei den bevorstehenden Bundestagswahlen bedeute eine »dauernde« Blockierung der Wiedervereinigung. Die Haltung der SED wurde von westlichen Beobachtern damals als »DDR-Alleinvertretungsanmaßung« bezeichnet. Im September 1965 meinte Ulbricht in Moskau, die DDR spreche für »das ganze friedliebende Deutschland, für alle friedliebenden Menschen, auch für diejenigen, die heute noch jenseits unserer Staatsgrenzen in der westdeutschen Bundesrepublik oder auf dem besonderen Territorium Westberlin leben«. Fast gleichzeitig, am 18. Dezember 1965, wurde ein »Staatssekretariat für gesamtdeutsche Fragen« in Ost-Berlin und am 14. Januar 1966 ein »Rat für gesamtdeutsche Fragen« eingerichtet. Der Bevölkerung sollte offensichtlich gezeigt werden, daß die SED die Wiedervereinigung als politisches

Fernziel keineswegs aufgegeben habe; wann dieses Ziel, ein »sozialistisches Deutschland«, allerdings erreicht würde, machte die SED von einer innenpolitischen Veränderung in der Bundesrepublik abhängig (Austritt aus der NATO, Verzicht auf Kernwaffen, Entmilitarisierung, Herrschaft der Arbeiterklasse).

Der gescheiterte SPD–SED-Redneraustausch

Im Frühjahr 1966 war erkennbar, daß Erhard mit seiner Deutschlandpolitik nicht weitergekommen war. Hier setzte die SPD vorsichtig an. Man sprach nicht aus, konnte es wohl auch nicht, daß die Wiedervereinigung in weite Ferne gerückt war. Um so deutlicher ließ man erkennen, daß man bereit war, mit der anderen Seite zu reden. Das war immerhin schon etwas. Im Februar, März und April 1966 kam es zu einem Briefwechsel zwischen SPD und SED, den die SED begonnen hatte. Es wurde ein Redneraustausch vorgeschlagen. Am 26. Mai 1966 legten Beauftragte der SPD und SED die Termine dafür fest (14. Juli in Karl-Marx-Stadt, 21. Juli in Hannover).
Am 29. Juni sagte die SED das in Hannover schon bis zur Aufstellung von Rednertribünen und Schaffung von Parkplätzen vorbereitete, für sie offensichtlich doch zu heikle Unternehmen ab. Sie begründete das mit dem Alleinvertretungsanspruch Bonns und verwies auf das vom Bundestag verabschiedete »Gesetz über eine befristete Freistellung von der deutschen Gerichtsbarkeit«, womit aus Bonner Sicht verhindert werden sollte, daß entsprechend dem geltenden Strafrecht die SED-Vertreter bei der Einreise in die Bundesrepublik als Mitglieder einer Ersatzorganisation der verbotenen KPD verhaftet worden wären. Ulbricht sah das logischerweise anders; für ihn war dies ein »völkerrechtswidriges, annexionistisches Gesetz, mit dem die westdeutsche Gerichtsbarkeit willkürlich auf Territorien und Bürger anderer europäischer Staaten, vor allem der DDR, ausgedehnt werden soll«; unter diesen Bedingungen sei eine ordnungsgemäße Durchführung der Versammlung in Hannover nicht mehr gewährleistet, da sich kein Bürger der DDR einem solchen Gesetz unterwerfen könne. Die von der SPD forcierte »Politik der kleinen Schritte« ging offensichtlich schon jetzt einigen Genossen im SED-Politbüro zu weit.

Im Widerspruch dazu stand das Bemühen Ulbrichts, Einfluß auf die Bonner Koalitionsverhandlungen im November 1966 zu nehmen. In einem Brief an Willy Brandt sprach er sich für eine SPD/FDP-Koalition aus und schlug direkte Verhandlungen zwischen Spitzenvertretern der SED und SPD vor. Am 1. Dezember, als in Bonn das neue Kabinett vereidigt wurde, veröffentlichte Ost-Berlin die vierte Durchführungsbestimmung zum »Paßgesetz der DDR«. Damit drohte allen westdeutschen Besuchern, die die Politik der »Alleinvertretungsanmaßung« vertraten, die unverzügliche Ausweisung bzw. Einleitung eines Ermittlungsverfahrens. Erkennbar war eine Verhärtung der Deutschlandpolitik der SED. Sie vollzog jetzt auch öffentlich den Abschied von einer baldigen Wiedervereinigung. In seiner Neujahrsansprache am 1. Januar 1967 lehnte Ulbricht jeden Gedanken daran ab. Seine »Grundkoordinaten« blieben aber trotz allem gleich: Die »Gefährlichkeit« des »deutschen Imperialismus« dominierte weiterhin sein Weltbild.
Ost-Berlin forderte zunächst die staats-, dann die völkerrechtliche Anerkennung der DDR. Es wurde jetzt auch nicht mehr von »zwei Staatsvölkern« der »beiden deutschen Nationalstaaten« gesprochen, sondern von zwei Staaten und der »besonderen politischen Einheit Westberlin« sowie dementsprechend von zwei Staatsvölkern und der »Bevölkerung Westberlins«. Das Staatssekretariat für gesamtdeutsche Fragen wurde im Februar 1967 in »Staatssekretariat für westdeutsche Fragen« umbenannt und dann am 7. Juli 1971 aufgelöst. Das wurde damit begründet, daß seit Ende 1966 »durch die Schuld des westdeutschen Monopolkapitals und einer Bonner Regierung einschließlich der sozialdemokratischen Minister Begriffe wie ›gesamtdeutsch‹ ihres Inhalts entleert und gegenstandslos geworden« seien.
Entsprechend sah die Reaktion nach der Aufnahme diplomatischer Beziehungen zwischen Bonn und Bukarest im Januar 1967 aus. Die SED reagierte mit Angriffen auf das »sozialistische Bruderland« Rumänien und setzte es durch, daß jede Normalisierung der Beziehungen Bonns zu den osteuropäischen Staaten von der vorherigen Aufnahme »zwischenstaatlicher Beziehungen« zwischen der Bundesrepublik und der DDR, Aufgabe der »Ausschließlichkeitsanmaßung« seitens der Bundesrepublik, Anerkennung der bestehenden Grenzen in Europa und einer Nichtigkeitserklärung des Münchener Abkommens von Beginn an abhängig gemacht wurde. Das war dann die »Ulbricht-Doktrin«.

Gleichzeitig wurde eine erste anti-gesamtdeutsche Kampagne gestartet. Am 21. Februar 1967 wurde das »Gesetz über die Staatsbürgerschaft der DDR« beschlossen: Die DDR schaffte dafür in ihrem Bereich die seit 1913 bestehende einheitliche deutsche Staatsbürgerschaft ab und führte den Begriff »Staatsbürger der DDR« ein. In Leserbriefen im »Neuen Deutschland« wurde die Forderung nach Wiedervereinigung als »groteskes Geschwätz« und für »heute und in absehbarer Zeit« als unmöglich bezeichnet. Auch sonst wurden gesamtdeutsche Überlegungen auf den Gebieten Wissenschaft, Kultur und Kirche abgelehnt. Die SPD wurde nur noch als »SP« bezeichnet, um wie einst in der französischen Besatzungszone nach 1945 den Namen »Deutschland« aus der Diskussion zu verdrängen. In »Freundschafts- und Beistandspakten« mit Polen, der Tschechoslowakei, Ungarn und Bulgarien gelang es der DDR im übrigen festzuschreiben, daß es Sicherheit in Europa nur auf der Basis der »Existenz zweier deutscher Staaten« und des territorialen Status quo geben könne und die Politik des »westdeutschen Revanchismus« diese Sicherheit in Frage stelle, wenn nicht zuvor die völkerrechtliche Anerkennung der DDR durch die Bundesrepublik vollzogen sei. Bereits ein Jahr vorher, am 28. Februar 1966, hatte die DDR einen Antrag auf Aufnahme in die UNO gestellt.

Auf dem VII. Parteitag der SED im April 1967 wiederholte Ulbricht, was schon vorher in einem nicht veröffentlichten Rundschreiben gegenüber allen Grundorganisationen der SED betont worden war: die Absage an eine Wiedervereinigung Deutschlands war definitiv. Ulbricht bezeichnete die »Vereinigung« der beiden deutschen Staaten als »nicht real«; sie werde es erst im Sozialismus geben. Die Existenz besonderer innerdeutscher Beziehungen wurde von der SED nun zunehmend geleugnet, Deutschlandpolitik zur Außenpolitik im traditionellen Sinne deklariert. Das wurde auch deutlich in der Umbenennung des »Ministeriums für Außenhandel und Innerdeutschen Handel« im Juli 1967 in »Ministerium für Außenwirtschaft«.

Als Zeichen der »neuen Ostpolitik« der Großen Koalition begann Kiesinger einen Briefwechsel mit dem Vorsitzenden des Ministerrates der DDR, Willi Stoph. Stophs Briefe wurden anders als in der Vergangenheit nicht mehr ungeöffnet zurückgeschickt. Aber auch hier bestätigte sich die Verhärtung in der Deutschlandpolitik der SED. Kiesinger hatte in seiner Regierungserklärung vom 12. April 1967 der DDR vorgeschlagen, eine Reihe konkreter Vereinbarungen zum Abbau der Hindernisse im Reise- und Zahlungsverkehr und zur Zusammenarbeit in der Wirtschaft, in Verkehrs- und Transportfragen sowie auf wissenschaftlichem, kulturellem und sportlichem Gebiet zu schließen. Auf diesen Vorstoß antwortete Stoph am 10. Mai 1967. Er schlug darin ein Treffen der Regierungschefs vor und erhob dann die altbekannten Forderungen: normale Beziehungen zwischen Bonn und Ost-Berlin, Vereinbarung über Gewaltverzicht, Anerkennung der bestehenden Grenzen, kein Kernwaffenbesitz, atomwaffenfreie Zone in Europa.

Kiesinger schlug in seinem Antwortschreiben vor, daß Beauftragte beider Seiten ohne politische Vorbedingungen Gespräche über praktische Fragen des Zusammenlebens führen sollten. Das wiederum ging der SED zu weit; der nachfolgende Briefwechsel blieb ohne Ergebnis und führte eher noch zu einer Verhärtung der Fronten. Ulbricht hatte schon auf dem VII. Parteitag klargemacht: »Unter die Grenze der formellen Anerkennung unter normalen Beziehungen können wir [...] nicht hinuntergehen.« Am 11. Juni 1968 führte die DDR im Transitverkehr zwischen West-Berlin und der BRD die Paß- und Visumpflicht ein.

Am 9. August 1968 machte Ulbricht dann vor der Volkskammer den Vorschlag, diese solle den Ministerrat bevollmächtigen,

> »wenn die Bundesregierung auf solche Vorbedingungen wie Alleinvertretungsanmaßung und Hallstein-Doktrin verzichtet und bereit ist, Verträge über den Verzicht auf Anwendung von Gewalt in den gegenseitigen Beziehungen und über die Anerkennung der Grenzen abzuschließen, einen Staatssekretär zur Vorbereitung der Verhandlungen zu bestimmen«.

Damit war er auf den Vorschlag Kiesingers vom Sommer 1967 zurückgekommen. Neu war auch die Bereitschaft, im Falle eines Bonner Verzichts auf das Alleinvertretungsrecht der Schaffung einer »bevollmächtigten Mission« in Bonn bzw. Ost-Berlin zuzustimmen, deren Status Ulbricht aber ausdrücklich offenließ. Dies geschah wenige Tage vor dem am 20./21. August 1968 erfolgten Einmarsch von Truppen der Warschauer-Pakt-Staaten in die Tschechoslowakei. Möglicherweise hingen diese beiden Ereignisse auch miteinander zusammen.

Thomas Dehler und die FDP[2]

Inzwischen hatte sich die Diskussion um eine zukünftige Deutschlandpolitik innerhalb der FDP verschärft. Als Vor- und Querdenker galt hier zunächst immer noch Thomas Dehler. Anfang 1965 legte er ein

Programm vor, das zumindest bei der Analyse der Deutschlandpolitik der vier Siegermächte zutreffend war. Dehler:

»Die Deutschlandpolitik der Siegermächte zeigt, daß diese Deutschlandpolitik in der Frage der Wiedervereinigung auf Eis gelegt ist und daß selbst unsere Verbündeten das Faktum DDR respektieren. Damit ist unsere Politik der Vier-Mächte-Verantwortung in die Sackgasse geraten. Es hat sich erwiesen, daß die Zeit nicht für uns arbeitet, sie hat gegen uns gearbeitet. Niemand verkennt die Schwierigkeiten der gestellten Aufgabe; aber auch niemand, der die Wiedervereinigung wünscht, kann sich der Erkenntnis verschließen, daß das Schicksal des deutschen Volkes in erster Linie in unserer Verantwortlichkeit liegt und daß nichts unversucht gelassen werden darf, um dieser Verantwortung gerecht zu werden.«

Auch wenn es in der Fraktion hieß: »Wir müssen Thomas Dehler ertragen«: Dessen »Politik des Brückenschlages« enthielt Elemente, die schließlich in der Ostpolitik Brandt/Scheel realisiert wurden. Gefordert wurde: Aufnahme diplomatischer Beziehungen mit den Staaten Osteuropas, Verbesserung der Beziehungen zwischen den beiden Teilen Deutschlands – allerdings ohne eine »irgendwie geartete Anerkennung des Staatsgebildes der DDR« – durch die Ausweitung und Intensivierung der »Politik der kleinen Schritte« mit dem »Ziel einer engeren Verflechtung insbesondere auf wirtschaftlichem und kulturellem Gebiet« und einer »Aktivierung« der diplomatischen, wirtschaftlichen und kulturellen Beziehungen zur Sowjetunion.
Auf dem FDP-Parteitag im April 1967 in Hannover war die neue Ostpolitik erstmals ein Thema. Hier wurde eine Annäherung von Teilen der FDP an Positionen von Brandt und Bahr deutlich. Als Ergebnis dieses Prozesses kann man die Rede von Walter Scheel zur »Entspannung in Europa und zur Deutschlandpolitik« im Bundestag am 2. April 1968 und die große Anfrage der FDP mit dem Entwurf eines Generalvertrages vom 24. Januar 1969 ansehen. Die Interessengemeinschaft von SPD und FDP wurde erkennbar.

Der »Rahmenvertrag mit der DDR«

Die FDP-Überlegungen tauchten dann wieder in einem Entwurf für einen »Rahmenvertrag mit der DDR« auf, der unter Federführung von Egon Bahr vom Planungsstab des Auswärtigen Amts am 18. September 1969 fertiggestellt und Willy Brandt vorgelegt wurde. Er enthielt schon alle Elemente des späteren Grundlagenvertrages. In der elf Seiten umfassenden Begleitaufzeichnung von Bahr hieß es dazu abschließend:

»Das Hauptziel der sowjetischen Europapolitik ist die Legalisierung des Status quo. Das Hauptziel unserer Politik ist die Überwindung des Status quo. Es handelt sich hier um einen echten Gegensatz der Interessen. Dieser Gegensatz kann auch durch einen Rahmenvertrag nicht aufgelöst werden, sondern liegt ihm als Dissens zugrunde. Erstrebt wird nicht ein Interessenausgleich, sondern ein Mittel zur Durchsetzung der eigenen Interessen. Ein solcher Vertrag kann gefährdet sein, wenn die Interessen einer Seite sich gegenüber denen der anderen Seite offensichtlich durchzusetzen beginnen.
Das erste Stadium nach Vertragsabschluß bringt beiden Seiten Vorteile: die DDR erlangt die internationale Anerkennung, die Bundesrepublik Deutschland erreicht die Deblockierung ihrer Ostpolitik, eine vertragliche Konsolidierung des Status von Berlin und eine Verklammerung der Teile Deutschlands.
Langfristig verbindet sich für die Bundesrepublik mit dem Abschluß des Rahmenvertrages die Erwartung, daß nach formeller Klärung des Verhältnisses der beiden deutschen Staaten zueinander die materiellen Elemente des Vertrages und die darin enthaltenen zwischendeutschen Anknüpfungspunkte politisches Gewicht gewinnen und zugunsten der Überwindung der Teilung in unserem Sinn wirken. Das Interesse der DDR liegt demgegenüber darin, derartige Wirkungen aus dem Vertrag zu verhindern.
Risiken sind in einer solchen Entwicklung nicht auszuschließen; sie müssen in der Überzeugung in Kauf genommen werden, daß der Rahmenvertrag langfristig unseren Interessen größere Chancen gibt, sich durchzusetzen, als denen der anderen Seite.«[3]

Vier Wochen später gab es die sozial-liberale Koalition, die in der Deutschlandpolitik ein atemberaubendes Tempo vorlegte. Einer ihrer Architekten war und blieb Egon Bahr. Auf den Vorwurf des Verlegers Axel Springer, er nehme die Wiedervereinigung nicht mehr ernst, antwortete Bahr im Dezember 1969:

»Von Deutschland zu retten, was zu retten ist, verlangt mehr Mut, mehr Phantasie, mehr Arbeit, eingeschlossen die Bereitschaft, sich verleumden zu lassen, als das Beharren auf einigen großartigen Prinzipien, die nicht verhindert haben, daß Ulbricht immer stärker geworden ist, bis zu dem Punkt, an dem er, vielleicht ohne jede Gegenleistung, international bekommt, was er will.«[4]

Dokumente zum 10. Kapitel

[27] Bundesminister Rainer Barzel, z. Z. Berlin, an Staatssekretär Franz Thedieck, Bundesministerium für gesamtdeutsche Fragen, 17. 1. 1963

Geheim

Sofort auf den Tisch

Um 14.00 Uhr hatte ich ein abschließendes Gespräch mit dem Regierenden Bürgermeister in Anwesenheit des Herrn Senators Schütz. Nach diesem Gespräch muß ich davon ausgehen, daß Herr Brandt heute abend um 19.15 Uhr das Rathaus verläßt, um um 20.00 Uhr mit Herrn Chruschtschow in Ost-Berlin zusammenzutreffen. Herr Brandt bot mir an, mich heute abend sofort nach dem Gespräch mit Chruschtschow zu informieren. Ich habe meine Bereitschaft hierzu erklärt.
Bei meinem Gespräch mit dem Regierenden Bürgermeister um 12.30 Uhr hatte dieser mir mitgeteilt, daß die Alliierten ihn zwar auf gewisse Nachteile dieses Besuches aufmerksam gemacht hätten, ihm aber die Entscheidung überlassen und versichert hätten, hinterher in der Öffentlichkeit nicht zu sagen, daß sie Herrn Brandt abgeraten hätten. Herr Brandt fragte erneut nach meiner Meinung, die ich ihm unverändert vortrug mit dem Hinweis, daß meines Erachtens ein solcher Besuch nur möglich sei mit Zustimmung der Alliierten und der Bundesregierung. Ich könne meine Argumente, die gegen diesen Besuch sprächen, auch nach erneuter Überprüfung nicht revidieren. Herr Bürgermeister Amrehn, der diesem Gespräch beiwohnte, äußerte sich hart ablehnend und bedauerte, daß nicht schon gestern abend ein Nein ausgesprochen worden sei. Herr Brandt bezeichnete die gestrige Mitteilung des Herrn Bundeskanzlers an ihn als keine klare Stellungnahme.
Ich bestritt das und wies darauf hin, daß es – auch nach der Vorgeschichte – nun seine Sache sei, zu entscheiden. Meine Auffassung sei

ihm bekannt, die der Bundesregierung klar. Herr Brandt erklärte darauf abschließend, er wolle vor seiner Entscheidung noch einmal versuchen, den Herrn Bundeskanzler persönlich zu sprechen. Dieses Gespräch endete kurz nach 13.00 Uhr.

Anschließend nahm ich teil an einer Besprechung der CDU-Senatoren des Berliner Senats, die ihren demonstrativen Rücktritt erwogen. Um meinen Rat gefragt, gab ich zu bedenken, daß solche schwerwiegenden Entscheidungen auch mit den zuständigen Gremien besprochen werden müßten und keinesfalls über das Knie gebrochen werden dürften. Besonders Herr Amrehn ist für den Rücktritt. Sollte er ihn vollziehen, so werden sich zweifelsfrei die anderen Senatoren solidarisch verhalten. Ich habe noch einmal geraten, heute nichts Endgültiges zu entscheiden.

Das eingangs geschilderte letzte Gespräch mit Herrn Brandt begann um 14.00 Uhr. Herr Brandt teilte mir zunächst den Inhalt seines telefonischen Gespräches mit dem Herrn Bundeskanzler mit. Danach soll der Herr Bundeskanzler gesagt haben, daß bei dieser Haltung der Alliierten vieles dafür spräche, den Besuch zu machen. Auf Grund dieses Telefonats glaubte Herr Brandt, nicht mehr anders handeln zu können. Er werde die Einladung annehmen, aber die Annahme dieser Einladung schriftlich fixieren, um alle Mißverständnisse politischer und rechtlicher Art auszuschließen. Ich erwiderte Herrn Brandt, daß ich davon Abstand genommen hätte, meinerseits auf den Herrn Bundeskanzler Einfluß zu nehmen, weil meines Erachtens die Stellung des Bundeskabinetts klar sei und nun ihm die Entscheidung zufalle. Ich sähe mich nicht imstande, meine Argumente zu revidieren. Ich hielte es nach wie vor für falsch, daß er nach Ost-Berlin zu Chruschtschow führe. Da aber seine Entscheidung gefallen sei, wünsche ich ihm für diesen Abend Gottes Segen. Er möge aber bitte in diesem menschlichen Abschluß unseres Gespräches nicht irgend eine Billigung seiner Reise sehen.

Ich bitte, die Pressereaktionen drüben noch für heute vorzubereiten. Es ist damit zu rechnen, daß der Senat noch bis etwa 16.00 Uhr das Stillschweigen gegenüber der Presse zu wahren bemüht sein wird. Für einen Anruf zu der Frage einer Stellungnahme von mir wäre ich dankbar.

Dem Herrn Bundeskanzler, dem Herrn Außenminister, dem Herrn Bundesminister für besondere Aufgaben bitte ich unverzüglich von diesem Fernschreiben Kenntnis zu geben.

(AAPD 1963 (2), S. 91 f.)

[28] »Wandel durch Annäherung«: Egon Bahr in der Evangelischen Akademie Tutzing, 15. 7. 1963

[...] Die Voraussetzungen zur Wiedervereinigung sind nur mit der Sowjetunion zu schaffen. Sie sind nicht in Ost-Berlin zu bekommen, nicht gegen die Sowjetunion, nicht ohne sie. Wer Vorstellungen entwickelt, die sich im Grunde darauf zurückführen lassen, daß die Wiedervereinigung mit Ost-Berlin zu erreichen ist, hängt Illusionen nach und sollte sich die Anwesenheit von 20 oder 22 gut ausgerüsteten sowjetischen Divisionen vergegenwärtigen. Die Wiedervereinigung ist ein außenpolitisches Problem. Es widerspricht zwar vielen Resolutionen, aber es entspricht der realen Lage, wenn innerhalb der Bundesregierung nicht das Ministerium für Gesamtdeutsche Fragen, sondern das Auswärtige Amt für diesen Komplex zuständig ist. Niemand ist deshalb auf den Gedanken gekommen, daß diese Ressorteinteilung etwa eine Anerkennung der sogenannten DDR bedeute.

Die amerikanische Strategie des Friedens läßt sich auch durch die Formel definieren, daß die kommunistische Herrschaft nicht beseitigt, sondern verändert werden soll. Die Änderung des Ost-West-Verhältnisses, die die USA versuchen wollen, dient der Überwindung des Status quo, indem der Status quo zunächst nicht verändert werden soll. Das klingt paradox, aber es eröffnet Aussichten, nachdem die bisherige Politik des Drucks und Gegendrucks nur zu einer Erstarrung des Status quo geführt hat. Das Vertrauen darauf, daß unsere Welt die bessere ist, die im friedlichen Sinn stärkere, die sich durchsetzen wird, macht den Versuch denkbar, sich selbst und die andere Seite zu öffnen und die bisherigen Befreiungsvorstellungen zurückzustellen. Die Frage ist, ob es innerhalb dieser Konzeption eine spezielle deutsche Aufgabe gibt. Ich glaube, diese Frage ist zu bejahen, wenn wir uns nicht ausschließen wollen von der Weiterentwicklung des Ost-West-Verhältnisses. [...]

Wenn es richtig ist, und ich glaube, es ist richtig, daß die Zone dem sowjetischen Einflußbereich nicht entrissen werden kann, dann ergibt sich daraus, daß jede Politik zum direkten Sturz des Regimes drüben aussichtslos ist. Diese Folgerung ist rasend unbequem und geht gegen unser Gefühl, aber sie ist logisch. Sie bedeutet, daß Änderungen und Veränderungen nur ausgehend von dem zur Zeit dort herrschenden verhaßten Regime erreichbar sind. Das ist nicht ganz so erschreckend, wie es klingt, nachdem wir schließlich mit diesem Regime schon eine ganze Weile zu tun haben und auch auf der verschämten Ebene der Treuhandstelle für den Interzonenhandel sprechen. An dieser Stelle drängt sich naturgemäß die Überlegung auf, ob es nicht durch einen totalen Stop sämtlicher auch noch bestehender wirtschaftlicher Verbindungen denkbar wäre, das Gebäude der Zone zum Einsturz zu bringen. Man könnte sogar noch einen Schritt weitergehen und dem theoretischen Gedanken nachhängen, ob es nicht durch eine Verschärfung der Situation, die man bewußt fördert, zu einem Zusammenbruch kommen könnte. Die kühle Überlegung führt zu einer totalen Ablehnung dieser Gedanken. Es ist eine Illusion, zu glauben, daß wirtschaftliche Schwierigkeiten zu einem Zusammenbruch des Regimes führen könnten. [...] Der nächste Einwand ergibt sich aus unserer berechtigten Ablehnung, das Zonenregime anzuerkennen. Ich halte die Diskussion um die Anerkennung zuweilen insofern für zu eng und vielleicht sogar für gefährlich, weil sie uns in eine Sackgasse führen und jegliche Politik verbauen kann. Die selbstverständliche und von niemandem in Frage gestellte Weigerung, die Zone als einen rechtmäßigen Staat anzuerkennen, darf uns nicht lähmen. [...] Ich komme zu dem Ergebnis, daß sich unterhalb der juristischen Anerkennung, unterhalb der bestätigten Legitimität dieses Zwangsregimes bei uns soviel eingebürgert hat, daß es möglich sein muß, diese Formen auch gegebenenfalls in einem für uns günstigeren Sinne zu benutzen. Wenn Dr. Leopold* oder ein anderer zum Chef einer Behörde gemacht würde, die sich nicht nur mit den Fragen des Interzonenhandels beschäftigt, sondern mit allen Fragen, die zwischen den beiden Teilen Deutschlands von praktischem Interesse sind, dann würde ich darin um so weniger eine substantielle Änderung der heutigen Situation erblicken können, als die Treuhandstelle für den Interzonenhandel ja auch schon bisher nicht ausschließlich Handelsfragen besprochen hat.

Der amerikanische Präsident hat die Formel geprägt, daß so viel Handel mit den Ländern des Ostblocks entwickelt werden sollte, wie es möglich ist, ohne unsere Sicherheit zu gefährden. Wenn man diese Formel auf Deutschland anwendet, so eröffnet sich ein ungewöhnlich weites Feld. Es wäre gut, wenn dieses Feld zunächst einmal nach den Gesichtspunkten unserer Möglichkeiten und unserer Grenzen abgesteckt würde. Ich glaube, sie sind sehr viel größer als alle Zahlen, die

* Leiter der Treuhandstelle für den Interzonenhandel, einer im November 1949 beim Deutschen Industrie- und Handelstag gegründeten Einrichtung; sie unterstand seit 1963 der Aufsicht des Bundeswirtschaftsministeriums.

bisher genannt wurden. Wenn es richtig ist, daß die Verstärkung des Ost-West-Handels mit der genannten Einschränkung im Interesse des Westens liegt, und ich glaube, es ist richtig, dann liegt sie auch im deutschen Interesse, erst recht in Deutschland. Wir brauchen dabei nicht pingelig zu sein, um diesen bekanntgewordenen Kölner Ausdruck für eine bekannte Haltung zu benutzen. Das Ziel einer solchen Politik kann natürlich nicht sein, die Zone zu erpressen, denn kein kommunistisches Regime, und schon gar nicht das so gefährdete in der Zone, kann sich durch Wirtschaftsbeziehungen in seinem Charakter ändern lassen. Aber das haben schließlich auch nicht die Amerikaner verlangt, als sie Polen Kredite gaben, und das ist auch nicht der Sinn des amerikanischen Wunsches nach verstärktem Osthandel. Uns hat es zunächst um die Menschen zu gehen und um die Ausschöpfung jedes denkbaren und verantwortbaren Versuchs, ihre Situation zu erleichtern. Eine materielle Verbesserung müßte eine entspannende Wirkung in der Zone haben. Ein stärkeres Konsumgüterangebot liegt in unserem Interesse. In der Sowjetunion ist der Konsumwunsch gewachsen und hat zu positiven Wirkungen beigetragen. Es ist nicht einzusehen, warum es in der Zone anders sein sollte.

Die Sowjetunion ist angetreten mit dem Ziel, den Westen einzuholen und zu überholen, gerade auch auf dem Gebiet des Lebensstandards, auf dem der Westen am stärksten ist.

Abgesehen davon, daß es sich dabei um ein Ziel handelt, das den Westen als Vorbild hinstellen muß und an seiner Leistung orientiert ist, ist offensichtlich, daß diese Politik nicht allein die Zone innerhalb des Ostblocks ausnehmen kann. Den Prozeß zur Hebung des Lebensstandards zu beschleunigen, weil sich dadurch Erleichterungen mannigfacher Art für die Menschen und durch verstärkte Wirtschaftsbeziehungen verstärkte Bindungen ergeben können, würde demnach in unserem Interesse liegen.

Man könnte die Sorge haben, daß dann die Unzufriedenheit unserer Landsleute etwas nachläßt. Aber eben das ist erwünscht, denn das ist eine weitere Voraussetzung dafür, daß in dem Prozeß der Wiedervereinigung ein Element wegfallen würde, das zu unkontrollierbaren Entwicklungen führen könnte und damit zu zwangsläufigen Rückschlägen führen müßte. Man könnte sagen, das Regime würde dadurch gestützt, aber ich habe eben zu entwickeln versucht, daß es keinen praktikablen Weg über den Sturz des Regimes gibt. Ich sehe nur den schmalen Weg der Erleichterung für die Menschen in so homöopathischen Dosen, daß

sich daraus nicht die Gefahr eines revolutionären Umschlags ergibt, die das sowjetische Eingreifen aus sowjetischem Interesse zwangsläufig auslösen würde.
Die Bundesregierung hat in ihrer letzten Regierungserklärung gesagt, sie sei bereit, »über vieles mit sich reden zu lassen, wenn unsere Brüder in der Zone sich einrichten können, wie sie wollen. Überlegungen der Menschlichkeit spielen hier für uns eine größere Rolle als nationale Überlegungen.« Als einen Diskussionsbeitrag in diesem Rahmen möchte ich meine Ausführungen verstanden wissen. Wir haben gesagt, daß die Mauer ein Zeichen der Schwäche ist. Man könnte auch sagen, sie war ein Zeichen der Angst und des Selbsterhaltungstriebes des kommunistischen Regimes. Die Frage ist, ob es nicht Möglichkeiten gibt, diese durchaus berechtigten Sorgen dem Regime graduell so weit zu nehmen, daß auch die Auflockerung der Grenzen und der Mauer praktikabel wird, weil das Risiko erträglich ist.
Das ist eine Politik, die man auf die Formel bringen könnte: Wandel durch Annäherung. Ich bin fest davon überzeugt, daß wir Selbstbewußtsein genug haben können, um eine solche Politik ohne Illusion zu verfolgen, die sich außerdem nahtlos in das westliche Konzept der Strategie des Friedens einpaßt, denn sonst müßten wir auf Wunder warten, und das ist keine Politik.

(Archiv der Gegenwart,15.7.1963, S.10700f.)

[29] Staatssekretär Franz Thedieck, Bundesministerium für gesamtdeutsche Fragen, an das Auswärtige Amt, 20.7.1963

Geheim

Betr.: »Wandel der Sowjetzone durch Annäherung« über eine Behörde für innerdeutsche Beziehungen
Bezug: Rede des Regierenden Bürgermeisters Willy Brandt vom 15. Juli 1963;
Diskussionsbeitrag von Egon Bahr vom 15. Juli 1963 in Tutzing

In den angeführten Stellungnahmen ist vom Regierenden Bürgermeister Willy Brandt im Rahmen weiterer Ausführungen ein Versuch einer grundsätzlichen Bestandsaufnahme zu gesamtdeutschen Fragen vorgetragen worden. Der Leiter des Presse- und Informationsamtes des Landes Berlin, Egon Bahr, hat auf Grund und in Ausfüllung dieser Rede von Willy Brandt in einem eingehenden Diskussionsbeitrag Ideen zu einem Wandel der Verhältnisse in der Sowjetzone und über die Einsetzung einer »Behörde für innerdeutsche Beziehungen« entwickelt. Diese Vorschläge sind von Bahr selbst und ebenso in der Öffentlichkeit zusammengefaßt worden unter dem Schlagwort: »Wandel durch Annäherung«.

Da die Reden beider Herren unbeschadet von etwaigen weiteren Eigenschaften der Redner zunächst vom Berliner Regierenden Bürgermeister, d. h. dem Präsidenten einer Landesregierung der Bundesrepublik Deutschland, und von seinem Landespressechef vorgetragen worden sind, sehe ich mich veranlaßt, in diesem Zusammenhang auf einige mir wichtig erscheinende Bedenken bzw. Gefahren hinzuweisen und zu deren Abwendung um Ihre Intervention zu bitten.

I. Es kann hier nicht der Ort sein, sachlich zu den meist fragwürdigen Einzelthesen von Egon Bahrs Diskussionsbeitrag abschließend Stellung nehmen zu wollen. Hier genügt es, deren mehr theoretische Vorüberlegungen insoweit heranzuziehen, als sich auf sie Bahrs Versuche zu konkreten Schlußfolgerungen gründen. Ich beschränke mich deshalb auf Hinweise zu einigen wesentlichen Punkten:

1) Bahr widerspricht sich schon in seinen eigenen Ausführungen diametral, wenn er einerseits »die Zone mit Zustimmung der Sowjets transformieren« will, er andererseits aber selbst zutreffend feststellt, daß »kein kommunistisches Regime, und schon gar nicht das gefährdete in der Zone, sich durch Wirtschaftsbeziehungen in seinem Charakter ändern lassen« kann. Formal schlägt er zwar nur die selbst als wirkungslos anerkannten wirtschaftlichen Mittel vor (Ausgestaltung der TSI). Uneingestanden verfolgt er aber, wenn er es auch dementiert, darüber hinausgehende nichtwirtschaftliche Pläne. Damit gerät er nicht nur in die Nähe von Wilsons Labour Programm, sondern vor allem auch zum längst ad absurdum geführten »Deutschlandplan« der SPD und zu den Konföderationsplänen der SED bzw. der Sowjetunion.

2) Schon Bahrs immer wiederkehrende Beispiele scheinbarer völkerrechtlicher Parallelen wie

a) die Anwendung von Kennedys hier falsch verstandener »Strategie des Friedens« auf das innerdeutsche Problem,

b) die Erwähnung von Verhandlungen zwischen sich gegenseitig nicht anerkennenden fremden Staaten als Präzedenzfälle für deutsche Nichtanerkennungsfragen,
c) die Empfehlung der Devise »so viel Welthandel wie möglich« als deutsche Interzonenhandelsdevise

sind fraglich und schief bis unzutreffend.

3) Selbst Bahrs eingestandene Grundüberlegung von der Möglichkeit, einen solchen Wandel der Lage der Menschen in der Zone herbeizuführen, daß die Mitteldeutschen von »unkontrollierbaren Entwicklungen« Abstand nähmen – d. h. wohl zukünftig mindestens nicht mehr flüchteten! – mit dem Ziel der Minderung der Spannungen durch Annäherung, halte ich für grundfalsch. Wie eigentlich lange bekannt sein könnte, flüchteten im weitaus überwiegenden Prozentsatz die Menschen aus Mitteldeutschland weder aus aktueller Gefahr für Leib und Leben, noch aber aus rein materiellen Überlegungen, sondern um den menschenunwürdigen Bedingungen auf allen Lebensgebieten zu entgehen. Um diese Bedingungen zu »transformieren«, müßte aber gerade erst die SED-Herrschaft in ihr ausgesprochenes Gegenteil transformiert werden. Jede bloß materielle Besserung des Lebensstandards in Mitteldeutschland wäre mithin ohne eigentlichen entscheidenden Einfluß. Sie könnte die Berliner Mauer nicht überflüssig machen, noch dem Regime eine risikolose Milderung der Maßnahmen erlauben. Bahrs Ziel ist mithin auf den von ihm vorgeschlagenen Wegen überhaupt nicht zu erreichen.

II. So wie inhaltlich Bahrs Auffassungen teils schief, teils falsch sind, muß gleichfalls festgestellt werden, daß die aus diesen unzutreffenden Prämissen gezogenen Schlüsse für konkrete Vorschläge bedenklich bzw. gefährlich sind:

1) Alle »innerdeutschen Beziehungen« sind ihrer Natur nach:
a) entweder kommunal, unpolitisch und zulässig. Von diesen »technischen Kontakten« redet Bahr aber nicht;
b) oder aber staatlich, politisch und grundsätzlich unzulässig. Nur von diesen »politischen Kontakten« redet Bahr.

Diese politischen Kontakte zur sogenannten »DDR« sind kraft positiven Verfassungsrechtes entweder Teil der Aufgaben der auswärtigen Gewalt der Bundesrepublik Deutschland oder als gesamtdeutsche Angelegenheiten nach der Natur der Sache ausschließliche Aufgaben des Bundes und nicht des Landes Berlin.

2) Indem Bahr unzuständigerweise und unzulässigerweise höchst kontroverse Thesen scheinbarer Angebote zu politischen Kontakten auf gesamtdeutscher und außenpolitischer Ebene an die Zonenmachthaber öffentlich vertritt, schadet er gerade den berechtigten Anliegen der innerdeutschen Beziehungen, denen er dienen möchte:
   a) Er beeinträchtigt die Geschäftsführung der TSI.
   b) Er erweckt den Anschein, entweder einen »Versuchsballon« zur Bundespolitik in von der Bundespolitik autorisierter Weise auf Gebieten der Bundeszuständigkeit zu starten oder aber einen tiefgreifenden Gegensatz zwischen der legitimen Wiedervereinigungspolitik der Bundesregierung und der Wiedervereinigungspolitik des Berliner Senates aufzudecken.

   Beides erscheint mir in hohem Maß unerwünscht.
3) Obwohl eine direkte Beziehung zu diesen fraglichen Berliner Reden in Tutzing vielleicht noch nicht bestehen dürfte, ist auf die in diese Thesen mühelos einzufügenden »Vorschläge« des stellvertretenden SBZ-Ministers für Außenhandel und innerdeutschen Handel, SBZ-Staatssekretär Horst Soelle, vom 17. Juli 1963 (lt. ADN) über den Abschluß eines Handelsvertrages auf Ministerebene, über den Wegfall der Einzelkonten, der Saldierung und der Widerrufsklauseln besonders hinzuweisen. Es besteht die Gefahr, daß hier unbeabsichtigterweise von Berliner Seite der gegnerischen Seite Vorschub geleistet wird.
4) In einer Zeit, da die Bundespolitik es m. E. weniger denn je notwendig hat, der Sowjetzone *einseitig* Entgegenkommen zu zeigen, da sich das Sowjetlager sicher nicht in einem sonderlich starken Zustand befindet, spricht Bahr warnend von der Unmöglichkeit westlicher »Erpressungen« und desavouiert damit die unverzichtbaren und verbindlich gestellten Erwartungen der Bundespolitik. Diese Erwartungen sollten aber gerade der Berliner bzw. SBZ-Bevölkerung dienen.
5) Bahrs Vorschlag der Errichtung einer Behörde für innerdeutsche Beziehungen, die keinerlei de iure Anerkennung der Sowjetzone bedeuten sollte, verkennt die gegnerische Stellungnahme. Hauptabteilungsleiter Behrendt hat bereits a limine

jede Zuständigkeit für jeden solchen Versuch der TSI, der nicht mit der Erfüllung der nie definierten Gegenerwartungen der »DDR« verbunden wäre, abgelehnt. Im übrigen darf ich daran erinnern, daß ein ähnlicher Plan in einem Antrag der Fraktion der SPD betr. »Schaffung eines Amtes für innerdeutsche Regelungen« schon am 30. September 1958 im Bundestag eingereicht, seinerzeit von der Regierung und der CDU-Fraktion abgelehnt und nach internen Verhandlungen von der SPD zurückgezogen wurde.

6) Der Senatspressechef Bahr bzw. der Senat von Berlin sollte sich bei öffentlichen Erklärungen in der Art des Tutzinger »Diskussionsbeitrags« an die Ausführungen im Schreiben der »Regierung der Deutschen Demokratischen Republik – Ministerium für Auswärtige Angelegenheiten« – vom 19.12.62 an den Regierenden Bürgermeister Willy Brandt erinnern, in dem es damals hieß:
»Von der Regierung der Deutschen Demokratischen Republik wurden einige Ihrer öffentlichen Erklärungen sowie Verlautbarungen anderer Mitglieder des Westberliner Senats mit Interesse vermerkt, in denen den tatsächlichen Verhältnissen in einem gewissen Maße Rechnung getragen und die Notwendigkeit von Verhandlungen zwischen Regierungsorganen der Deutschen Demokratischen Republik und dem Westberliner Senat über strittige Fragen anerkannt wurde.« In diesem Schreiben wurde für die Kontaktaufnahme der Leiter der Rechtsabteilung des »Ministeriums für Auswärtige Angelegenheiten« angeboten. Das »Neue Deutschland« hat schon in einem Kommentar am 18. Juli erklärt: »Ein Mann, der mit sich reden läßt, ist gern gesehen«, und hat an das 7-Punkteprogramm des Herrn Ulbricht erinnert und an die Bereitschaft, einen Vertrag »zwischen der Regierung der DDR und dem Senat von Westberlin« abzuschließen.

III. Im Ergebnis dieser Überlegungen rege ich an, in einer Besprechung im Kreis der beteiligten Bundesministerien eine einheitliche Stellungnahme zu erarbeiten zur Klärung bzw. notwendigen Begrenzung von gesamtdeutschen und außenpolitischen Initiativen des Bundeslandes Berlin. M. E. sollte dann unter Ihrer Federführung mit dem Senat von Berlin auf dieser Grundlage eine Übereinkunft über die zukünftige Handhabung solcher schwieriger Fragen gesucht werden. Ich habe zunächst davon abgesehen, Durchschlag dieses Schreibens an den Berlinbeauftragten der Bundesregierung, Staatssekretär von Eckardt, zu geben.

In Vertretung
Thedieck

(AAPD 1963 (2), S. 772–776)

[30] Runderlaß Auswärtiges Amt: Passierscheinfrage, 3. 3. 1964

I. 1) Die Unterbrechung der Passierscheingespräche am 27. Februar 1964 hat führende deutsche Politiker veranlaßt, zum bisherigen Verlauf der Gespräche und zu ihrer zukünftigen Behandlung Stellung zu nehmen. Angesichts der Bedeutung der Passierscheinfrage für die Deutschland- und Berlin-Politik sind Unterschiede in der Bewertung von Einzelheiten unvermeidlich gewesen. Die kommunistische Politik versucht, diesen Vorgang für sich auszunutzen. Es ist daher notwendig, Sorge zu tragen, daß sich im Ausland auf Grund einer irreführenden Propaganda keine falschen Eindrücke festsetzen.

2) Zum Stand der Angelegenheit ist folgendes festzustellen:

a) Bundesregierung und Berliner Senat haben in ihrer Erklärung vom 14. Februar 1964 ihre Übereinstimmung in der Behandlung des Passierscheinproblems ausdrücklich festgestellt.

b) Bundesregierung und Berliner Senat sind sich einig, daß eine Dauerregelung der Passierscheinfrage nur möglich ist, wenn sowohl die Tätigkeit Ost-Berliner Beamter auf West-Berliner Boden unterbleibt als auch gewisse Formulierungen der Weihnachtsvereinbarung – wie die Verwendung des Begriffs »Hauptstadt der DDR« auf den Passierscheinen – in Fortfall kommen. Der gleiche Standpunkt war auch für eine befristete Passierscheinregelung für die Ostertage einzunehmen.

c) Bundesregierung und Berliner Senat haben am 27. Februar 1964 in ihrem gemeinsamen Kommuniqué nach Unterbrechung der Passierscheingespräche und nach ihrem bisher ergebnislosen Verlauf folgendes erklärt: »Daher sind unsere

Bemühungen um eine Regelung, die den Menschen auf beiden Seiten der Mauer während der kommenden Feiertage eine Begegnung ermöglicht hätte, an den politischen Forderungen der Sowjetzone gescheitert. Bundesregierung und Senat bedauern diese Entwicklung. Sie lassen sich nach wie vor von den gemeinsamen Grundsätzen zur Herbeiführung weiterer Erleichterungen im Personenverkehr leiten und werden ihre Bemühungen auf dieser Grundlage fortsetzen.«

3) Die Einigkeit in den Grundsätzen der Verhandlungsführung und ihrer Zielsetzung besteht also fort. Gewisse Schwierigkeiten bereitete lediglich die Beurteilung der Frage, wie weit sich eine *Wiederholung* der Weihnachtsvereinbarung zu Ostern unter den gleichen Bedingungen auf unsere Politik der Nichtanerkennung Pankows schädlich auswirken könnte. Es ist in diesem Zusammenhang die Auffassung vertreten worden, daß die Tätigkeit Ost-Berliner Beamter in Berlin (West) bei einem neuen befristeten Passierscheinabkommen politisch tragbar sei. Beamte der sowjetzonalen Reichsbahn und der Ost-Berliner Wasserstraßenbehörden seien ohnehin in Berlin (West) tätig. Dazu ist darauf hinzuweisen, daß die beiden letztgenannten Stellen ihre Funktionen auf Grund von Viermächte-Vereinbarungen ausüben, die sich aus dem Viermächte-Status Berlins ergeben. Demgegenüber würde ein Einsatz der Ost-Berliner Postbeamten in West-Berlin auf Vereinbarungen *deutscher* Stellen beruhen. Es ist verständlich, daß das Pankow-Regime hieran interessiert ist. Entsprechend hat es die Tätigkeit der Ost-Berliner Postbeamten in der Weihnachtszeit als Wahrnehmung »hoheitlicher« und »konsularischer« Aufgaben auf »ausländischem Boden« bezeichnet.

4) Es ist natürlich, daß in Berlin das Problem der menschlichen Begegnung – das allen unmittelbar vor Augen steht – schärfer gesehen wird. Es liegt nahe, daß die großen Vorteile, die die Weihnachtsbesuche im Ostsektor erbracht haben, gewisse politische Nachteile, die bei Abschluß der Weihnachtsvereinbarung am 17. Dezember 1963 aus humanitären Gründen in Kauf genommen werden mußten, geringfügiger erscheinen lassen.

5) Die Bundesregierung hat für diesen Gesichtspunkt volles Verständnis. Ihre eigene Beurteilung hat jedoch zusätzlich die folgenden wichtigen Gesichtspunkte zu berücksichtigen:
   a) Die kommunistische Politik in der Passierscheinfrage muß im Zusammenhang mit der sowjetischen Deutschland-Politik gesehen werden. So haben Pankow und Moskau die Weihnachtsvereinbarung – im Sinne der kommunistischen Drei-Staaten-Theorie – unverzüglich als »Beweis« verwandt, daß der Berliner Senat die »Staatsgrenze der DDR« einschließlich der Mauer anerkannt habe.
   b) Pankow und Moskau haben die Wiederholung der Weihnachtsabmachung für Ostern gefordert, um die Öffentlichkeit an das Bestehen eines Dauerkontaktes SBZ-Berliner Senat zu gewöhnen und ferner den Abschluß inhaltsgleicher Vereinbarungen beider Seiten zu einem »normalen« Vorgang zu machen.
   Dieser Tendenz war entgegenzuwirken. Im Sinne der Pankower »Gewöhnungstheorie« wäre zum Beispiel bereits im Falle einer formellen oder inhaltlichen Wiederholung der Abmachung vom 17. Dezember 1963 ein Erfolg Pankows gegeben. Die Bundesregierung war durch die Forderung einer Nichtzulassung der Pankower Postbeamten bemüht, den Nachweis zu führen, daß der aggressiven Politik Pankows feste Grenzen gesetzt sind.
   c) Nur zur dortigen Information: Die Bundesregierung hatte daran zu denken, daß eine inhaltsgleiche Wiederholung der Weihnachtsvereinbarung die seit dem 17. Dezember 1963 aufgetauchten Zweifel an der Kontinuität unserer Deutschland-Politik gestärkt hätte. Eine solche Entwicklung konnte für uns nachteilige Folgen vor allem auf dem Gebiet unserer Nichtanerkennungspolitik haben. Durch die Entscheidung, die Abmachung vom 17. Dezember 1963 nicht zu wiederholen, wurde die Politik Pankows durchkreuzt, unsere Deutschland-Politik unglaubwürdig zu machen.

6) Die Übereinstimmung, die zwischen Bundesregierung und Berliner Senat über die Grundlagen und über die Notwendigkeit einer aktiven Passierscheinpolitik besteht, wird von dem Vorliegen gewisser Bewertungsunterschiede nicht berührt. Alle an der

Passierscheinfrage beteiligten deutschen Stellen sind sich der Bedeutung bewußt, die der innerdeutschen Übereinstimmung für den Erfolg unserer Bemühungen in der Deutschland- und Berlin-Frage zukommt.

II. Es wird gebeten, die vorstehenden Überlegungen – mit Ausnahme der Argumente unter I 5 c – als Sprachregelung für die dortige Gesprächsführung anzusehen.

Im Auftrag
[gez.] Krapf

(AAPD 1964 (2), S. 292–295)

[31] Auswärtiges Amt: Gespräch SPD – SED; Hintergründe der SED-Initiative, 31. 5. 1966

Nach den Ereignissen der letzten Tage verdichtet sich die Annahme, daß es der SED mit dem Redner-Austausch ernst ist und sie sich bemüht, alle noch bestehenden Hindernisse beiseite zu räumen, um die Gespräche stattfinden zu lassen. Hierfür sprechen zunächst die Tatsachen, daß es verhältnismäßig schnell zu einer Einigung über die Termine des Redneraustauschs gekommen ist und daß die SED nunmehr auch den zweiten Antwortbrief der SPD nahezu vollständig veröffentlicht hat. Auch ist die große Publizität, die diesen Fragen in letzter Zeit in der sowjetzonalen Presse gegeben wird, sicherlich kein Zufall.
Endlich läßt der Inhalt des dritten »offenen Briefes« der SED erkennen, daß man dem Redneraustausch mit großem Selbstvertrauen entgegensieht. Diese Annahme wurde mir von über Ostberliner Vorgänge im allgemeinen gut unterrichteten Kreisen bestätigt.
Für diesen Optimismus der SED trotz der ihr durch den Redneraustausch drohenden Gefahren sind m. E. folgende Umstände entscheidend:

1) Die SED glaubt nach wie vor, sie könne in das Verhältnis zwischen Regierung und Opposition in der Bundesrepublik einen Keil treiben und wesentliche Teile der SPD-Führung und SPD-Mitglieder für eine gemeinsame Front der »Arbeiterklasse« gegen das bürgerliche Lager gewinnen. In dieser Annahme ist sie durch die Haltung der Gewerkschaften zur Notstandsgesetzgebung und durch zahlreiche in die von ihr gewünschte Richtung gehende Erklärungen von SPD-Funktionären in Schleswig-Holstein, Hessen usw., aber auch

durch Leserzuschriften in deutschen Zeitungen und Zeitschriften, wie z. B. im »Spiegel«, bestärkt worden.

2) Die SED hat ihre Absicht, die Welt glauben zu machen, die deutsche Frage könne verhältnismäßig einfach über zweiseitige Gespräche und entsprechende Vereinbarungen der beiden »deutschen Staaten« gelöst werden, inzwischen schon teilweise verwirklichen können. Jedenfalls dürfte es vor allem außerhalb Europas nur noch wenige Staaten geben, die sich auch jetzt noch zu unserer Ansicht bekennen, daß die deutsche Frage nur von oder mit Moskau gelöst werden kann.

3) Auch die SED-Funktionäre denken wie die meisten Parteifunktionäre in erster Linie parteipolitisch. Insoweit haben sie schon jetzt einen großen Prestigegewinn errungen. Noch bis vor wenigen Wochen wurden die Funktionäre der SED nicht nur in der Bundesrepublik, sondern in den meisten westlichen Staaten als vaterlandslose Volksunterdrücker, Marionetten der Sowjetunion, Verbrecher und Mörder angesehen und bezeichnet. Schon durch die bisherige Vorbereitung des Redneraustauschs sind diese Funktionäre fast salonfähig geworden. Wenn nun führende Vertreter der SPD nach Chemnitz fahren, um dort auf einer SED-Kundgebung zu sprechen, und sich in Hannover dasselbe im umgekehrten Verhältnis vollzieht, dann hat die SED damit vor der Weltöffentlichkeit demonstriert, daß auch sie eine »echte« Arbeiterpartei ist, die von ihrer »Bruderpartei« im Westen als gleichberechtigter Gesprächspartner anerkannt wird. Gleichzeitig werden ihre Spitzenfunktionäre – die bisherigen Mörder und Landesverräter – jedenfalls nach außen hin zu geachteten Gesprächspartnern, die man wahrscheinlich mit Handschlag begrüßen wird.
Daß diese Entwicklung für die SED ein Erfolg ist, bedarf kaum einer weiteren Begründung. Deshalb ist zu verstehen, weshalb diese an Redneraustausch so sehr interessiert ist und die ihr hierdurch drohenden Gefahren in Kauf nimmt, zumal sie glaubt, mit ihren eigenen Leuten schon fertig zu werden. Um so mehr sollte man überlegen, wie man diesen Gefahren rechtzeitig begegnen und die Hoffnungen der SED zunichte machen kann.
Andererseits soll – wie ich aus Kreisen erfahren habe, die Kontakte zu Ostberliner Diplomaten unterhalten – bei Gesprächen mit Angehörigen der sowjetischen Botschaft in Ostberlin und auch mit anderen Ostblock-Diplomaten erkennbar geworden sein, daß die

Sowjets den geplanten Veranstaltungen mit wachsender Reserve gegenüberstehen. Obwohl an der vorherigen Einwilligung Moskaus nicht zu zweifeln und auch kaum mit einem Einschreiten gegen die Fortführung der Gespräche zu rechnen sei, sollen sich in Moskau Befürchtungen eingestellt haben, daß mit diesem Dialog und der schon in den Vorgesprächen deutlich werdenden emotionellen Beteiligung der Bevölkerung in der Zone und in der Bundesrepublik eventuell eine nicht mehr zu kontrollierende Entwicklung eingeleitet werden könne. Wegen des eigenmächtigen Vorgehens der Rumänen habe Moskau zur Zeit ein verstärktes Interesse an einer Konsolidierung im übrigen Ostblock, die durch eine allzu starke Betonung des nationalen Elements nur gestört werden könne. Der geplante Dialog SPD – SED appelliere jedoch besonders stark an die nationalen Gefühle der Deutschen.

(gez.) Hoffmann

(AAPD 1966 (2), S. 730–733)

[32] Runderlaß Auswärtiges Amt: Meinungsaustausch SPD – SED, 11. 7. 1966

I. 1) Die SED hat durch ihren Propagandachef Albert Norden am 29. 6. 1966 die für den 14. und 21. Juli 1966 vorgesehenen gemeinsamen Veranstaltungen der SPD und SED in Chemnitz und Hannover abgesagt. Sie begründete die Absage u. a. mit der Behauptung, die SPD habe nicht die notwendigen Voraussetzungen für die Veranstaltung in Hannover geschaffen: sie habe durch Unterstützung des »Gesetzes über eine befristete Freistellung von der deutschen Gerichtsbarkeit« (am 23. 6. vom Bundestag beschlossen) die »revanchistische Alleinvertretungsanmaßung« der Bundesregierung unterstützt.

2) Diese Argumentation ist ein Musterbeispiel kommunistischer Dialektik. Gerade der SED ist bekannt gewesen, daß die Voraussetzungen für ein Zustandekommen der Hannoveraner Veranstaltung nur mit Hilfe des genannten Gesetzes geschaffen werden konnten. Die SED-Führung dürfte sich daher der Fadenscheinigkeit ihrer Dialektik am besten bewußt sein. Wenn sie gleichwohl zu Argumenten dieser Art Zuflucht nahm, dann des-

halb, weil die Vorteile, die sich die SED bei ihrem Vorschlag eines Redneraustausches seinerzeit ausgerechnet hatte, zunehmend gegenüber den Risiken für Pankow an Bedeutung verloren.

3) Die SED hatte zunächst die folgenden Ziele angestrebt:
   - die Förderung der Anerkennung der Zone als »zweiten deutschen Staat«;
   - die Aufspaltung der gemeinsamen Deutschland-Position der großen staatstragenden Parteien in der Bundesrepublik Deutschland;
   - die Schaffung von Konflikten innerhalb der SPD durch die Herstellung einer Aktionsgemeinschaft der SED mit dem linken SPD-Flügel;
   - schließlich die Entlastung des SED-Regimes von dem Odium, ein Instrument der sowjetischen Fremdherrschaft zu sein.

4) Die Erwartungen der SED erwiesen sich als Fehlkalkulation. Schon die Vorbereitung des Meinungsaustausches SPD/SED hatte andere Folgen, als die SED-Führung erhofft hatte:
   - in ganz Deutschland wurde die Wiedervereinigungsdiskussion belebt;
   - in der Zone entwickelte sich auf Grund der Veröffentlichung der SPD-Briefe im »Neuen Deutschland« eine »legitime« Diskussion über Deutschlandfragen, die die Autorität des Regimes in Frage zu stellen drohte und die zumindest seinen Bemühungen entgegenwirkte, ein besonderes »DDR-Bewußtsein« zu schaffen;
   - die großen politischen Parteien im freien Deutschland blieben sich in den Grundsatzfragen der Deutschlandpolitik einig;
   - die SPD demonstrierte auf dem Dortmunder Parteitag am 1./2. Juni 1966 in überzeugender Weise die Geschlossenheit der Parteiführung.

   Damit entfielen für Pankow die wesentlichen Voraussetzungen für eine Fortführung des Gespräches. Vor allem der Verlauf des Dortmunder Parteitages muß desillusionierend gewirkt haben. Es fällt jedenfalls auf, wie seit Mitte Juni eine Verhärtung der Pankower Haltung auf den verschiedensten Fronten eintrat, unter anderem auch bei der Wiederaufnahme der Passierscheingespräche.

5) Inwieweit diese Verhärtung des sowjetzonalen Kurses auf Weisung oder Empfehlung von Moskau erfolgte, ist hier nicht bekannt. Es liegen aber Meldungen vor, die besagen, daß die Sowjetregierung im Hinblick auf die Pekingfrage und auf die Schwierigkeiten innerhalb des Warschauer Paktsystems (rumänische Haltung) eine Deutschland-Diskussion zu vermeiden suchte, die einen nicht im voraus berechenbaren Verlauf zu nehmen drohte. Hätte Moskau Ulbricht zur Fortführung des Gesprächs ermutigt, dann hätte dieser einem solchen Wink nach aller Erfahrung mit größter Wahrscheinlichkeit Folge geleistet.

Die SED hat heute eine Verlustrechnung aufzumachen. Diese ist durch eine grundlegende Fehleinschätzung der psychologischen Lage in beiden Teilen Deutschlands bedingt. Die SED-Führer, befangen in ihren Denkschablonen von der Unausweichlichkeit bestimmter historischer Entwicklungen, überschätzten sowohl die Solidität der Grundlagen des SED-Regimes als auch die Möglichkeit einer kommunistischen Infiltration im freien Deutschland. Hier liegen schließlich die Gründe für die Entscheidung des Regimes, im Interesse der eigenen Absicherung den Gesichtsverlust eines mit fadenscheinigen Vorwänden begründeten Rückzuges in Kauf zu nehmen.
Unabhängig hiervon veranschaulicht der Vorgang, in welchem Umfang das deutsche Volk bereit ist, an der Wiedervereinigungsdiskussion Anteil zu nehmen. Wir hoffen daher, daß den im Ausland gelegentlich anzutreffenden Spekulationen, das deutsche Volk werde sich allmählich mit seiner Teilung abfinden, die Grundlage entzogen wurde. Die innerdeutschen Diskussionen über den Redneraustausch bestätigen jedenfalls unsere Auffassung, daß die gesamte deutsche Öffentlichkeit dann aktiv zur Erörterung des Deutschlandproblems bereit ist, wenn sich die Ansätze für konkrete Aktionsmöglichkeiten abzeichnen. Gewiß waren eigentliche Resultate in der Frage des Redneraustausches kaum zu erwarten. Aber die psychologischen Wirkungen, die von dem Meinungsaustausch ausgehen, sind nicht zu übersehen. In der Demonstration des zunehmenden Wiedervereinigungsinteresses in unserer Öffentlichkeit und in der Tatsache des Zurückweichens von Ulbricht liegt das Politikum dieser Vorgänge. Es ist einer weiteren Öffentlichkeit auch außerhalb Deutschlands bewußt geworden, daß Ulbricht und seine

SED in der Frage des Redneraustausches nicht nur die Ausgangslage verkannten, sondern auch eine Reihe taktischer Fehler begingen. Dies kann sich für unsere Position günstig auswirken.

II. Es wird gebeten, sich vorstehender Sprachregelung bei Gesprächen und im Rahmen unserer Öffentlichkeitsarbeit zu bedienen.

(AAPD 1966 (2), S. 923 ff.)

[33] Aufzeichnung von Staatssekretär Ferdinand Duckwitz, Auswärtiges Amt, 6. 3. 1968

Bei meinen kürzlichen Gesprächen in Washington ist von meinen amerikanischen Gesprächspartnern die Frage der Anerkennung der Oder-Neiße-Grenze mehrfach erwähnt worden. Es ging deutlich aus diesen Äußerungen hervor, daß man eine Entschließung der Bundesregierung, diese Grenze anzuerkennen, als eine Erleichterung der gesamten außenpolitischen Lage betrachtet und als einen bedeutenden Entspannungsbeitrag der Bundesrepublik wertet.

Ich habe in dieser Frage schon seit Jahren den gleichen Standpunkt eingenommen. Die Washingtoner Gespräche veranlassen mich, meine Gedanken zu dieser Frage noch einmal kurz niederzulegen:

Der Ausgangspunkt aller Überlegungen ist die nicht gern gehörte, aber unwiderlegliche Tatsache, daß wir den letzten Krieg vom Zaun gebrochen und verloren haben. Dafür muß, wie die Geschichte lehrt, nun einmal bezahlt werden. Die Alliierten haben die Entschädigung der Polen für ihre im Osten verlorengegangenen Gebiete durch entsprechenden Gebietszuwachs im Westen anerkannt. Die endgültige Regelung dieses von allen als berechtigt anerkannten polnischen Anspruchs soll in einem Friedensvertrag mit einer gesamtdeutschen Regierung erfolgen, wobei sich jeder darüber klar ist, daß ein Friedensvertrag in übersehbarer Zeit ebenso wenig zu erreichen ist wie die Bildung einer gesamtdeutschen Regierung. Die DDR hat die Oder-Neiße-Grenze als endgültige polnische Westgrenze anerkannt. Wir weigern uns unter Hinweis auf einen materiell gänzlich wertlosen Vorbehalt. Wir wissen, daß wir in dieser Frage völlig allein stehen. Für die Welt, einschließlich unserer Verbündeten, ist die Oder-Neiße-Grenze die endgültige westliche Grenze Polens. Ein Friedensvertrag, hinter den wir uns verschanzen, wird nur den jetzigen Zustand bestätigen. Unser Einverständnis

wird somit nicht mehr Gegenstand eines Aushandelns sein können. Es wäre nur noch ein Registrierungsobjekt, über das man zur Tagesordnung übergeht.
Wir werden, wenn wir es auf einen »Friedensvertrag« ankommen lassen, zwangsläufig unsere Zustimmung geben müssen, ohne auch nur einen ideellen Gegenwert – von dem materiellen, der spätestens noch 1958 möglich war, ganz zu schweigen – zu erzielen. Sprechen wir dagegen heute und freiwillig unsere Anerkennung dieser Tatsache gewordenen Grenze aus, so können wir bei entsprechender wohlvorbereiteter Präsentation diese unsere Anerkennung als einen für uns besonders schwerwiegenden und schmerzlichen Beitrag zur Entspannung in der Welt und als Demonstration unseres immer wieder angezweifelten Willens zur friedlichen Verständigung und Entspannung herausstellen. Nur bei einer solchen freiwilligen Anerkennung können wir als einzig noch mögliches »Handelsobjekt« einen weltweiten Goodwill erzielen. Außerdem wäre dem immer wieder mit unserer ablehnenden Haltung begründeten Vorwurf des Revanchismus die Spitze genommen. Aber wir müssen selbst handeln; wir dürfen uns nicht zu dieser Handlung zwingen lassen. Sie würde sonst wertlos.
(AAPD 1968 (2), S. 328 f.)

[34] Vermerk von Bundesminister Willy Brandt, 26. 7. 1968

Herrn Dr. Sahm
Wegen der »grundsätzlichen« Einleitung zur Vorlage über Berlin-Maßnahmen bitte ich Sie und Herrn van Well, folgende Gesichtspunkte zu überlegen und bei einer weiteren Überarbeitung zu berücksichtigen:

1) An den Anfang gehört die Erkenntnis, daß Auseinandersetzungen dieser Art im wesentlichen nicht auf deutscher Ebene ausgetragen werden können, wenn wir Erfolg haben wollen. Das war unsere Linie in Reykjavik, damit sind wir im Prinzip gelandet, dabei müssen wir bleiben, und das gehört also an den Anfang.
2) Ich verstehe, daß es bitter ist, sich eingestehen zu müssen, daß eine bestimmte Linie politischen Denkens und Handelns ins Leere geführt hat. Tatsächlich ist es aber doch so:
   - 1961 haben wir gewußt, daß es zur Mauer oder etwas Ähnlichem kommen würde. Von den dazu vorher überlegten Gegenmaß-

nahmen kam nichts zum Tragen, jedenfalls nichts Wirksames. Natürlich war es entscheidend, daß West-Berlin gerettet wurde, aber der von Ostberlin mit Billigung Moskaus geschaffene Tatbestand wurde nicht geändert.

- Seit 1961 wußten wir, daß es eines Tages zu den Visumsgeschichten kommen würde. Was dazu vorher »geplant« wurde, war für die Katz. Nichts ist verhindert worden. Der eigentliche Tatbestand wird jetzt leider auch nicht rückwirkend verändert werden können. Mit anderen Worten: Ich bin dafür, daß wir uns nichts vormachen, sondern der eigenen Regierung, in angemessener Weise auch der eigenen öffentlichen Meinung (und den alliierten Beamten in der Vierergruppe) sagen, daß das bloße Reden über Gegenmaßnahmen nichts nützt, sondern daß man nüchtern und ehrlich zu untersuchen hat, was einen wirklichen Sinn ergibt und was nicht. Allein so kommt man von einer verbalen zu einer realen Festigkeit.

3) Etwas, was diesen Gedanken zumindest anklingen läßt, müßte den drei Punkten vorangestellt werden, die unter Berufung auf den Bundeskanzler zitiert werden.
4) Die Betonung der Solidarität ist wichtig. Die Formulierung sollte aber doch einmal genau überlegt werden. Es geht hier ja im Kern nicht um unsere Solidarität mit den Alliierten, sondern um deren Solidarität mit uns.
5) Die praktischen Fragen, an denen die anderen Ministerien beteiligt sind, müssen, wenn deren Äußerung vorliegt, gesamtpolitisch noch einmal genau durchdacht werden. Hier geht es, was Berlin betrifft, um eine Weichenstellung. Berlin und uns ist nicht mit Scheinmaßnahmen geholfen, die sich in Luft auflösen, sondern wir brauchen eine Festigkeit, die die Realitäten für sich hat.

(AAPD 1968 (2), S. 920 f.)

[35] Aufzeichnung von Ministerialdirektor Egon Bahr, Auswärtiges Amt, 11. 9. 1968

Das waren noch schöne Zeiten, als wir von der Bundesregierung mehr Wahrhaftigkeit und etwas mehr Mut zur Wahrhaftigkeit verlangt haben. Die Fiktionen, die wir immer weiter mit uns schleppen, werden von uns und anderen zu einem Strick gedreht, der uns erdrosseln kann.

[Artikel] 53 und 107 sind dieselbe Schimäre wie das Fortbestehen Deutschlands als Ganzes. Beides steht auf dem Papier. Während wir aber nicht in der Lage waren, aus dem Papier Wirklichkeit werden zu lassen, beginnt nun die Sowjetunion, aus dem Papier Politik zu machen.

(Auch dies verdanken wir unserem Abrüstungsbeauftragten, der 53 und 107 als einen weiteren Anti-NV-Punkt zum Leben erweckt hat, ohne die Kettenreaktion zu ahnen, die er damit auslöste. Er war, zum Entsetzen einiger seiner damaligen Mitarbeiter, in New York leider zu erfolgreich.)

Die Situation ist, daß sich das Gefühl, die Bedrohung nach der Okkupation der ČSSR habe zugenommen, mit dem höchst unklaren Eindruck addiert, die Russen hätten irgendwelche Rechte, bei uns zu intervenieren. Laschheit oder Lähmung der Amerikaner kommt ebenso hinzu wie der denkbare Versuch der Russen, durch Truppenbewegungen, sibyllinische Äußerungen und Attacken gegen die Bundesrepublik den Westen in einen Zustand der Beunruhigung zu versetzen und dadurch von der ČSSR abzulenken und dem internationalen Anklagezustand zu entgehen. Die Summe dieser Faktoren muß zu einem Zustand der Unsicherheit in der Bundesrepublik führen.

Ihm entgegenzuwirken, gibt es verschiedene Möglichkeiten:

1) Man sollte die Russen durch Erklärungen der Amerikaner dazu veranlassen können, ihre Versicherungen zu wiederholen und zu unterstreichen, daß sie sich auf ihren Kral beschränken.
2) Man muß den Menschen hier möglichst einfach erklären, daß die Bundesrepublik ein Teil des Westens ist und deshalb wie bisher sicher ist. Man muß »den Leuten« (bei uns und in Moskau) entgegentreten, die den Eindruck erwecken, als gäbe es irgendein sowjetisches Recht oder eine sowjetische Möglichkeit, bei uns zu intervenieren, die größer sind als das Recht oder die Möglichkeit der Amerikaner, in der DDR zu intervenieren.

Das schafft nur für den Augenblick eine gewisse Erleichterung. Ich sehe aber immer unausweichlicher die Notwendigkeit, unseren eigenen Standort zu bestimmen: Nach unserem Rechtsverständnis sind die Russen im Recht, wenn sie sagen, daß die Bundesrepublik (und die DDR, was sie nicht sagen) mit keinem anderen Staat verglichen werden kann. Weil wir die deutsche Frage offenhalten und die Teilung nicht legalisieren wollen, weil es keinen einheitlichen Friedensvertrag gibt, weil die Vier Mächte Sonderrechte in bezug auf Deutschland als

Ganzes und Berlin behalten haben, führen alle diese Argumente, 23 Jahre nach dem Kriege, eine groteske Scheinexistenz.
Dazu kommt, daß auch die Drei Mächte daran nicht rühren, weil sie es bequem finden, die Bundesrepublik in einem Zustand minderen Rechts zu halten, wofür ihnen Berlin als treffliches echtes Argument dient.
Die Überlegung drängt sich auf, ob es nicht vorteilhafter ist, der eigenen Mentalhygiene und der Glaubwürdigkeit der Demokratie in dieser Bundesrepublik dienlich, wenn diese Bundesrepublik, 20 Jahre nach ihrem Bestehen ohnehin mehr als ein Provisorium, zu dem Ergebnis kommen muß, für sich alle Rechte zu verlangen, die jeder andere Staat, auch der kleinste in Afrika, besitzt. Dies führt zum Friedensvertrag für zwei deutsche Staaten. Es läßt die Rechte in und für Berlin unberührt. In diesem Augenblick wäre 53 und 107, Potsdam, Oder-Neiße-Linie usw. als der Spuk zerstoben, der sie heute schon sind.
Irgendwann muß der Krieg einmal beendet werden. Daß wir so tun, als ob er liquidiert ist, wissend, daß die Rechnung noch aussteht, wird zu einem immer gefährlicheren Gift für die Bewußtseinslage der Bevölkerung, insbesondere der Jugend.
Die Aufgabe der Deutschen oder ihr Wille, wieder zusammenzukommen, werden durch eine andere Rechtslage nicht verändert. Dafür sorgt nicht zuletzt Berlin. Für die Bundesrepublik die volle Gleichberechtigung zu verlangen, ist eingängig, populär und – richtig. Vor allem könnte diese Forderung, bis in alle Konsequenzen durchdacht, eine Kampagne ergeben, die innen- wie außenpolitisch dominierend wirkt, das Denken bestimmt und eine ziemlich große Anzahl von Aktionen ermöglicht.

(AAPD 1968 (2), S. 1132 f.)

[36] Aufzeichnung von Ministerialdirektor Egon Bahr, Auswärtiges Amt, 1. 10. 1968

Betr.: Ostpolitik nach der Besetzung der ČSSR

1) Auch nach der Besetzung der ČSSR wird die deutsche Entspannungs- und Friedenspolitik weitergeführt, wie Bundeskanzler und Außenminister erklärt haben. Es stellen sich Fragen nach der Nützlichkeit oder Notwendigkeit von Modifikationen.
2) Unsere Ostpolitik ist zuweilen als Parallelität der drei Ebenen Sowjetunion – Zwischen-Europa – DDR definiert worden.

Dabei hatte – nach der Aktenlage ebenso wie nach dem Aufwand von Zeit und Energie – die Sowjetunion schon bisher die Priorität; nach ihr rangierte die DDR. Dennoch ist in der Öffentlichkeit – wahrscheinlich durch die Berichterstattung über die ČSSR unvermeidbar – der objektiv falsche Eindruck entstanden, als hätte die Politik der Bundesregierung sich vornehmlich auf Zwischen-Europa, insbesondere die ČSSR, konzentriert. Von Weizsäcker fand die Formulierung: Es sei eine Kritik ohne Vorwurf, daß objektiv die deutschen Bemühungen gegenüber der UdSSR nicht ausgereicht hätten.

3) In den vergangenen Monaten hat sich erwiesen, daß das Verhalten der Bundesrepublik auf die Länder Zwischen-Europas einen stärkeren Einfluß ausübt als Frankreich. Dazu trägt auch die sowjetische Kampagne gegen die Bundesrepublik bei, die geographische Lage, die Politik der Großen Koalition, wobei die Beteiligung der SPD rational kaum meßbare Konsequenzen gehabt hat.
Jedenfalls sind heute zwei Themen innerhalb der kommunistischen Parteien Osteuropas und zwischen ihren Staaten dominierend:
a) Wert oder Unwert eines demokratischen Sozialismus,
b) die Rolle der Bundesrepublik.
Die sowjetische Führung muß bei einer nüchternen Prüfung zu dem Ergebnis kommen, daß der Stellenwert der Bundesrepublik gewachsen ist, weil ihr politischer Einfluß auf das sowjetische Vorfeld größeres Gewicht hat als etwa die französische Force de frappe.

4) Für das sowjetische Interesse steht das Verhältnis zu den USA weiterhin an erster Stelle. Dieser Stellenwert ist weder durch die Bundesrepublik noch Frankreich oder eine europäische Kombination zu ersetzen. Das erkennbare Bemühen der Sowjetunion, die Bundesrepublik zu schwächen oder möglichst zu isolieren, wird durch ihr Interesse begrenzt, daß dadurch keine ernste Beeinträchtigung ihres Verhältnisses zu den USA erfolgen sollte. Es ist nicht erkennbar, warum die Sowjetunion den Versuch machen sollte, die Bundesrepublik »zu gewinnen« statt zu isolieren.

5) Das Hauptziel der sowjetischen Europapolitik ist die Sicherung und Legalisierung des Status quo.
Die deutsche Politik erstrebt ausgesprochen, zuletzt durch den Bundeskanzler, die Veränderung des Status quo. Es handelt sich hier um einen echten Gegensatz der Interessen.
Es gehört zu der Stärke der sowjetischen Position, daß – von verba-

len Ausnahmen abgesehen – keine Staatengruppe sich für die Veränderung des Status quo einsetzt: Weder unsere Verbündeten, noch neutrale Länder oder die Staaten Zwischen-Europas.

Eine Politik, die ausgesprochenermaßen den Status quo verändern will, führt automatisch zu einer Kohärenz des sowjetischen Blocks und in die Gefahr der Isolierung der Bundesrepublik.

Die Begründung der Besetzung der ČSSR (die Sowjetunion werde niemals zulassen, daß ein Glied aus der Kette der sozialistischen Staaten gebrochen werde) und die Nicht-Reaktion des Westens darauf werden sich mittelfristig zugunsten der DDR auswirken.

6) Die Überlegung, ob die Bundesregierung Prioritäten ihrer Ostpolitik neu setzen sollte, kann sich auf zwei Alternativen beschränken, da die dritte – in bezug auf die DDR wegen ihres genuinen Interesses an der Separation – ausscheidet.

Den Ländern Zwischen-Europas die Priorität geben zu wollen, würde, selbst von den realen Machtgegebenheiten abgesehen, auf die nach der Besetzung der ČSSR beschränktere Handlungsmöglichkeit und größere Vorsicht dieser Länder treffen. Eine derartige Politik würde darüber hinaus Gefahrenmomente mit sich bringen, die als solche auch von unseren Verbündeten gesehen werden und uns die bisherige moralische Unterstützung unserer Ostpolitik kosten können. Unsere Politik des Angebots, bei dem die einzelnen Länder selbst das Tempo der Entwicklung bestimmen, sollte jedoch fortgesetzt werden.

Die sich theoretisch daraus ergebende Folgerung, der Sowjetunion die Priorität zuzuweisen, führt praktisch dazu, um die Wiederbelebung eines deutsch-sowjetischen Gesprächs bemüht zu sein. Dieses Gespräch würde heute unausweichlich zu einer Wiederholung der bekannten sowjetischen Forderungen führen. Wenn die Bundesregierung ihre in der Note vom 9. April formulierten Standpunkte (dazu käme der NV-Komplex) wiederholen würde, wäre dies automatisch das Ende des Gesprächs. Die Blockierung unseres Verhältnisses zur Sowjetunion, die damit eintreten würde, würde aber auch weitgehend die Bemühungen der Länder Zwischen-Europas blockieren, ihren Interessen folgend die Beziehungen zur Bundesrepublik Deutschland möglichst zu normalisieren.

Der auch angesichts der innenpolitischen Situation in der Bundesrepublik naheliegende Attentismus läuft unseren Interessen zuwider: Da wir und nicht die Sowjetunion den Status quo abwandeln wollen, läuft politische Inaktivität in unserem Verhältnis zur Sowjetunion oder seine Blockierung auf eine Stärkung des Status quo hinaus. Die Bundesrepublik würde im Grunde den Interessen Moskaus – und noch mehr Ulbrichts – entgegenkommen, wenn sie entweder Zeit zur weiteren Konsolidierung des Status quo gibt oder durch verstärkten Protest gegen ihn der Sowjetunion die Vorwände liefert, die Klammern um die sowjetische Glacis noch zu verstärken. Unsere Forderungen nach einer Überwindung des Status quo erzeugen Alternativen, die – entgegen unserer Absicht – den Status quo festigen.

7) Daraus folgert die Überlegung, ob es der Durchsetzung unserer Interessen, den Status quo zu überwinden, nicht am dienlichsten wäre, einige Elemente des Status quo zu akzeptieren. Dafür könnte die Erfahrung sprechen, daß in der Geschichte eine Fixierung des Status quo ihn noch niemals erhalten hat.
Dazu könnte die Erklärung genügen, die DDR sei ein Staat. Eine derartige Erklärung würde keine völkerrechtliche Anerkennung bedeuten. Sie sollte hauptsächlich das Ergebnis deutsch-sowjetischer Verhandlungen sein.
Mit einer derartigen Erklärung würden wir der Sowjetunion und der DDR den Kern ihrer Vorwürfe gegen uns nehmen.
Unsere Politik des Gewaltverzichts würde sofort neue Ansatzpunkte erhalten. Eine solche Politik ist nicht sinnvoll, solange die deutsche Unterzeichnung des NV-Vertrages offen ist.
Wir sollten es ablehnen, mit der Sowjetunion über Oder-Neiße- und Münchener Abkommen zu sprechen. Bilaterale Verhandlungen darüber würden selbst bei einer deutschen Bereitschaft zu weitgehenden Zugeständnissen einen erodierenden Effekt im sowjetischen Einflußbereich haben. Wir sollten daher beide Themen für absehbare Zeit nicht weiterverfolgen.

8) Wenn den politischen Überlegungen im Prinzip gefolgt wird, wären sorgfältige operative Ausarbeitungen erforderlich, die mit unseren Verbündeten abzustimmen wären.
Dazu ist um so mehr Zeit, als mit Sicherheit davon auszugehen ist, daß Moskau ein deutsch-sowjetisches Gespräch, das ein Unruhefaktor im Block ist, unter allen Umständen ablehnen muß, solange die ČSSR ein Unruhefaktor bleibt.
Nach einer relativen Konsolidierung der ČSSR hingegen ist mit einer Art von »Friedensoffensive« der Sowjetunion zu rechnen, die

das Ziel hätte, das politisch verlorene Terrain zurückzugewinnen. Dies wäre der Augenblick, um eine vorbereitete deutsche Initiative zu starten.

Es hat sich gezeigt, daß die in früheren Jahren mit Mißtrauen betrachtete Politik einer deutschen Annäherung an die Staaten Osteuropas große Erfolge im Sinne der Erosion der sowjetischen Interessensphäre bei Einsatz kleiner Mittel erzielt hat. Bei Einsatz stärkerer Mittel müßten auch die Folgen stärker sein.

Diese Überlegungen sollen als Diskussionsgrundlage verstanden werden.

Hiermit über den Herrn Staatssekretär dem Herrn Bundesminister vorgelegt.

(AAPD 1968 (2), S. 1278–1281)

[37] Egon Bahr an Willy Brandt, 21. 2. 1969

Lieber W. B..,

wir sind uns mit den Drei Mächten einig, daß die Bundesversammlung keine große Berlin-Krise auslösen wird. Die Formulierungen des letzten sowjetischen Papiers über die Respektierung der Vier-Mächte-Vereinbarungen wecken nicht nur Erinnerungen an die gleichen sowjetischen Versicherungen drei Tage vor dem 13. August 1961, sondern legen logisch nahe, daß der DDR das Feld freigelassen wird zu Maßnahmen im zivilen Verkehr von Gütern und Personen, ohne daß diese Maßnahmen alliierte Rechte, gegebene Garantien verletzen und unterhalb der – ohnehin veralteten – Contingency-Pläne bleiben.

Auf dieser Arbeits-Hypothese lassen sich eine Reihe von DDR-Maßnahmen vorstellen, die uns im Laufe weniger Wochen dazu zwingen könnten, einen Vertrag über den zivilen Verkehr mit der DDR zu schließen. Ich kann nur hoffen, daß man in Ostberlin nicht über die Phantasie des Planungsstabes verfügt. Für eine Reihe denkbarer Maßnahmen gibt es keinerlei Vorsorge, wie ich festgestellt habe.

Inzwischen ist die öffentliche Diskussion über das Für und Wider weitergegangen bis zu der Erklärung der FDP hin, daß sie der Regierung bei einer Revision ihres Beschlusses nicht in den Rücken fallen würde. Die Russen müssen sich sehr sicher fühlen, wenn sie sich zunehmend engagieren, zumal sie glauben, daß die Bundesrepublik eine Kraftprobe erzwingen will (Schwierigkeiten mit China, der ČSSR und im Innern)

und wir nicht einmal die Möglichkeit des Wechsels von Gerstenmaier zu Hassel ausgenutzt hätten. Sie sehen sich vor der Notwendigkeit, mindestens mit einem Rückschlag all der vielversprechenden bilateralen Ansätze rechnen zu müssen.
Es kann sein, daß wir für die Bundesversammlung sehr teuer bezahlen.
Helmut Schmidt teilt diese Auffassung, wollte sich aber nicht mehr für eine Änderung der Entscheidung engagieren, vor allem, weil dies als unloyal Dir gegenüber erscheinen müßte. In einem langen Gespräch mit ihm hat er mich als seelischen Müllabladeplatz benutzt. Darüber müssen wir sprechen. Wehner sagte mir, er teile meine Auffassung, befinde sich aber in einer schwierigen Lage, da er immer gegen Berlin gewesen sei. Inzwischen ist die Frage aufgetaucht, ob die Gültigkeit des Wahlaktes angefochten werden kann, weil eine Reihe von Abgeordneten aus medizinischen Gründen nicht fliegen dürfe.
Der Kressbronner Kreis wollte sich heute mittag mit dem Thema noch einmal beschäftigen. Ich kenne noch nicht das Ergebnis. Es besteht Einigkeit, daß die Entscheidung zugunsten Berlins nach dem Besuch Nixons kaum noch revidierbar ist.
Wir versuchen, die Franzosen daran zu hindern, Anfang März in Leipzig der DDR SECAM zu verkaufen. Ansonsten geht hier alles schön durcheinander. Du fehlst sehr.

Viel Erfolg und herzlichen Gruß

E. B.

(AAPD 1969 (2), S. 248 f.)

11. Kapitel

1969–1974: Die Regierung Brandt/Scheel

Dokumente

1969–1974: Die Regierung Brandt/Scheel

Regierungsbildung

Die Große Koalition aus CDU/CSU und SPD (1966–1969) war im Grunde eine Notgemeinschaft zur Überwindung der Wirtschafts- und Finanzkrise. Das hatte man am Ende erfolgreich geschafft, genauso wie die Grundgesetzänderung im Zusammenhang mit der Notstandsgesetzgebung. Hier hörten allerdings die Gemeinsamkeiten bereits auf. Wie die Reaktionen Moskaus und der SED gezeigt hatten, mußten grundsätzliche Positionen aufgegeben werden, wollte man in der Deutschland- und Ostpolitik weiterkommen und den Stillstand dort überwinden. Kiesinger wäre möglicherweise dazu bereit gewesen, aber die Mehrheit der Union wäre mit Sicherheit nicht gefolgt.
Auf der anderen Seite hatte sich die FDP in der Opposition »reformiert«. Von daher bot sich diese Partei als Partner einer SPD-geführten Regierung geradezu an. Bei der Bundespräsidentenwahl am 5. März 1969 gingen FDP und SPD erstmals zusammen: Gustav Heinemann (SPD) – ehemals CDU-Innenminister – wurde als Nachfolger von Heinrich Lübke zum neuen Bundespräsidenten gewählt. Was der Öffentlichkeit nicht verborgen blieb, sprach er aus. Er nannte die Wahl einen »Machtwechsel«. Das führte nicht nur zu einer heftigen Diskussion in der Bundesrepublik, sondern gab Arnulf Baring auch den Titel für ein hervorragendes Buch über die sozialliberale Koalition. Diese Koalition kam im Herbst zustande, nach den Bundestagswahlen am 28. September, obwohl diese Wahlen für die FDP mit einer schweren Niederlage endeten: 5,8 % und 30 Sitze gegenüber 1965 9,5 % und 49 Sitzen (CDU/CSU: 46,1 %, 242 Sitze; SPD: 42,7 %, 224 Sitze). Die Partei unter Führung von Walter Scheel lehnte ein großzügiges Koalitionsangebot der CDU/CSU ab und beschloß, mit der SPD zu gehen.
Am 21. Oktober wurde Willy Brandt zum Bundeskanzler gewählt, am 28. Oktober gab er eine Regierungserklärung ab, die sich in Stil und In-

halt von früheren Erklärungen erheblich unterschied. Es war keine nüchterne Programmerklärung, sondern der Plan für eine »neue Gesellschaft« mit »mehr Demokratie«. Da war die Rede von »Kontinuität und Erneuerung« sowie der »Fähigkeit zum Wandel«. In der Wirtschaftspolitik sollte es um »Stabilisierung ohne Stagnation«, finanzpolitisch um »Solidität« gehen. Und dann wurden Reformen in Bildung und Wissenschaft, im Ehe-, Straf- und Steuerrecht, in Verwaltung, Bundeswehr, Gesellschafts- und Sozialpolitik angekündigt. Das Motto lautete: »Wir stehen nicht am Ende unserer Demokratie, wir fangen erst richtig an.« Als Leitsatz seiner Politik bezeichnete Brandt nach der Aussprache im Bundestag: »Keine Angst vor Experimenten.« Das betraf vor allen Dingen den zweiten Kernpunkt künftiger Regierungsarbeit, die Deutschland- und Ostpolitik. Da bekannte sich Brandt zwar zur NATO und zur Europäischen Gemeinschaft, zur Einheit der deutschen Nation und zu ihrem Recht auf Selbstbestimmung. Zum ersten Mal aber war die Rede von zwei Staaten in Deutschland, wenn auch die völkerrechtliche Anerkennung der DDR abgelehnt wurde; die beiden Staaten seien füreinander nicht Ausland. Es gehe darum, »die Einheit der Nation dadurch zu wahren, daß das Verhältnis zwischen den Teilen Deutschlands aus der gegenwärtigen Verkrampfung gelöst wird«, und »ein weiteres Auseinanderleben der deutschen Nation zu verhindern, also zu versuchen, über ein geregeltes Nebeneinander zu einem Miteinander zu kommen«. Eine neue Zeit schien angebrochen zu sein, Aufbruchstimmung überall.

12. August 1970: Der Moskauer Vertrag

Wem gebührt das größere Verdienst an der Wiedervereinigung? Adenauer oder der Regierung Brandt/Scheel? Eine Frage, die logischerweise erst nach der Wiedervereinigung so gestellt werden konnte. Je nach politischer Sichtweise fallen die Antworten unterschiedlich aus. Adenauer war es mit einer Politik der Vorleistungen gelungen, das Vertrauen der Westmächte zu gewinnen und die Bundesrepublik fest ins westliche Lager einzubinden. Der Preis dafür war die Verfestigung und Vertiefung der deutschen Spaltung. Die Mauer war das sichtbare Zeichen dafür. Die Westintegration *allein* war jedenfalls nicht der Weg zur Wiedervereinigung. Es ist kaum anzunehmen, daß diese Politik zur Wiedervereinigung geführt hätte. Auch die Westmächte hatten daran kein Interesse mehr – wenn sie es denn je gehabt hatten. Wollten Brandt und Scheel die Wiedervereinigung? War ihre Ostpolitik lediglich die, wie es die SED intern formulierte, »Fortsetzung der CDU/CSU-Politik mit anderen Mitteln« – möglicherweise mit gefährlicheren Mitteln? In der ersten Regierungserklärung kam das Wort »Wiedervereinigung« nicht vor. Als die CDU/CSU das sogleich monierte und eine deutschlandpolitische Perspektive anmahnte, erwiderte Brandt mit entwaffnender Offenheit:

»Wir haben uns das nicht zugetraut; dies bekenne ich. Wir haben keine Antwort darauf gegeben, in welcher Form die Deutschen eines Tages im Rahmen einer europäischen Friedensordnung sich wieder begegnen, miteinander leben und an ihrer gemeinsamen Zukunft arbeiten werden.«

Etwas später meinte er, die Einheit der Deutschen sei »sehr unwahrscheinlich«, bestenfalls eine Chance. An die Stelle von Wiedervereinigung und Selbstbestimmung trat die »Einheit der Nation«. »Zwei Staaten, eine Nation« – das wurde der neue Begriff. Dazu hatte Brandt in seiner Regierungserklärung gesagt: »Eine völkerrechtliche Anerkennung der DDR durch die Bundesregierung kann nicht in Betracht kommen. Auch wenn zwei Staaten in Deutschland existieren, sind sie doch für einander nicht Ausland; ihre Beziehungen zueinander können nur von besonderer Art sein.« »Zwei Staaten in Deutschland« – das bedeutete für manchen in der CDU/CSU das Überschreiten des »deutschlandpolitischen Rubikon« und implizierte die Anerkennung der Staatlichkeit der DDR. Brandts Ostpolitik akzeptierte den Status quo und die Realitäten, um sie zu verändern, die begrenzte Souveränität und die begrenzte Handlungsfähigkeit, um sie auszuweiten und letztlich zu überwinden. Das war Egon Bahrs Vorstellung vom »Wandel durch Annäherung«, die nun in praktische Politik umgesetzt werden sollte. Ziel der neuen Ostpolitik war es, die »Verkrampfung« zwischen den beiden deutschen Staaten zu lösen, Voraussetzung hierfür, die Existenz eines zweiten deutschen Staates in staatsrechtlicher Hinsicht anzuerkennen, um sich auch neuen Handlungspielraum für die Verhandlungen mit der Sowjetunion, Polen und der ČSSR zu schaffen – dies auf der Basis der festen Verankerung der Bundesrepublik im westlichen Bündnis und in den europäischen Gemeinschaften.
Der Schlüssel für Erfolg oder Mißerfolg dieser Politik lag in Moskau. Das »Leitgespräch mit der Führungsmacht« hielt man für »entscheidend«.[1] Dort setzte man denn auch an. Bereits am 15. November 1969 schlug Bonn der Sowjetunion Gewaltsverzichtsverhandlungen vor.[2]

Die Sowjetunion nahm das Angebot an. Am 8. Dezember begannen die Gespräche zwischen dem deutschen Botschafter in Moskau, Helmut Allardt, und dem sowjetischen Außenminister Andrej Gromyko.[3] Die weiteren Gespräche führte dann aber Staatssekretär Egon Bahr – entsprechend der Koalitionsvereinbarung zwischen SPD und FDP. Mit dieser Entscheidung unterstrich Bonn die große Bedeutung, die es den Gesprächen beimaß, was Allardt allerdings ganz anders sah.[4] Bahr hatte das vollkommene Vertrauen Brandts, er war flexibler und entscheidungsfreudiger, vielleicht auch entscheidungsfähiger als Botschafter Allardt. Er war der »Architekt der Ostpolitik«, er kannte das Konzept der Brandt/Scheel-Regierung »von den Wurzeln bis in die letzten Verästelungen«.[5] Liest man Bahrs Erinnerungen und vor allem seine Memoranden, die z. T. bereits vorliegen – jene aus dem Jahre 1970 in den »Akten zur Auswärtigen Politik der Bundesrepublik Deutschland« –, und vergleicht sie mit den in den »Akten« veröffentlichten Memoranden der früheren Jahre, so bekommt man einen Eindruck von der Dynamik der neuen Politik.

Als Anfang Januar 1970 der Vorsitzende der CDU/CSU-Fraktion im Bundestag, Rainer Barzel, informiert wurde, »bekundete« dieser

> »Unruhe darüber, daß die Gespräche mit der Sowjetunion entweder die Bundesregierung in eine Lage bringen können, in der sie Gefahr laufe, unvertretbare Konzessionen erbringen zu müssen, oder daß die Gespräche scheitern würden, was zu einer Verhärtung in den deutsch-sowjetischen Beziehungen führen müsse«.[6]

Barzels Unruhe sollte schon bald noch größer werden.

Über die Verhandlungen in Moskau, die in drei Etappen geführt wurden, liegen jetzt die ausführlichen Protokolle vor. Sie zeigen, daß die Gespräche schwierig waren, vor allen Dingen zu Beginn; die Atmosphäre war kühl, auf sowjetischer Seite fast feindlich. Man ging mit vollkommen unterschiedlichen Vorbereitungen und Vorkenntnissen in diese Verhandlungen. Während Gromyko lediglich eine Liste mit Bedingungen vorlegte, hatte Bahr einen sorgfältig durchdachten Plan. Beim ersten Gespräch mit Gromyko am 30. Januar betonte er: »Ich werde ganz offen sprechen, und ich meine, was ich sage«[7], um die Reaktionen von Gromyko zu testen. Seine Rechnung ging auf. Es gelang ihm, das Interesse Moskaus zu wecken. Die Sowjets überprüften, überlegten, wägten ab, dachten nach und informierten Warschau, Prag und Ost-Berlin, für die sie im Prinzip mitverhandelten. Letztlich war entscheidend, daß sie zu einer dauerhaften Regelung mit der Bundesrepublik kommen wollten, in der Erwartung, das zu erreichen, was sie seit Jahren anstrebten, nämlich die vertraglich fixierte Anerkennung ihres nach dem Zweiten Weltkrieg entstandenen mitteleuropäischen Imperiums, mit anderen Worten: die Anerkennung ihrer Kriegsbeute. Ein solches Arrangement war nur mit und nicht gegen die Bundesrepublik möglich. Deswegen fand Egon Bahr für sein Eiltempo letztlich in Moskau bereitwillige Mitläufer.

In den Verhandlungen ging es im Kern um folgende Punkte:

1. Grenzfrage,
2. Anerkennung der DDR,
3. Viermächte-Verantwortung für Berlin und Deutschland,
4. Wiedervereinigung (Gromyko am 17. 2. 1970: »Jede Erwähnung für die sowjetische Seite absolut unannehmbar.«).

Gromyko verlangte die Unveränderbarkeit der Grenzen in Europa, einschließlich der Oder-Neiße-Grenze und der Grenze zwischen der Bundesrepublik und der DDR. Bahr setzte es durch, daß die Grenzen »unverletzlich« und nicht »unverrückbar« seien. Grenzveränderungen oder gar -aufhebungen blieben demnach möglich, falls die Beteiligten damit einverstanden waren. Das galt auch für den Fall einer möglichen Wiedervereinigung. (Bahr am 17. 2. 1970: »Was die Lösung der deutschen Frage angeht, hat jeder seine Vorstellungen und seine Ziele, und er kann diese Ziele auch öffentlich verkünden.«)

Gromyko forderte auch für die Sowjetunion aufgrund der Feindstaatenartikel 53 und 107 der UN-Charta ein Interventionsrecht in der Bundesrepublik. Bahr überlagerte diese Forderung mit dem Hinweis, daß alle Siegermächte und nicht nur die Sowjetunion Gebrauch von dieser Bestimmung machen könnten.

Am schwierigsten war die sowjetische Forderung nach völkerrechtlicher Anerkennung der DDR durch Bonn. Bahr taktierte und argumentierte, das sei nicht möglich, da dadurch die Rechte aller Vier Mächte verletzt würden. Und er fragte, ob die Sowjets bereit seien, auf ihre Rechte für ganz Deutschland zu verzichten. Das wiederum wollte Moskau nicht. Dafür sicherte Bonn zu, sich dafür einzusetzen, daß beide deutschen Staaten im Laufe der Entspannung Mitglieder der Vereinten Nationen würden. Dadurch würde die DDR volle Gleichberechtigung und völkerrechtlich gültige Verträge mit Bonn erhalten. Trotz des heftigen Widerstands von SED-Chef Walter Ulbricht ging dieses Konzept auf. Moskau akzeptierte. Egon Bahr bezeichnete später diesen Punkt als die schwierigste Frage der Verhandlungen: »Die völkerrechtliche Anerkennung, die die Sowjetunion verlangt hat, der

DDR durch uns, war eben nicht akzeptabel. Das war der Kernpunkt.« Wenn er nicht durchsetzbar gewesen oder für die Sowjetunion akzeptabel geworden wäre, »hätte ich ohne Erfolg abreisen müssen und wäre abgereist«.

Unannehmbar war auch die sowjetische Forderung, West-Berlin als »besondere politische Einheit« zu behandeln. Aus Bonner Sicht konnte es nicht um die Trennung West-Berlins vom Bund gehen, sondern um die Bindungen und Verbindungen zwischen beiden. Auch wenn Bonn völkerrechtlich nicht legitimiert war, über diese Frage zu verhandeln, so machte Bahr doch klar, daß es zwischen Bonn und Berlin Interessen gab und eine Anerkennung des Status quo auch die sowjetische Anerkennung der »Westlichkeit« (so der Berliner Journalist und Historiker Peter Bender) West-Berlins einschließen müsse. Dieser Punkt wurde dann auch nicht in den Vertrag aufgenommen, mit dem Hinweis darauf, daß über West-Berlin auch die übrigen Mächte ein Mitspracherecht hatten. Eine zufriedenstellende Berlin-Lösung war ein Punkt in einem Arbeitspapier einer Bonner Arbeitsgruppe, die vor Abreise der Delegation klare Richtlinien formuliert hatte. Ein zweiter Punkt, der in diesem Papier erwähnt wurde, war die Bedingung, daß Moskau akzeptieren müsse, daß Bonn weiterhin die Wiedervereinigung anstrebe. Gromyko verlangte die offizielle Aufgabe dieser Politik, während Bahr wünschte, das Recht auf Einheit in den Vertrag zu schreiben. Am Ende einigte man sich auf eine »Hilfskonstruktion«: Außenminister Scheel schrieb Gromyko später in Moskau einen »Brief zur deutschen Einheit«, den die Sowjets entgegennahmen. Etwas Ähnliches hatte Adenauer 1955 in Moskau gemacht.

Nach drei Verhandlungsrunden von insgesamt 55 Stunden Dauer hatten Bahr und Gromyko sich weitgehend geeinigt. Bahr formulierte am 20. Mai 1970 »Leitlinien« für einen Vertrag mit der Sowjetunion, das sogenannte »Bahr-Papier«, das dann durch eine Indiskretion vorzeitig veröffentlicht wurde. Dies löste eine heftige Diskussion in der Bundesrepublik aus. Bis heute ist ungeklärt, von wem diese Indiskretion stammte. Die ersten vier Punkte des Papiers wurden am 12. Juni in der »Bild«-Zeitung veröffentlicht, der gesamte Wortlaut folgte am 1. Juli in »Bild« und »Quick«. Botschafter Allardt vermutete die Sowjets hinter dieser Aktion, was diese vehement bestritten. Zu den Verhandlungen selbst notierte Bahr am 24. Juni:

»Beim Sachstand ist noch zu berücksichtigen, daß das bisherige Verhandlungsergebnis wahrscheinlich nicht erreichbar gewesen wäre, wenn Moskau vor Beginn der

Gespräche in der Substanz schon Entscheidungen getroffen hätte. Nur weil es keine Entscheidungen gab, haben wir einen Meinungsbildungsprozeß erzwingen können mit vielen Sitzungen des Politbüros und einem persönlichen Engagement der Spitze. Man hat in Moskau begrenzte Spannungen zu Warschau und Ost-Berlin in Kauf genommen. Mit anderen Worten: Die Position Moskaus ist jetzt verfestigt. Sie dürfte nur dann zu ändern sein, wenn Bonn nicht mehr zum bisherigen Ergebnis steht; die Änderung ist dann negativ und dürfte Momente der persönlichen Enttäuschung sowohl Gromykos wie der sowjetischen Spitze einschließen. Nach aller Erfahrung hält dies lange an, und es ist zweifelhaft, ob bei weitergehender Konsolidierung der DDR der Kreml später noch einmal auf das jetzige Ergebnis zurückgeholt werden kann.
Die Zeit, in der das Konzept eines Modus vivendi vertraglich fixierbar ist, läuft ab.«[8]

Im Bahr-Papier waren bereits die grundlegenden Kernausagen des Moskauer Vertrages enthalten. Die ersten vier Punkte wurden fast wörtlich in diesen Vertrag übernommen. Um aber zu unterstreichen, daß dieses Papier ein Vertragstext war, legte das Bonner Kabinett am 7. Juni 1970 Richtlinien für die deutsch-sowjetischen Vertragsverhandlungen fest. Das Kabinett erklärte seine Haltung zum Gewaltverzicht, zur Berlin-Frage, zum Selbstbestimmungsrecht und zur Normalisierung der Beziehungen zur DDR.[9] Am 23. Juli beschloß das Kabinett außerdem Instruktionen an Außenminister Walter Scheel für die abschließenden Verhandlungen in Moskau.[10]
Gemeinsam mit Egon Bahr und Paul Frank vom Auswärtigen Amt traf Scheel am 27. Juli 1970 an der Spitze der deutschen Delegation in Moskau ein. Im Mittelpunkt der Beratungen stand jetzt der »Brief zur deutschen Einheit«, in dem klargemacht wurde, daß der Anspruch der Bundesrepublik auf Wiedervereinigung nicht im Widerspruch zum Vertrag von Moskau stand. Was sich im nachhinein so leicht erzählen läßt, war nicht ohne Dramatik. Gromyko war zwar »sachlich, im Kern jedoch äußerst hart«, wie Scheel nach Bonn meldete. Scheel selbst fand »keinen Kontakt« zu Gromyko, wie Bahr Brandt berichtete. Das bedeutete, daß Scheel auf Argumente Gromykos nicht antwortete, woraus dieser, wie international üblich, auf Zustimmung schloß. Frank und Bahr »schwankten zuweilen zwischen Entsetzen und Verzweiflung« bis hin zu der Überlegung, ob Scheel nicht, »wie auch immer, aus den Verhandlungen zu ziehen sei«. Man rettete sich dann in Arbeitssitzungen, wo die eigentlichen Verhandlungen geführt wurden. Bahr: »Wir arbeiten wie Sträflinge.«[11] Offensichtlich führte erst die Drohung Egon Bahrs, aus Moskau abzureisen, zum Einlenken der Sowjets, die den »Brief zur deutschen Einheit« dann entgegennahmen.[12]

Am 12. August 1970 unterzeichneten Willy Brandt und Walter Scheel den Vertrag in Moskau. Dessen langfristige politische Bedeutung war bei der Unterzeichnung wohl selbst den Beteiligten nicht klar, da er zum größten Teil nur Absichtserklärungen enthielt. In gewisser Weise zog er jedenfalls einen Schlußstrich unter den Zweiten Weltkrieg. Bonn respektierte die seit Kriegsende in Europa entstandenen Realitäten. In der Bundesrepublik sprachen damals viele nur vom »Verzicht«, während Brandt in einer Fernsehansprache aus Moskau den Deutschen versicherte, daß durch den Vertrag nichts verlorengegangen sei, was nicht bereits verloren gewesen sei.
Der Vertrag war jedenfalls der Beginn eines neuen Verhältnisses zwischen Bonn und Moskau, möglicherweise sogar zwischen Moskau und dem Westen überhaupt. Bonn wurde von Moskau als gleichberechtigter Partner behandelt – mit allen Möglichkeiten für die Zukunft. Moskau war der erste und entscheidende Schritt für eine Veränderung der gesamten Beziehungen zwischen Bonn, Ost-Berlin, Warschau und Prag. Bahr hatte in Moskau zugesagt, entsprechende Verträge mit diesen Ländern auszuhandeln. Die tatsächliche Wirkung des Moskauer Vertrages mußte sich in den kommenden Verhandlungen zeigen. Die entsprechenden Verträge sollten mit dem Moskauer Vertrag ein einheitliches Ganzes bilden. Peter Bender hat die Bedeutung des Vertrages folgendermaßen zusammengefaßt:

»Für die Bundesrepublik wurde der Moskauer Vertrag zum Tor nach Osteuropa. Er ermöglichte alles, was ihr später östlich der Elbe gelang. Sie fand sogar, wenn ihre Ostpolitik stockte, im Kreml einen stillen Verbündeten, denn nachdem sich beide auf das Experiment Entspannung eingelassen hatten, mußten beide dafür sorgen, daß es gelang. Entscheidend war: zwar blieben die Toten im Gedächtnis, auch Zweifel und Mißtrauen minderten sich nur langsam – aber die Westdeutschen erschienen jetzt nicht mehr als Feind, sondern als Partner.«[13]

19. März 1970: Erfurt
21. Mai 1970: Kassel

In seiner Regierungserklärung hatte Brandt klargemacht, daß er bereit war, deutschlandpolitischen Ballast über Bord zu werfen. »Zwei Staaten, eine Nation« – das war bislang die Position der DDR gewesen. Galt das noch für die DDR, oder waren dies Positionen, die die Ostberliner Führung bislang gegenüber Bonn problemlos hatte aufstellen können?

Der DDR ging es um die völkerrechtliche Anerkennung ihres Staates – und von daher übernahm man jetzt die Initiative. Am 17. Dezember 1969 übermittelte Ulbricht Bonn einen Vertragsentwurf, in dem genau dies gefordert wurde.[14] Verhandlungen sollten darüber schon im Januar 1970 beginnen. In seiner Antwort bot Brandt Verhandlungen über alle Fragen zwischen Bonn und Ost-Berlin an, auch über »gleichberechtigte Beziehungen«; das Thema völkerrechtliche Anerkennung kam nicht vor. Am 11. Februar 1970 schlug Stoph ein persönliches Gespräch über eben diese völkerrechtlichen Beziehungen vor. Eine Woche später stimmte Brandt einem solchen Treffen zu. An Stoph schrieb er: »Es erscheint mir an der Zeit, den Versuch zu unternehmen, das Trennende zurückzustellen und das Verbindende zu suchen. Wenn dies gelingt, dann sollte es auch möglich sein, zu vertraglichen Absprachen zu gelangen.«
In den folgenden Wochen ging das deutsch-deutsche »Fingerhakeln« weiter – immer mit Blick auf die Verhandlungen, die in Moskau liefen. Die Gespräche über die technische Vorbereitung verliefen zögerlich, weil die DDR-Vertreter bei allen Absprachen die »wechselseitige Anerkennung als souveräne Völkerrechtssubjekte« als selbstverständlich voraussetzten, wohl wissend, daß genau dies für Bonn nicht diskutabel war. Das wurde schon deutlich bei der Auswahl der Begleiter: Stoph wollte seinen Außenminister mitnehmen, Brandt wählte demonstrativ den Minister für innerdeutsche Beziehungen. Auch beim Tagungsort gab es Probleme. Brandt wollte nicht in Ost-Berlin verhandeln, ohne auch West-Berlin zu besuchen. Dies wurde von der DDR-Regierung abgelehnt; so einigte man sich schließlich auf Erfurt.
Dieses Treffen am 19. März 1970 wurde zu einem außergewöhnlichen Ereignis. Inhaltlich kam man sich nicht näher, aber damals war das Atmosphärische wohl wichtiger. Erstmals seit der gescheiterten gesamtdeutschen Ministerpräsidentenkonferenz in München Anfang Juni 1947 (vgl. Band 1, Kap. 10) begegneten sich wieder deutsche Politiker aus Ost und West. In der DDR-Bevölkerung wurden Erwartungen geweckt, die nicht eingelöst werden konnten. Aber das sahen die Menschen damals nicht. Überall winkten sie dem Zug zu, in dem sich die westdeutsche Delegation befand. Auf dem Bahnhofsvorplatz von Erfurt durchbrach die Menge die Absperrungen (was bei späteren Besuchen nicht mehr geschah; der Staatssicherheitsdienst sorgte für »Ordnung«). Brandt und Stoph gelangten nur mühsam ins Tagungsgebäude – ein Hotel. Und dann hörte man jene »Willy, Willy«-Rufe: Man wollte

Abb. 28: 19. März 1970: Ein historischer Tag für die Entwicklung der deutsch-deutschen Beziehungen. In Erfurt kommen Bundeskanzler Willy Brandt und DDR-Ministerpräsident Willi Stoph zum erstenmal zusammen. Beide legen ihre grundsätzlichen Positionen dar. In einer internen SED-Analyse heißt es nach dem Treffen warnend: »Es wächst die Gefahr des Eindringens des Nationalismus in die DDR.« Abgrenzung würde not tun. Aber es wird auch festgestellt, daß auf die Dauer die Vorteile für die DDR die Nachteile überwiegen würden.

Willy Brandt sehen, nicht Willi Stoph. Um das klarzumachen, wurden die Rufe dann klarer, nämlich: »Willy Brandt ans Fenster!« Brandt zeigte sich am Hotelfenster und schrieb später in seinen Erinnerungen:

»Ich war bewegt. Doch ich hatte das Geschick dieser Menschen zu bedenken: Ich würde anderntags wieder in Bonn sein, sie nicht. [...] So mahnte ich durch eine Bewegung meiner Hände zur Zurückhaltung. Man hat mich verstanden. Die Menge wurde stumm. Ich fand mich schweren Herzens ab. Mancher meiner Mitarbeiter hatte Tränen in den Augen. Ich fürchtete, hier könnten Hoffnungen wach werden, die sich nicht würden erfüllen lassen.«[15]

Wie hat die SED-Führung die Lage damals gesehen? Erfurt hat die DDR-Oberen verunsichert! Man sah die Gefahren, die auf sie zukommen würden. Die Außenpolitische Kommission der SED behandelte in einer geschlossenen Sitzung am 2. April 1970 die außenpolitischen Probleme nach dem Treffen in Erfurt und im Hinblick auf die für den 21. Mai vorgesehene zweite Begegnung in Kassel. Hermann Axen, Kandidat des Politbüros, wurde beauftragt, »die Ergebnisse der Aussprache zur Einschätzung der Lage und zu einigen Vorschlägen für Konzeption und Taktik in und nach Kassel« zusammenzufassen. Es war als Arbeitsmaterial für die interne Einschätzung und zur Ausarbeitung der Direktive für die Delegation des Ministerrats der DDR für die Fahrt nach Kassel gedacht. Es wurden sieben Exemplare angefertigt (»geheim, nur persönlich«). Honecker, Stoph, Jarowinsky, Axen und Markowski erhielten je ein Exemplar; das erste ging in Form einer »Hausmitteilung« von Axen an Walter Ulbricht, Erster Sekretär des ZK des SED (»Lieber Walter!«).
In diesem Dokument, das ich 1992 erstmals veröffentlichen konnte, wird das Dilemma der DDR-Führung deutlich, in das sie durch die neue Ostpolitik der Regierung Brandt/Scheel geraten war. Es zeigt aber auch, daß eine andere Möglichkeit nicht erkennbar war und daß man nun alles auf die Karte der diplomatischen Anerkennung der DDR setzte. Die Ostpolitik wurde zunächst als eine Weiterentwicklung der »Globalstrategie des US-Imperialismus« durch die Nixon-Regierung gesehen. Der Imperialismus, so heißt es (»Strategie und Taktik der Brandt/Scheel-Regierung als Bestandteil der USA-Globalstrategie«), hoffe auf eine Änderung der politischen Großwetterlage, vor allem wegen des weiteren Ausbaus des ökonomischen, wirtschaftlich-technischen und technologischen Vorsprungs der Vereinigten Staaten und anderer führender kapitalistischer Staaten gegenüber den sozialistischen Ländern und der Spekulation auf die Spaltung des sozialisti-

schen Weltsystems und der kommunistischen Weltbewegung. Die Brandt-Regierung, so hieß es weiter, verfolge ihre eigene Expansionspolitik des westdeutschen Imperialismus. US-Präsident Nixon habe die Überwindung des Status quo in Europa als ein Schlüsselproblem bezeichnet: Die Linie der Brandt/Scheel-Regierung zur Schaffung besonderer deutscher Beziehungen solle faktisch der Schlüssel zur Lösung dieser Frage werden.

Die Brandt/Scheel-Regierung verfolge ebenfalls zwei strategische Hauptlinien: Stärkung und Festigung der imperialistischen Paktsysteme mit dem Ziel der Hegemonie des westdeutschen Imperialismus im kapitalistischen Teil Europas. Mit der Ostpolitik verfolge sie die Konzeption des ideologisch-politischen und ökonomischen Eindringens in die sozialistischen Länder auf lange Sicht.

Das Neue an der Bonner Ostpolitik nach den »Ereignissen in der Tschechoslowakei« (Niederschlagung des Prager Frühlings 1968) bestand laut SED in der Fortsetzung der CDU/CSU-Politik mit anderen Mitteln, nämlich »daß jetzt wieder der Hauptstoß gegen die DDR geführt wird«. Bei der neuen Taktik in der Ostpolitik ging es aus der Sicht der SED demnach um »gleichzeitige bilaterale politische Verhandlungen mit einigen sozialistischen Ländern«. Als derzeit günstigste Variante für das Eindringen in die DDR wurde der Brandt/Scheel-Regierung unterstellt, »unbedingt in Richtung der Entwicklung sogenannter innerdeutscher Beziehungen direkt bzw. indirekt voranzukommen«. Deshalb sei mit dem Treffen in Kassel eine Institutionalisierung der Gespräche zwischen beiden Regierungen vorgesehen, in deren Rahmen end- und ergebnislos auch über den Vertragsentwurf der DDR vom 17. Dezember 1969 zur gegenseitigen völkerrechtlichen Anerkennung der beiden Staaten debattiert werde, jedoch sogenannte menschliche Erleichterungen durchgesetzt werden sollten, wofür eine starke Propaganda erwartet werden müsse.

Der institutionalisierte Dialog solle zum »gewachsenen Status quo plus« für die Bundesrepublik und zu »gewachsenen Beziehungen des Eindringens in die DDR« führen. Dabei sei damit zu rechnen, daß seitens der Bundesrepublik ein Vertragsentwurf vorgelegt werde, der demagogisch mit völkerrechtlichen Begriffen wie Gleichberechtigung, Nicht-Diskriminierung, Achtung der Grenzen usw. die völkerrechtliche Anerkennung der DDR ablehne und nicht gleichberechtigte innerdeutsche Beziehungen schaffen solle. Es ging nach Meinung der SED-Kommission um die »Aufweichung und Einkreisung der DDR«.

Für einen späteren Zeitpunkt wurde allerdings die völkerrechtliche Anerkennung der DDR durch die Bundesrepublik erwartet, und zwar in Form eines »Geschäfts«: Völkerrechtliche Anerkennung der DDR gegen völkerrechtliche Anerkennung der Zugehörigkeit West-Berlins zur Bundesrepublik; durch einzelne entsprechende Abkommen sollte zudem das »Eindringen« in die DDR legalisiert werden.
Für das Treffen in Kassel wurden entsprechende Konsequenzen gezogen: es mußte erfolglos bleiben. Über die »Gefahren« der neuen Ostpolitik war man sich offensichtlich im klaren. An einer Stelle heißt es: »Es wächst die Gefahr des Eindringens des Nationalismus in die DDR.«[16] Abgrenzung würde demnach not tun. Aber es wurde auch festgestellt, daß für die DDR auf Dauer die Vorteile die Nachteile überwinden würden. Walter Ulbricht sah das offensichtlich anders. Schon vor jenem 19. März in Erfurt hatte er vor dem SED-Politbüro deutlich gemacht, daß die DDR für ihre Anerkennung einen hohen Preis zu entrichten habe und der Grat zwischen Abgrenzung, die die DDR zum Leben brauche, und Öffnung, ohne die Zugeständnisse nicht zu haben seien, »schmal« sein würde. Wie schmal, mußte die Zukunft zeigen. Für Ulbricht war dieser Preis offensichtlich zu hoch.
Zwischen Erfurt und Kassel wurden öffentlich die beiderseitigen Positionen bekräftigt. Der DDR ging es um völkerrechtliche Anerkennung, für Bonn war entscheidend, daß »wir uns gegenseitig nicht als Ausland betrachten. Beide Staaten haben ihre Verpflichtung zur Wahrung der Einheit der deutschen Nation.« Brandt legte in Kassel ein 20-Punkte-Programm vor, das schon die Elemente des späteren Grundlagenvertrages enthielt, u. a. Austausch von Bevollmächtigten, nicht von Botschaftern. Der DDR wurde Gleichberechtigung zuerkannt und der Zusammenarbeit und der Mitgliedschaft in internationalen Organisationen zugestimmt. Stoph machte alles von der Herstellung diplomatischer Beziehungen abhängig. Und von daher endete das Treffen erfolglos, auf westdeutscher Seite mit Ernüchterung.[17]
Mit dazu beigetragen hatten rechtsextreme Demonstranten, die gleich zu Beginn die »Spalterflagge« der DDR herunterholten und verbrannten. Eine gemeinsame Kranzniederlegung für die »Opfer des Faschismus« konnten Brandt und Stoph erst am Abend nachholen. Der Fehlschlag von Kassel war in gewisser Weise vorprogrammiert, da beide Verhandlungspartner auf Moskau blickten, wo erst am nächsten Tag die Gespräche zwischen Bahr und Gromyko endeten. Moskau gab auch für die DDR das entscheidende Signal; Ost-Berlin konnte sich weite-

ren deutsch-deutschen Gesprächen dann nicht mehr entziehen. Offensichtlich aber war Walter Ulbricht nicht der richtige Mann für diesen nun beginnenden Dialog.
Der SED-Chef hatte schon vorher versucht, das Tempo der Moskauer Entspannungspolitik zu drosseln. Gegenüber Gromyko, der aus Bonn kam und in Ost-Berlin einen Zwischenstopp einlegte, hatte er im Februar 1970 die sowjetischen Verhandlungskompromisse mit den Worten kritisiert: »Die Bonner Regierung wird im Laufe der Zeit unseren Forderungen auf Gleichberechtigung und Anerkennung entsprechen.« Der SED-Chef setzte darauf, daß der SPD/FDP-Koalition mit ihrer knappen Mehrheit im Bundestag die Zeit davonlaufen würde; je langsamer die westdeutsche Ostpolitik vorankäme, um so mehr sei für die DDR herauszuholen.
Der KPdSU-Spitze war dieses Spiel auf Zeit zu riskant, sie suchte die schnelle vertragliche Lösung mit der Regierung Brandt. Egon Bahr war der Mann der Stunde, um in Moskau eilends die nötigen Kompromisse auszuhandeln. Politisch sollte Ulbricht das nicht lange überleben. Er wurde schon bald »ausgetauscht«.

7. Dezember 1970: Der Warschauer Vertrag und die Oder-Neiße-Grenze

Parallel zu den Verhandlungen in Moskau lief seit dem 4. Februar 1970 ein »Meinungsaustausch« zwischen Polen und der BRD. Auf polnischer Seite war der stellvertretende Außenminister Joszef Winiewicz federführend, auf bundesdeutscher Seite Staatssekretär Georg Ferdinand Duckwitz.[18] Als man mit den Gesprächen begann, machte Winiewicz klar, was aus polnischer Sicht »am Anfang und im Mittelpunkt« der Verhandlungen stehen müsse: »Die Frage der Anerkennung der polnischen Westgrenze.«[19] Da wußte er allerdings schon, daß Bonn bereit war, die Oder-Neiße-Grenze vertraglich festzuschreiben. Brandt hatte auf dem Nürnberger Parteitag der SPD am 16. März 1968 erklärt, die

»Notwendigkeit der Anerkennung bzw. der Respektierung der Oder-Neiße-Linie bis zu deren Regelung auf der Grundlage eines Friedensvertrages ist gegeben. Wir wollen Gewaltverzicht und Versöhnung mit Polen, wir wollen das auch vor Abschluß des Friedensvertrages, sofern das möglich ist. Wir wollen nicht und wir können nicht die Grenzen in Europa gewaltsam verändern. Das betrifft auch die Oder-Neiße-Linie, die im übrigen nicht eine Grenze der Bundesrepublik Deutschland ist.«[20]

Nach Unterzeichnung des Moskauer Vertrages wurden die Verhandlungen von Scheel und seinem polnischen Kollegen Stefan Jedrychowski in Warschau weitergeführt.[21] Im Verlauf der ersten Plenartagung faßte Scheel die Haltung der Bonner Regierung folgendermaßen zusammen: Man betrachte die Entwicklung normaler und guter Beziehungen zwischen beiden Staaten als eine Aufgabe, für die sich ein hoher Einsatz lohne, weil dem nicht nur für die beiden Völker, sondern auch für die Zukunft Europas insgesamt eine wesentliche Bedeutung zukomme. Die deutsche Seite habe Verständnis für die Tatsache, daß die polnische Regierung und das polnische Volk die Grenzfrage als das zentrale Problem der deutsch-polnischen Beziehungen ansähen. Die Bundesregierung sei bei ihren Vorstellungen davon ausgegangen, daß sie nur für die Bundesrepublik Verpflichtungen eingehen und einer gesamtdeutschen Vertretung auf einer möglichen Friedenskonferenz nicht vorgreifen könne; ebenso müßten die Rechte der Vier Mächte für Berlin und Deutschland als Ganzes berücksichtigt werden. Eine Grenzregelung, wie immer sie aussehen möge, könne und dürfe nicht als eine Legitimation jener Maßnahmen gedeutet werden, durch die Millionen Deutsche aus den hinter der Grenze liegenden Gebieten vertrieben worden seien.

Im Gegenzug machte Jedrychowski den Standpunkt seiner Regierung klar. Demnach basierte die Normalisierung der Beziehungen zur Bundesrepublik auf der Bereitschaft zur Aufnahme des Normalisierungsprozesses zwischen beiden Ländern und auf der Grundlage der Anerkennung der bestehenden Realitäten, besonders des endgültigen Charakters der festgelegten und bestehenden Westgrenze Polens. Die Politik der früheren Bundesregierungen sei ein Hindernis für die Regelung der Beziehungen gewesen, da sie den endgültigen Charakter der Oder-Neiße-Grenze in Frage gestellt habe, obwohl sie im Potsdamer Abkommen festgelegt und von der DDR 1950 im Görlitzer Abkommen anerkannt worden sei. Zur Frage der Familienzusammenführungen erklärte er, diese Problematik könne nicht Gegenstand bilateraler Verhandlungen sein, da es sich um ein »internes Problem« der Volksrepublik Polen handle.

Wenn auch in den offiziellen Verhandlungen ein nach außen hin ruhiges und sachliches Klima zu herrschen schien, so wurden doch über die Medien verschiedene Standpunkte klarer und aggressiver formuliert. In der Zeitung »Zycie Warszawy« hieß es am 10. November, eine Woche vor Paraphierung des Vertrages:

»Wir bezweifeln keineswegs die Leiden und Schmerzen der Menschen, die vor einem Vierteljahrhundert ihre Heimat aufgeben mußten. Doch uns kann man dafür nicht verantwortlich machen. Die Schuld tragen das Dritte Reich und das deutsche Volk, das mit überwältigender Mehrheit Hitler unterstützt hatte. In keinem Fall kann man jedoch die Umsiedlung dieser Menschen mit der Ermordung von sechs Millionen Polen, mit den entsetzlichen Martern vergleichen, die sie durch faschistische Henker in Konzentrationslagern erleiden mußten. Niemand in der BRD sollte eine Entschädigung erwarten. Unsere Entschädigung ist unsere Bereitschaft, die Beziehungen zu normalisieren.«

Hier wurde deutlich, daß die humanitären Fragen, d.h. Familienzusammenführungen und Ausreiseerleichterungen für Deutsche, nicht nur ein politisches, sondern vor allem ein emotionales Problem waren und diese aus polnischer Sicht nicht Gegenstand des Vertrages werden konnten, da es sich um das bekannte »interne Problem« handelte.
Der polnische Regierungssprecher machte am 11. November den Sinn des Warschauer Vertrages klar, nämlich »die Anerkennung der Westgrenze durch die BRD. Unser Standpunkt war von Anfang an klar und allgemein bekannt.«
Warschau erhielt, was es wollte. Im Vertrag wurde die Oder-Neiße-Grenze als »westliche Staatsgrenze der Volksrepublik Polen« bezeichnet und die »Unverletzlichkeit« der bestehenden Grenzen bekräftigt. Gleichzeitig erklärten beide, daß sie gegeneinander »keinerlei Gebietsansprüche haben und solche in Zukunft auch nicht erheben werden«. Klar war, daß die Bundesregierung nur für die Bundesrepublik Deutschland sprechen und handeln konnte. Die Polen lehnten es allerdings ab, einen entsprechenden Satz in den Vertrag aufzunehmen. Bonn konnte ihn nur in seinen Noten an die Westmächte unterbringen. Umgekehrt lehnte Bonn es ab, sich auch schon für den Fall von Friedensvertragsverhandlungen bei einer möglichen Wiedervereinigung auf die Beibehaltung der Oder-Neiße-Grenze festzulegen. Das war zwar völkerrechtlich in Ordnung, führte aber dazu, daß in den folgenden Jahren so manch Ewiggestrige immer noch davon sprachen, daß Schlesien »deutsch« sei – und daß es 1990 wieder eine Debatte gab, die allerdings nur eine Scheindebatte war (vgl. Band 4, Kap. 8).
Die Lösung humanitärer Probleme spielte bei den Verhandlungen eine wesentliche Rolle, wurde aber nicht in den Vertrag selbst aufgenommen. Statt dessen leitete Warschau der Bundesregierung eine als »Information« bezeichnete Erklärung zu, über die man sich in letzter Minute geeinigt hatte. Es ging um die Ausreisemöglichkeit für die Deutschen, die noch östlich der Grenze lebten. Während die Polen

zunächst meinten, es befänden sich keine Deutschen mehr in jenem Gebiet, sprach man auf deutscher Seite von einer Million. In der Information wurden dann immerhin »einige Zehntausende« Umsiedlungsberechtigte genannt; die Polen verstanden darunter 30000, die Deutschen fast 100000.

Wie schwierig der Beginn der Beziehungen zwischen Bonn und Warschau war, macht die Bezeichnung des Vertrages deutlich. Dort war nicht von Normalisierung die Rede, sondern nur von den »Grundlagen der Normalisierung ihrer gegenseitigen Beziehungen«. Genau das war es wohl, nicht mehr. In der Bundesrepublik wurde der Vertrag primär als Grenzvertrag angesehen, als Anerkennung der Oder-Neiße-Grenze. Das war schmerzlich, insbesondere im Hinblick auf die bis dahin von den vorherigen Bundesregierungen aufrechterhaltene Fiktion, daß das Gebiet östlich dieser Grenze, immerhin rund ein Viertel des Territoriums des Deutschen Reiches in den Grenzen von 1937, doch noch nicht endgültig verloren sei.

Angefangen hatte alles mit dem Überfall Hitlers auf Polen, was von vielen einfach verdrängt wurde. Im Zuge des Krieges hatte die Sowjetunion jene Gebiete besetzt, die Polen seinerseits nach dem Ersten Weltkrieg Rußland entrissen hatte. Polen sollte für diese Gebiete entschädigt werden, das Stichwort hieß »Westverschiebung Polens«. Diese Westverschiebung konnte nur auf Kosten Deutschlands gehen. Auf der Potsdamer Konferenz im Juli/August 1945 wurde die Oder-Neiße-Linie als Grenze festgelegt. Aber wie bei so manchen anderen Punkten gab es auch hier nur einen faulen Kompromiß. Im Potsdamer Abkommen hieß es, daß »die endgültige Festlegung der Westgrenze Polens bis zur Friedenskonferenz zurückgestellt werden soll«. Gleichzeitig war die Rede von den »früher deutschen Gebieten östlich der Linie«, die der Verwaltung der Sowjetunion und des polnischen Staates übertragen wurden.

Das war das Eine; das Andere war die »Überführung der deutschen Bevölkerung« aus diesen Gebieten, die in »ordnungsgemäßer und humaner Weise« erfolgen sollte. Wir alle wissen, wie dies dann tatsächlich durchgeführt wurde. Aber: de jure war die Grenze nicht festgelegt worden, wenn auch de facto, zumal sich die Alliierten im Dezember 1945 über die gleichmäßige Verteilung der Flüchtlinge und Vertriebenen in den vier Besatzungszonen einigten. Während man in Polen die Westgrenze als in Potsdam definitiv festgelegt betrachtete, sah man das in Deutschland ganz anders. Selbst die SED war zunächst dieser Auffassung. In einer Erklärung ihres Zentralkomitees vom 19. September 1946 wurde Otto Grotewohl mit dem Satz zitiert: »Die Oder-Neiße-Linie wird von ihr [der SED] genau so abgelehnt, wie Grenzveränderungen im Westen.« Drei Jahre später hörte sich das dann schon anders an. Derselbe Otto Grotewohl erklärte nun als Ministerpräsident der neugebildeten DDR-Regierung in seiner Regierungserklärung am 12. Oktober 1949: »Die Oder-Neiße-Grenze ist für uns eine Friedensgrenze, die ein freundschaftliches Verhältnis zum polnischen Nachbarn ermöglicht.« Drei Wochen vorher hatte Bundeskanzler Konrad Adenauer in seiner Regierungserklärung betont:

»Wir können uns daher unter keinen Umständen mit einer von Sowjetrußland und Polen später [nach Potsdam] einseitig vorgenommenen Abtrennung dieser Gebiete abfinden. Diese Abtrennung widerspricht nicht nur dem Potsdamer Abkommen, sie widerspricht auch der Atlantik-Charta vom Jahre 1941. [...] Wir werden nicht aufhören, in einem geordneten Rechtsgang unsere Ansprüche auf diese Gebiete weiter zu verfolgen. Ich weise darauf hin, daß die Austreibung der Vertriebenen in vollem Gegensatz zu den Bestimmungen des Potsdamer Abkommens vorgenommen worden ist.«

Am 6. Juli 1950 bekräftigten die Regierungen in Ost-Berlin und Warschau ihre Haltung durch den Abschluß eines in Görlitz unterzeichneten Grenzvertrags. Darin wurde die Oder-Neiße-Grenze als »Staatsgrenze zwischen Deutschland und Polen«, als »unantastbare Friedens- und Freundschaftsgrenze, die die beiden Völker nicht trennt, sondern vereinigt«, festgelegt. Die Bundesregierung protestierte. In einer Erklärung vom 9. Juli 1950 hieß es: »Die Entscheidung über die z. Z. unter polnischer und sowjetischer Verwaltung stehenden Ostgebiete kann und wird erst in einem mit Gesamtdeutschland abzuschließenden Friedensvertrag erfolgen.« Die Bundesrepublik werde sich »niemals« mit der Wegnahme dieser »rein deutschen Gebiete abfinden«. Der sozialdemokratische Alterspräsident des Bundestages, Paul Löbe, gab damals »im Namen aller Fraktionen des Bundestages, mit Ausnahme der kommunistischen Fraktion, zugleich mit Zustimmung der Bundesregierung und des Bundesrates« eine Erklärung ab, in der festgestellt wurde: »Das Gebiet bleibt ein Teil Deutschlands.« Ähnlich auch das State Department in Washington. Dort hieß es am 8. Juni 1950: »Die Regierung der USA hat niemals in der Vergangenheit die Oder-Neiße-Linie als endgültige Ostgrenze Deutschlands anerkannt. Die Regierung erkennt auch die gegenwärtige Regelung durch die polnische Regierung und die Verwaltung Ostdeutschlands nicht an.« Im gleichen Sinne äußerte sich auch das britische Foreign Office. Man ver-

wies auf Potsdam, wo die Oder-Neiße-Linie als »vorläufige Grenze« zwar festgelegt, aber »niemals als endgültige Grenze beschlossen« worden sei.
Die Oder-Neiße-Grenze war für Moskau inzwischen längst unantastbar geworden. Wer *keine* Lösung der deutschen Frage wollte, mußte nur diese Grenze in Frage stellen. US-Außenminister James Byrnes hatte dies in seiner berühmten Stuttgarter Rede im September 1946, sein Kollege George C. Marshall auf der Außenministerkonferenz im April 1947 in Moskau getan. Zum letzten Mal spielten die Westmächte dann diesen Trumpf im Zusammenhang mit der Stalin-Note vom März 1952 aus (vgl. Band 2, S. 181).
Im Zuge des sich verschärfenden Kalten Krieges wurden auch die Stellungnahmen auf Bonner Seite immer schärfer und deutlicher. Bonn wies alle polnischen Vorschläge, die auf der Basis des gegenwärtigen Zustandes gemacht wurden, entschieden zurück. So erklärte Außenminister Heinrich von Brentano am 3. Mai 1956 u. a.:

»Millionen Deutsche haben 1945 ihre Heimat verlassen müssen, wo sie seit Jahrhunderten lebten. Die Bundesregierung hat nicht das Recht, auf diese Gebiete zu verzichten, ich wiederhole: die Bundesregierung hat nicht das Recht und auch nicht die Absicht, den Rechtsanspruch auf diese Gebiete fallen zu lassen. Wir bekennen uns zum Grundsatz der freien Selbstbestimmung der Völker. [...] Die Bundesregierung wird niemals die Oder-Neiße-Grenze anerkennen oder die deutschen Ostgebiete zu einem Handelsobjekt irgendwelcher Art machen.«

Diese Haltung nahm vor allem Rücksicht auf die Vertriebenenverbände, die immer wieder betonten, daß sie die Oder-Neiße-Linie niemals als Grenze Deutschlands anerkennen würden. Auf Plakaten hieß es bundesweit: »Dreigeteilt! Niemals!«
Mitte der sechziger Jahre zeichneten sich dennoch in der öffentlichen Meinung mit Blick auf den östlichen Nachbarn und im Zusammenhang damit auch zur Oder-Neiße-Linie neue Aspekte ab. Das hing auch mit dem Nachlassen der Ost-West-Spannungen und dem Bedürfnis nach einem deutschen Beitrag zum Abbau der Ost-West-Konfrontation in Europa zusammen. In einem Grußtelegramm der SPD zum Schlesier-Tag 1963 erklärten Brandt, Ollenhauer und Wehner zwar noch: »Verzicht ist Verrat, wer wollte das bestreiten [...]. Das Recht auf Heimat kann man nicht für ein Linsengericht verhökern.« Und Bundeskanzler Erhard stellte noch für die Bundesregierung fest: »Wir verzichten nicht.« Aber die Positionen begannen sich bereits zu lockern.
Ausgelöst wurde die Diskussion durch eine Denkschrift der Evangelischen Kirche in Deutschland vom 15. Oktober 1965 über »Die Lage der

Vertriebenen und das Verhältnis des deutschen Volkes zu seinen östlichen Nachbarn«. Dort war von einem neuen Anfang die Rede und daß das deutsche Volk auf die notwendigen Schritte vorbereitet werden müsse, damit eine Regierung handeln könne, wenn es not tue. Die westlichen Verbündeten der Bundesrepublik, so hieß es weiter, erwarteten von Bonn einen Beitrag zur Entspannung, »der nur möglich ist, wenn die Regierung damit rechnen kann, im deutschen Volk Verständnis und Zustimmung zu diesem Schritt im Geiste der Versöhnung gegenüber unseren östlichen Nachbarvölkern zu finden«.[22] Die Aufforderung, Rechtsansprüche fallenzulassen, falls diese Gebiete zur wirtschaftlichen Existenzgrundlage Polens gehörten, sorgte in der Öffentlichkeit für heftige Auseinandersetzungen. Bereits sechs Wochen nach der Erstveröffentlichung der Denkschrift waren 200 000 Exemplare verbreitet. Nur wenige Politiker und Journalisten bekannten sich allerdings öffentlich zu deren Inhalt.

Massiver Protest kam aus den Vertriebenenverbänden. Der Bund der Vertriebenen beharrte auf seinem Rechtsstandpunkt, sprach von Mißbrauch der kirchlichen Autorität und bezeichnete die Denkschrift als »eine der schädlichsten Veröffentlichungen der Zeit«. Ihr Präsident Wenzel Jaksch, ein aus dem Sudetenland vertriebener Sozialdemokrat, nahm folgendermaßen Stellung:

»Wir gehen von dem völlig unbestrittenen historischen Tatbestand aus, daß die großen Siegermächte des Zweiten Weltkriegs im Potsdamer Abkommen die Frage der deutschen Ostgrenzen ausdrücklich einer friedensvertraglichen Regelung vorbehalten haben. Wir nähren also unter unseren Mitgliedern nicht irgendwelche Illusionen, sondern beziehen, wie alle staatserhaltenden Kräfte der Bundesrepublik, einen eindeutigen Rechtsstandpunkt.«[23]

Die Landsmannschaft Schlesien nannte die Denkschrift »moralisch, historisch, rechtlich und politisch unverantwortlich«.[24] In einer Erwiderung schrieb Professor Ludwig Raiser, einer der Verfasser der Denkschrift u. a., man denke nicht daran,

»das Unrecht der Vertreibung und einseitigen Gebietsabtrennung zu verschweigen oder zu verharmlosen, aber die Denkschrift muß zugleich um der Wahrheit willen an das unseren Nachbarvölkern angetane Unrecht erinnern, dessen Folgen wir uns nicht entziehen können«.[25]

Einen Monat nach dieser Denkschrift, am 18. November 1965, schrieb der polnische Episkopat an die deutschen katholischen Bischöfe einen Brief, in dem erstmals auch von dem »Leid der Millionen von Flüchtlingen und vertriebenen Deutschen« gesprochen wurde. Die Bischöfe

schlossen: »Wir gewähren Vergebung und bitten um Vergebung.« Für 1966 luden sie das deutsche Episkopat nach Tschenstochau zur Tausendjahrfeier der Christianisierung und der Gründung des polnischen Staates ein. Die deutschen Bischöfe nahmen die Einladung am 5. Dezember an und betonten ihr Interesse an der Fortführung des Dialogs.
In seiner Regierungserklärung griff Bundeskanzler Kiesinger das Thema ein Jahr später, am 13. Dezember 1966, erstmals auf. Versöhnliches mischte sich mit Grundsätzlichem, als er feststellte:

»In weiten Schichten des deutschen Volkes besteht der lebhafte Wunsch nach einer Aussöhnung mit Polen, dessen leidvolle Geschichte wir nicht vergessen haben und dessen Verlangen, endlich in einem Staatsgebiet mit gesicherten Grenzen zu leben, wir mit Blick auf das gegenwärtige Schicksal unseres eigenen geteilten Volkes besser als in früheren Zeiten begreifen.«

Er ergänzte allerdings:

»Aber die Grenzen eines wiedervereinigten Deutschlands können nur in einer frei vereinbarten Regelung mit einer gesamtdeutschen Regierung festgelegt werden, eine Regelung, die die Voraussetzungen für ein von beiden Völkern gebilligtes, dauerhaftes und friedliches Verhältnis guter Nachbarschaft schaffen soll.«[26]

Zweieinhalb Jahre nach Veröffentlichung der EKD-Denkschrift trat in der Bundesrepublik im Februar 1968 ein Kreis von Katholiken (Bensberger Kreis) mit einem Memorandum an die Öffentlichkeit, in dem aufgezeigt wurde, was dies alles de facto bedeuten würde. Dort hieß es:

»Geht man davon aus, daß das territoriale Verfügungsrecht an die Achtung des Heimatrechts gebunden ist, so müssen wir bereit sein, auch die Konsequenzen daraus zu ziehen, daß die 1945 ›unter polnische Verwaltung‹ gestellten Gebiete inzwischen von Polen bewohnt und in das Land und in die Staatsordnung Polens integrierte Gebiete geworden sind. Daher wird es für uns Deutsche unausweichlich, uns mit dem Gedanken vertraut zu machen, daß wir die Rückkehr dieser Gebiete in den deutschen Staatsverband nicht fordern können.«[27]

Genau das implizierte der deutsch-polnische Vertrag und wurde von Brandt und Scheel auch so interpretiert und von allen verstanden. Niemand glaubte ernsthaft daran, daß in einem möglichen Friedensvertrag das Thema Oder-Neiße-Grenze noch einmal zur Diskussion gestellt werden würde.
Deutschland hatte seine Ostgebiete definitiv verloren. Am 7. Dezember 1970 wurde der Vertrag in Warschau unterzeichnet. Brandt wandte sich am Abend an die Deutschen, er sprach von einer »schweren Reise«, von »Unrecht«, »Vertreibung«, die man nicht nachträglich legitimiere; vom Leid derer, die ihre Heimat verlassen mußten; von »Schmerz« und der »Trauer« um das »Verlorene«. Aber er mahnte

Abb. 29: 7. Dezember 1970 in Warschau: »Irgend etwas mußte man tun.« Bundeskanzler Willy Brandt vor dem Mahnmal für die Opfer des Ghettoaufstands.

auch: »Ein klares Geschichtsbewußtsein duldet keine unerfüllbaren Ansprüche«, auch »keine geheimen Vorbehalte«. Und er folgerte: »Wir müssen [...] die Moral als politische Kraft erkennen.« Drei Wochen vorher hatte er über alle deutschen Rundfunk- und Fernsehanstalten festgestellt: »Unserem Volk wird nicht heute, aus heiterem Himmel, ein Opfer abverlangt. Dies hat längst gebracht werden müssen als Ergebnis der Verbrechen Hitlers.« Man wolle »einen neuen Anfang machen«. Und dann kam jenes Bild, das um die Welt ging: Brandt kniete vor dem Warschauer Ghetto-Mahnmal. War das spontan oder Kalkül? Er selber meinte später dazu: »Unter der Last der jüngsten deutschen Geschichte tat ich, was Menschen tun, wenn die Worte versagen.« Er sagte aber auch: »Irgend etwas mußte man tun.«[28]

Peter Bender interpretiert das alles folgendermaßen:

»Niemals vor- und nachher bewies sich die neue Ostpolitik wie am 7. Dezember 1970: zum Vertrag kam die Geste, zur Realität das Symbol. Durch den Vertrag fand die Bundesrepublik sich damit ab, daß Deutschland den Zweiten Weltkrieg verloren hat und fast ein Viertel des ehemaligen Reichsgebietes für alle Zukunft polnisch bleibt. Mit dem Kniefall bekundete Brandt, daß Deutschland den Krieg begonnen und durch systematische Massenvernichtung und Versklavung von Juden und Polen eine Schuld auf sich geladen hatte, die ohne Beispiel ist in der neueren Geschichte Europas.«[29]

3. September 1971: Das Berlin-Abkommen

In einer Rede zum 13. August 1961 meinte Egon Bahr später einmal zur Ostpolitik: »Die Vier Mächte konnten nicht ohne die Deutschen, die Deutschen konnten nicht ohne die Vier Mächte.« Man müßte ergänzen: Die Westdeutschen konnten vor allem nicht ohne die Westmächte. Die Ostpolitik war eingebettet in die bis dahin betriebene Westpolitik; nur auf diesem sicheren Fundament war die neue Ostpolitik überhaupt möglich. Einerseits betrieb Brandt das, was die Amerikaner erwarteten, andererseits wurde dessen Aktivität nicht ohne Mißtrauen verfolgt. Der amerikanische Außenminister Henry Kissinger beschrieb später die Situation, wie sie sich aus der Sicht Washingtons bis Ende 1969 darstellte:

»Die immer noch regierenden Christlichen Demokraten hielten jedoch starr an den politischen Maximen der fünfziger Jahre fest. Ihr an Besessenheit grenzender Eifer, die einmal eingeschlagene Richtung beizubehalten, erregte die Ungeduld einer amerikanischen Regierung, die neue Perspektiven eröffnen wollte und die, von der Richtigkeit ihrer Perspektiven überzeugt, besser mit linken oder wenigstens reformistischen Gruppen umgehen konnte als mit den konservativen Christlichen Demokraten, die das Nachkriegseuropa aufgebaut hatten.«[30]

Die Dynamik, mit der Brandt vorging, und die Schnelligkeit, mit der in Moskau abgeschlossen wurde, überraschten dann allerdings nicht nur die Amerikaner. Dabei taten die Deutschen jetzt nur das, was man immer von ihnen gefordert hatte. Als sie es taten, war das Mißtrauen anfangs groß.

Washington sorgte sich vor allem um den Zusammenhalt des Westens. De Gaulle hatte die geschlossenen Reihen gegenüber Moskau bereits aufgebrochen, als er Frankreich aus der NATO löste und eine Sonderpolitik mit dem Kreml in Angriff nahm. So sah die Nixon-Administration ein neues Schreckgespenst auf sich zukommen: die Bundesrepublik könnte versucht sein, auszubrechen und auf eigene Faust Politik zu machen. Letztlich unterstützte Washington die neue Politik, »ohne Begeisterung, aber auch nicht ohne Zuversicht«, wie Kissinger später schrieb. Man wollte den eigenen Einfluß dafür einsetzen, die Ostpolitik in einen weiteren Rahmen als »nur in den deutschen Nationalis-

mus« einzubetten[31]; mit anderen Worten: man wollte davon profitieren.
Brandt bemühte sich intensiv darum, das amerikanische Mißtrauen zu zerstreuen. Bahr entwickelte sogar ein gewisses Vertrauensverhältnis zu Kissinger (Briefe begannen dann mit »Lieber Henry«), nach dem Motto: »Wer immer eine Frage oder Sorge hat, fragt«, wie er gegenüber Kissinger am 24. Juli 1970 meinte.[32] Nicht umsonst hatte es ja in den Verträgen ausdrücklich geheißen, daß die Rechte der Vier Mächte in bezug auf ganz Deutschland davon unberührt blieben. Und Brandt wußte auch, daß seine Verträge, die in Westdeutschland vom Großteil der Bevölkerung als Verzichtsverträge betrachtet wurden, von einem sichtbaren Erfolg begleitet sein mußten, und das konnte nur Berlin sein. Ein Erfolg dort war allerdings Sache der Vier Mächte. Brandt wurde sich mit Nixon im April 1970 einig, daß die Ostverträge erst dann ratifiziert werden sollten, wenn es konkrete vertragliche Fortschritte für Berlin gäbe. Damit hatten die Vier Mächte den Hebel für einen Erfolg der Ostpolitik in der Hand.
Für die Westmächte und Bonn war letztlich Washington entscheidend. Kissinger erkannte die Situation und benutzte diesen Hebel gleich in doppelter Weise, nämlich für Bonn und für die amerikanische Politik bei den Gesprächen mit den Sowjets über die Begrenzung der strategischen Waffen (Strategic Arms Limitation Talks – SALT): »Während ich die Berlin-Verhandlungen verzögerte, um bei SALT rascher voranzukommen, verzögerte Gromyko die SALT-Verhandlungen, um die Berlin-Gespräche zu beschleunigen.« Damit war unausgesprochen in mehrfacher Hinsicht ein Junktim entstanden: Ohne Berlin-Regelung keine Ostverträge, und aus Moskauer Sicht Inkrafttreten eines Berlin-Abkommens erst, wenn der Moskauer Vertrag ratifiziert sein würde. Das war verbunden mit Fortschritten in den SALT-Gesprächen, ein Bereich, in dem die amerikanische Außenpolitik einen Erfolg verbuchen wollte, nachdem sie nach wie vor durch ihre Vietnampolitik weitgehend gelähmt war.
Die Botschafter der Vier Mächte begannen ihre Berlin-Beratungen am 26. März 1970 im Gebäude des ehemaligen Kontrollrats, jenem Gebäude, in dem die Außenminister der Vier Mächte zuletzt 1954 ergebnislos verhandelt hatten (und noch einmal im Dezember 1990 nicht gerade zur Freude Bonns zusammenkamen). Die Gespräche kamen nur schleppend voran, zumal das erwähnte Junktim immer deutlicher wurde. Willy Brandt wies am 8. Juli auf einer Betriebsversammlung

Abb. 30: 16. Juni 1971: Die »Macher« der deutschen Ostpolitik im Oval Office des Weißen Hauses in Washington. V. l. n. r.: Staatssekretär Egon Bahr, Außenminister Walter Scheel, Bundeskanzler Willy Brandt, US-Präsident Richard M. Nixon, US-Außenminister William Rogers und der Sicherheitsberater des US-Präsidenten, Henry Kissinger. Nixon und Kissinger haben erhebliche Vorbehalte gegen Brandt. »Nicht sehr helle«, »ein bißchen dumm«, und außerdem, so Kissinger: »Er trinkt.« Die geheimen Tonbandaufzeichnungen sind eindeutig.

der AEG darauf hin; er wolle zwar den Zusammenhang zwischen den Vier-Mächte-Gesprächen und den Gesprächen mit der Sowjetunion »nicht in eine Zwangsjacke stecken«, wohl aber nachdrücklich unterstreichen, denn, so Brandt:

»Es wäre wenig sinnvoll, feierliche Verträge zu schließen, die einer friedlichen Verständigung zwischen Ost und West dienen sollen, wenn Berlin eine Insel des Kalten Krieges bliebe. Wir bleiben dabei, daß wir uns und andere dem Test des guten Willens unterziehen.«

Bedenklich war aber auch die fehlende Sachkenntnis der drei westlichen Botschafter, die vor allem der Berliner Egon Bahr bedauerte. Sie sei, so meinte er am 3. Juli zu Willy Brandt,

»schwer zu reparieren. Ihre relative Schwäche in bezug auf die Entwicklung und Geschichte kann dadurch ausgeglichen werden, daß man darauf verzichtet, Geschichtsforschung über Statusfragen zu treiben und sich statt dessen auf die Verhandlungsziele konzentriert, zumal die Sowjets die Kompetenz der Vier Mächte zu Beschlüssen nicht bestreiten.

Es muß den drei Botschaftern aber klargemacht werden, daß sie sich einen solchen Ton nicht gefallen lassen dürfen. Wenn sie volle Kompetenz über West-Berlin haben, dann können sie auch verfügen, wie West-Berlin nach außen vertreten wird. Sie dürfen sich nicht abdrängen lassen in eine Status-quo-minus-Diskussion. Es geht um die Verbesserung, nicht um die Verschlechterung der Berlinsituation. Die unsichere, widersprüchliche und uneinheitliche Haltung der Drei Mächte läßt Abrassimow bei aller Bereitschaft zu einer Übereinkunft immer unverschämter werden, um die Drei Mächte an den Rand zu bringen, an dem sie explodieren. Ich habe den Eindruck, daß er sich persönlich Lorbeeren an den Hut stecken will. Im übrigen entspricht dies aber auch sowjetischer Taktik.«[33]

Berlin war eine Insel des Kalten Krieges, und getestet wurden die Sowjets. Sie mußten Konzessionen machen. Das wurde besonders deutlich, wenn man einen Blick auf die Entwicklung der Berlinfrage seit dem Mauerbau wirft.[34]

Die Sowjets ließen zwar die Besatzungsrechte der Westmächte in den Westsektoren und ihr militärisches Zugangsrecht unangetastet, setzten aber den Hebel an der zivilen Grundlage der Lebensfähigkeit der Stadt an: den Bindungen an die Bundesrepublik und dem Zugang. Unter Berufung auf »unrechtmäßige und provozierende« Tätigkeiten des Bundes in Berlin wandten Sowjetunion und DDR zunehmend Schikanen gegen den Berlinverkehr an und erschwerten schrittweise den Landzugang. Es gab keine klaren Abmachungen der Vier Mächte über den zivilen Verkehr auf der Straße, der Schiene und den Wasserwegen. Niemand wußte, wann und wie lange in Helmstedt oder einem anderen Grenzübergang die Ampeln auf »Rot« geschaltet wurden, von Schikanen und Durchsuchungen der Fahrzeuge ganz zu schweigen. In den Staaten des Ostblocks wurden die Bundespässe der Berliner nicht anerkannt, gab es keinen konsularischen Schutz für Westberliner. Viele Verträge konnten von der Bundesregierung nicht geschlossen werden, weil es keine Einigung mit dem Partner im Osten über die sog. Berlin-Klausel gab. Westberliner konnten auch den Delegationen der Bundesrepublik bei internationalen Kongressen nicht angehören.

Mehr als andere mußten die Berliner mit der Mauer leben. Nur für kurze Zeiträume konnten sie enge Verwandte im Ostteil der Stadt besuchen aufgrund von vier Passierscheinabkommen vom 17. Dezember 1963 (für Weihnachten/Neujahr 1963/64), vom 24. September 1964 (zwei Besuchszeiträume für 1964/65), vom 25. November 1965 (Weihnachten/Neujahr 1965/66) und vom 7. März 1966 (zwei Besuchszeiträume: Ostern und Pfingsten 1966). In den Protokollen war festgestellt worden, daß man sich über gemeinsame Orts-, Behörden- und

Amtsbezeichnungen nicht hatte einigen können. Der Ostsektor Berlins wurde umschrieben als »Berlin (Ost)/Hauptstadt der DDR«. Unterzeichnet waren die Protokolle auf der einen Seite durch einen Vertreter der DDR-Regierung, auf der anderen Seite durch einen Vertreter des Senats. Die Bemühungen des Senats, weiter Passierscheinvereinbarungen auf Basis der vorangegangenen zu erzielen, waren gescheitert, da die DDR ihre Bedingungen verschärft hatte. Eine fünfte Vereinbarung vom 6. Oktober 1966 beschränkte sich auf dringende Familienangelegenheiten.

Bei der Passierscheinregelung war dem Senat aus Bonn so manches Hindernis in den Weg gelegt worden. Dort glaubte man, von der Existenz der DDR und ihrer Behörden keine Notiz nehmen zu müssen, so als ob etwas nicht sei, wovon man meint, daß es nicht sein dürfe. Die Sowjetunion und die DDR beharrten ihrerseits auf ihren Positionen, auch wenn Chruschtschow auf dem VI. Parteitag der SED in Ost-Berlin am 16. Januar 1963 andeutete, daß die Sowjetunion seit dem Mauerbau eine Lösung der Berlinfrage als weniger dringlich ansah. Ein Jahr später, am 12. Juni 1964, schlossen die Sowjetunion und die DDR einen Freundschaftsvertrag, in dem sie feststellten, daß West-Berlin eine »selbständige politische Einheit« sei. In einem Memorandum vom 13. Juli 1964 zu diesem Vertrag erläuterte die DDR den entsprechenden Artikel, der »von der gegenwärtigen realen Lage Westberlins ausgehe, nämlich davon, daß Westberlin, das rechtens zum Gebiet der DDR gehört, immer noch von ausländischen Mächten besetzt ist und eine andere gesellschaftliche Ordnung als die DDR hat«. Die Westmächte antworteten in ihrer »Deutschland-Erklärung« vom 26. Juni 1964: West-Berlin sei »keine selbständige politische Einheit«. Sie hätten unter Vorbehalt ihrer Rechte »die Herstellung enger Bindungen zwischen Berlin und der Bundesrepublik Deutschland genehmigt«. Diese Bindungen würden auch in Zukunft aufrechterhalten. Die Antwort der Sowjetunion vom 18. Juli 1964 überraschte nicht: Die Westmächte untergrüben damit die Grundlagen des weiteren Aufenthalts ihrer Besatzungstruppen in West-Berlin.

Ein Jahr später kam es wegen der Plenarsitzung des Bundestages am 7. April 1965 in Berlin zu einer krisenhaften Zuspitzung. Nach scharfen Protesten der Sowjetunion und Ost-Berlins verhängte die DDR am 7. April ein Durchreiseverbot für die Teilnehmer an der Sitzung. Der zivile Berlin-Verkehr wurde zunächst verzögert, später zeitweise ganz angehalten: Die Ampeln wurden wieder einmal auf »Rot« geschaltet.

Am Tag der Bundestagssitzung unternahmen sowjetische und DDR-Flugzeuge Tiefflüge über West-Berlin und störten damit u. a. den alliierten Flugverkehr. Besonders eindrucksvoll war dabei die ständige Durchbrechung der Schallmauer. Westmächte und Bundesregierung protestierten – vergeblich. Und so ging das in den folgenden Jahren weiter.

In einem am 6. Januar 1968 der Bundesregierung übergebenen Papier faßte die Sowjetunion ihre Beanstandungen der Bundesaktivitäten in West-Berlin zusammen. Der Katalog umfaßte die »Parlamentarischen Wochen«, Sitzungen des Kabinetts, die Außenstellen von Bundesministerien und -behörden, die Ausübung »offizieller Funktionen« durch Politiker der Bundesrepublik, die Wahl des Regierenden Bürgermeisters zum Präsidenten des Bundesrates, die Veranstaltung von Tagungen und Kongressen »westdeutscher Parteien«, die Veranstaltung von Konferenzen höchster Polizeibeamter der Bundesländer und ähnliches.

Bemerkenswert war an dem Papier, daß die Sowjets ausdrücklich nicht mehr eine »Umwandlung«, sondern eine Beachtung des »bestehenden Status« verlangten und ihren Wunsch nach einer unpolemischen Behandlung des Themas betonten. Bundeskanzler Kiesinger übergab am 1. März 1968 dem sowjetischen Botschafter Zarapkin die Antwort der Bundesregierung, die ihren Standpunkt zum Verhältnis West-Berlin – Bund bekräftigte. Sie gab jedoch zu verstehen, daß sie bereit sei, im Interesse der Entspannung einen eigenen Beitrag zu leisten, und bot an, mit den Vier Mächten jederzeit zusammenzuarbeiten, wenn dies den Gesamtbelangen Berlins förderlich sei.

Moskau ging darauf nicht ein. Im Gegenteil, die Zugangsbeschränkungen wurden verschärft. Am 10. März 1968 verkündete die DDR Ein- und Durchreiseverbote gegen Mitglieder der NPD und am 13. April gegen Minister und leitende Beamte der Bundesregierung. Die Westmächte protestierten – vergeblich – gegen die Anordnungen und verwiesen auf ihren Rechtsstandpunkt. Wenig später ging die DDR einen Schritt weiter. Am 11. Juli führte sie den Paß- und Sichtvermerkzwang für Reisen zwischen beiden deutschen Staaten, zwischen West-Berlin und der DDR sowie zwischen West-Berlin und der Bundesrepublik ein. Für den Zugang zu West-Berlin wurde ein gebührenpflichtiges Transitvisum der DDR verlangt; gleichzeitig wurden für die Beförderung von Gütern über die Verbindungswege durch die DDR »Steuerausgleichsabgaben« eingeführt. Bundesregierung, Westmächte und NATO prote-

stierten, mußten aber im Ergebnis die Ostberliner Anordnungen und die dadurch erzwungene Praxis hinnehmen. Die Gegenmaßnahmen beschränkten sich im wesentlichen auf eine Einschränkung der Einreise von DDR-Funktionären in NATO-Länder.
Als Bundestagspräsident Eugen Gerstenmaier am 18. Dezember 1968 ankündigte, daß die 1969 fällige Bundesversammlung wieder nach West-Berlin einberufen werde, wurde die Sowjetregierung aktiv, um eine Änderung dieser Entscheidung zu erreichen. Ihre Protestnote vom 23. Dezember war begleitet von einer heftigen Diskussion in der deutschen Presse über das Für und Wider der Abhaltung der Bundesversammlung in Berlin.
Neu an der sowjetischen Note war, daß man nicht mit Drohungen operierte, sondern verbesserte Beziehungen anbot, falls die Versammlung nicht in Berlin stattfände. Die Bundesregierung nahm diesen Faden auf. Am 22. Februar erklärte Kiesinger Botschafter Zarapkin, daß man zu einem Verzicht bereit sei, wenn sich die Sowjetunion als Gegenleistung für eine Regelung einsetze, die Besuche von Westberlinern in Ost-Berlin ermögliche. Die sowjetische Regierung deutete ihrerseits an, daß sie bereit sein könnte, die Unterhaltung »normaler« Verbindungen zwischen West-Berlin und der Bundesrepublik anders zu beurteilen als die von ihr abgelehnten politischen Veranstaltungen. Kiesinger schlug Zarapkin daraufhin am 1. März vor, daß sich beide Seiten auch dann, wenn sie sich diesmal nicht einigen könnten, weiter bemühen sollten, künftig in der Praktizierung ihrer Rechtsstandpunkte einander näher zu kommen. Am 2. März 1969 erklärte er dazu im deutschen Fernsehen:

> »Es ist kein Tauschhandel, sondern es ist einfach die Frage: Was ist besser für Berlin und die Berliner, daß wir als ein Symbol der politischen Zusammengehörigkeit die Bundesversammlung dort abhalten, oder daß wir etwas für sie herausholen, was für die Dauer ihre Position verbessert?«

Am 8. Februar hatte die DDR bereits ein Durchreiseverbot für Mitglieder der Bundesversammlung verkündet. Anfang März wurden dann Manöver des Warschauer Paktes im Raum Berlin angekündigt. Im Anschluß an die deutsch-sowjetischen Kontakte kam es immerhin in Berlin zu Passierscheingesprächen zwischen Senat und DDR, die jedoch an den Bedingungen Ost-Berlins scheiterten. Am 28. Februar hatte Moskau darüber hinaus in einer Note an die DDR Maßnahmen gegen angebliche militärische Tätigkeiten der Westberliner Industrie verlangt. Ost-Berlin verfügte daraufhin scharfe Exportkontrollen.

Die Bundesversammlung fand – wie vorgesehen – am 5. März in West-Berlin statt. Trotz der östlichen Drohungen blieben die tatsächlichen Störungen unterhalb der Schwelle von 1965. Vom 1. bis 7. März kam es lediglich zu erheblichen Verkehrsbehinderungen auf den Autobahnen; fast täglich wurde der Zugang für mehrere Stunden ganz gesperrt. Damit wurde bestätigt, was US-Präsident Richard Nixon bei seinem Deutschlandbesuch während seines Aufenthaltes in Berlin wenige Tage vorher, am 27. Februar, vor Betriebsangehörigen der Siemenswerke erklärt hatte, nämlich, daß die Situation Berlins »nicht zufriedenstellend« sei. Er hatte hinzugefügt, dies sollte von allen als Aufruf zum Handeln betrachtet werden. Auf einen entsprechenden Beschluß der NATO-Ministerkonferenz in Washington am 9. April 1969 reagierte die Sowjetunion relativ schnell; es war genauso gekommen, wie es Botschafter Christopher Steel ebenfalls schon im Januar 1962 vorausgesagt hatte. Jetzt kam man ins Geschäft.
In seiner Rede vor dem Obersten Sowjet am 10. Juli 1969 erklärte Außenminister Gromyko die grundsätzliche Bereitschaft der Sowjetunion zu einem Meinungsaustausch mit ihren »Kriegsalliierten« über die künftige Verhütung von »Komplikationen um West-Berlin«. Daraufhin übergaben die Westmächte am 6./7. August 1969 ein mit der Bundesregierung abgestimmtes Papier, in dem die Bereitschaft der Bundesregierung zu Gesprächen mit der DDR über Verkehrsprobleme erklärt wurde, außerdem der Wunsch nach Verbesserung der Berlin-Situation, insbesondere beim Zugang. Sie wiesen außerdem darauf hin, daß hinsichtlich der sowjetischen Beschwerden über gewisse Bundesaktivitäten auf seiten der Bundesregierung Kompromißbereitschaft bestünde. Die sowjetische Regierung wiederholte in ihrer Antwort vom 12. September ihre Gesprächsbereitschaft. Nach einem weiteren vorbereitenden Schriftwechsel wurden die Berlin-Gespräche der Vier Mächte am 26. März 1970 eröffnet.
Vorbereitung, Führung und Auswertung der Botschafter-Gespräche wurden engstens zwischen den Vertretern der drei Westmächte und der Bundesregierung unter Beteiligung des Westberliner Senats abgestimmt, hauptsächlich in oft täglichen Sitzungen der Bonner Vierergruppe, dem Konsultationsorgan der vier Regierungen, außerdem in mehreren Konferenzen auf Abteilungsleiterebene und regelmäßigen Außenministertreffen vor den Ministersitzungen der NATO. Bei den Konsultationen gingen die Beteiligten davon aus, daß die Drei Mächte Träger der obersten Gewalt in West-Berlin und Verhandlungsführer

waren, daß andererseits wegen der Hauptbetroffenen, der Bevölkerung West-Berlins, vitale deutsche Belange auf dem Spiel standen. Alle Beteiligten waren sich im klaren darüber, daß der Westen in der Berlinfrage zwar viele Wünsche, aber nur geringen Spielraum für eigene Konzessionen hatte, um das Ziel einer tatsächlichen Verbesserung zu erreichen.

Die ersten Gesprächsrunden schienen jenen Skeptikern recht zu geben, die von Anfang an von Berlin-Verhandlungen abgeraten hatten, weil sie meinten, es könne nur ein »Status quo minus« herauskommen. Die Parteien konzentrierten sich auf eine Darlegung der beiderseitigen Rechtsstandpunkte, die schroff aufeinanderprallten und praktische Fortschritte zunächst unmöglich erscheinen ließen. Von sowjetischer Seite wurden extreme Forderungen nach Abbau der Bundespräsenz in den Vordergrund gestellt; westliche Wünsche hinsichtlich der Außenvertretung dagegen als indiskutabel abgelehnt. So schleppten sich die Gespräche mühsam hin, von einer monatlichen Zusammenkunft zur nächsten, ohne daß auch nur einer der Beteiligten sonderliche Energie für das Erzielen eines Kompromisses aufgebracht hätte.

Nach Unterzeichnung des Moskauer Vertrages am 12. August 1970 geriet Bewegung in die Berlin-Gespräche. Moskau hatte erkannt, daß es ein Junktim zwischen der Ratifizierung dieses Vertrages und einem Berlin-Abkommen gab, auch wenn dies öffentlich so nicht gesagt wurde. Egon Bahr machte gegenüber seinem Gesprächspartner Valentin Falin mehrfach ausführlich und nachdrücklich klar, daß es ohne eine Berlin-Regelung keine Ratifizierung geben werde, da die Bundesregierung keine parlamentarische Mehrheit erhalten werde. Falin erklärte dazu am 20. Oktober gegenüber Bahr die sowjetische Bereitschaft zu einer Berlin-Regelung; andererseits wäre es

> »unannehmbar, daß die BRD eine internationale Atmosphäre erzeuge, durch die die S[owjet]U[nion] in die Ecke gedrückt und zu größerem Entgegenkommen in Berlin öffentlich gezwungen wird. Ein derartiges Vorgehen sei nicht einmal den Vereinigten Staaten gelungen. Es sei für die SU auch gegenüber ihren Verbündeten unannehmbar.«[35]

Die DDR mußte dennoch von Moskau zur Kenntnis nehmen, daß ihre volle völkerrechtliche Anerkennung als zweiter deutscher Staat nicht zu erreichen war. Entsprechendes machte Falin Ulbricht im Oktober 1970 klar. Am 29. Oktober bekundete daraufhin die DDR-Regierung ihre Bereitschaft, »auf diplomatischem Wege einen Meinungsaustausch über Fragen zu führen, deren Regelung der Entspannung im

Zentrum Europas dienen würde«. Eine entsprechende Mitteilung war Brandt zuvor in Bonn vom persönlichen Beauftragten Willi Stophs gemacht worden. Brandt stimmte dem zu, wies aber darauf hin, »daß man allerdings sehr darauf achten muß, daß nichts den Eindruck erweckt, als würden wir ein Konkurrenzunternehmen [zu den Vier Mächten] aufmachen«.[36] Der Hinweis auf das Konkurrenzunternehmen war berechtigt, vor allem auch mit Blick auf Washington, wo Kissinger befürchtete, daß die im November begonnenen vertraulichen Gespräche zwischen Staatssekretär Bahr und DDR-Staatssekretär Kohl nicht auf der Linie der amerikanischen Politik liegen würden. Kissinger lud daraufhin Bahr in der zweiten Dezemberhälfte 1970 nach Washington ein, um eine gemeinsame Position abzustimmen. Anfang 1971 ließen die USA über Botschafter Dobrynin Moskau wissen, daß Nixon eine Beschleunigung der Bahr-Gespräche wünsche.
Zu diesem Zeitpunkt klafften die politisch-rechtlichen Grundkonzeptionen beider Seiten weit auseinander. Bahr entwickelte dann in Gesprächen mit Kissinger und Falin den Vorschlag, bei den Verhandlungen die unvereinbaren Grundsatzpositionen auszuklammern und sich auf praktische, den Rechtsstandpunkt beider Seiten nicht berührende Regelungen zu konzentrieren, nämlich: Zugang nach, Bundespräsenz in und Wahrnehmung der Außenvertretung für West-Berlin. Auf dieser Grundlage gelang es, am 28. Mai 1971 ein gemeinsames, noch mit Fußnoten und Klammern versehenes Gerüst herzustellen.
Im Zuge dieser Entwicklung wurde der zögerliche Walter Ulbricht 1971 durch Erich Honecker abgelöst. Honecker schien der bessere Garant einer von Moskau neu formulierten Deutschlandpolitik zu sein. Anders als der halsstarrige Ulbricht war Honecker bereit, die Führungsrolle Moskaus anzuerkennen – mit allen Vor- und Nachteilen für die DDR (vgl. hierzu Band 4, Kap. 4). Honecker besuchte denn auch sofort nach seinem Amtsantritt als neuer SED-Chef im Mai 1971 Leonid Breschnew in Moskau und versprach, daß die Ratifizierung der Verträge zwischen der Bundesrepublik und der UdSSR sowie der Volksrepublik Polen jetzt absoluten Vorrang hätte und die SED bereit sei, »dem großen gemeinsamen Ziel viele Dinge unterzuordnen«. Fortan lief auch die DDR-Außenpolitik wieder im Gleichschritt mit.
In vertraulichen Gesprächen zwischen Bahr und Falin, der inzwischen Botschafter in Bonn geworden war, und zwischen Bahr und dem amerikanischen Botschafter in Bonn, Kenneth Rush, wurden die letzten Hindernisse aus dem Weg geräumt. Am 3. September 1971 wurde das

Vier-Mächte-Abkommen über West-Berlin von den Botschaftern Jean Sauvagnargues (Frankreich), R. W. Jackling (Großbritannien), Rush (USA) und Piotr Abrassimow (Sowjetunion) unterzeichnet. Das Ergebnis war »besser, als er erwartet habe«, meinte Sauvagnargues zum CDU-Abgeordneten Kurt Birrenbach. Die Sowjets seien zwei Drittel des Weges entgegengekommen, sagte Nixon zu Brandt; ähnlich äußerte sich später auch Breschnew gegenüber Brandt.

Daß dies zutraf, wird deutlich, wenn man die Regelung mit der von den Sowjets bis dahin vertretenen Position vergleicht. Es war nicht mehr die Rede von einer »entmilitarisierten freien Stadt« und auch nicht mehr von einer »selbständigen politischen Einheit«. Als Zugeständnis an die Sowjets wurde ihnen die Errichtung eines Generalkonsulats in West-Berlin – im Abkommen »Westsektor Berlins« – zugestanden; aus Sicht der Sowjets sollte damit der »besondere Status« West-Berlins bekräftigt werden. Ein zweites Zugeständnis war die Feststellung, daß die Westsektoren »so wie bisher kein Bestandteil (konstitutiver Teil) der Bundesrepublik Deutschland sind und auch weiterhin nicht von ihr regiert werden«. Wenn man genau hinschaute, war dies schon seit 1949 so gewesen.

Ausdrücklich wurde festgehalten, daß die »Bindungen« zwischen West-Berlin und der Bundesrepublik Deutschland »aufrechterhalten und entwickelt« werden konnten. Geklärt wurde die »Außenvertretung« West-Berlins: Jetzt war Bonn zuständig. Die Bundesregierung konnte West-Berlin in internationalen Organisationen vertreten, Westberliner konnten Delegationen der Bundesrepublik bei internationalen Kongressen angehören; sie wurden auch von Bonn konsularisch betreut. Hoheitsakte von Bundesorganen sollte es in West-Berlin nicht mehr geben, doch durften Dienststellen des Bundes dort weiterhin präsent sein.

Entscheidend aber war wohl die Regelung des Verkehrs zwischen West-Berlin und der Bundesrepublik. Hier übernahm die Sowjetunion erstmals wieder eindeutig die Verantwortung und sicherte zu, daß dieser Verkehr »erleichtert wird und ohne Behinderungen« stattfinden sollte. »Er wird in der einfachsten, schnellsten und günstigsten Weise erfolgen, wie es in der internationalen Praxis vorzufinden ist.« Bei Zivilgütern sollten nur Plomben und Begleitdokumente geprüft werden; bei Reisenden sollte lediglich die Person identifiziert, das persönliche Gepäck nicht mehr durchsucht und auch keine Festnahmen mehr vorgenommen werden. Auch beim Zutritt der Westberliner zur DDR wur-

den allgemeine Richtlinien beschlossen, deren Einzelheiten, ähnlich wie beim Transit, in deutsch-deutschen Gesprächen ausgehandelt werden sollten.
Die Vier Mächte hatten nach Einschätzung der Bundesregierung die »tragfähige Grundlage einer befriedigenden Berlin-Regelung geschaffen«. Die eigentliche Bedeutung lag darin, daß es in Zukunft keine Berlin-Krisen mehr geben sollte, auch wenn gleich zu Beginn Befürchtungen der Opposition bestätigt wurden, daß Ost-Berlin den Vertrag anders auslegen würde. Das geschah z. B. bei der Übersetzung des englischen Wortes »ties«. Nach westlichem Verständnis hieß das *Bindungen*, nach DDR-Verständnis *Verbindungen*.
Entscheidend war, daß Moskau die Regelung wollte. Der Kreml hatte erkannt, daß Berlin der Testfall für das Gelingen der gesamten Entspannungspolitik geworden war. Ohne eine entsprechende Regelung keine Ratifizierung der Ostverträge, keine Weiterführung dieser Entspannungspolitik und keine Aussicht auf die schon 1954 von den Sowjets vorgeschlagene gesamteuropäische Konferenz, auf der die Nachkriegssituation auch international definitiv festgeschrieben werden sollte. Und es war ein Signal an die Amerikaner, auf höchster Ebene die Abrüstungsgespräche SALT weiterzuführen.
Vom 16. bis 18. September 1971 war Brandt Gast von Breschnew in Oreanda auf der Krim – ein Treffen, das bei den Amerikanern Mißtrauen hervorrief. Tatsächlich ging es Brandt darum, Breschnew für seine Vorstellungen von einem wechselseitigen Truppenabbau als nächsten Schritt im Entspannungsprozeß zu gewinnen. Breschnew stimmte zu, »daß die Truppenreduktion auch nationale Streitkräfte einschließen, daß sie nicht auf das Territorium der beiden Staaten in Deutschland begrenzt werden, und daß sie gleichgewichtig sein sollen«. Als Brandt darauf hinwies, daß auf lange Sicht kein Weg an der Wiedervereinigung der Deutschen vorbeiführen würde, soll Breschnew »sehr aufgeschlossen und verständnisvoll« reagiert haben.[37]
14 Tage später, am 30. September 1971, kam es zu ersten deutsch-deutschen Vereinbarungen. In Übereinstimmung mit dem Berlin-Abkommen unterzeichneten die beiden Postminister ein Protokoll, in dem auch West-Berlin betreffende Regelungen enthalten waren. Erstmals seit 19 Jahren konnten Ost- und Westberliner wieder miteinander telefonieren, nachdem schon im Januar 1971 die ersten fünf Leitungen geschaltet worden waren. Mit dem Berlin-Abkommen waren auch die Voraussetzungen für den Beginn intensiver Verhandlungen zwischen

Abb. 31: September 1971: Bundeskanzler Willy Brandt zu Gast beim sowjetischen Partei- und Regierungschef Leonid Breschnew in Oreanda auf der Krim. Mit dabei: Egon Bahr (links im Hintergrund).

den beiden deutschen Staaten über die Regelung des Transitverkehrs zwischen Berlin und dem Bundesgebiet gegeben. Parallel dazu handelte der Senat von Berlin mit der DDR ein Abkommen über eine Besuchsregelung für Westberliner und einen Gebietstausch aus. Mitten in diese Verhandlungen kam die Meldung, daß Willy Brandt der Friedensnobelpreis zuerkannt worden war. Das von Egon Bahr und Michael Kohl erarbeitete Transitabkommen wurde am 17. Dezember, die Vereinbarung zwischen dem Berliner Senat und der Regierung der DDR am 20. Dezember 1971 unterzeichnet. Erstmals seit dem Mauerbau konnten damit Westberliner wieder generell Ost-Berlin und die DDR besuchen.

17. Mai 1972: Die Ratifizierung der Ostverträge

Die Bundesregierung hatte in den Jahren 1970 und 1971 in atemberaubender Geschwindigkeit Fakten gesetzt. Nun schlug die Stunde der Opposition, denn die Verträge mit Moskau und Warschau standen zur Ratifikation an. Die CDU/CSU-Mehrheit des Bundesrates formulierte am 9. Februar 1972 zwölf »schwerwiegende politische und rechtliche Bedenken« gegen diese Verträge. Man sah die Gefahr einer sowjeti-

schen Einmischung in die deutsche Innenpolitik, die Wiedervereinigung in Freiheit auf dem Wege der Selbstbestimmung gefährdet, die Möglichkeit einer besonderen Staatsangehörigkeit für die in der DDR lebenden Deutschen, die Anerkennung der Oder-Neiße-Linie als polnische Westgrenze, die Gefahr, daß die in den Oder-Neiße-Gebieten lebenden Deutschen die deutsche Staatsangehörigkeit verlieren würden, die Gefahr, daß die Vier Mächte de facto aus ihrer Verantwortung für Deutschland als Ganzes entlassen würden.
Es wurde bezweifelt, daß die das Berlin-Abkommen ergänzenden Verträge eine genügende Voraussetzung für die Ratifizierung der Ostverträge waren. Es sei unklar, ob die Sowjetunion verbindlich auf ihr Interventionsrecht gegenüber der Bundesrepublik verzichtet habe. Die Sowjetunion könne unter Berufung auf den Moskauer Vertrag die Fortentwicklung der Europäischen Gemeinschaft zu einer politischen Union verhindern. Es sei nicht ersichtlich, welche Legitimation die Bundesrepublik besitze, die Grenzen in Ost- und Südosteuropa zu legalisieren und dadurch die hegemoniale Stellung der Sowjetunion in diesem Raum zu festigen. Es sei ferner nicht ersichtlich, welche Fortschritte die Verträge brächten in Richtung auf mehr Freizügigkeit für Menschen, Informationen und Ideen als Grundlage einer künftigen europäischen Friedensordnung, »die ohne Beseitigung von Mauer, Minen und Stacheldraht und ohne Aufhebung des unmenschlichen Schießbefehls undenkbar ist«. Es sei zu befürchten, daß die Verträge isolationistischen Tendenzen in den USA Vorschub leisten und zu einer Verringerung der Präsenz der US-Streitkräfte in Europa und damit zu einer Schwächung der NATO führen würden.
Die Bundesregierung wies diese Bedenken am 16. Februar als »unbegründet« zurück. Eine Woche später fand die erste Lesung der Ostverträge im Bundestag statt, in der die Unvereinbarkeit der beiden Positionen noch einmal deutlich wurde. Wenig später ging die CDU/CSU-Opposition im Bundestag zum Generalangriff über: Nach Art. 67 GG beantragte sie ein konstruktives Mißtrauensvotum gegen den Bundeskanzler. Zum erstenmal in der Geschichte der Bundesrepublik griff eine Opposition zu diesem Mittel. Der CDU-Vorsitzende Rainer Barzel sollte neuer Bundeskanzler werden. Am 27. April scheiterte das Mißtrauensvotum; statt der erforderlichen absoluten Mehrheit von 249 Stimmen erhielt Barzel nur 247. Eine der beiden fehlenden Stimmen stammte vom CDU-Abgeordneten Julius Steiner, der 1973 gegenüber einer Illustrierten angab, für 50000 DM gekauft worden zu

sein. Das Geld stammte aus Quellen des Ministeriums für Staatssicherheit der DDR und war vom Parlamentarischen Geschäftsführer Karl Wienand (SPD) übergeben worden. Wienand wiederum war der Vertraute Herbert Wehners, des Vorsitzenden der SPD-Bundestagsfraktion. Im Jahre 2000 wurde »aus Quellen der Stasi« auch der Name des zweiten »Verräters« bekannt: es war der nachmalige Parlamentarische Geschäftsführer der CDU/CSU-Bundestagsfraktion, Leo Wagner.[38]

Die Bitterkeit der Auseinandersetzung damals täuscht über die Tatsache hinweg, daß die Opposition die Ostpolitik nicht grundsätzlich ablehnte; was man wollte, waren Klarstellungen, Verbesserungen. Nach einem erfolgreichen Mißtrauensvotum wollte der designierte Außenminister Gerhard Schröder jedenfalls sofort nach Moskau fliegen, um dort eine zusätzliche Erklärung zum Moskauer Vertrag auszuhandeln, die das Recht der Deutschen auf Wiedervereinigung betonen sollte; die Flüge nach Moskau waren bereits für Samstag, den 29. April, und Montag, den 1. Mai 1972, reserviert worden. Der Sturz der Regierung Brandt hatte nicht stattgefunden. Konnte man in dieser Situation die Ostverträge scheitern lassen? Konnte man es sich überhaupt leisten, die Verträge scheitern zu lassen? Es gab ja nicht nur die Ostverträge, es gab auch ein Vier-Mächte-Abkommen über Berlin, und hier hatte die DDR bereits im Vorgriff auf noch abzuschließende Verträge Ostern und Pfingsten 1972 durch die Besuchsregelung in Berlin allen vor Augen geführt, welche Vorteile für die Menschen in diesen Verträgen lagen.

Einen Tag nach dem Mißtrauensvotum scheiterte im Bundestag dann der Etat des Bundeskanzlers. Mit 247 zu 247 gab es Stimmengleichheit. Brandt hatte, wie Barzel, keine Mehrheit des Bundestages mehr. Es war eine Pattstellung eingetreten. Für die Ratifizierung der Ostverträge brauchte die Regierung die Opposition. Das große Verdienst von Rainer Barzel ist es, daß man damals aufeinander zuging. Alle Fraktionen einigten sich auf eine »gemeinsame Entschließung« zum Moskauer Vertrag. Barzel plädierte für Zustimmung zu den Verträgen, konnte sich letztlich aber gegen den Widerstand von Franz Josef Strauß nicht durchsetzen. Strauß votierte für Ablehnung, allenfalls für Enthaltung. Ähnlich äußerte sich auch der ehemalige Außenminister Schröder.

Am 17. Mai passierten der Moskauer und der Warschauer Vertrag den Bundestag, wenn auch mehr schlecht als recht. Beim Moskauer Vertrag stimmten von 496 Abgeordneten 248 mit Ja, zehn mit Nein, 238 enthielten sich der Stimme. Beim Warschauer Vertrag gab es bei gleicher Stimmenzahl 17 Nein-Stimmen und 231 Enthaltungen, während es bei der gemeinsamen Entschließung lediglich fünf Enthaltungen waren. Nachdem auch der Bundesrat zugestimmt hatte und die Ratifikationsurkunden ausgetauscht waren, traten die Ostverträge zusammen mit dem Berlin-Abkommen am 3. Juni 1972 in Kraft. Einen Tag später wurden die im Zusammenhang mit dem Vier-Mächte-Abkommen über Berlin getroffenen innerdeutschen Abkommen und Vereinbarungen rechtswirksam: vor allem das Transitabkommen und das Abkommen zwischen dem Senat und der DDR-Regierung über Erleichterungen und Verbesserungen im Reise- und Besuchsverkehr für Westberliner.

Am 12. Mai hatten Bahr und Kohl den Verkehrsvertrag paraphiert und zugleich veröffentlicht – rechtzeitig für die wenige Tage später stattfindende Abstimmung im Bundestag über die Ostverträge. Damit sollte auch gezeigt werden, was bei einer möglichen Ablehnung der Verträge verlorengehen würde: jährlich mehrmalige Einreise von insgesamt höchstens 30tägiger Dauer von Bundesbürgern in die DDR nach Einladung durch DDR-Bürger zum Besuch von Verwandten, aber auch zu anderen, ausdrücklich touristischen Zwecken und mit dem eigenen PKW; Erlaubnis der Reisen von DDR-Bürgern in die Bundesrepublik bei dringenden Familienangelegenheiten. Am 26. Mai 1972 wurde dieser Vertrag unterzeichnet: Es war der erste Vertrag zwischen den beiden Staaten überhaupt und sollte sinngemäß auch auf West-Berlin angewendet werden.

Der Grundlagenvertrag

Wenige Tage nach Inkrafttreten der Ostverträge saßen Egon Bahr und sein DDR-Kollege Michael Kohl (genannt »Rot-Kohl«) wieder zusammen. Es ging darum, die »Grundlagen der Beziehungen« zwischen der DDR und der BRD zu erarbeiten. Zu diesem Zeitpunkt ging man allgemein davon aus, daß es in der Bundesrepublik zu vorgezogenen Neuwahlen kommen würde. Die Grundlinie für die Verhandlungen zwischen Bahr und Kohl gab Breschnew bei einem Treffen der Ostblockführer am 31. Juli 1972 auf der Krim vor:

»Wahrscheinlich wird Brandt vorzeitig Wahlen durchführen. Und wir müssen unsere Schritte zeitlich so berechnen, daß sie uns maximal Nutzen bringen und für

Brandt nützlich sind. Die Genossen haben hier darüber gesprochen, daß man überlegen soll, wie man Brandt helfen kann, damit wir doch mit ihm zu tun haben und nicht mit der CDU/CSU, nicht Strauß und Barzel. Ich meine, daß wir praktisch wahrscheinlich Wege finden werden, wie das zu verwirklichen ist. [...] Wahrscheinlich steht uns in der nächsten Zeit ein ernsthafter Dialog mit Brandt bevor. Er braucht das möglicherweise, und man muß die Art des Herangehens bestimmen, mit der wir Brandt im Kampf mit seinen Gegnern aus der CDU/CSU helfen können. Davon wird offensichtlich viel abhängen.«[39]

In den folgenden Wochen kam es auch mehrfach zu Begegnungen zwischen Bahr und Honecker. Honecker machte am 7. September 1972 das Interesse der DDR klar:

»Um es offen zu sagen, wir sind für den Sieg der jetzigen Regierungskoalition; für das Fortbestehen der Koalition, da nicht anzunehmen ist, daß die SPD allein über 50 Prozent bekommen kann. Wir werden unsererseits alles tun, um zu einem Wahlerfolg beizutragen.«

Man vereinbarte, »eine normale gutnachbarliche Beziehung zueinander auf der Grundlage der Gleichberechtigung« zu entwickeln, bekräftigte die »Unverletzlichkeit der zwischen ihnen bestehenden Grenze« und verpflichtete sich zur »uneingeschränkten Achtung ihrer territorialen Integrität«, ging davon aus, daß »keiner der beiden Staaten den anderen international vertreten oder in seinem Namen handeln kann«, »respektierte« die »Unabhängigkeit und Selbständigkeit jedes der beiden Staaten in seinen inneren und äußeren Angelegenheiten«. Mit anderen Worten: Bonn gab den Alleinvertretungsanspruch und die Hallstein-Doktrin definitiv auf und gewährte der DDR Gleichberechtigung; das kam auch darin zum Ausdruck, daß beide gleichzeitig ihre Aufnahme in die Vereinten Nationen beantragen sollten. Die Regierung der DDR wurde als solche anerkannt, der DDR ihr Staatscharakter unzweideutig bestätigt.

Aber: Die DDR wurde von Bonn nicht völkerrechtlich anerkannt, genausowenig wie eine DDR-Staatsbürgerschaft. Die Botschaften nannte man »Ständige Vertretungen«. Beim Thema »Einheit der Nation« und »Wiedervereinigung« gab es unüberbrückbare Meinungsverschiedenheiten. Honecker konnte sich keinen Vertrag vorstellen, in dem dazu etwas niedergeschrieben würde. Gegenüber Bahr meinte er am 7. September 1972, er nehme nicht an, daß Bahr an eine Wiedervereinigung glaube: »Beide Staaten begehen bald ihren 23. Jahrestag. Die DDR werde auch weitere 23 Jahre existieren« – womit er sich irren sollte, wie wir inzwischen wissen. Bahr seinerseits machte »in aller Offenheit« klar, daß ohne diese Punkte im Vertrag

»nicht nur die Opposition, sondern auch die Koalition einen Aufstand machen würde. Unvergleichbar mit Moskau und Warschau werde dieser Vertrag verfassungsmäßig geprüft werden. [...] Wir würden keinen Vertrag abschließen, von dem wir fürchten müßten, daß er in Karlsruhe untergehe.«

Man löste dieses Problem, indem man in der Präambel auf die unterschiedlichen Auffassungen zu »grundsätzlichen Fragen, darunter zur nationalen Frage« hinwies, und dann wieder zur Hilfskonstruktion eines »Briefes zur deutschen Einheit« griff, wie schon beim Moskauer Vertrag. Honecker meinte am 19. Oktober, der Abschluß des Vertrages könnte einen positiven Einfluß auf den Wahlausgang für die Regierungskoalition haben. Es käme ein Vertrag zustande,

»wie er noch vor einem bis zwei Jahren undenkbar gewesen wäre. Es ist schwer, sich vorzustellen, daß er später und unter anderen Bedingungen mit diesem Inhalt möglich wäre. Die jetzige Bundesregierung könnte u. E. mit einem Vertragswerk mit der DDR auftreten, das keine andere Bundesrepublik je bekommen hätte.
Es wird in den Augen der Öffentlichkeit die Bedeutung des Vertragswerkes nicht mindern, wenn in ihm solche Fragen wie Friedensvertrag, Einheit der Nation und Staatsbürgerschaft ausgeklammert sind. Die Nicht-Erwähnung dieser Fragen steht in keinem Verhältnis zu solchen Fragen, wie sie im Vertrag, dem Zusatzprotokoll und im Briefwechsel enthalten sind und die sie als menschliche Erleichterungen bezeichnen.
Die Erfahrungen besagen, daß es selbst für die Herren Barzel und Strauß schwer sein wird, gegen einen solchen Vertrag nebst Anlagen aufzutreten, der ganz gewiß von der Öffentlichkeit der BRD als eine Errungenschaft der Regierung Brandt/Scheel begrüßt wird, die dazu beiträgt, den Graben einzuebnen, der von den CDU/CSU-Regierungen aufgerissen wurde.«[40]

In Artikel 7 war festgehalten worden, wie dieser Graben eingeebnet werden sollte. Beide Staaten erklärten dort ihre Bereitschaft, im Zuge der Normalisierung ihrer Beziehungen »praktische und humanitäre Fragen« zu regeln. Es sollten Abkommen abgeschlossen werden, um die Zusammenarbeit auf den Gebieten Wirtschaft, Wissenschaft und Technik, Verkehr, Rechtsverkehr, Post- und Fernmeldewesen, Gesundheitswesen, Kultur, Sport, Umweltschutz und auf anderen Gebieten »zu entwickeln und zu fördern«. Sichtbarer Erfolg für Bonn war der »kleine Grenzverkehr«, bei dem die Bewohner der grenznahen Kreise der Bundesrepublik – etwa sechs Millionen Menschen – eine vereinfachte Möglichkeit erhielten, die angrenzenden Gebiete auf DDR-Seite zu besuchen. Dafür wurden vier neue Grenzübergänge geöffnet. Gegenbesuche von Ost nach West waren natürlich nicht erlaubt. Auf Vorschlag von Bahr wurde der Vertrag vor den Wahlen nur paraphiert (am 8. November in Bonn geschehen) und die Unterzeichnung später vorgenommen. Aus seiner Sicht hatte das mehrere Vorteile, wie er Michael Kohl am 17. Oktober in einem persönlichen Gespräch vortrug:

»Zum einen würden wir dem 19. November auch den Charakter einer plebiszitären Entscheidung über den Grundvertrag geben können; zum anderen wäre es angesichts der nicht zu leugnenden Ungewißheit über den Wahlausgang auch für die DDR eine gewisse Sicherheit, daß ihr Entgegenkommen nicht ohne Gegenleistung bleibt. Im Falle eines Erfolges der Opposition würde entweder die Unterschrift dennoch erfolgen oder die Sache ist völlig offen, und ich würde als interessierter Zuschauer mit Interesse verfolgen, welche neuen Konzessionen die DDR der CDU/CSU machen werde. Im anderen Falle könnte die Unterschrift wenige Tage nach dem 19. November erfolgen.«

Bei gleicher Gelegenheit wies Bahr auf die Selbstschußanlagen hin, die im Todesstreifen an der Grenze der DDR zur Bundesrepublik installiert wurden; es gebe dafür in der Bundesrepublik kein Verständnis. Kohl erklärte »überzeugend, daß er davon nichts wisse, aber berichten werde«.[41]
Zum Abschluß der Gespräche am 6. November meinte Kohl zum Grundlagenvertrag:

»Jede Seite verbindet damit Erwartungen, wir nicht zuletzt die, daß schließlich im internationalen Rahmen sich alles normal bewegen würde, und was das Verhältnis unserer Staaten anlangt, so haben Sie Ihre Erwartungen. Hoffen wir, daß alle in Erfüllung gehen und dieser Vertrag wirklich ein Baustein für dauerhafte solide Beziehungen zwischen der DDR und der BRD wird.«

Egon Bahr erwiderte:

»Ich werde diesen 6. November 1972 nicht so schnell vergessen. Das wird sicher allen Anwesenden hier auch so gehen. Es ist ein bemerkenswerter Schlußstein. Wenn ich mich erinnere, als wir hier in diesem Raum zum ersten Mal zusammen gesessen haben, so ist es ein ziemlich weiter Weg, sehr mühsamer Weg gewesen.
Wenn Sie von den Erwartungen gesprochen haben, die Sie haben, dann möchte ich sagen, daß wir vor allen Dingen unsere Erwartungen darauf richten, daß von diesem Vertrag die Auswirkungen ausgehen werden, auf die Beziehungen zwischen diesen Staaten und die Möglichkeiten der Menschen in diesen beiden Staaten.
Was seine Stellung in dem europäischen Gefüge angeht, so habe ich keine Sorge, daß er sich einen eigenen Rang verschaffen wird.
(Dr. *Kohl*: Keinen besonderen.)
Vielleicht sogar einen besonders großen.«[42]

In jedem Fall funktionierte die Wahlhilfe der DDR. Bei den vorgezogenen Bundestagswahlen am 19. November errangen SPD und FDP einen unerwartet großen Erfolg. Die SPD wurde mit 45,8 % erstmals in der Geschichte der Bundesrepublik stärkste Fraktion, die CDU/CSU erlitt die schwerste Niederlage seit 1949 (44,9 %), die FDP erzielte 8,4 %. Der Wahlsieg der SPD galt als persönlicher Erfolg von Willy Brandt,

der mit dem Slogan geworben hatte: »Deutsche, Ihr könnt stolz sein auf Euer Land.« Seiner »Friedens- und Entspannungspolitik« hatte die Opposition im Wahlkampf nichts Gleichwertiges entgegenzustellen. Die Zustimmung zum Grundlagenvertrag im Bundestag war damit gesichert; sie erfolgte am 11. Mai 1973 mit 268 gegen 217 Stimmen. Am 21. Juni 1973 trat der Vertrag in Kraft.
Bayern hatte inzwischen eine neue Hürde aufgebaut: Die Staatsregierung hatte am 28. Mai beim Bundesverfassungsgericht den Antrag gestellt, den Vertrag als mit dem Grundgesetz unvereinbar und demzufolge als nichtig zu erklären. Damit war eingetreten, was Bahr am 7. September Honecker prophezeit hatte. Das Bundesverfassungsgericht urteilte am 31. Juli einstimmig, daß der Grundlagenvertrag mit dem Grundgesetz »vereinbar« sei. In seiner Beurteilung machte das Gericht klar, daß der Vertrag eben nicht das war, wofür er damals vielfach gehalten wurde, nämlich in rechtlicher und politischer Hinsicht ein Teilungsvertrag. In der Begründung hieß es, die Wiedervereinigung sei ein »verfassungsrechtliches Gebot«. Der Regierung – auch jeder zukünftigen – wurde folgendes ins Stammbuch geschrieben:

»Kein Verfassungsorgan darf die Wiederherstellung der staatlichen Einheit als politisches Ziel aufgeben, alle Verfassungsorgane sind verpflichtet, in ihrer Politik auf die Erreichung dieses Ziels hinzuwirken – das schließt die Forderung ein, den Wiedervereinigungsanspruch im Innern wachzuhalten und nach außen beharrlich zu vertreten – und alles zu unterlassen, was die Wiedervereinigung vereiteln würde.«

Weiter hieß es – und darüber wunderten sich denn doch so manche –, das Deutsche Reich habe »den Zusammenbruch 1945 überdauert«, »existiere fort« und besitze nach wie vor Rechtsfähigkeit; mit der Bundesrepublik sei nicht ein neuer westdeutscher Staat gegründet, sondern ein Teil Deutschlands neu organisiert worden. Die innerdeutsche Grenze wurde als staatsrechtliche Grenze interpretiert, wobei die »Besonderheit« entscheidend sei, daß die »zwei Staaten auf dem Fundament des noch existierenden Staates Deutschland als ganzes« existierten, daß es sich also um eine staatsrechtliche Grenze handle, »ähnlich denen, die zwischen den Ländern der Bundesrepublik Deutschland verlaufen«. Die DDR galt demnach als Teil Deutschlands und zählte zum Inland, nicht zum Ausland, eine Interpretation, die in Ost-Berlin als »Träumerei einiger Karlsruher Richter« bezeichnet wurde.[43] (Als Strauß zehn Jahre später erstmals mit Honecker zusammentraf, ging er auch auf dieses Urteil ein; vgl. Band 4, Kap 4.)

Der Grundlagenvertrag öffnete jedenfalls der DDR den Weg zu internationaler Anerkennung. Als Egon Bahr und Michael Kohl ihn am 21. Dezember 1972 in Ost-Berlin unterzeichneten, war dies einer der größten Triumphe der SED-Führung. Aus der »Zone«, der »russischen Zone«, der »Ostzone«, dem »Gebilde drüben«, der »sogenannten DDR« und wie sie im Westen sonst noch genannt worden war, war die Deutsche Demokratische Republik ohne Anführungszeichen geworden. Es folgte deren Aufnahme in die internationale Staatengemeinschaft. Als erstes westliches Land erkannte die Schweiz die DDR bereits am 20. Dezember an, am 21. nahmen Österreich und Schweden diplomatische Beziehungen auf, am Jahresende tat dies Belgien als erster NATO-Staat. Sichtbarer Ausdruck für die neue Lage war die gleichzeitige Aufnahme beider deutscher Staaten in die UNO am 18. September 1973. In seiner Einführungsrede vor der UNO-Vollversammlung erklärte Außenminister Scheel:

»Diesmal sind 28 Jahre seit Kriegsende verstrichen. Jetzt stehen zwei deutsche Außenminister vor den Delegierten. Hier zeigt sich das Schicksal meines Volkes: Ursprung und Opfer des Krieges, geteilt ohne eigenes Zutun, nun in zwei Staaten lebend und ungewiß einer gemeinsamen Zukunft. Verstehen Sie, warum wir zögern, den Schritt in die Vereinten Nationen zu tun? Es ist schmerzlich, der politischen Realität der Teilung des eigenen Landes ins Auge zu sehen.
Wir befürchten, ein solcher Schritt könnte den Eindruck erwecken, als resignierten wir. Als hätten wir die Hoffnung auf Einheit aufgegeben. Wir machen uns Sorge, die Schranken zwischen den Menschen in Deutschland könnten durch die Mitgliedschaft beider Teile noch höher werden.
Jetzt haben wir einen neuen Ausgangspunkt [...]. Unser Ziel bleibt klar: Die Bundesrepublik Deutschland wird weiter auf einen Zustand des Friedens in Europa hinwirken, in dem das deutsche Volk seine Einheit in freier Selbstbestimmung wiedererlangt.«

Genau daran glaubte damals wohl niemand mehr im Ausland (und in den folgenden Jahren wohl auch immer weniger in Deutschland). Dort wurde der Grundlagenvertrag in der Tat als Teilungsvertrag und volle Anerkennung der DDR angesehen. Über die Feinheiten der deutsch-deutschen Interpretation machte man sich keine Gedanken. In der Bundesrepublik wurde der Vertrag zwar nicht als Teilungsvertrag angesehen, aber eben auch nicht als Wiedervereinigungsvertrag, der er ja auch nicht war, und was seine Initiatoren auf westdeutscher Seite auch nicht im Sinn gehabt hatten. Es ging darum, das Verhältnis zwischen Bundesrepublik und DDR auf eine vertragliche Grundlage zu stellen und überhaupt Beziehungen herzustellen. Von Egon Bahr wird immer wieder jener Satz zitiert, der genau dies umschrieb, nämlich: »Früher hatten wir keine Beziehungen, jetzt haben wir wenigstens schlechte.« Das war nicht viel, aber immer noch mehr als gar nichts.

Die CDU/CSU-Opposition hat damals der Regierung den Ausverkauf Deutschlands vorgeworfen. Bahr galt als der finsterste Verräter. Aber die Sozialdemokraten und Liberalen waren damals möglicherweise die besseren Patrioten: Sie verzichteten auf Rechtsgrundsätze, um politische Möglichkeiten zu eröffnen. Sie gaben die nicht vorhandene Einheit um der Einheit willen auf: Wenn ein staatlicher Zusammenschluß nicht zu haben war, mußte man versuchen, wenigstens die Nation zusammenzuhalten.

Die sozial-liberale Bundesregierung hatte mit der neuen Ostpolitik vor allem gegenüber der DDR einen qualitativen Kurswechsel vollzogen. Durch Akzeptanz, im Sinne von Hinnahme des Status quo in Europa, hoffte sie – wie dann die Geschichte bewies: mit einigem Recht – ihn im Interesse der Deutschen langfristig überwinden zu können. Daß die Politik der kleinen Schritte partiell und vorübergehend eine Stabilisierung der DDR mit sich brachte, war wohl unvermeidlich. Auf längere Sicht freilich wirkte sie wie »eine Aggression auf Filzlatschen«, wie der damalige DDR-Außenminister Otto Winzer bei dem zweiten Treffen Willy Brandts mit Ministerpräsident Willi Stoph 1970 in Kassel von einer umfassenden Verdichtung der innerdeutschen Beziehungen befürchtet hatte.

So gesehen waren, wie oftmals zu lesen ist, in den Jahren der deutschen Teilung die Westpolitik Konrad Adenauers und die Ostpolitik Willy Brandts die beiden Pfeiler, auf denen schließlich 1990 die Brücke der deutschen Einheit neu errichtet werden konnte – mit friedlicher Zustimmung aller Nachbarn in Ost und West. Wobei man das allerdings auch anders sehen kann, nämlich so: Der eine, Adenauer, hat die Spaltung vertieft, der andere, Brandt, die DDR international hoffähig gemacht, seine Nachfolger Schmidt und Kohl – gemeinsam mit Strauß – das SED-Regime stabilisiert. Der Untergang der DDR war systemimmanent, verantwortlich dafür war allein die SED.

Für die DDR war der Grundlagenvertrag ein klarer Teilungsvertrag. Sie hatte zwar nicht alles, aber viel erreicht; sie hatte das, was sie wollte, vertraglich absichern können, während umgekehrt ihre Gegenleistung nur teilweise wirklich vertraglich geregelt war. Sie hatte lediglich ihre Bereitschaft erklärt, gewisse Dinge zu normalisieren. Und genau daran hakte es schon sehr bald. Die Mauer existierte weiter, die Selbstschußanlagen wurden weiter montiert – und der Schießbefehl bestand fort.

Gleichzeitig begann die DDR eine rigorose Abgrenzungspolitik, die in vollkommenem Gegensatz zu den Erwartungen der Bundesregierung stand und teilweise so groteske Formen annahm, daß sie selbst von den eigenen Verbündeten mit heimlichem Hohn registriert wurde.

11. Dezember 1973: Der Vertrag mit Prag

Es gab damals für Bonn noch etwas zu regeln, nämlich das Verhältnis zur ČSSR. Aber hier ließ man sich Zeit, es schien nicht mehr so dringlich. Für Prag stand das Münchener Abkommen aus dem Jahre 1938 im Mittelpunkt, das es von Anfang an für null und nichtig erklärt haben wollte. Darauf konnte und wollte sich Bonn nicht einlassen, um keine nachteiligen Folgen für die sudetendeutschen Vertriebenen herbeizuführen. Inhaltlich ähnelte alles in manchem den Verträgen von Moskau und Warschau, nur wurde jetzt alles mühsamer durchgespielt. Man vereinbarte einen Gewaltverzicht, bekräftigte die Unverletzlichkeit der gemeinsamen Grenze, erhob keinerlei Gebietsansprüche und wollte die nachbarschaftliche Zusammenarbeit im beiderseitigen Interesse ausbauen. Am 11. Dezember 1973 wurde der Vertrag unterzeichnet, am 19. Juli 1974 trat er in Kraft. Zu diesem Zeitpunkt gab es keinen Bundeskanzler Brandt und keinen Außenminister Scheel mehr. Sie hatten ihre Mission erfüllt. Brandt war zurückgetreten, Scheel Bundespräsident geworden.

Wer damals »Münchener Abkommen« sagte, auf die »Zerschlagung der Resttschechei« und das »Protektorat Böhmen und Mähren« verwies, dem hätte man mit »Beneš-Dekrete« antworten können: Präsident Edvard Beneš hatte 1945 die nach ihm benannten Dekrete erlassen, darunter auch jene über die Enteignung und Aussiedelung der Sudetendeutschen. Ihnen wurde eine Kollektivschuld als Nazi-Kollaborateure vorgeworfen. Die Tschechoslowakei wurde »entgermanisiert«, 3,5 Mio. Sudentendeutsche wurden 1945/46 nach Deutschland und Österreich vertrieben. Bei der Flucht soll es mehr als 200 000 Tote gegeben haben; später nannte man das euphemistisch »Nachkriegsverluste«.[44] Aber das wurde bei dieser Art der »Vergangenheitsbewältigung« nicht erwähnt. Der Vertrag mit Prag hatte denn auch kaum Auswirkungen im gegenseitigen Verhältnis.

Mit der deutsch-tschechischen Deklaration vom 21. Januar 1997 wollten beide Seiten dann einen wirklichen Schritt zur Versöhnung machen. Man vereinbarte die Einrichtung eines Fonds, der Projekte von gemeinsamem Interesse finanzieren sollte, u. a. Jugendbegegnung, Pflege und Renovierung von Baudenkmälern und Grabstätten, Minderheitenförderung, Sprachunterricht, grenzüberschreitende Zusammenarbeit usw.[45] Wie emotional das Thema nach wie vor besetzt ist, zeigte die Entwicklung fünf Jahre später. Im Januar 2002 kam es zu einer schweren Krise zwischen Prag und Berlin (und auch Wien). Im Zusammenhang mit dem von der Freiheitlichen Partei Österreichs (FPÖ) unter Jörg Haider initiierten Volksbegehren gegen das tschechische Atomkraftwerk Temelin leistete sich der tschechische Ministerpräsident Miloš Zeman gleich mehrere verbale Ausfälle; u. a. bezeichnete er die Sudetendeutschen kollektiv als Landesverräter.

Von sechs auf neun: die europäische Integration

Abgesehen von Ostpolitik und den damit verbundenen innenpolitischen Aufgeregtheiten wurden in einem anderen Bereich weiterhin dicke Bretter gebohrt – mühsam und ohne große, spektakuläre Erfolge, aber mit langfristigen Konsequenzen: der europäischen Integration. Auf ihrer Gipfelkonferenz in Den Haag vom 1. und 2. Dezember 1969 stimmten die sechs EG-Staats- und Regierungschefs dem Beitritt von Großbritannien, Dänemark, Irland und Norwegen im Prinzip zu.

Weitere Themen waren die Vollendung der Zollunion und die Vertiefung der Zusammenarbeit unter den Mitgliedern auf wirtschaftlichem und politischem Gebiet. Schrittweise sollte eine »Europäische Wirtschafts- und Währungsunion« errichtet werden.

Am 30. Juni 1970 wurden die Beitrittsverhandlungen in Luxemburg formell eröffnet. Die Leiter der Delegationen aller vier beitrittswilligen Staaten machten dabei übereinstimmend klar, daß ihre Länder bereit seien, die Verträge zur Gründung der Europäischen Gemeinschaften und die darauf beruhenden Beschlüsse zu akzeptieren. Das stellte einen beachtlichen Fortschritt gegenüber der Ausgangslage in den Beitrittsverhandlungen von 1961 dar. Damals strebte nämlich die britische Regierung zunächst sogar an, daß die Verträge in verschiedenen Punkten revidiert würden. Nun war Großbritannien nicht nur zur unveränderten Übernahme des EWG-, EURATOM- und EGKS-Vertrages bereit, sondern auch zur Übernahme des durch die Organe der Gemeinschaften seither gesetzten Rechts. Damit wurde aber letztlich von den beitrittswilligen Ländern die gesamte bisher von der Gemeinschaft der Sechs eingeschlagene Politik grundsätzlich akzeptiert. Das war ein enormer Fortschritt und wurde gleichzeitig Richtschnur für alle späteren Beitrittsverhandlungen.

Dänemark, Irland und Norwegen waren zwar wichtige Beitrittsbewerber, aber entscheidend war natürlich Großbritannien, und hier wiederum das Verhältnis zwischen London und Paris. In London gab es inzwischen wieder eine konservative Regierung unter Führung von Edward Heath, der als entschlossener Befürworter des britischen Beitritts galt und damit 1963 als »Mister Europa« gescheitert war. Trotz guten Willens auf beiden Seiten schienen zwei Probleme unlösbar: die Höhe des britischen Finanzbeitrages und die Rolle des Pfund Sterling als Weltwährung. Selbst zehn Jahre später, als Großbritannien Mitglied der Gemeinschaft war, versuchte Margaret Thatcher in der ihr eigenen Art, den finanziellen Beitrag zu reduzieren (»I want my money back!« – zum Ärger von Bundeskanzler Helmut Schmidt). Der Leiter der britischen Delegation, Geoffrey Rippon, war als Beitrittsbewerber in einer ungleich schwächeren Position. Die Deutschen waren jahrelang willig – aus politischen Gründen –, mehr in den Brüsseler Topf einzuzahlen, um die französische Agrarwirtschaft zu stützen; aber es gab keinen Grund, warum Großbritannien dasselbe tun sollte. Die Franzosen allerdings machten es zur Bedingung, daß genau dieser Punkt vorab geklärt werden sollte. Das war aus ihrer Sicht der Preis, den die Briten für den Beitritt zahlen mußten.

Als Rippon vorschlug, daß Großbritannien zu Beginn gerade einmal drei Prozent des Brüsseler Budgets zahlen wolle, griff der französische Staatspräsident Georges Pompidou persönlich ein und lehnte diesen Vorschlag ab, als, wie er das nannte, Beispiel für den bekannten britischen Sinn für Humor. Frankreich forderte 21 Prozent, und das sofort und ohne Übergangsregelung. Im Februar 1971 waren die Verhandlungen festgefahren. Im März 1971 machten die Franzosen einen weiteren Vorschlag, der die Dinge noch schwieriger gestalten sollte. Diesmal ging es um das Pfund Sterling und die Zukunft Londons als Finanzzentrum. Die Franzosen forderten das sofortige Ende des Pfund Sterling als Weltwährung, und dies als Voraussetzung für weitere Fortschritte auf dem Weg zu einer europäischen Währungsunion. Die Beitrittsverhandlungen wurden damals fast öffentlich geführt; und so war es nicht erstaunlich, daß angesichts der Entwicklung die Meinungsumfragen in Großbritannien erkennen ließen, daß fast 70 Pro-

zent der befragten Personen gegen einen möglichen Beitritt waren. Es mußte also etwas geschehen, damit sich das Desaster von 1963 nicht wiederholte, und von nun an wurden geheime bilaterale französisch-britische Gespräche in Paris geführt, und zwar zwischen dem britischen Botschafter Christopher Soames und dem Generalsekretär des Elysée, Michel Jobert, der »rechten Hand« von Pompidou.
Nur wenige Beamte im Foreign Office wußten damals, was tatsächlich in Paris verhandelt wurde. Öffentlich warnte Heath davor, das große Ziel aus den Augen zu verlieren, und er wies für den Fall eines erneuten Scheiterns auf die Gefahren hin, nicht nur für Großbritannien, sondern auch für Europa: »Wenn wir diese Gelegenheit verpassen, wird es niemanden geben, der in ein oder zwei Jahren von vorne anfängt.« Großbritannien werde sich von Europa abwenden; die Welt werde nicht stillstehen: »Falls Europa scheitert, werden unsere Freunde entmutigt und unsere Feinde gestärkt. Die Sowjets werden ihre alles beherrschende Politik noch rücksichtsloser vorantreiben, und unsere Freunde werden Europa sich selbst überlassen.« Im April 1971 besuchte Heath Willy Brandt in Bonn, der seinerseits privat und öffentlich klarmachte, daß die Bundesregierung alles für ein erfolgreiches Ergebnis der Gespräche tun wolle.
Im Mai wurden die Hindernisse aus dem Weg geräumt. Nach drei Monaten geheimer Gespräche in Paris waren Ergebnisse zu sehen. In einer Nachtsitzung vom 12. auf den 13. Mai 1971 gaben die Franzosen beim Thema Zucker nach, die Briten akzeptierten einen Kompromiß bei den Agrarpreisen; vor allen Dingen aber einigte man sich auf Grundlinien über die britischen Beitragszahlungen (zu Beginn 8,6 %, bis 19 % nach fünf Jahren). Jetzt war nur noch die Frage des Pfund Sterling ein Problem; es gab allerdings Anzeichen, daß der französische Präsident – selbst ein ehemaliger Banker – zu einem Kompromiß in dieser Frage bereit sein würde. Der Weg war frei für ein persönliches Treffen zwischen Heath und Pompidou. Als Termin für dieses Gipfeltreffen wurde der 20./21. Mai in Paris festgelegt. Der Biograph von Edward Heath, John Campbell, beschreibt im Detail, wie intensiv Heath sich auf diese Gespräche vorbereitete. Er mußte Pompidou davon überzeugen, daß Großbritannien tatsächlich bereit war, sein Schicksal mit Europa zu verbinden, und die Verträge von Rom ohne Wenn und Aber akzeptieren würde und nicht, wenn es erst einmal Mitglied war, beginnen würde, neue Bedingungen auszuhandeln. Pompidou formulierte das in einem BBC-Interview wenige Tage vor diesem Treffen fol-

gendermaßen: »Es geht nicht um Butter und Zucker, sondern im Kern der Sache um eine europäische Idee und darum, ob die Vorstellung Großbritanniens davon tatsächlich eine europäische Idee ist.« Mit Europa, so Pompidou weiter, meine er nicht Föderalismus. Er glaube, daß Frankreich und Großbritannien den gleichen Zugang zur europäischen Integration hätten, weil er sich kaum vorstellen könne, daß die britische Nation plötzlich ihre nationale Identität aufgeben wolle. Auf der anderen Seite meinte Pompidou in einem Interview mit der Zeitung »Le Soir«, daß die Briten, falls sie beitreten würden, Französisch als die erste Sprache der Gemeinschaft akzeptieren sollten, da Englisch ja die Sprache der Vereinigten Staaten sei.

In dem Bemühen, guten Eindruck auf Pompidou zu machen, hatte Heath eine Botschaft für das französische Fernsehen vorbereitet – in einem furchtbaren Französisch. Sie wurde aufgezeichnet und gleichzeitig mit Pompidous Auftritt in der britischen Fernsehsendung »Panorama« ausgestrahlt. Als Pompidou dann Heath am nächsten Tag am Flughafen Orly begrüßte, war er scheinbar so beeindruckt von den Sprachkenntnissen des britischen Premierministers, daß er nur noch französisch sprach – und das so schnell, daß Heath kein Wort verstand. Unabhängig davon gelang es den beiden Staatsmännern, die Probleme zu lösen. Ausschlaggebend dafür war das, was Con O'Neill vom Foreign Office so formulierte: »Sie mochten einander und vertrauten einander.« Am Ende ihrer Gespräche gaben sie eine Pressekonferenz, und zwar – und das war bewußt und symbolisch – im selben Raum, in dem de Gaulle im Januar 1963 seine berühmt-berüchtigte Pressekonferenz gegeben und sein Veto ausgesprochen hatte.

Nach der letzten Arbeitssitzung in Luxemburg am 22. und 23. Juni 1971 wurden die Beitrittsverhandlungen erfolgreich beendet. Am 28. Oktober 1971 stimmte das britische Unterhaus am Ende einer fünftägigen Debatte mit 356 zu 244 Stimmen dem Ergebnis zu. Es war ein historischer Moment. Auf den Klippen von Dover hatte ausgerechnet Harold Macmillan auf das Abstimmungsergebnis gewartet, um ein Freudenfeuer anzuzünden, das – Symbol genug – mit einem Freudenfeuer auf der anderen Seite des Kanals am Pas de Calais beantwortet wurde. Dies war auch ein persönlicher Triumph für Edward Heath. Am 22. Januar 1972 wurden im Egmont-Palast in Brüssel die entsprechenden Verträge feierlich unterzeichnet.

Das Vertragswerk sollte am 1. Januar 1973 in Kraft treten. Bis zu diesem Zeitpunkt mußten die Verträge von allen Staaten ratifiziert sein.

Dänemark, Irland und Norwegen hatten die Ratifizierung vom Ergebnis einer Volksabstimmung abhängig gemacht. Die Volksabstimmung in Irland fand am 10. Mai 1972 statt (83,1 % Ja-Stimmen, 16,9 % Nein-Stimmen), in Dänemark am 2. Oktober 1972 (63,5 % Ja-Stimmen gegen 36,5 % Nein-Stimmen). Die Norweger lehnten den Beitritt ihres Landes ab (53,5 % Nein-Stimmen, 46,5 % Ja-Stimmen). In Großbritannien war das Ratifikationsverfahren im Parlament am 16. Oktober 1972 abgeschlossen worden. Damit erfolgte am 1. Januar 1973 durch den Beitritt Großbritanniens, Irlands und Dänemarks eine Erweiterung der Europäischen Gemeinschaft von sechs auf neun Mitgliedstaaten.
Die Verträge waren weder zeitlich befristet, noch gab es die Möglichkeit eines Austrittes eines Mitgliedslandes. Dennoch stellte Großbritannien nur anderthalb Jahre nach Ratifizierung seine Mitgliedschaft wieder in Frage. Die neue Labour-Regierung unter Harold Wilson lehnte die Mitgliedschaft unter den von der konservativen Regierung ausgehandelten Bedingungen ab. Gleichzeitig erklärte sie sich zu Neuverhandlungen bereit. *Ein* Thema sollten neue, aus ihrer Sicht gerechtere Methoden für die Finanzierung des Gemeinschaftshaushaltes sein. Die übrigen Mitgliedsländer lehnten diese Forderung ab, und wie so oft fand man einen Kompromiß, den man »Neuverhandlungen« und »neue Ergebnisse« nannte. Jedenfalls konnte Wilson am 18. März 1975 im Unterhaus den Beschluß seiner Regierung bekanntgeben, »dem britischen Volk zu empfehlen, für das Verbleiben in der Gemeinschaft zu stimmen«. Das tat das britische Volk denn auch am 5. Juni 1975: 67,2 % sprachen sich für den Verbleib Großbritanniens in der Gemeinschaft aus, 32,8 % stimmten dagegen (bei einer Wahlbeteiligung von 65 %). Erst jetzt wurde die erweiterte Europäische Gemeinschaft voll funktionsfähig. Nach dem Ende der fünfjährigen Übergangszeit, am 1. Januar 1978, wurden Dänemark, Großbritannien und Irland Vollmitglieder.
Blickt man auf diese erste Erweiterung zurück, so ist festzuhalten, daß dafür bislang am längsten verhandelt worden war, nämlich von 1961 bis 1973. Und im Fall Großbritanniens waren die Verhandlungen wohl am schwierigsten und problematischsten. Vielleicht hatte de Gaulle 1963 mit Blick auf London nicht ganz so unrecht; möglicherweise auch nicht 1967 – blickt man auf die spätere Politik Großbritanniens als Mitglied der Europäischen Gemeinschaft.
Am wichtigsten aber war, daß in dieser ersten Erweiterungsrunde ein

Rahmen für zukünftige Erweiterungen entwickelt worden war. Insofern waren die Erfahrungen dieser zwölf Jahre außerordentlich wertvoll.
Die Vertiefung im politischen Bereich gestaltete sich schwierig. Immerhin beschlossen die Außenminister 1973 unter dem Eindruck des Nahostkrieges und des Erdölembargos, ihre außenpolitische Zusammenarbeit zu intensivieren, und sie verpflichteten sich, in wichtigsten Fragen »die eigene Haltung nicht endgültig festzulegen, ohne ihre Partner im Rahmen der politischen Zusammenarbeit konsultiert zu haben«. Gleichzeitig forderten sie am 6. November 1973 den Rückzug der israelischen Streitkräfte aus den seit 1967 besetzten arabischen Gebieten sowie die Berücksichtigung der Rechte der Palästinenser. Obwohl diese Erklärung in Israel auf scharfe Kritik stieß und der EG vorgeworfen wurde, sie habe sich von den Öl-exportierenden Ländern erpressen lassen, bekräftigten die Staats- und Regierungschefs am 15. Dezember 1973 in Kopenhagen die Nahosterklärung ihrer Außenminister.
Beim Thema »Wirtschafts- und Währungsunion« stellte der Ministerrat im Februar 1971 die Weichen: Er billigte den von einer Arbeitsgruppe unter Leitung des luxemburgischen Regierungschefs Pierre Werner ausgearbeiteten »Werner-Plan«. In drei Stufen sollte es demnach bis 1980 eine gemeinsame europäische Währung und ein gemeinsames Zentralbanksystem geben; außerdem sollte die Wirtschaftspolitik vereinheitlicht und entsprechende Kompetenzen von den nationalen Regierungen auf die Gemeinschaftsorgane verlagert werden.

Innenpolitik und Rücktritt von Willy Brandt

Willy Brandt hatte in seiner Regierungserklärung auch zahlreiche innenpolitische Reformen angekündigt, aber schon bald wurde erkennbar, daß dies seine Sache nicht war. Er bewegte sich in den Höhen der Strategie, die ihm den Friedensnobelpreis brachten, nicht in den Niederungen der Taktik, sprich der innenpolitischen Fingerhakelei. Hier führten die Minister ihre Grabenkämpfe und forderten von Finanzminister Alex Möller immer mehr Geld für die diversen Reformvorhaben, das dieser nicht zur Verfügung stellen wollte – und bei solider Finanzpolitik auch nicht konnte. Er sah früher als andere, daß die angekündigte Reformpolitik mit der gleichfalls angekündigten Stabilitätspolitik nicht zusammenpaßte. Und so galt er bald als »schwarzseherische Kassandra«. Er bat seine Kollegen mit Nachdruck, ihre Forderungen zu reduzieren, aber, so Möller später, sie

»sind nicht reduziert worden, die Forderungen wurden immer höher, jeden Tag bekam ich neue Wünsche, zum Teil auch für das Jahr 1971 auf den Tisch gelegt, so daß es für mich ausweglos war, hier nun Lösungen zu finden, die vom gesamten Kabinett hätten getragen werden können«.[46]

Er bot Willy Brandt am 12. Mai 1971 seinen Rücktritt an. Als Grund nannte er fehlende Unterstützung im Kabinett für seine Politik der Haushaltsstabilisierung. Brandt nahm den Rücktritt sofort an und übertrug Möllers Agenden Wirtschaftsminister Karl Schiller, der nunmehr als »Superminister« für Wirtschaft und Finanzen der mächtigste Mann in der Regierung war. Schillers Autorität sollte helfen, die wichtigsten innenpolitischen Aufgaben zu realisieren, nämlich 1. Fortsetzung der Stabilitätspolitik, 2. Verwirklichung der Steuerreform, 3. Aufstellung des Etats für 1972 ohne große Nettoneuverschuldung. Letzteres gelang ihm zwar nach massiver Auseinandersetzung mit Verteidigungsminister Helmut Schmidt, Schiller blieb aber im Kabinett isoliert. Der Konflikt um ihn eskalierte dann in der Währungsfrage. Die Kursfreigabe für die britische und italienische Währung hatte zu einem starken Zufluß von Spekulationsgeldern in die Bundesrepublik geführt, weil die Geldanleger auf eine Aufwertung der DM hofften. Die Bundesbank hielt Devisenkontrollen und die Verschärfung der Bardepotpflicht für sinnvoll, Schiller sah das anders. Er befürchtete, daß dies der Anfang vom Ende des freien Kapitalmarktes war. Das Kabinett folgte ihm am 29. Juni 1972 nicht. Die Konsequenz hieß für ihn Rücktritt. In seinem Entschluß dazu wurde er durch eine Äußerung von Kanzleramtsminister Horst Ehmke bestärkt, die ihm zu Ohren kam, nämlich: »So billig werden wir Karl niemals mehr los.« Schiller kündigte daraufhin für den 7. Juli seinen Rücktritt an. Er begründete diesen Schritt mit Meinungsverschiedenheiten über die geplante Steuerreform und die Haushalts- und Finanzpolitik sowie die Zuspitzung in der Währungspolitik:

»Ich bin nicht bereit, eine Politik zu unterstützen, die nach außen hin den Eindruck erweckt, die Regierung lebe nach dem Motto: ›Nach uns die Sintflut.‹ [...] Die Regierung hat die Pflicht, über den Tellerrand des Wahltermins hinauszublicken und dem Volk rechtzeitig zu sagen, was zu leisten ist und was zu fordern ist. Diese von mir mehrfach empfohlene Strategie ist bisher im Kabinett nicht einmal andiskutiert, geschweige denn akzeptiert.«

Im Kabinett hatten die Auseinandersetzungen zwischen Schiller und Verteidigungsminister Helmut Schmidt derartige Formen angenommen, daß Brandt mehr als einmal den Kabinettssaal verlassen und an Rücktritt gedacht hatte. Jetzt ging Schiller – und Schmidt wurde neuer Finanzminister.

Das änderte nichts daran, daß Schiller in fast allen Punkten recht gehabt hatte: Die wirtschaftliche Basis für die Reformpolitik, die nach 1969 breit und verläßlich erschien, hatte mehr und mehr an Tragfähigkeit verloren. An wirkliche Reformen war unter diesen Umständen kaum zu denken. Übrig blieben »Reförmchen«, Strafrechtsreform, Ehe- und Familienrecht, Mitbestimmung, und vor allen Dingen das krasseste Beispiel einer gescheiterten Reform, nämlich die Bildungspolitik. Hier erhielten Ideologen ihre Spielwiese; die Probleme wurden ausgefochten zwischen SPD- und Unions-geführten Ländern. Symptomatisch war damals die Auseinandersetzung um die Einführung der Gesamtschule und 1972/73 die Diskussion um die hessischen Rahmenrichtlinien für die Fächer Deutsch und Gesellschaftslehre. Wo keine Zeit für ein Gesetz war, wurden sogenannte »Vorschaltgesetze« eingeführt, etwa in Niedersachsen. Hier wurde die Parole der Regierungserklärung, »mehr Demokratie«, schon bald ad absurdum geführt.

Auch in einem anderen Bereich wurde dies erkennbar. Um ja nicht in den Verdacht zu geraten, die SPD sei irgendwie kommunistenfreundlich oder kommunistisch unterwandert – wohl auch, um die Ostpolitik ideologisch abzusichern –, wurde das eingeführt, was schon bald »Radikalenerlaß« genannt wurde. Der SPD-geführte Hamburger Senat entschied sich im November 1971 gegen die Ernennung von Rechts- und Linksradikalen im Öffentlichen Dienst. Am 28. Januar 1972 verabschiedeten die Regierungschefs der Länder gemeinsam mit Bundeskanzler Brandt »Grundsätze über die Mitgliedschaft von Beamten in extremistischen Organisationen«. Darin hieß es u. a.:

> »Die Einstellung in den Öffentlichen Dienst setzt nach den genannten Bestimmungen voraus, daß der Bewerber die Gewähr dafür bietet, daß er jederzeit für die freiheitlich-demokratische Grundordnung im Sinne des Grundgesetzes eintritt. Bestehen hieran begründete Zweifel, so rechtfertigen diese in der Regel eine Ablehnung.«

In der Folge wurde beinahe eine halbe Million Bewerberinnen und Bewerber auf ihre Verfassungstreue überprüft. Manches erinnerte an die Kommunistenhatz Anfang der fünfziger Jahre in den USA; manche sprachen auch von Berufsverbot; dabei wurden nur relativ wenige Be-

werber abgelehnt. Die ganze Aufregung stand dazu in keinem Verhältnis.
Karl Schiller war auch an einem selbst für ihn neuen Phänomen gescheitert, der Stagflation, das heißt: Stagnation des Wirtschaftswachstums bei gleichzeitigem Anstieg der Preise (Inflation) und der Arbeitslosenzahlen. Die Inflationsrate hatte 1969 2 % betragen, sie stieg bis zum Ende der Regierung Brandt auf 6,9 %; das Wirtschaftswachstum ging von 7,5 % auf 0,5 % zurück, die Zahl der Arbeitslosen stieg von knapp 200 000 auf fast 600 000.
Von Reformeuphorie war jedenfalls nichts mehr zu spüren. Diese Stimmung wurde noch verstärkt durch die Auswirkungen der Ölkrise nach dem Yom-Kippur-Krieg zwischen Israel und seinen arabischen Nachbarn im Oktober 1973. Die arabischen Länder setzten damals erstmals Öl als Waffe ein, um den Westen zu zwingen, Druck auf Israel auszuüben. Die Öllieferungen wurden um mehr als ein Viertel gedrosselt, gegen die USA und die Niederlande wurde ein vollständiger Lieferboykott verhängt. Der Rohölpreis vervierfachte sich bis zum Frühjahr 1974.
Am 19. November 1973 erließ die Bundesregierung ein allgemeines Fahrverbot für vier Sonntage im November und Dezember. Leere Autobahnen in der Bundesrepublik – das war etwas ganz Neuartiges und schärfte bei manchem das Krisenbewußtsein und das Gespür für die Anfälligkeit der modernen Industriegesellschaft. Am 22. November 1973 meinte Helmut Schmidt, zum Zwecke der Sicherung bzw. der Schaffung von Arbeitsplätzen müßten die »öffentlichen Hände wahrscheinlich in einigen Bereichen mehr ausgeben« als bisher – Geld, das für Reformen fehlte. Alle Reformvorhaben wurden unter diesen Umständen aufgegeben.
Zur allgemeinen Verunsicherung trug auch die unter Androhung von Streik vorgebrachte Forderung der Gewerkschaft Öffentliche Dienste, Transport und Verkehr (ÖTV) unter ihrem bulligen Vorsitzenden Heinz Kluncker bei, im Januar 1974 die Löhne um 15 % zu erhöhen. Und das von einer mit der SPD eng verbundenen Gewerkschaft wie der ÖTV. Als Brandt nicht eingriff und die öffentlichen Arbeitgeber 11 % zugestanden, trug dies nicht unbedingt zum Ansehen des Kanzlers bei. Das Gegenteil war der Fall – und setzte sich nach den Bürgerschaftswahlen in Hamburg am 3. März 1974 fort: Die SPD erlitt eine katastrophale Wahlniederlage und sackte von 55,3 % (1970) auf 44,9 % ab, d. h. sie verlor ein Fünftel ihrer Wähler.

Es war erkennbar, daß Brandt die Dinge mehr und mehr aus den Händen glitten. Er sah sich mit Problemen konfrontiert, die, wie Peter Bender es formulierte, »nicht seine Sache waren: Wirtschaft, Währung, Finanzen, die Ölkrise und Tarifkämpfe«.[47] »Willy Wolke« wurde zum geflügelten Wort. Die Demontage des »Denkmals Willy Brandt« begann. Herbert Wehner meinte – ausgerechnet auf einer Reise in der Sowjetunion – Brandt sei »entrückt« und »abgeschlafft«, er bade »gern lau – so wie in einem Schaumbad«. Das wurde zwar später dementiert, Brandt und Wehner fanden auch irgendwie wieder zusammen, aber trotz allem war die Stimmung nicht gut. Sie wurde noch schlechter, als am 24. April 1974 der persönliche Referent von Brandt, Günter Guillaume, unter dem Verdacht der Spionage für die DDR verhaftet wurde. Bei seiner Festnahme bezeichnete sich Guillaume als »Bürger der DDR und ihr Offizier«. Brandt meinte später in seinen »Erinnerungen«, die Nachricht »war ein Hammer, wenn auch nicht einer, der mich hätte betäuben können«. Er dachte auch zunächst nicht an Rücktritt wegen dieser Affäre, änderte aber dann sehr schnell seine Meinung, als am 1. Mai Genschers persönlicher Referent und späterer Nachfolger im Auswärtigen Amt, Klaus Kinkel, bei ihm vorstellig wurde und ihm einen an Genscher gerichteten Brief des Chefs des Bundeskriminalamtes zeigte. Demnach hatten die Ermittlungsbeamten delikate Einzelheiten aus Brandts Privatleben zutage gefördert, u. a. viele Frauen – die Zahl erstaunte selbst Brandt. Der Präsident des Bundesamtes für Verfassungsschutz, Günther Nollau, erkannte sofort die Gefahr:

> »Wenn Guillaume diese pikanten Details in der Hauptverhandlung auftischt, sind Bundesregierung und Bundesrepublik blamiert bis auf die Knochen. Sagt er aber nichts, dann hat die Regierung der DDR, der Guillaume natürlich auch das berichtet hat, ein Mittel, jedes Kabinett Brandt und die SPD zu demütigen.«

Genau das sagte Nollau seinem Gönner und Förderer Herbert Wehner, der es wiederum Willy Brandt sagte.[48] Am 6. Mai trat Brandt zurück. Er schrieb an Bundespräsident Heinemann u. a., er »übernehme die politische Verantwortung für Fahrlässigkeiten im Zusammenhang mit der Agenten-Affäre Guillaume«.[49] Zwei Tage später erklärte er im Fernsehen:

> »Mein Rücktritt geschah aus Respekt vor ungeschriebenen Regeln der Demokratie und auch, um meine politische und persönliche Integrität nicht zerstören zu lassen. [...] Ich habe mich lange geprüft und kam zu dem Ergebnis:
> 1. Was immer mir an Ratschlägen gegeben worden war, ich hätte nicht zulassen dürfen, daß während meines Urlaubs in Norwegen im Sommer vergangenen Jahres auch geheime Papiere durch die Hände des Agenten gegangen sind. [...]

2. Als ich mich zum Rücktritt entschloß, war mitentscheidend, daß ich mich für einen Teil der Politik – hier meine ich unser Verhältnis zur DDR und zum Warschauer Pakt – zeitweilig nicht mehr unbefangen genug fühlte.
3. Es gab Anhaltspunkte, daß mein Privatleben in Spekulationen über den Spionagefall gezerrt werden sollte. Was immer noch darüber geschrieben werden mag, es ist und bleibt grotesk, einen deutschen Bundeskanzler für erpreßbar zu halten. Ich bin es jedenfalls nicht.«[50]

Damit war Willy Brandt (nach Adenauer 1963 und Ludwig Erhard 1966) der dritte Bundeskanzler, der während einer Legislaturperiode von seinem Amt zurücktrat. Die damalige CDU/CSU-Opposition wertete Brandts Rücktritt als Eingeständnis seines innenpolitischen Scheiterns und einer illusionären Außenpolitik. Ihre Forderung nach Neuwahlen konnte sie jedoch nicht durchsetzen. Auch wenn die Guillaume-Affäre die größte Spionage-Affäre in der Bundesrepublik bis zu dem Zeitpunkt war, sie war möglicherweise der Anlaß, nicht aber die Ursache für den Rücktritt. Die Ursachen sahen anders aus: Mögliche Schwierigkeiten in Verhandlungen mit dem Osten, wachsende Finanz- und Wirtschaftskrise mit einhergehendem Wählerschwund für die SPD, für die Brandt verantwortlich gemacht wurde; und ganz allgemein der Eindruck, daß Brandt der Aufgabe nicht mehr gewachsen war (vgl. auch den bibliographischen Essay in Band 4), zumal ein Mann bereitstand, um mit neuer Energie die Probleme zu meistern: Helmut Schmidt. Insofern markiert der Rücktritt von Brandt auch das Ende einer hoffnungsvoll und lautstark begonnenen Reformära. Als Helmut Schmidt am 16. Mai 1974 zum Kanzler der Bundesrepublik Deutschland gewählt wurde, war von Aufbruchstimmung keine Rede mehr.
Die DDR-Spione Günter und Christel Guillaume wurden im übrigen 1975 wegen Landesverrats zu 15 bzw. acht Jahren Haft verurteilt, aber 1981 im Rahmen eines Agentenaustausches entlassen. Nach ihrer Rückkehr wurden sie in der DDR als »Kundschafter für den Frieden« gefeiert. Der zum Oberst der Nationalen Volksarmee beförderte Günter Guillaume bildete neue Agenten aus. 1994, ein Jahr vor seinem Tod, sagte Guillaume im Prozeß gegen den ehemaligen Geheimdienstchef der DDR, Markus Wolf, aus: »Es gibt zwei Männer, denen ich ehrlich versucht habe, zu dienen, Willy Brandt und Markus Wolf.« Damit brachte er, gewollt oder ungewollt, den in der Spaltung Deutschlands begründeten politischen Zynismus anschaulich zum Ausdruck. Wie ein Treppenwitz der Zeitgeschichte mutet es dabei geradezu an, daß laut Markus Wolf die Berichte Guillaumes aus dem Kanzlerbüro Brandts den DDR-Nachrichtendienst durch ein Mißgeschick nie erreicht haben.

Dokumente zum 11. Kapitel

[38] Botschafter Helmut Allardt, Moskau, an das Auswärtige Amt, 22. 2. 1970

VS-vertraulich

Die von dpa verbreitete Meldung, nach der der Brief Stophs an den Bundeskanzler sorgfältig mit Moskau abgestimmt worden sei, wurde mir gestern aus recht zuverlässiger sowjetischer Quelle bestätigt. Danach habe sich Ulbricht erst auf nachdrückliches Zureden Moskaus bereit gefunden, einen Brief zu schreiben, der der anderen Seite wenigstens eine gewisse Marge für ein Treffen und für Gespräche einräume. Der dem Zentralkomitee nahestehende Gesprächspartner bemerkte dazu, daß die DDR sich zu einem zunehmend schwierigen Verhandlungspartner entwickele, nachdem sie – ebenso wie die Bundesrepublik im westlichen – der bedeutendste Eckpfeiler im sowjetischen Bündnissystem geworden sei.
Der Gesprächspartner, der die Protokolle über den Meinungsaustausch mit Gromyko offensichtlich kannte, fügte hinzu, daß die Sowjetregierung größten Wert auf erfolgreichen Abschluß unserer Gespräche lege.
Eine wirkliche Verständigung zwischen der Sowjetunion und der Bundesrepublik Deutschland lasse sich nur bei uneingeschränkter und definitiver Anerkennung und Achtung aller Grenzen, insbesondere der DDR-Grenzen, erzielen.
Ich entgegnete, eine solche Forderung auf definitive Achtung der Grenzen hieße doch wohl u. a., der Sowjetregierung das permanente Recht einzuräumen, die Bundesrepublik Deutschland des Vertragsbruchs jeweils dann zu beschuldigen, wenn sich jemand bei uns erlaube, vom unveräußerlichen Recht der Deutschen auf Selbstbestimmung und Wiedervereinigung zu sprechen. Er bemerkte, eine solche

Regelung würde dem begreiflichen Sicherheitsbedürfnis der Sowjetunion entsprechen. Übrigens komme es immer auf die Größenordnung an. Nicht jedes Treffen irgendeiner Vertriebenenorganisation werde hier wichtig genommen. Wenn es aber etwa der Springer-Konzern auch noch nach Abschluß eines solchen Vertrages als seine Aufgabe ansähe, die Deutschen für eine völlig illusionäre Wiedervereinigung zu begeistern und damit gegen die Sowjets aufzuhetzen, ohne dann durch die Bundesregierung daran gehindert zu werden, ließe sich dies natürlich nicht als vertragskonformes Verhalten bezeichnen.
Als ich ihm darauf einige Passagen aus der kürzlichen Rede des Sowjetbotschafters Malik vor den Vereinten Nationen über das Recht der Koreaner auf Selbstbestimmung und Wiedervereinigung zitierte, bemerkte er, die Koreaner hätten schließlich auch nicht 20 Millionen umgebrachter Russen auf dem Gewissen.
Die ausgiebige Unterhaltung schloß damit, daß ich ihm sagte, an ein vernünftiges Abkommen zwischen uns sei nur zu denken, wenn es Klauseln enthalte, die dem deutschen Volk weder das Recht auf Selbstbestimmung noch auf Wiedervereinigung verwehrten. Bei einigem guten Willen auf beiden Seiten müßte sich doch wohl eine brauchbare Formel finden lassen.

(AAPD 1970 (2), S. 320 f.)

[39] Bundeskanzler Willy Brandt an Präsident Richard M. Nixon, 22. 3. 1970

Sehr geehrter Herr Präsident!

Heute ist Staatssekretär Bahr von seinen Sondierungsgesprächen in Moskau zurückgekehrt. Er wird Ihren Botschafter – ebenso wie den Frankreichs und Großbritanniens – persönlich eingehend unterrichten.
Ich möchte, daß Sie vorweg schon meinen Haupteindruck erfahren: Bei einigen Annäherungen sind wir in mehreren Punkten noch auseinander. Es hat den Anschein, als ob die sowjetische Seite mindestens die erste Runde der Vierer-Gespräche über Berlin abwarten will, ehe sie sich über ihr weiteres Vorgehen schlüssig wird. Ich habe jedenfalls keinen Zweifel, daß sie die Berlin-Gespräche und unsere Erkundigungen in Ostberlin, Moskau und Warschau als Einheit sieht.

Über die Begegnung, die ich am vergangenen Donnerstag mit dem ostdeutschen Ministerpräsidenten Stoph in Erfurt hatte, ist Ihr Botschafter unterrichtet worden. Eine zusätzliche Beurteilung wird auf dem normalen Wege übermittelt werden.
Die vielen Zeichen der Verbundenheit, die mir von den Menschen im anderen Teil Deutschlands gegeben wurden, kann ich nicht unterbewerten. Man darf sie aber auch nicht überbewerten. Man muß sogar damit rechnen, daß diejenigen Kreise im Osten, die um die Konsolidierung der DDR fürchten, erneut zurückschrecken werden.
In sachlicher Hinsicht ist das Ergebnis mager, obwohl ich selbst nicht mit mehr als mit einer zweiten Begegnung – diesmal im Mai in der Bundesrepublik Deutschland – gerechnet hatte. Die ostdeutsche Seite beharrte, auch im persönlichen Gespräch, mit penetranter Entschiedenheit auf ihrer Deutung der Anerkennungsfrage. Sie konzentrierte sich fast völlig auf die formale Regelung der Beziehungen und zeigte so gut wie keine Bereitschaft, auf die realen Fragen einzugehen. Trotzdem möchte ich die Möglichkeit nicht ausschließen, daß sich im weiteren Verlauf einige Auflockerungen erreichen lassen könnten.
Besonders kompromißlos zeigte sich mein Gesprächspartner in bezug auf Berlin. Um so wichtiger ist es, daß in den bevorstehenden Gesprächen der Drei Mächte mit der Sowjetunion mit großem Nachdruck darum gerungen wird, daß die östliche Seite die zwischen West-Berlin und der Bundesrepublik gewachsenen Beziehungen zur Kenntnis nimmt.
Mir liegt daran, daß wir wegen unserer Kontakte mit Osteuropa und mit der DDR in sehr enger Fühlung bleiben.
Den Präsidenten der Französischen Republik und den Königlich Britischen Premierminister habe ich in gleicher Weise unterrichtet. Ich freue mich auf unsere bevorstehenden Besprechungen in Washington und danke Ihnen für die Möglichkeit, mich einige Tage zuvor in Camp David erholen zu können.

Genehmigen Sie, Herr Präsident, den Ausdruck meiner ganz ausgezeichneten Hochachtung

Willy Brandt

(AAPD 1970 (2), S. 507 f.)

[40] Egon Bahr, z. Z. Moskau, an Willy Brandt, 14. 5. 1970

Lieber W. B.,

ich bitte, diesen Brief wie den letzten zu behandeln, d. h. streng persönlich. Die Tatsache, daß wir die folgenden Informationen haben, darf unter keinen Umständen bekannt werden: Am letzten Montag ist Ulbricht inoffiziell hierher gekommen, um sich ein paar Tage in einem Sanatorium etwas außerhalb der Stadt zu erholen. Er hat danach den Russen mitgeteilt, daß morgen, also am 15., Stoph, Honecker und Winzer kommen, und um ein Gespräch mit Breschnew gebeten. Die Russen haben das natürlich akzeptiert, fanden diese Art aber etwas seltsam. Gesprächsthema: Kassel.
Ich bin gefragt worden, ob ich einige Argumente für unsere Wünsche in bezug auf Kassel geben könnte. Ich habe im einzelnen Argumente für folgende Positionen übermittelt:

1) Kassel muß die Perspektive von Verträgen zwischen der DDR und der BRD eröffnen.
2) Ein weiteres Treffen der Regierungschefs sollte vereinbart werden.
3) Dieses Treffen muß auf einer Arbeitsebene vorbereitet werden, unabhängig, ob man Kommissionen oder Bevollmächtigte bestimmt, die Experten heranziehen.
4) In Ost-Berlin und Bonn sollten ständige Büros bzw. Arbeitsmöglichkeiten geschaffen werden.
5) In den Verhandlungen müssen alle Fragen besprochen werden, die beide Regierungen aufgeworfen haben.
6) Es wird in Kassel politisch zu entscheiden sein, ob auch die DDR bereit ist, gleichzeitig über Form- und Inhaltsfragen zu verhandeln.
7) Entsprechend dem Ulbrichtschen Vorschlag sollten sich beide Staaten in dem Vertrag darauf einigen, ihre Aufnahme in die UNO zu beantragen; d. h.: Die Frage der Internationalen Organisationen und damit auch der Beziehungen zu Drittländern stellt sich erst im Zuge der Vertragsausführung, also nachdem er in Kraft gesetzt worden ist.
8) Die Vier-Mächte-Rechte verbieten auf Gegenseitigkeit die völkerrechtliche Anerkennung zwischen beiden Staaten.
9) Insofern bleibt es bei speziellen Beziehungen, solange die Vier Mächte spezielle Rechte haben. In diesem Zusammenhang habe ich zum ersten Mal auf den innerdeutschen Handel hingewiesen, bei

dem sich die DDR nie über ihre Sonderstellung beklagt hat oder zu beklagen hatte.

Bei der Delikatesse des letzten Punktes ist es wohl angebracht, daß die anliegende Aufzeichnung von Kleindienst nicht in andere Hände kommt und nur in dem Vier-Augen-Gespräch mit Stoph verwendet wird.

Nach meinen Informationen und Eindrücken hat sich an dem Bild der inneren Entwicklung in der sowjetischen Führungsspitze, so wie wir es im April erhielten, nichts geändert. Es gibt Anzeichen, daß Breschnew sich zunehmend stärker in außenpolitische Aktionen einschaltet. Auf die Frage eines Briefes an ihn angesprochen, habe ich gesagt: Im Prinzip ja, aber der Bundeskanzler möchte ihn bewußt nicht vor Abschluß der jetzigen Verhandlungen schreiben. Dies scheint gut verstanden worden zu sein.

Ich habe natürlich mit einem Vier-Augen-Gespräch mit Gromyko begonnen, um herauszufinden, mit welcher Marschroute er kommt. Dabei hat er ungewöhnlich ausführlich und mit Nachdruck dafür plädiert, die Grenzformel im sowjetischen Sinne zu verstärken, und dabei auch wieder die Vokabel »Anerkennung« benutzt. Dafür würde man einen Brief über Selbstbestimmungsrecht akzeptieren. Ich habe ihm sofort und dann auch in der Sitzung der Delegationen gesagt, daß die Bundesregierung auf diesem Gebiet kaum noch Bewegungsspielraum hat. Er war klug genug, keinen Formulierungsvorschlag zu machen. Dies kann morgen erfolgen. Ich habe auf anderem Wege diesen Formulierungsvorschlag erhalten, der nicht völlig unakzeptabel ist, aber für uns schwerer, und habe auf demselben Wege wissen lassen, daß er unakzeptabel sei. Ich habe dringend empfohlen, davon Abstand zu nehmen, an diesen Kernformulierungen, die wir gefunden haben, noch zu rühren.

Es wird auch abzuwarten sein, was Falin morgen von den Besprechungen zwischen Kossygin und Gomulka mitbringt. Letzteren hält man hier für sehr alt und starr geworden. Kossygin wollte in Warschau im Sinne einer Auflockerung der polnischen Haltung uns gegenüber plädieren.

Gromyko ist nicht auf München zurückgekommen, wie er angekündigt hat; aber das kann noch geschehen. Insgesamt habe ich den Eindruck, daß man hier im Laufe der nächsten Woche zu einem positiven Abschluß kommen will. Dabei darf es uns nicht auf einen Tag ankommen; denn gerade in der Schlußphase muß man Nerven behalten und darf sich nicht in eine Schluß-Psychose bringen lassen.

Es dürfte auch gut sein, wenn ich, wie beim letzten Mal, in der Lage bin, hier über Kassel möglichst detailliert zu informieren. Daß die DDR auf Ehrenposten besteht und Tischfähnchen haben wollte, hat hier teils Kopfschütteln, teils Gelächter erregt, als habe man einen guten Witz gemacht.
Ich bin angestrengt, aber fröhlich, zumal das Wetter herrlich ist und ich wahrscheinlich wiederkomme gebräunt wie aus der Sommerfrische.

Herzlichen Gruß
E. B.

P. S.
Zu Berlin reagierte Gromyko in dem Vier-Augen-Gespräch ungewöhnlich säuerlich. West-Berlin sei nicht Gegenstand eines Vertrages zwischen uns. Von der bekannten Position werde die SU auch nicht abgehen. Das könne auch nicht durch ein Schreiben geändert werden. Es sei ungewiß, wie lange die Gespräche mit den Drei Mächten dauern würden. Das hänge auch von diesen ab. Aber die Lösung der anderen Fragen dürfe nicht dadurch aufgehalten oder verhindert werden. Wenn die Bundesrepublik hier alle möglichen Widerhaken anbringe, so würden wir nicht weiterkommen. Er verstehe nicht, wieso es plötzlich zu einem Briefvorschlag komme. Über den territorialen Aspekt, also die Grenzen West-Berlins, seien wir uns klar gewesen. Er habe auch nicht den Eindruck, als ob die Drei Mächte der Auffassung seien, daß die Bundesregierung eine Kompetenz für Berlin-Verhandlungen mit der SU habe. Ich habe klargestellt, daß Berlin für uns ein Teil des Gesamtkomplexes sei und das in der Delegationssitzung wiederholt, was ihn zu der Erklärung bewog, er habe seinen früheren Erklärungen nichts hinzuzufügen.

Bahr

P. P. S.
Höre eben, 16.00 [Uhr], daß Breschnew aus Verärgerung Treffen für morgen mit U[lbricht] abgesagt hat. Begründung: Er, Br., wolle sich außerhalb etwas erholen. Reden und Resolutionen des Parteitages sind hier gut angekommen. Außenpolitisch »ganz klare Linie«, auch gegenüber DDR. Man hat hier angebl. einige Protokolle über Verneh-

mung von nach Erfurt Verhafteten, die das Mißtrauen verstärkt haben, es seien »Mitläufer« eingeschleust worden.

Bin Sonnabend/Sonntag nach Tbilissi (Georgien) eingeladen.

Gruß E. B.

(AAPD 1970 (2), S. 770 ff.)

[41] Aufzeichnung von Staatssekretär Egon Bahr, z. Z. Moskau, 20. 5. 1970

Gespräch Falin am 20. 5. 1970 im Spiridonow Palast von 11 bis 12.50 Uhr.

Im Zusammenhang mit dem durch Telegramm übermittelten Gesprächsinhalt führte Falin u. a. folgendes aus:

1) Ich hätte offenbar unterschätzt oder nicht richtig verstanden, welche Schwierigkeiten die SU mit ihren Verbündeten im Laufe unseres Meinungsaustausches bekommen hätte. Es sei tatsächlich so, daß nicht nur stimme, was die Polen uns gesagt hätten, sondern sie wären gegenüber den Russen hier soweit gegangen zu verlangen, daß, wenn Bonn nicht »Anerkennung« und »endgültig« akzeptiert, auch die Sowjets aus Solidarität darauf verzichten sollten, mit der BRD einen Vertrag zu schließen.
   Insofern seien die Polen heute schwieriger als die DDR, die, wie ich ja wüßte, auch nicht einfach sei.
   Die Situation sei so, daß die SU naturgemäß nicht ein Abkommen mit der BRD schließen wolle um den Preis eines offenen Zwistes mit ihren Verbündeten.
   Er könne auch aus eigener Erfahrung sagen, daß für ihn nichts so schwierig sei wie ein Gespräch mit Polen, deren Empfindlichkeit und Verletzlichkeit von keiner anderen Nation übertroffen wird.
2) Es käme dazu, daß die Franzosen den Polen den Rücken stärkten. Sie hätten ihnen erklärt, daß sie jede Formel akzeptieren würden, die die Polen mit der BRD aushandeln, und sich verpflichtet, diese Formel gegenüber den Amerikanern und Engländern durchzusetzen. Er könne nicht ausschließen, daß dabei die taktische Überlegung eine Rolle spiele, auf diese Weise das Ganze zu verhindern.
3) Sein Minister habe ihn daran erinnert, daß Adenauer 1962 gegenüber Smirnow seine Bereitschaft erklärt hat, die Oder-Neiße-Linie

anzuerkennen und die DDR anzuerkennen, und zwar unter völlig einwandfreier Benutzung des klaren Wortes Anerkennung. Es sei nicht einfach, zu verstehen, warum der jetzige Bundeskanzler acht Jahre später hinter Adenauer zurückbleibt. Er sprach die Annahme aus, daß wir sicher über die gleichen Aufzeichnungen verfügten.

4) Ich habe ihn noch einmal unter Bezug auf den besonderen Wunsch des Bundeskanzlers an den Berlin-Brief erinnert. Er erklärte, daß die Haltung seiner Regierung dazu bekannt sei. Sie werde einen solchen Brief nicht annehmen können, aber er sehe, welche Bedeutung dieser Punkt für uns habe, und legte nahe, aus Anlaß oder im zeitlichen Zusammenhang der Unterzeichnung eine Erklärung abzugeben, die den gleichen Inhalt haben könnte und über die man wie über den Text eines Briefes informell sprechen könnte. Ich sagte ihm zu, dies in Bonn zu erörtern.

(AAPD 1970 (2), S. 821 f.)

[42] Aufzeichnung von Staatssekretär Egon Bahr, Auswärtiges Amt, 8. 8. 1970

Aus zwei Gesprächen mit Falin am 5. und 7. August über Berlin halte ich folgendes fest:
Falin erläuterte die Rechtslage: Bei der bekannten Karte, die 1944 in London angefertigt wurde, ist es um die Vereinbarung zu einem besonderen Besatzungsgebiet gegangen, d. h., es habe sich nicht um ein originäres Recht gehandelt. Originäre Rechte entstünden bekanntlich durch physische Besetzung. Außerdem wies er darauf hin, daß diese Karte nur für drei Mächte gelte; die beiden Westmächte hätten Frankreich später aus ihrem Teil Berlins zusätzlich einen Sektor eingeräumt. Von originären Rechten Frankreichs zu sprechen, sei etwas komisch, weshalb vielleicht erklärlich werde, daß Frankreich besonders darauf dränge, eine sowjetische Bestätigung seiner Rechte zu bekommen. Dies sei völlig ausgeschlossen.
Ich habe dazu erwidert: Ob ich ihn richtig verstünde, daß er West-Berlin gegen Thüringen austauschen wolle, da bekanntlich die Amerikaner physisch bis zur Elbe gekommen sind und nur durch eine Vereinbarung, also ohne den Charakter, den er den originären Rechten gebe, einige Bezirke der DDR Teile der DDR seien. So wollte er sich nicht verstanden wissen.

Er machte darauf aufmerksam, daß es zwei Kontrollratsbeschlüsse aus dem Jahre 1946 und 1947 gebe, in denen Berlin, und zwar ganz Berlin, als Hauptstadt Brandenburgs bzw. der SBZ bezeichnet wird. Insofern sei die Regierung in Ost-Berlin legal, während man West-Berlin, ohne daß ihm irgend jemand bisher hätte eine Rechtsgrundlage sagen können, losgerissen und zu etwas Eigenem gemacht habe.
Ich habe erwidert, daß uns eine solche Diskussion nicht weiterführen wird. Hier sei es an der SU, von der wirklichen Lage auszugehen. Die sei so: Wer West-Berlin antaste, spielt mit dem Krieg.
Falin reagierte: Niemand in der SU denke daran. Die SU wolle auch dort Frieden und Entspannung, Sicherheit und Ruhe. Ich fuhr fort: Dann seien wir uns wenigstens im Ziel einig. Auf seine Frage, wie ich mir das vorstellte, erläuterte ich entsprechend unserer Positionspapiere, ohne die Fragen der Bundespräsenz zu erwähnen.
Er fragte: Und was bekommen wir dafür? Antwort: Den Gewaltverzichtsvertrag.
Er fuhr fort: Sie sehen die Dinge zu einfach. Sie sind viel komplizierter. Sie sehen auch die Interessen der West-Mächte nicht in der richtigen Dimension. Die West-Mächte hätten juristische Fragen aufgeworfen. Sie wollten sich im Grunde eine Rechtsposition verschaffen, weil sie selbst wohl genau wüßten, daß die jetzige sehr schwach sei. Das Interesse der BRD an West-Berlin sei nicht identisch mit den Interessen der West-Mächte. Für diese ginge es um Fragen des Prestiges, ihrer Position und des Einflusses auf die BRD, um nichts sonst.
Ich warnte Falin, die starken und gegenüber der BRD nicht vergleichbaren Gefühle der USA für West-Berlin zu unterschätzen, und erläuterte das. Er erwiderte: Wir wissen das. Dennoch gibt es wohl Unterschiede zwischen den inneren Bindungen der Deutschen und der Amerikaner für Berlin. Die Zeit arbeitet gegen Sie. Berlin ist auf dem Wege, zu einer Stadt von Rentnern zu werden, und daraus resultiert manche Überlegung, z. B. in der DDR, man brauche nur abzuwarten, vielleicht könne man sich eines Tages West-Berlin nehmen, wenn es einem nicht zufalle.
Ich erwiderte: Wenn es so sei, dann arbeite die Zeit gegen uns beide, die SU und die BRD. Wenn wir eine derartige Entwicklung zuließen, dann sei der Vertrag nicht das Papier wert, auf dem er steht. Man könne Ruhe in Europa in den Wind schreiben, wenn man nicht Ruhe in Berlin schafft. Ich sehe ein gemeinsames Interesse an der künftigen Entwicklung, auch dafür zu sorgen, daß derartig abenteuerlichen Gedan-

ken in der DDR der Boden entzogen wird. Er habe nur ein neues Argument dafür geliefert, eine befriedigende Berlin-Lösung jetzt zu machen.
Falin sagte: Man sei auf sowjetischer Seite mit den Überlegungen noch nicht zu Ende, aber denke daran, eine Art von Garantieerklärung für West-Berlin zu geben, die auch die SU binden werde und klarmache, daß die DDR keine Ansprüche auf West-Berlin erheben könne. Das würde dann eine Parallele zum Gewaltverzicht sein. Aber das verlange natürlich, daß die starken Aktivitäten der Bundesregierung mit den Niederlassungen der Ministerien abgebaut würden. Wir sollten sehr genau überlegen, welche Vorteile das für die Menschen in Berlin haben werde; sie würden sicher sein und in Ruhe arbeiten können. Wenn man das jetzt nicht schafft, könne niemand wissen, ob die SU später nicht mehr in der Lage sein werde, solche Vorschläge zu machen. Die Frage des Zugangs, die ich im einzelnen erläutert habe, sehe er zwar als schwierig, aber nicht unlösbar an. Dabei bestand Klarheit, daß daran auch die DDR gebunden werden müsse.
Ich habe auf den wirtschaftlichen Faktor der Bundesdienststellen für Berlin verwiesen und auf die Groteske, daß der Bundeskanzler in New York und in Moskau, nicht aber in West-Berlin Bundeskanzler sein soll. Im übrigen müsse die Lösung so sein, daß die Menschen Vertrauen in die Zukunft ihrer Stadt haben und daß Berlin in den Vorteil seiner geographischen Lage kommt. Die Frage der wirtschaftlichen Defacto-Verflechtung sieht man in Moskau auch. Ich habe Falin die Bedeutung folgender Faktoren erklärt:

1) Lenin habe gesagt, wer Berlin hat, hat Deutschland. Er habe auch weiteres gesagt, aber wir redeten nur über Berlin.
2) Das politische Schicksal des Bundeskanzlers stehe und falle mit Berlin. Sein persönliches Engagement für diese Stadt sei so groß, daß es für die Beziehungen zwischen der BRD und der SU von einer ausschlaggebenden Bedeutung sein wird. Außerdem finden im März Wahlen in West-Berlin statt.

Er erwiderte: Das verstehen wir. Falin erklärte sich bereit, mit uns das Berlin-Problem in allen Einzelheiten und ohne Zeitdruck zu besprechen. Es sei sehr kompliziert, die verschiedenen Faktoren und Interessen auf einen Nenner zu bringen, aber wir würden wohl eine Lösung finden. Er sei auch bereit, uns bis ins einzelne über den Gang der Verhandlungen in Berlin zu informieren. Ich lud ihn ein, sich einmal in West-Berlin umzusehen und es kennenzulernen. Viele seiner Argu-

mente seien zu abstrakt. Er müsse dabei nicht unbedingt im Hause des Bundesbevollmächtigten wohnen, obwohl ich mich freuen würde.
Die Gespräche waren vertrauensvoll, als ob wir den Vertrag schon hätten, und in jeder Phase sachlich und angenehm.

Bahr

(AAPD 1970 (2), S. 1429 ff.)

[43] Der Moskauer Vertrag, 12. 8. 1970

Vertrag zwischen der
Bundesrepublik Deutschland
und der Union der
Sozialistischen Sowjetrepubliken

Die Hohen Vertragschließenden Parteien

IN DEM BESTREBEN, zur Festigung des Friedens und der Sicherheit in Europa und in der Welt beizutragen, IN DER ÜBERZEUGUNG, daß die friedliche Zusammenarbeit zwischen den Staaten auf der Grundlage der Ziele und Grundsätze der Charta der Vereinten Nationen den sehnlichen Wünschen der Völker und den allgemeinen Interessen des internationalen Friedens entspricht, IN WÜRDIGUNG der Tatsache, daß die früher von ihnen verwirklichten vereinbarten Maßnahmen, insbesondere der Abschluß des Abkommens vom 13. September 1955 über die Aufnahme der diplomatischen Beziehungen, günstige Bedingungen für neue wichtige Schritte zur Weiterentwicklung und Festigung ihrer gegenseitigen Beziehungen geschaffen haben, IN DEM WUNSCHE, in vertraglicher Form ihrer Entschlossenheit zur Verbesserung und Erweiterung der Zusammenarbeit zwischen ihnen Ausdruck zu verleihen, einschließlich der wirtschaftlichen Beziehungen sowie der wissenschaftlichen, technischen und kulturellen Verbindungen, im Interesse beider Staaten,
SIND wie folgt übereingekommen:

Artikel 1
Die Bundesrepublik Deutschland und die Union der Sozialistischen Sowjetrepubliken betrachten es als wichtiges Ziel ihrer Politik, den in-

ternationalen Frieden aufrechtzuerhalten und die Entspannung zu erreichen.
Sie bekunden ihr Bestreben, die Normalisierung der Lage in Europa und die Entwicklung friedlicher Beziehungen zwischen allen europäischen Staaten zu fördern und gehen dabei von der in diesem Raum bestehenden wirklichen Lage aus.

Artikel 2
Die Bundesrepublik Deutschland und die Union der Sozialistischen Sowjetrepubliken werden sich in ihren gegenseitigen Beziehungen sowie in Fragen der Gewährleistung der europäischen und der internationalen Sicherheit von den Zielen und Grundsätzen, die in der Charta der Vereinten Nationen niedergelegt sind, leiten lassen. Demgemäß werden sie ihre Streitfragen ausschließlich mit friedlichen Mitteln lösen und übernehmen die Verpflichtung, sich in Fragen, die die Sicherheit in Europa und die internationale Sicherheit berühren, sowie in ihren gegenseitigen Beziehungen gemäß Artikel 2 der Charta der Vereinten Nationen der Drohung mit Gewalt oder der Anwendung von Gewalt zu enthalten.

Artikel 3
In Übereinstimmung mit den vorstehenden Zielen und Prinzipien stimmen die Bundesrepublik Deutschland und die Union der Sozialistischen Sowjetrepubliken in der Erkenntnis überein, daß der Friede in Europa nur erhalten werden kann, wenn niemand die gegenwärtigen Grenzen antastet.
- Sie verpflichten sich, die territoriale Integrität aller Staaten in Europa in ihren heutigen Grenzen uneingeschränkt zu achten;
- sie erklären, daß sie keine Gebietsansprüche gegen irgend jemand haben und solche in Zukunft auch nicht erheben werden;
- sie betrachten heute und künftig die Grenzen aller Staaten in Europa als unverletzlich, wie sie am Tage der Unterzeichnung dieses Vertrages verlaufen, einschließlich der Oder-Neiße-Linie, die die Westgrenze der Volksrepublik Polen bildet, und der Grenze zwischen der Bundesrepublik Deutschland und der Deutschen Demokratischen Republik.

Artikel 4
Dieser Vertrag zwischen der Bundesrepublik Deutschland und der Union der Sozialistischen Sowjetrepubliken berührt nicht die von ihnen früher abgeschlossenen zweiseitigen und mehrseitigen Verträge und Vereinbarungen.

Artikel 5
Dieser Vertrag bedarf der Ratifikation und tritt am Tage des Austausches der Ratifikationsurkunden in Kraft, der in Bonn stattfinden soll.

GESCHEHEN zu Moskau
am 12. August 1970 in zwei Urschriften, jede in deutscher und russischer Sprache, wobei jeder Wortlaut gleichermaßen verbindlich ist.

Für die
Bundesrepublik
Deutschland
Willy Brandt
Walter Scheel

Für die
Union der Sozialistischen
Sowjetrepubliken
Alexej N. Kossygin
Andrej A. Gromyko

(Zehn Jahre (39), S. 156)

[44] Brief zur deutschen Einheit

Sehr geehrter Herr Minister [Gromyko],
im Zusammenhang mit der heutigen Unterzeichnung des Vertrages zwischen der Bundesrepublik Deutschland und der Union der Sozialistischen Sowjetrepubliken beehrt sich die Regierung der Bundesrepublik Deutschland festzustellen, daß dieser Vertrag nicht im Widerspruch zu dem politischen Ziel der Bundesrepublik Deutschland steht, auf einen Zustand des Friedens in Europa hinzuwirken, in dem das deutsche Volk in freier Selbstbestimmung seine Einheit wiedererlangt. Genehmigen Sie, Herr Minister, die Versicherung meiner ausgezeichnetsten Hochachtung.
Walter Scheel

(Zehn Jahre (39), S. 156 f.)

[45] Der Warschauer Vertrag, 7. 12. 1970

Vertrag zwischen der Bundesrepublik Deutschland
und der Volksrepublik Polen
über die Grundlagen der Normalisierung
ihrer gegenseitigen Beziehungen

Die Bundesrepublik Deutschland
und die
Volksrepublik Polen

IN DER ERWÄGUNG, daß mehr als 25 Jahre seit Ende des Zweiten Weltkrieges vergangen sind, dessen erstes Opfer Polen wurde und der über die Völker Europas schweres Leid gebracht hat,
EINGEDENK DESSEN, daß in beiden Ländern inzwischen eine neue Generation herangewachsen ist, der eine friedliche Zukunft gesichert werden soll,
IN DEM WUNSCHE, dauerhafte Grundlagen für ein friedliches Zusammenleben und die Entwicklung normaler und guter Beziehungen zwischen ihnen zu schaffen,
IN DEM BESTREBEN, den Frieden und die Sicherheit in Europa zu festigen,
IN DEM BEWUSSTSEIN, daß die Unverletzlichkeit der Grenzen und die Achtung der territorialen Integrität und der Souveränität aller Staaten in Europa in ihren gegenwärtigen Grenzen eine grundlegende Bedingung für den Frieden sind,
SIND wie folgt übereingekommen:

Artikel I
(1) Die Bundesrepublik Deutschland und die Volksrepublik Polen stellen übereinstimmend fest, daß die bestehende Grenzlinie, deren Verlauf im Kapitel IX der Beschlüsse der Potsdamer Konferenz vom 2. August 1945 von der Ostsee unmittelbar westlich von Swinemünde und von dort die Oder entlang bis zur Einmündung der Lausitzer Neiße und die Lausitzer Neiße entlang bis zur Grenze mit der Tschechoslowakei festgelegt worden ist, die westliche Staatsgrenze der Volksrepublik Polen bildet.
(2) Sie bekräftigen die Unverletzlichkeit ihrer bestehenden Grenzen jetzt und in der Zukunft und verpflichten sich gegenseitig zur uneingeschränkten Achtung ihrer territorialen Integrität.

(3) Sie erklären, daß sie gegeneinander keinerlei Gebietsansprüche haben und solche auch in Zukunft nicht erheben werden.

Artikel II
(1) Die Bundesrepublik Deutschland und die Volksrepublik Polen werden sich in ihren gegenseitigen Beziehungen sowie in Fragen der Gewährleistung der Sicherheit in Europa und in der Welt von den Zielen und Grundsätzen, die in der Charta der Vereinten Nationen niedergelegt sind, leiten lassen.
(2) Demgemäß werden sie entsprechend den Artikeln 1 und 2 der Charta der Vereinten Nationen alle ihre Streitfragen ausschließlich mit friedlichen Mitteln lösen und sich in Fragen, die die europäische und internationale Sicherheit berühren, sowie in ihren gegenseitigen Beziehungen der Drohung mit Gewalt oder der Anwendung von Gewalt enthalten.

Artikel III
(1) Die Bundesrepublik Deutschland und die Volksrepublik Polen werden weitere Schritte zur vollen Normalisierung und umfassenden Entwicklung ihrer gegenseitigen Beziehungen unternehmen, deren feste Grundlage dieser Vertrag bildet.
(2) Sie stimmen darin überein, daß eine Erweiterung ihrer Zusammenarbeit im Bereich der wirtschaftlichen, wissenschaftlichen, wissenschaftlich-technischen, kulturellen und sonstigen Beziehungen in ihrem beiderseitigen Interesse liegt.
[...]
(Bundesgesetzblatt 1972, II, S. 362 f.)

[46] Das Viermächte-Abkommen über Berlin, 3. 9. 1971

Die Regierungen der Französischen Republik, der Union der Sozialistischen Sowjetrepubliken, des Vereinigten Königreichs Großbritannien und Nordirland, der Vereinigten Staaten von Amerika, vertreten durch ihre Botschafter, die in dem früher vom Alliierten Kontrollrat benutzten Gebäude im amerikanischen Sektor Berlins eine Reihe von Sitzungen abgehalten haben, handelnd auf der Grundlage ihrer Viermächte-Rechte und -Verantwortlichkeiten und der entsprechenden Vereinbarungen und Beschlüsse der Vier Mächte aus der Kriegs- und

Nachkriegszeit, die nicht berührt werden, unter Berücksichtigung der bestehenden Lage in dem betreffenden Gebiet, von dem Wunsch geleitet, zu praktischen Verbesserungen der Lage beizutragen, unbeschadet ihrer Rechtspositionen, haben folgendes vereinbart:

I

Allgemeine Bestimmungen

1. Die Vier Regierungen werden bestrebt sein, die Beseitigung von Spannungen und die Verhütung von Komplikationen in dem betreffenden Gebiet zu fördern.
2. Unter Berücksichtigung ihrer Verpflichtungen nach der Charta der Vereinten Nationen stimmen die Vier Regierungen darin überein, daß in diesem Gebiet keine Anwendung oder Androhung von Gewalt erfolgt und daß Streitigkeiten ausschließlich mit friedlichen Mitteln beizulegen sind.
3. Die Vier Regierungen werden ihre individuellen und gemeinsamen Rechte und Verantwortlichkeiten, die unverändert bleiben, gegenseitig achten.
4. Die Vier Regierungen stimmen darin überein, daß ungeachtet der Unterschiede in den Rechtsauffassungen die Lage, die sich in diesem Gebiet entwickelt hat und wie sie in diesem Abkommen sowie in den anderen in diesem Abkommen genannten Vereinbarungen definiert ist, nicht einseitig verändert wird.

II

Bestimmungen, die die Westsektoren Berlins betreffen

A. Die Regierung der Union der Sozialistischen Sowjetrepubliken erklärt, daß der Transitverkehr von zivilen Personen und Gütern zwischen den Westsektoren Berlins und der Bundesrepublik Deutschland auf Straßen, Schienen- und Wasserwegen durch das Territorium der Deutschen Demokratischen Republik ohne Behinderungen sein wird, daß dieser Verkehr erleichtert werden wird, damit er in der einfachsten und schnellsten Weise vor sich geht und daß er Begünstigung erfahren wird.

   Die diesen zivilen Verkehr betreffenden konkreten Regelungen, wie sie in Anlage I niedergelegt sind, werden von den zuständigen deutschen Behörden vereinbart.
B. Die Regierungen der Französischen Republik, des Vereinigten Königreichs und der Vereinigten Staaten von Amerika erklären, daß

Abb. 32: 3. September 1971: Unterzeichnung des Viermächte-Abkommens über West-Berlin im Konferenzsaal des ehemaligen Alliierten Kontrollrats-Gebäudes durch die Botschafter. V. l. n. r.: Roger Jackling (Großbritannien), Jean Sauvagnargues (Frankreich), Pjotr Abrassimow (Sowjetunion) und Kenneth Rush (USA).

die Bindungen zwischen den Westsektoren Berlins und der Bundesrepublik Deutschland aufrechterhalten und entwickelt werden, wobei sie berücksichtigen, daß diese Sektoren so wie bisher kein Bestandteil (konstitutiver Teil) der Bundesrepublik Deutschland sind und auch weiterhin nicht von ihr regiert werden.
Konkrete Regelungen, die das Verhältnis zwischen den Westsektoren Berlins und der Bundesrepublik Deutschland betreffen, sind in Anlage II niedergelegt.

C. Die Regierung der Union der Sozialistischen Sowjetrepubliken erklärt, daß die Kommunikationen zwischen Westsektoren Berlins und Gebieten, die an diese Sektoren grenzen, sowie denjenigen Gebieten der Deutschen Demokratischen Republik, die nicht an diese Sektoren grenzen, verbessert werden. Personen mit ständigem Wohnsitz in den Westsektoren Berlins werden aus humanitären, familiären, religiösen, kulturellen oder kommerziellen Gründen oder als Touristen in diese Gebiete reisen und sie besuchen können, und zwar unter Bedingungen, die denen vergleichbar sind, die für andere in diese Gebiete einreisende Personen gelten.

Die Probleme der kleinen Enklaven einschließlich Steinstückens und anderer kleiner Gebiete können durch Gebietsaustausch gelöst werden.

Konkrete Regelungen, die die Reisen, die Kommunikationen und den Gebietsaustausch betreffen, wie in Anlage III niedergelegt, werden zwischen den zuständigen deutschen Behörden vereinbart.

D. Die Vertretung der Interessen der Westsektoren Berlins im Ausland und die konsularische Tätigkeit der Union der Sozialistischen Sowjetrepubliken in den Westsektoren Berlins können wie in Anlage IV niedergelegt ausgeübt werden.

III

Schlußbestimmungen

Dieses Viermächte-Abkommen tritt an dem Tage in Kraft, der in einem Viermächte-Schlußprotokoll festgelegt wird, das abzuschließen ist, sobald die in Teil II dieses Viermächte-Abkommens und in seinen Anlagen vorgesehenen Maßnahmen vereinbart worden sind.

Geschehen in dem früher vom Alliierten Kontrollrat benutzten Gebäude im amerikanischen Sektor Berlins am 3. September 1971, in vier Urschriften, jede in englischer, französischer und russischer Sprache, wobei jeder Wortlaut gleichermaßen verbindlich ist.

Für die Regierung der Französischen Republik: Jean Sauvagnargues

Für die Regierung der Union der Sozialistischen Sowjetrepubliken: Pjotr Abrassimow

Für die Regierung des Vereinigten Königreichs Großbritannien und Nordirland: R. W. Jackling

Für die Regierung der Vereinigten Staaten von Amerika: Kenneth Rush

(Presse- und Informationsamt der Bundesregierung (Hrsg.), Das Viermächte-Abkommen über Berlin vom 3. September 1971, Bonn 1971)

[47] Der Grundlagenvertrag, 21. 12. 1972

Vertrag über die Grundlagen der Beziehungen zwischen der Bundesrepublik Deutschland und der Deutschen Demokratischen Republik

Die Hohen Vertragschließenden Seiten
eingedenk ihrer Verantwortung für die Erhaltung des Friedens,
in dem Bestreben, einen Beitrag zur Entspannung und Sicherheit in Europa zu leisten,
in dem Bewußtsein, daß die Unverletzlichkeit der Grenzen und die Achtung der territorialen Integrität und der Souveränität aller Staaten in Europa in ihren gegenwärtigen Grenzen eine grundlegende Bedingung für den Frieden sind,
in der Erkenntnis, daß sich daher die beiden deutschen Staaten in ihren Beziehungen der Androhung oder Anwendung von Gewalt zu enthalten haben,
ausgehend von den historischen Gegebenheiten und unbeschadet der unterschiedlichen Auffassungen der Bundesrepublik Deutschland und der Deutschen Demokratischen Republik zu grundsätzlichen Fragen, darunter zur nationalen Frage, geleitet von dem Wunsch, zum Wohle der Menschen in den beiden deutschen Staaten die Voraussetzungen für die Zusammenarbeit zwischen der Bundesrepublik Deutschland und der Deutschen Demokratischen Republik zu schaffen,
sind wie folgt übereingekommen:

Artikel 1
Die Bundesrepublik Deutschland und die Deutsche Demokratische Republik entwickeln normale gutnachbarliche Beziehungen zueinander auf der Grundlage der Gleichberechtigung.

Artikel 2
Die Bundesrepublik Deutschland und die Deutsche Demokratische Republik werden sich von den Zielen und Prinzipien leiten lassen, die in der Charta der Vereinten Nationen niedergelegt sind, insbesondere der souveränen Gleichheit aller Staaten, der Achtung der Unabhängigkeit, Selbständigkeit und territorialen Integrität, dem Selbstbestimmungsrecht, der Wahrung der Menschenrechte und der Nichtdiskriminierung.

Artikel 3
Entsprechend der Charta der Vereinten Nationen werden die Bundesrepublik Deutschland und die Deutsche Demokratische Republik ihre Streitfragen ausschließlich mit friedlichen Mitteln lösen und sich der Drohung mit Gewalt oder der Anwendung von Gewalt enthalten.
Sie bekräftigen die Unverletzlichkeit der zwischen ihnen bestehenden Grenze jetzt und in der Zukunft und verpflichten sich zur uneingeschränkten Achtung ihrer territorialen Integrität.

Artikel 4
Die Bundesrepublik Deutschland und die Deutsche Demokratische Republik gehen davon aus, daß keiner der beiden Staaten den anderen international vertreten oder in seinem Namen handeln kann.

Artikel 5
Die Bundesrepublik Deutschland und die Deutsche Demokratische Republik werden friedliche Beziehungen zwischen den europäischen Staaten fördern und zur Sicherheit und Zusammenarbeit in Europa beitragen.
Sie unterstützen die Bemühungen um eine Verminderung der Streitkräfte und Rüstungen in Europa, ohne daß dadurch Nachteile für die Sicherheit der Beteiligten entstehen dürfen.
Die Bundesrepublik Deutschland und die Deutsche Demokratische Republik werden mit dem Ziel einer allgemeinen und vollständigen Abrüstung unter wirksamer internationaler Kontrolle der internationalen Sicherheit dienende Bemühungen um Rüstungsbegrenzung und Abrüstung, insbesondere auf dem Gebiet der Kernwaffen und anderen Massenvernichtungswaffen unterstützen.

Artikel 6
Die Bundesrepublik Deutschland und die Deutsche Demokratische Republik gehen von dem Grundsatz aus, daß die Hoheitsgewalt jedes der beiden Staaten sich auf sein Staatsgebiet beschränkt. Sie respektieren die Unabhängigkeit und Selbständigkeit jedes der beiden Staaten in seinen inneren und äußeren Angelegenheiten.

Artikel 7
Die Bundesrepublik Deutschland und die Deutsche Demokratische Republik erklären ihre Bereitschaft, im Zuge der Normalisierung ih-

Abb. 33: 8. November 1972: Staatssekretär Egon Bahr (links) und DDR-Staatssekretär Michael Kohl (genannt »Rot-Kohl«) paraphieren in Bonn den deutsch-deutschen Grundlagenvertrag. Nach der von der sozial-liberalen Koalition gewonnenen Bundestagswahl wird der Vertrag am 21. Dezember 1972 in Ost-Berlin unterzeichnet.

rer Beziehungen praktische und humanitäre Fragen zu regeln. Sie werden Abkommen schließen, um auf der Grundlage dieses Vertrages und zum beiderseitigen Vorteil die Zusammenarbeit auf dem Gebiet der Wirtschaft, der Wissenschaft und Technik, des Verkehrs, des Rechtsverkehrs, des Post- und Fernmeldewesens, des Gesundheitswesens, der Kultur, des Sports, des Umweltschutzes und auf anderen Gebieten zu entwickeln und zu fördern. Einzelheiten sind in dem Zusatzprotokoll geregelt.

Artikel 8
Die Bundesrepublik Deutschland und die Deutsche Demokratische Republik werden ständige Vertretungen austauschen. Sie werden am Sitz der jeweiligen Regierung errichtet.
Die praktischen Fragen, die mit der Einrichtung der Vertretungen zusammenhängen, werden zusätzlich geregelt.

Artikel 9
Die Bundesrepublik Deutschland und die Deutsche Demokratische Republik stimmen darin überein, daß durch diesen Vertrag die von ihnen früher abgeschlossenen oder sie betreffenden zweiseitigen und mehrseitigen internationalen Verträge und Vereinbarungen nicht berührt werden.

Artikel 10
Dieser Vertrag bedarf der Ratifikation und tritt am Tage nach dem Austausch entsprechender Noten in Kraft.
Zu Urkund dessen haben die Bevollmächtigten der Hohen Vertragschließenden Seiten diesen Vertrag unterzeichnet.

Geschehen in Berlin, am 21. Dezember 1972, in zwei Urschriften in deutscher Sprache.
Für die Bundesrepublik Deutschland
Egon Bahr

Für die Deutsche Demokratische Republik
Michael Kohl

(Bundesgesetzblatt 1973, II, S. 423 ff.)

Anhang

Anmerkungen

(Die Zahl in Klammern hinter Autorennamen und Kurztitel verweist jeweils auf die entsprechende Zahl im Literaturverzeichnis.)

1. Kapitel

1 Siegler, Dokumentation (Bd. 2, 36), S. 352 ff.
2 Schreiben vom 10. 6. 1955. PRO, FO 371/118178/WG 10338/14.
3 Grewe, Rückblenden (Bd. 2, 51), S. 248.
4 Ebd., S. 234.
5 Vgl. hierzu insgesamt die Arbeiten von M. Borchard (1086) und H. H. Meyer (1137).
6 Grewe, Rückblenden (Bd. 2, 51), S. 244.
7 Zit. bei Foschepoth, Moskaureise (265), S. 43.
8 Aufzeichnung vom 18. 2. 1959. PREM 11/2708. Vgl. Steininger, Mauerbau (278), S. 66.
9 Foschepoth, Moskaureise (265), S. 43.
10 Ebd., S. 44.
11 Jahrbuch der Öffentlichen Meinung 1965–1967, Allensbach–Bonn 1967, S. 187. Selbst 1975 stand diese Meinung noch an der Spitze aller Antworten.
12 Archiv der Gegenwart, 1956, S. 5701.
13 Adalbert Weinstein, Angetreten, in: »Frankfurter Allgemeine Zeitung«, 21. 1. 1956.
14 Greiner, Anfänge (1107), S. 789.
15 Ebd., S. 790.
16 Schwarz, Adenauer (Bd. 2, 109), S. 247.
17 Vgl. Greiner, Anfänge (1107), S. 762.
18 »Washington Post«, 17. 7. 1956.
19 Greiner, Anfänge (1107), S. 724.
20 Ebd., S. 732.
21 Ebd., S. 734 f.
22 Siegler, Dokumentation (Bd. 2, 36), S. 612.
23 Greiner, Anfänge (1107), S. 743.

2. Kapitel

1 Streng vertraulich. Protokoll über die Dienstbesprechung am 11. 8. 1961. Zwei Exemplare, davon 1 für Mielke, 1 für Ablage Sekretär des Kollegiums. Kopie in: BStU/MfS, SdM 1902, 250–296.
2 Köhler, Adenauer (Bd. 2, 93), S. 1012.

3 Telegramm van Scherpenberg, Citissime mit Vorrang an deutsche Botschaft Moskau, 11. 11. 1958. PA, AA, 700–84–20.
4 Thompson (Moskau) an Dulles, 18. 11. 1958. Department of State, Washington, D. C., 762 0221/11–1858. (762 0221 = the status of Berlin.)
5 Immediate. Secret. FO an UK-Botschaft Washington, Tel. 8113, 15. 11. 1958. PRO, FO 371/137333/WG 10713/42. In deutscher Übersetzung bei Weber, Bundesrepublik (269), S. 149 ff.
6 Immediate. Secret. FO an UK-Botschaft Washington, Tel. 8112, 15. 11. 1958. PRO, FO 371/137333/WG 10713/42.
7 Norstad an Twining, 23. 11. 1958. FRUS (18), 1958–1960, VIII, S. 115 ff.
8 »Secret: Outline of a covering paper for the Cabinet about Berlin« von A. Rumbold, und »Secret: Draft Cabinet Paper on Berlin«, 27. 11. 1958. PRO, FO 371/137340/WG 10713/225.
9 Vgl. Steininger, Mauerbau (278), S. 41–86.
10 Brandt, Begegnungen (57), S. 84.
11 Steininger, Mauerbau (278), S. 137–166.
12 Top Secret. Macmillan an Home, 24. 6. 1961. PRO, PREM 11/3347.
13 Zit. bei Alistair Horne, Macmillan, Vol. II, London 1989, S. 310.
14 Acheson an Truman, 24. 6. 1961. HSTL, Acheson, Private Letters.
15 Vgl. Steininger, Mauerbau (278), S. 218–224.
16 Secret. Hood (Washington) an Shuckburgh (FO), 23. 2. 1961. PRO, FO 371/161112/WG 1015/33.
17 Kennan (Belgrad) an Thompson (Moskau), 26. 12. 1961. FRUS (18), 1961–1963, XIV, S. 706 f.
18 Ebd., S. 698 ff. Das britische Wortprotokoll in: CAB 133/299 und PREM 11/3782.
19 Vgl. Steininger, Mauerbau (278), S. 305–317.
20 »Secret. Visions and Illusions of General de Gaulle«, Aufzeichnung Dixon, 26. 11. 1961. PRO, CAB 129/107. Über den Besuch de Gaulles in London aus der Sicht Macmillans siehe dessen Erinnerungen: Pointing the Way 1959–1961, London 1972, S. 415–425.
21 Vgl. hierzu Steininger, Mauerbau (278), S. 325–358.
22 Secret. Steel (Bonn) an FO, 19. 1. 1962. PRO, FO 371/163564/CG 1071/2.
23 Beschloss, Powergame (271), S. 229 f.

3. Kapitel

1 Adenauer, Briefe 1957–1959 (1 b), S. 263–270.
2 Arnulf Baring, Außenpolitik in Adenauers Kanzlerdemokratie, München/Wien 1969, S. 326.
3 Vgl. hierzu und im folgenden Steininger (Bd. 2, 601–603).
4 Protokolle des CDU-Bundesvorstandes (7), S. 7.
5 Zit. bei Herbert Lilge, Deutschland von 1955–1963, Hannover 1965, S. 172.
6 Protokolle (wie Anm. 4), S. 398.
7 Lilge (wie Anm. 5), S. 182.
8 Adenauer, Briefe 1955–1957 (1 a), S. 366 u. S. 576. Diese wie auch andere »Köstlichkeiten« wurden leider »in den Anhang verbannt«, wie schon Giselher Schmidt mit Bedauern in seiner Rezension in der »Frankfurter Allgemeinen Zeitung« am 1. 9. 1999 feststellte.

9 Erwin Wickert, Entscheidung für den Westen. Das Jahr 1952, in: »Frankfurter Allgemeine Zeitung«, 2. 1. 2002, S. 7.
10 Adenauer-Studien III, hrsg. von Rudolf Morsey u. Konrad Repgen, Mainz 1974, S. 162.
11 Ebd., S. 165.
12 Görtemaker, Bundesrepublik (178), S. 403.
13 Hentschel, Erhard (150), S. 591 f.
14 Osterheld, Außenpolitik (112), S. 271.
15 McGhee, An Ambassador's Account (104), S. 184 f.
16 AAPD 1965 (2), S. 1938–1942. Außer einer nichtssagenden Notiz von Robert McNamara steht davon in FRUS (18), 1964–1968, vol. XV, S. 349, kein Wort!
17 Görtemaker, Bundesrepublik (178.), S. 417.
18 AAPD 1966 (2), S. 561.
19 Ebd., S. 262.
20 Vgl. auch ebd., S. 262–270.
21 Hildebrand, Erhard (286), S. 189.
22 AAPD 1966 (2), S. 1248–1251.
23 Vgl. Görtemaker, Bundesrepublik (178), S. 435.
24 Ebd., S. 436.
25 AAPD 1966 (2), S. 1458.
26 Sitzung des CDU-Vorstandes, 8. 11. 1966, in: ACDP VII-001–015/7.

4. Kapitel

1 Vgl. Europa (304), S. 49.
2 Ebd.
3 Ebd.
4 Adenauer, Briefe 1955–1957 (1 a), S. 189.
5 Vgl. Loth, Weg (Bd. 2, 163), S. 133.
6 »Memorandum of Conversation between Michael Cary and Walt Rostow«, 18. 1. 1963, in: John F. Kennedy Library, Boston, NSC Countries, Box 171–173; auch zitiert bei Winand, Eisenhower (333), S. 333.
7 George Ball, The Past Has Another Pattern. Memoirs, New York/London 1982, S. 271.
8 Vgl. Steininger, Großbritannien (325), S. 113.
9 Ebd., S. 115 ff.
10 AAPD 1967 (2), S. 933.
11 Ebd., S. 92 f.

5. Kapitel

1 Osterheld, Leichten Herzens (111), S. 191.
2 Köhler, Adenauer (Bd. 2, 93), S. 1203.
3 Steininger, Mauerbau (278), S. 149 f.
4 Adenauer, Briefe 1957–1959 (1 b), S. 158.
5 Adenauer, Erinnerungen 1955–1959 (Bd. 2, 41), S. 435.

6 So Hans Peter Mensing in seiner Einführung zu Adenauer, Briefe 1957–1959 (1b), S. VIII.
7 Vgl. Steininger, Mauerbau (278), S. 318–324.
8 Zitiert bei Köhler, Adenauer (wie Anm. 2), S. 1186 f.
9 Ebd.
10 Ebd., S. 1191.
11 Osterheld, Leichten Herzens (111), S. 132.
12 Adenauer zu Blankenhorn am 13. 6. 1962, zitiert nach ebd., S. 127.
13 Köhler, Adenauer (wie Anm. 2), S. 195.
14 AAPD 1963 (2), S. 104 f.
15 Köhler, Adenauer (wie Anm. 2), S. 1199.
16 Steininger, Großbritannien (325), S. 107.
17 AAPD 1966 (2), S. 1632.

6. Kapitel

1 Vgl. zum folgenden insgesamt Jelinek, Moral (359), S. 15–125.
2 Ebd., S. 51.
3 AdG, Bd. 3 (248), S. 2609 f.
4 Vgl. AAPD 1966 (2), S. 528.
5 Zit. bei Segev, Siebte Million (365), S. 402.
6 Vgl. Strauß, Erinnerungen (Bd. 2, 76), S. 342; Felix Shinnar, Bericht eines Beauftragten. Die deutsch-israelischen Beziehungen 1951–1966, Tübingen 1967, S. 143 f.; AAPD 1965 (2), S. 7.
7 Ebd.
8 Ebd., S. 10.
9 Vgl. auch AAPD 1964 (2), S. 1164 ff.
10 Hildebrand, Erhard (286), S. 112.
11 AAPD 1964 (2), S. 1166.
12 AAPD 1967 (2), S. 888.
13 AAPA 1965 (2), S. 363–366.
14 Rolf Lahr, Zeuge von Fall und Aufstieg. Private Briefe 1934–1974, Hamburg 1981, S. 419.
15 AAPD 1965 (2), S. 651.
16 AAPD 1966 (2), S. 963.
17 AAPD 1967 (2), S. 951.
18 Hermann Matern, Über die Durchführung des Beschlusses des ZK der SED. »Lehren aus dem Prozeß gegen das Verschwörertum Slansky«, Ost-Berlin 1953, S. 51 ff.
19 Aide-Mémoire vom 28. 12. 1955, dem israelischen Botschafter in Moskau übergeben. Vgl. Timm, DDR – Israel (368), S. 49.
20 Vgl. Angelika und Wolfgang Bator (Hrsg.), Die DDR und die arabischen Staaten. Dokumente 1956–1982, Ost-Berlin 1984, S. 62.
21 Timm, DDR – Israel (368), S. 50.
22 Vgl. Jelinek, Moral (359), S. 551 ff.
23 Timm, DDR – Israel (368), S. 51.
24 Ebd.
25 Ebd., S. 53.

7. Kapitel

1 Zit. bei Schwarz, Adenauer (Bd. 2, 109), S. 184.
2 Pape, Brüder (377), S. 318 ff.
3 Kennan an Department of State, 18. 7. 1952. FRUS (18), 1952–1954, vol. VII, S. 1770 f.
4 Vgl. auch AAPD 1967 (2), S. 354 f.
5 Vgl. Steininger, Südtirol, Bd. 1 (378), S. 799.
6 Ebd., S. 806.
7 Schöner (Bonn) an Kreisky, 1. 10. 1959. ÖStA, AdR, BMfAA II-pol, Südtirol, Karton 36.
8 »Der Südtirolkonflikt zwischen Italien und Österreich als Belastung der italienisch-deutschen Beziehungen.« Klaiber (Rom) an AA, 6. 10. 1960. PA, AA, 204–81 1300/I A3, Bd. 390.
9 Carstens (AA) an Knappstein (New York), 15. 10. 1960. Ebd.
10 Schöner (Bonn) an BMfAA, 6. 12. 1960. ÖStA, AdR, BMfAA, II-pol, Südtirol, Karton 60.
11 Vgl. hierzu insgesamt Steininger, Südtirol, Bd. 2 (378), S. 673–760, und Steininger, Südtirol, Bd. 3 (378), S. 633–694.

8. Kapitel

1 Zitiert bei Peter Borowsky, Zeiten des Wandels (400), Internetausgabe S. 15.
2 Schmoeckel/Kaiser, Vergessene Regierung (382), S. 65.
3 Vgl. hierzu auch das Gespräch zwischen Kiesinger und dem iranischen Botschafter in der BRD, General Mozaffar Malek, am 15. 6. 1967, in: AAPD 1967 (2), S. 911–917.
4 Ebd., S. 106.
5 Ebd., S. 394 f.
6 Ebd., S. 470 f.
7 Aufzeichnung AA, 30. 5. 1967. Ebd., S. 837.
8 AAPD 1968 (2), S. 955.
9 Hildebrand, Erhard (286), S. 335.

9. Kapitel

1 Vgl. Dok. 24.
2 Wolle, Heile Welt (504), S. 31.
3 Ebd.
4 Ebd., S. 33.
5 Hertle, Fall der Mauer (523), S. 24.

10. Kapitel

1 Bender, »Neue Ostpolitik« (172), S. 96.
2 Vgl. hierzu auch Steininger, Wengst, Zitelmann (395).
3 Vgl. AAPD 1969 (2), S. 1030–1047.
4 Bahr, Zeit (47), S. 281.

11. Kapitel

1 Bahr in einer Aufzeichnung für Brandt und Scheel am 14. 1. 1970. Vgl. AAPD 1970 (2), S. 21.
2 Vgl. Scheel an Botschafter Allardt. AAPD 1969 (2), S. 1289 f.
3 Ebd., S. 1386 ff., 1396 f., 1405–1410, 1420–1427, 1462 ff., 1467–1470. Weitere Instruktionen am 19. 1. 1970. Ebd., S. 34–48, sowie Antwort Allardts v. 25. 1. 1970. Ebd., S. 75–82.
4 Vgl. Allardt, Tagebuch (42), S. 264 f.
5 Bender, »Neue Ostpolitik« (172), S. 174.
6 AAPD 1970 (2), S. 5.
7 Vgl. das entsprechende Protokoll in: ebd., S. 105–118.
8 Ebd., S. 1025.
9 Vgl. ebd., S. 920 ff.
10 Ebd., S. 1222 ff.
11 Ebd., S. 1335 ff.; vgl. auch Bahr, Zeit (47), S. 328 f.
12 Vgl. hierzu AAPD 1970 (2), S. 1366–1374.
13 Bender, »Neue Ostpolitik« (172), S. 178.
14 Vgl. die Analyse durch Ministerialdirektor Ruete v. 22. 12. 1969 und 23. 12. 1969 in: AAPD 1969 (2), S. 1449–1453 und S. 1460 f.
15 Brandt, Begegnungen (57), S. 491. Vgl. auch die Protokolle der Gespräche in: AAPD 1970 (2), S. 489–495, und Potthoff, Bonn (33), S. 135–161.
16 Vgl. den gleichnamigen Artikel in der »Frankfurter Allgemeinen Zeitung«, 19. 3. 1992, S. 8.
17 Vgl. auch die Aufzeichnung Brandt v. 21. 5. 1970, in AAPD 1970 (2), S. 843 ff., und das Wortprotokoll in: Potthoff, Bonn (33), S. 164–188, sowie Brandt, Begegnungen (57), S. 502–508.
18 Vgl. die Richtlinien W. Scheels v. 19. 1. 1970, AAPD 1970 (2), S. 51–60, und das Schreiben E. Bahrs v. 22. 1. 1970 an Duckwitz. Ebd., S. 63 ff.
19 Ebd., S. 160. Vgl. auch das Protokoll des Gesprächs zwischen Duckwitz und Ministerpräsident Cyrankiewicz. Ebd., S. 163 f.
20 Archiv der Gegenwart, 1968, S. 14045. Vgl. hierzu und zum Folgenden auch die Dokumentensammlung von Fritz Peter Habel und Helmut Kistler, Die Grenze zwischen Deutschen und Polen, hrsg. v. d. Bundeszentrale für politische Bildung, Reihe »Kontrovers«, Bonn 1972.
21 Zu den Verhandlungen vgl. im einzelnen AAPD 1970 (2).
22 Text der Denkschrift bei Habel/Kistler, S. 68 ff. (vgl. Anm. 20).
23 Ebd., S. 70.
24 Vgl. Coron Chronik (249) 1965, S. 166.
25 Habel/Kistler (wie Anm. 20), S. 71.
26 Ebd., S. 71 f.

27 Ebd., S. 73 f.
28 Zitiert bei Schöllgen, Brandt (166), S. 175.
29 Bender, »Neue Ostpolitik« (172), S. 182.
30 Kissinger, Memoiren 1968–1973 (92), S. 109.
31 Ebd., S. 566 f. Vgl. das entsprechende Kapitel bei Kissinger, ebd., S. 564–670.
32 AAPD 1970 (2), S. 1232.
33 Ebd., S. 1109 f.
34 Vgl. hierzu auch »Das Viermächte-Abkommen über Berlin vom 3. September 1971, hrsg. v. Presse- und Informationsamt der Bundesregierung, Bonn 1971, S. 149–173.
35 Aufzeichnung Bahr v. 22. 10. 1970. Ebd., S. 1816.
36 Potthoff, Bonn (33), S. 190.
37 Baring, Machtwechsel (398), S. 354.
38 Schöllgen, Brandt (166), S. 194.
39 Potthoff, Bonn (33), S. 216.
40 Ebd., S. 244.
41 Ebd., S. 246.
42 Ebd., S. 275.
43 »Neues Deutschland«, 16. 8. 1973.
44 Vgl. hierzu auch das von Heinz Blatt, Fritz Peter Habel und Helmut Kistler gestaltete Heft Nr. 132 der »Informationen zur politischen Bildung«: Deutsche und Tschechen, Bonn 1993.
45 Vgl. auch AdG (248), Bd. 10, S. 9599–9613.
46 Möller, Genosse (Bd. 2, 64), S. 483.
47 Bender, »Neue Ostpolitik« (172), S. 205.
48 Vgl. Schöllgen, Brandt (166), S. 205 f.
49 Text des Rücktrittsschreibens in: AdG (248) Bd. 7, S. 6224 f., Faksimile in: Coron Chronik (249), 1974, S. 82.
50 Zit. bei Peter Borowsky, Zeiten des Wandels (400), S. 90 (Internetausgabe).

Allgemeine Literaturhinweise für 1955–2002

a) Quellen/Dokumentensammlungen

1. Adenauer, Konrad – Rhöndorfer Ausgabe, hrsg. im Auftrag der Stiftung Bundeskanzler-Adenauer-Haus von Rudolf Morsey und Hans-Peter Schwarz:
a) Briefe 1955–1957, bearb. von Hans Peter Mensing, Berlin 1998.
b) Briefe 1957–1959, bearb. von Hans Peter Mensing, Paderborn 2000.
c) Teegespräche 1959–1961, bearb. von Hanns Jürgen Küsters, Berlin 1988.
d) Teegespräche 1961–1963, bearb. von Hanns Jürgen Küsters, Berlin 1992.
e) Konrad Adenauer – Theodor Heuss. Unter vier Augen. Gespräche aus den Gründerjahren 1949–1959, bearb. von Hanns Jürgen Küsters, Berlin 1997.

2. Akten zur Auswärtigen Politik der Bundesrepublik Deutschland 1949/50, 1951, 1952, 1953, 1963–1970. Wissenschaftlicher Leiter: R. A. Blasius, München 1994–2001.

3. Außenpolitik der Bundesrepublik Deutschland. Dokumente von 1949 bis 1994, hrsg. vom Auswärtigen Amt, Köln 1995.

4. Besatzungszeit, Bundesrepublik und DDR 1945–1969, hrsg. von Merith Niehuus u. Ulrike Lindner, Stuttgart 1998.

5. Brandt, Willy – Berliner Ausgabe, hrsg. im Auftrage der Bundeskanzler-Willy-Brandt-Stiftung von Helga Grebing, Gregor Schöllgen und Heinrich August Winkler, Bonn 2000 ff. Bereits erschienen: Bd. 1: Hitler ist nicht Deutschland (1928–1940); Bd. 2: Zwei Vaterländer. Deutsch-Norweger im schwedischen Exil – Rückkehr nach Deutschland 1940–1947; Bd. 4: Auf dem Weg nach vorn. Willy Brandt und die SPD 1947–1972; Bd. 7: Mehr Demokratie wagen. Innen- und Gesellschaftspolitik 1966–1974.

6. Bundesrepublik und DDR 1969–1990, hrsg. von Dieter Grosser, Stephan Bierling, Beate Neuss, Stuttgart 1996.

7. CDU-Bundesvorstand. Die Protokolle des CDU-Bundesvorstandes, bearb. von Günter Buchstab. Bd. 1, 1950–1953: Adenauer: »Es mußte alles neu gemacht werden«; Bd. 2, 1953–1957: Adenauer: »Wir haben wirklich etwas geschaffen«; Bd. 3, 1957–1961: Adenauer: »... um den Frieden zu gewinnen«; Bd. 4, 1961–1965: Adenauer: »Stetigkeit in der Politik«, Stuttgart bzw. Düsseldorf 1986–1998.

8. Die Bundesrepublik Deutschland und Frankreich. Dokumente 1949–1963, 3 Bde., hrsg. von H. Möller/K. Hildebrand, bearb. von U. Lappenküper u. a., München 1997.

9. Die SPD-Fraktion im Deutschen Bundestag. Sitzungsprotokolle 1949–1957, bearb. von P. Weber, 2 Bde.; Sitzungsprotokolle 1957–1961, bearb. von W. Hölscher; Sitzungsprotokolle 1961–1966, 2 Bde., bearb. von H. Potthoff, Düsseldorf 1993.

10. Documents Diplomatiques Français, hrsg. vom Ministère des Affaires Étrangères, bisher 21 Bde. (1954–1960), Paris 1987–1996.

11. Documents on British Policy Overseas, hrsg. von R. Bullen, M. E. Pelly, Ser. I, bisher 7 Bde. (1945–1950), Ser. II, bisher 4 Bde. (1950–1955), London 1984–1995.
12. Dokumente der Wiedervereinigung Deutschlands, hrsg. von Ingo von Münch, Stuttgart 1991.
13. Dokumente zu Deutschland 1944–1994, bearb. von Peter März, hrsg. von der Bayerischen Landeszentrale für politische Bildungsarbeit, München 2000.
14. Dokumente zur Deutschlandpolitik. Deutsche Einheit. Sonderedition aus den Akten des Bundeskanzleramtes 1989/90, bearb. von Hanns Jürgen Küsters und Daniel Hofmann, München 1998.
15. Dokumente zur Deutschlandpolitik. Wissenschaftl. Leitung: E. Deuerlein (seit 1972): K. D. Bracher, H.-A. Jacobsen, H.-P. Schwarz; seit 1996: K. Hildebrand, H.-P. Schwarz). 1. Reihe (1949–1945): bisher 7 Bde., Frankfurt/M. 1984–1991; 2. Reihe (1945–1955): bisher 7 Bde., Frankfurt/M. 1992–1997; 3. Reihe (1955–1958): 9 Bde., Frankfurt/M. 1961–1969.
16. Eberle, Hendrik/Wesenberg, Denise (Hrsg.), Einverstanden. E. H. Parteiinterne Hausmitteilungen, Briefe, Akten und Intrigen aus der Honecker-Zeit, Berlin 1999.
17. FDP-Bundesvorstand. Sitzungsprotokolle 1949–1960, bearb. von U. Wengst, 2 Bde.; Sitzungsprotokolle 1960–1967, bearb. von R. Schiffers, Düsseldorf 1990–1993.
18. Foreign Relations of the United States. Diplomatic Papers 1945 ff., Washington D. C. 1968 ff. (bis 1964–1968, Vol. XV, Germany and Berlin), Washington D. C. 1999.
19. Fuchs, Hans-Werner/Reuter, Lutz R. (Hrsg.), Bildungspolitik seit der Wende. Dokumente zum Umbau des ostdeutschen Bildungssystems (1989–1994), Opladen 1995.
20. Gransow, Volker/Jarausch, Konrad H., Die deutsche Vereinigung. Dokumente zu Bürgerbewegung, Annäherung und Beitritt, Köln 1991.
21. Hertle, Hans-Hermann/Stephan, Gerd-Rüdiger (Hrsg.), Das Ende der SED. Die letzten Tage des Zentralkomitees, Berlin 1999.
22. Innerdeutsche Beziehungen. Die Entwicklung der Beziehungen zwischen der Bundesrepublik Deutschland und der Deutschen Demokratischen Republik 1980–1986. Eine Dokumentation, hrsg. vom Bundesministerium für innerdeutsche Beziehungen, Bonn 1986.
23. Judt, Matthias (Hrsg.), DDR-Geschichte in Dokumenten. Beschlüsse, Berichte, interne Materialien und Alltagszeugnisse, Bonn 1998.
24. Kleßmann, Christoph/Wagner, Georg (Hrsg.), Das gespaltene Land. Leben in Deutschland 1945–1990. Texte und Dokumente, München 1993.
25. Kubina, Michael/Wilke, Manfred (Hrsg.), »Hart und kompromißlos durchgreifen.« SED contra Polen 1980/81. Geheimakten der SED-Führung über die Unterdrückung der polnischen Demokratiebewegung, Berlin 1995.
26. »Let Berlin be next.« George Bush und die deutsche Einheit. Die Telefongespräche zwischen US-Präsident George Bush und Bundeskanzler Helmut Kohl, 23. Oktober 1989–3. Oktober 1990. Eine Veröffentlichung des AlliiertenMuseums, Berlin 1999.
27. Lüdtke, Alf/Becker, Peter (Hrsg.), Akten. Eingaben. Schaufenster. Die DDR und ihre Texte. Erkundungen zu Herrschaft und Alltag, Berlin 1997.
28. Mitter, Armin/Wolle, Stefan (Hrsg.), »Ich liebe euch doch alle!« Befehle und Lageberichte des MfS. Januar bis November 1989, Berlin 1990.
29. Nakath, Detlef/Neugebauer, Gero/Stephan, Gerd-Rüdiger (Hrsg.), »Im Kreml brennt noch Licht«. Die Spitzenkontakte zwischen SED/PDS und KPdSU 1989–1991, Berlin 1998.

30. Nakath, Detlef/Stephan, Gerd-Rüdiger (Hrsg.), Die Häber-Protokolle. Schlaglichter der SED-Westpolitik 1973–1985, Berlin 1999.
31. Nakath, Detlef/Stephan, Gerd-Rüdiger (Hrsg.), Von Hubertusstock nach Bonn. Eine dokumentierte Geschichte der deutsch-deutschen Beziehungen auf höchster Ebene 1980–1987, Berlin 1995.
32. Nakath, Detlef/Stephan, Gerd-Rüdiger (Hrsg.), Countdown zur deutschen Einheit. Eine dokumentierte Geschichte der deutsch-deutschen Beziehungen 1987–1990, Berlin 1996.
33. Potthoff, Heinrich (Hrsg.), Bonn und Ost-Berlin 1969–1982. Dialog auf höchster Ebene und vertrauliche Kanäle. Darstellung und Dokumente, Bonn 1997.
34. Potthoff, Heinrich (Hrsg.), Die »Koalition der Vernunft«. Deutschlandpolitik in den 80er Jahren, München 1995.
35. Przybylski, Peter, Tatort Politbüro. Die Akte Honecker, Berlin 1991.
36. Przybylski, Peter, Tatort Politbüro, Band 2: Honecker, Mittag und Schalck-Golodkowski, Berlin 1992.
37. Stephan, Gerd-Rüdiger (Hrsg.), »Vorwärts immer, rückwärts nimmer!« Interne Dokumente zum Zerfall von SED und DDR 1988/89, Berlin 1994.
38. Süsz, Walter, Ende und Aufbruch – Von der DDR zur neuen Bundesrepublik Deutschland (Weltgeschichte im Aufriß, Ausgabe in Themenheften, hrsg. von Werner Ripper), Frankfurt 1992.
39. Zehn Jahre Deutschlandpolitik. Die Entwicklung der Beziehungen zwischen der Bundesrepublik Deutschland und der Deutschen Demokratischen Republik 1969–1979. Bericht und Dokumentation, hrsg. vom Bundesministerium für Innerdeutsche Beziehungen, Bonn 1980.

b) Memoiren/Tagebücher etc.

40. Ackermann, Eduard, Mit feinem Gehör. Vierzig Jahre in der Bonner Politik, Bergisch-Gladbach 1994.
41. Ackermann, Eduard, Politisches. Vom richtigen und falschen Handeln, Bergisch-Gladbach 1996.
42. Allardt, Helmut, Moskauer Tagebuch. Beobachtungen, Notizen, Erlebnisse, Düsseldorf/Wien 1974.
43. Allardt, Helmut, Politik vor und hinter den Kulissen. Erfahrungen eines Diplomaten zwischen Ost und West, Frankfurt/Berlin/Wien 1983.
44. Apel, Hans, Der Abstieg, Politisches Tagebuch eines Jahrzehnts, 1978–1988, Stuttgart 1990.
45. Attali, Jacques, Verbatim. Bd. I: Chroniques des années 1981–1986, Bd. II 1986–1988, Bd. III, 1988–1991, Paris 1993–1995.
46. Axen, Hermann, Ich war ein Diener der Partei, Berlin 1996.
47. Bahr, Egon, Zu meiner Zeit, München 1996.
48. Baker, James, Drei Jahre, die die Welt veränderten. Erinnerungen, Berlin 1996.
49. Barzel, Rainer, Die Tür blieb offen. Mein persönlicher Bericht über Ostverträge – Mißtrauensvotum – Kanzlersturz, Bonn 1998.
50. Barzel, Rainer, Ein gewagtes Leben. Erinnerungen, Stuttgart 2001.
51. Berliner, Kurt, Der Resident. Ein Diplomat im Dienst der Hauptverwaltung Aufklärung erinnert sich, Berlin 2001.
52. Biedenkopf, Kurt H., 1989–1990. Ein deutsches Tagebuch, Berlin 2000.

53. Birrenbach, Kurt, Meine Sondermissionen. Rückblick auf zwei Jahrzehnte bundesdeutscher Außenpolitik, Düsseldorf/Wien 1984.
54. Bogomolow, Alexander, Ohne Protokoll. Amüsantes und Bitteres aus der Arbeit eines sowjetischen Diplomaten in Deutschland, Berlin 2000.
55. Bohlen, Charles E., Witness To History, 1929–1969, New York 1973.
56. Bölling, Klaus, Die letzten 30 Tage des Kanzlers Helmut Schmidt. Ein Tagebuch, Reinbek 1982.
57. Brandt, Willy, Begegnungen und Einsichten. Die Jahre 1960–1975, Hamburg 1976.
58. Brandt, Willy, Erinnerungen, Frankfurt/M. 1989.
59. Bubis, Ignatz, »Damit bin ich noch längst nicht fertig.« Die Autobiographie, Frankfurt/New York 1996.
60. Bundy, McGeorge, Danger And Survival: Choices about the Bomb in the First Fifty Years, New York 1988.
61. Bush, George/Scowcroft, Brent, A World Transformed, New York 1998 (dt. Ausgabe: Eine neue Welt. Amerikanische Außenpolitik in Zeiten des Umbruchs, Berlin 1999).
62. Chruschtschow, Nikita S., Chruschtschow erinnert sich, hrsg. von S. Talbott, Reinbek 1971.
63. Couve de Murville, Maurice, Außenpolitik 1958–1969, München 1973.
64. Czepuck, Harri, Meine Wendezeiten. Erinnerungen, Erwägungen, Erwartungen, Berlin 1999.
65. De Maizière, Lothar, Anwalt der Einheit. Ein Gespräch mit Christine de Maizière, Berlin 1996.
66. Diehl, Günter, Zwischen Politik und Presse. Bonner Erinnerungen 1949–1969, Frankfurt/M. 1994.
67. Diekmann, Kai/Reuth, Ralf Georg, Helmut Kohl: »Ich wollte Deutschlands Einheit«, Berlin 1996.
68. Dobrynin, Anatoly, In Confidence. Moscow's Ambassador to America's Six Cold War Presidents (1962–1986), New York 1995.
69. Dumas, Roland, Le Fil et la Pélote. Mémoires, Paris 1996.
70. Ehmke, Horst, Mittendrin. Von der Großen Koalition zur Deutschen Einheit, Berlin 1994.
71. Falin, Valentin, Konflikte im Kreml. Zur Vorgeschichte der deutschen Einheit, München 1997.
72. Garton Ash, Timothy, Die Akte »Romeo«. Persönliche Geschichte, Frankfurt/M. 1999.
73. Gaulle, Charles de, Memoiren der Hoffnung. Die Wiedergeburt, 1958–1962, Wien/München/Zürich 1971.
74. Geißler, Heiner, Zukunft. Politik in stürmischer Zeit, München 1990.
75. Genscher, Hans-Dietrich, Erinnerungen, Berlin 1995.
76. Gerlach, Manfred, Mitverantwortlich. Als Liberaler im SED-Staat, Berlin 1991.
77. Gorbatschow, Michail, Erinnerungen, Berlin 1995.
78. Gorbatschow, Michail, Wie es war. Die deutsche Wiedervereinigung, Berlin 1999.
79. Gribkow, Anatoli I., Der Warschauer Pakt. Geschichte und Hintergründe des östlichen Militärbündnisses, Berlin 1995.
80. Großmann, Werner, Bonn im Blick. Die DDR-Aufklärung aus der Sicht ihres letzten Chefs, Berlin 2001.
81. Gysi, Gregor, Ein Blick zurück, ein Schritt nach vorn, Hamburg 2001.

82. Hager, Kurt, Erinnerungen, Leipzig 1996.
83. Harpprecht, Klaus, Im Kanzleramt. Tagebuch der Jahre mit Willy Brandt, Reinbek 2000.
84. Herrmann, Frank-Joachim, Der Sekretär des Generalsekretärs. Honeckers persönlicher Mitarbeiter über seinen Chef, Berlin 1996.
85. Hillenbrand, Martin J., Fragment of Our Time. Memoirs of a Diplomat, Athens, Georgia, 1998.
86. Honecker, Erich, Aus meinem Leben, Frankfurt/M. 1980.
87. Keil, Rolf-Dietrich, Mit Adenauer in Moskau. Erinnerungen eines Dolmetschers, Bonn 1997.
88. Keßler, Heinz, Zur Sache und zur Person. Autobiographische Erinnerungen des DDR-Verteidigungsministers, Berlin 1996.
89. Keworkow, Wjatscheslaw, Der geheime Kanal. Moskau, der KGB und die Bonner Ostpolitik, Berlin 1995.
90. Khrushchev, Nikita S., Khrushchev Remembers: the Glasnost Tapes, transl. and ed. by Jerold L. Schecter, with Vyacheslav V. Luchkov, Boston 1990.
91. Kiessler, Richard/Elbe, Frank, Ein runder Tisch mit scharfen Ecken. Der diplomatische Weg zur deutschen Einheit, Baden-Baden 1993.
92. Kissinger, Henry A., Memoiren 1968–1973, München 1979.
93. Kissinger, Henry A., Memoiren 1973–1974, München 1982.
94. Klein, Fritz, Drinnen und Draußen. Ein Historiker in der DDR. Erinnerungen, Frankfurt/M. 2000.
95. Klein, Hans, Es begann im Kaukasus. Der entscheidende Schritt in die Einheit Deutschlands, Berlin/Frankfurt/M. 1991.
96. Kohl, Helmut, Mein Tagebuch 1998–2000, München 2000.
97. Kotschemassow, Wjatscheslaw, Meine letzte Mission. Fakten, Erinnerungen, Überlegungen, Berlin 1994.
98. Krenz, Egon, Herbst '89, Berlin 1999.
99. Krenz, Egon, Wenn Mauern fallen. Die friedliche Revolution. Vorgeschichte – Ablauf – Auswirkungen, Wien 1990.
100. Kroll, Hans, Lebenserinnerungen eines Botschafters, Köln/Berlin 1967.
101. Krug, Manfred, Abgehauen. Eine Mitschrift und ein Tagebuch, Düsseldorf 1996.
102. Kwizinskij, Julij A., Vor dem Sturm. Erinnerungen eines Diplomaten, Berlin 1993.
103. Maizière, Lothar de, Die deutsche Einheit – eine kritische Betrachtung, Fürstenfeldbruck 1994.
104. McGhee, George C., At the Creation of New Germany: From Adenauer to Brandt, an Ambassador's Account, New Haven 1989.
105. Mittag, Günter, Um jeden Preis. Im Spannungsfeld zweier Systeme, Berlin/Weimar 1991.
106. Möbis, Harry, Von der Hoffnung gefesselt. Zwischen Stoph und Mittag – unter Modrow, Berlin 1999.
107. Modrow, Hans, Aufbruch und Ende, Hamburg 1991.
108. Modrow, Hans, Die Perestrojka. Wie ich sie sehe. Persönliche Erinnerungen und Analysen eines Jahrzehnts, das die Welt veränderte, Berlin 1998.
109. Modrow, Hans, Ich wollte ein neues Deutschland, München 1999.
110. Nakath, Detlef (Hrsg.), Deutschlandpolitiker der DDR erinnern sich, Berlin 1995.
111. Osterheld, Horst, »Ich gehe nicht leichten Herzens…«. Adenauers letzte Kanzlerjahre. Ein dokumentarischer Bericht, Mainz 1986.

112. Osterheld, Horst, Außenpolitik und Bundeskanzler Ludwig Erhard 1963–1966. Ein dokumentarischer Bericht aus dem Kanzleramt, Düsseldorf 1992.
113. Rusk, Dean, As I Saw It, New York/London 1990.
114. Schabowski, Günther, Das Politbüro. Ende eines Mythos, Hamburg 1990.
115. Schabowski, Günther, Der Absturz, Berlin 1991.
116. Schachnasarow, Georgi, Preis der Freiheit. Eine Bilanz von Gorbatschows Berater, Bonn 1996.
117. Schalck-Golodkowski, Alexander, Deutsch-deutsche Erinnerungen, Hamburg 2000.
118. Schäuble, Wolfgang, Der Vertrag. Wie ich über die deutsche Einheit verhandelte, München 1993.
119. Schewardnadse, Edward, Die Zukunft gehört der Freiheit, Reinbek 1991.
120. Schirdewan, Karl, Aufstand gegen Ulbricht. Im Kampf um politische Kurskorrektur, gegen stalinistische, dogmatische Politik, Berlin 1999[3].
121. Schirdewan, Karl, Ein Jahrhundert Leben. Erinnerungen und Visionen, Berlin 1998.
122. Schmidt, Helmut, Menschen und Mächte, Berlin 1987.
123. Schmidt, Helmut, Die Deutschen und ihre Nachbarn. Menschen und Mächte II, Berlin 1990.
124. Schütz, Klaus, Logenplatz und Schleudersitz. Erinnerungen, Frankfurt 1992.
125. Spiegel, Paul, Wieder zu Hause? Erinnerungen und Visionen, Berlin 2001.
126. Stern, Carola, Doppelleben. Eine Autobiographie, Köln 2001.
127. Stoltenberg, Gerhard, Wendepunkte. Stationen deutscher Politik 1947–1990, Berlin 1997.
128. Teltschik, Horst, 329 Tage. Innenansichten der Einigung, Berlin 1991.
129. Thatcher, Margaret, Downing Street No 10. Die Erinnerungen, Düsseldorf 1993.
130. Tschernajew, Anatoli, Die letzten Jahre einer Weltmacht. Der Kreml von innen, Stuttgart 1993.
131. Vogel, Hans-Joachim, Nachsichten. Meine Bonner und Berliner Jahre, München/Zürich 1996.
132. Walters, Vernon A., Die Vereinigung war voraussehbar. Hinter den Kulissen eines entscheidenden Jahres. Die Aufzeichnung des amerikanischen Botschafters, Berlin 1994.
133. Wechmar, Rüdiger von, Akteur in der Loge. Weltläufige Erinnerungen, München 2000.
134. Weizsäcker, Richard von, Vier Zeiten. Erinnerungen, Berlin 1997.
135. Wickert, Erwin, Die glücklichen Augen. Geschichten aus meinem Leben, Stuttgart/München 2001.
136. Winkelmann, Egon, Moskau, das war's. Erinnerungen des DDR-Botschafters in der UdSSR 1981–1987, Berlin 1997.
137. Wolf, Markus, Spionagechef im geheimen Krieg. Erinnerungen, München 1998.

c) Biographien

138. Aldus, Richard (Hrsg.), Harold Macmillan – Aspects of a Political Life, London 1998.
139. Behrend, Günther, Franz Josef Strauß. Eine politische Biographie, Köln 1995.
140. Bickerich, Wolfram, Franz Josef Strauß. Die Biographie, Düsseldorf 1996.
141. Brentzel, Marianne, Die Machtfrau. Hilde Benjamin 1902–1989, Berlin 1997.
142. Busche, Jürgen, Helmut Kohl – Anatomie eines Erfolges, Berlin 1998.
143. Clough, Patricia, Helmut Kohl – Ein Porträt der Macht, München 1998.
144. Dreher, Klaus, Helmut Kohl. Leben mit Macht, Stuttgart 1998.
145. Eberle, Henrik, Anmerkungen zu Honecker, Berlin 2000.
146. Filmer, Werner/Schwan, Heribert, Helmut Kohl, Düsseldorf u. a. 1990.
147. Filmer, Werner/Schwan, Heribert, Wolfgang Schäuble. Politik als Lebensaufgabe, München 1992.
148. Frank, Mario, Walter Ulbricht. Eine deutsche Biografie, Berlin 2001.
149. Giesbert, Franz-Olivier, François Mitterrand. Die Biographie, Berlin 1997.
150. Hentschel, Volker, Ludwig Erhard. Ein Politikerleben, München 1996.
151. Henzler, C., Fritz Schäffer, 1945–1967, München 1994.
152. Jodel, Markus, Amboß oder Hammer? Otto Grotewohl. Eine politische Biographie, Berlin 1997.
153. John, Antonius, Rudolf Seiters. Einsichten in Amt, Person und Ereignisse, Bonn/Berlin 1991.
154. Köpf, Peter, Stoiber. Die Biographie, Hamburg 2001.
155. Krauss, Meinold/Henschel, Andreas, Lothar de Maizière. Staatsmann auf Zeit. Die Biographie, Berlin 1999.
156. Leinemann, Jürgen, Helmut Kohl – die Inszenierung einer »Karriere«, Berlin 1998.
157. Lorenzen, Jan. N., Erich Honecker. Eine Biographie, Hamburg 2001.
158. Meyer, Georg, Adolf Heusinger. Dienst eines deutschen Soldaten 1915–1964, Hamburg/Berlin/Bonn 2001.
159. Michels, Reinhold, Otto Schily – Eine Biographie, Stuttgart/München 2001.
160. Morsey, Rudolf, Heinrich Lübke. Eine politische Biographie, Paderborn u. a. 1996.
161. Oppelland, Torsten, Politik zwischen Staat, Partei und Konfession. Eine politische Biographie Gerhard Schröders, Düsseldorf 2002.
162. Otto, Wilfriede, Erich Mielke – Biographie. Aufstieg und Fall eines Tschekisten, Berlin 2000.
163. Podewin, Norbert, Walter Ulbricht. Eine neue Biographie, Berlin 1995.
164. Pruys, Karl Hugo, Helmut Kohl. Die Biographie, Berlin 1995.
165. Reitz, Ulrich, Wolfgang Schäuble. Die Biographie, Bergisch-Gladbach 1996.
166. Schöllgen, Gregor, Willy Brandt. Die Biographie, Berlin/München 2001.
167. Schunck, Peter, Charles de Gaulle. Ein Leben für Frankreichs Größe, Berlin 1998.
168. Schwan, Heribert, Erich Mielke. Der Mann, der die Stasi war, München 1997.
169. Weber, Petra, Carlo Schmid 1896–1979. Eine Biographie, München 1996.
170. Wengst, Udo, Thomas Dehler 1897–1957. Eine politische Biographie, München 1997.

d) Gesamtdarstellungen

171. Adomeit, Hannes, Imperial overstretch: Germany in Soviet policy from Stalin to Gorbachev. An Analysis Based on New Archival Evidence, Memoirs, and Interviews, Baden-Baden 1998.
172. Bender, Peter, Die »neue Ostpolitik« und ihre Folgen. Vom Mauerbau bis zur Vereinigung, München 1995[3].
173. Bender, Peter, Episode oder Epoche? Zur Geschichte des geteilten Deutschland, München 1996.
174. Birke, Adolf M., Die Bundesrepublik Deutschland. Verfassung, Parlament, Parteien, München 1997.
175. Fricke, Karl Wilhelm, Der Wahrheit verpflichtet. Texte aus fünf Jahrzehnten zur Geschichte der DDR, Berlin 2000.
176. Fulbrook, Mary, Anatomy of a dictatorship. Inside the GDR 1949–1989, Oxford 1997.
177. Garton Ash, Timothy, Im Namen Europas. Deutschland und der geteilte Kontinent, Frankfurt/M. 1995.
178. Görtemaker, Manfred, Geschichte der Bundesrepublik Deutschland. Von der Gründung bis zur Gegenwart, München 1999.
179. Hacke, Christian, Weltmacht wider Willen. Die Außenpolitik der Bundesrepublik Deutschland, Frankfurt/M./Berlin 1993 (erw. Neuausgabe, s. Bd. 2, 145).
180. Haftendorn, Helga, Deutsche Außenpolitik seit dem Zweiten Weltkrieg. Zwischen Selbstbeschränkung und Selbstbehauptung, Stuttgart 2001.
181. Kielmansegg, Peter Graf, Nach der Katastrophe. Eine Geschichte des geteilten Deutschland (Die Deutschen und ihre Nation), Berlin 2000.
181 a. Klein, Thomas/Otto, Wilfriede/Grieder, Peter, Visionen. Repression und Opposition in der SED (1949–1989), Frankfurt/Oder 1997.
182. Kleßmann, Christoph, Zwei Staaten, eine Nation. Deutsche Geschichte 1955–1970, Bonn 1997[2].
183. Kowalczuk, Ilko-Sascha/Wolle, Stefan, Roter Stern über Deutschland. Sowjetische Truppen in der DDR, Berlin 2001.
184. Küchenmeister, Daniel/Nakath, Detlef/Stephan, Gerd-Rüdiger, »... abgegrenzte Weltoffenheit ...«. Zur Außen- und Deutschlandpolitik der DDR, Berlin 1999.
185. Küsters, Hanns Jürgen, Der Integrationsfriede. Viermächte-Verhandlungen über die Friedensregelung mit Deutschland 1945–1990, München 2000.
186. Loth, Wilfried, Helsinki, 1. August 1975. Entspannung und Abrüstung, München 1998.
187. Mählert, Ulrich, Kleine Geschichte der DDR, München 1998.
188. Mählert, Ulrich/Stephan, Gerd-Rüdiger, Blaue Helme – Rote Fahnen. Die Geschichte der Freien Deutschen Jugend, Opladen 1996.
189. Maibaum, Werner, Geschichte der Deutschlandpolitik, Bonn 1998.
190. Mitter, Armin/Wolle, Stefan, Untergang auf Raten. Unbekannte Kapitel der DDR-Geschichte, München 1993.
191. Morsey, Rudolf, Die Bundesrepublik Deutschland. Entstehung und Entwicklung bis 1969, München 1999[4].
192. Neubert, Ehrhart, Geschichte der Opposition in der DDR 1949–1989, Bonn 2000.
193. Potthoff, Heinrich, Im Schatten der Mauer. Deutschlandpolitik 1961 bis 1990, Berlin 1999.

194. Pötzsch, Horst, Deutsche Geschichte von 1945 bis zur Gegenwart. Die Entwicklung der beiden deutschen Staaten, München 1998.
195. Richter, Michael u. a., Geschichte der DDR, Bonn 1991 (unveränderte Neuauflage 2000) (Informationen zur politischen Bildung, Heft 231).
196. Ritter, Gerhard A., Über Deutschland. Die Bundesrepublik in der deutschen Geschichte, München 1998.
197. Rupp, Hans Karl, Politische Geschichte der Bundesrepublik Deutschland, 3. Auflage, München/Wien 2000.
198. Schildt, Axel u. a., Deutschland in den 70er/80er Jahren, Bonn 2001 (Informationen zur politischen Bildung, Heft 270).
199. Schöllgen, Gregor, Die Außenpolitik der Bundesrepublik Deutschland. Von den Anfängen bis zur Gegenwart, Bonn 1999.
200. Schroeder, Klaus, Der SED-Staat. Geschichte und Strukturen der DDR, München 1998.
201. Schröter, Harm G., Von der Teilung zur Wiedervereinigung (1945–2000), in: Michael North (Hrsg.), Deutsche Wirtschaftsgeschichte. Ein Jahrtausend im Überblick, München 2000, S. 351–420.
202. Smyser, William R., From Yalta to Berlin. The Cold War Struggle over Germany, New York 1999.
203. Staritz, Dieter, Geschichte der DDR, erw. Neuausgabe, Frankfurt/M. 1996.
204. Steininger, Rolf, The German Question 1945–1995, in: Larres (601), S. 1–24.
205. Thurich, Eckart u. a, Die Teilung Deutschlands 1955 bis zur Einheit, Bonn 1991 (Informationen zur politischen Bildung, Heft 233).
206. Tränhardt, Dietrich, Geschichte der Bundesrepublik Deutschland, Frankfurt/M. 1996 (erw. Neuausgabe von 1986: vgl. Bd. 2, 186).
207. Weber, Hermann, Geschichte der DDR, München 1999.
208. Weber, Jürgen, Deutsche Geschichte 1945 bis 1990. Grundzüge, hrsg. von der Bayerischen Landeszentrale für politische Bildungsarbeit, München 2001 (bzw. dtv, München 2002).
209. Weizsäcker, Richard von, Drei Mal Stunde Null? 1949–1969–1989. Deutschlands europäische Zukunft, Berlin 2001.
210. Winkler, Heinrich August, Der lange Weg nach Westen. Bd. 2: Deutsche Geschichte vom Dritten Reich bis zur Wiedervereinigung, München 2000.
211. Wolfrum, Edgar, Geschichtspolitik in der Bundesrepublik Deutschland. Der Weg zur bundesrepublikanischen Erinnerung 1948–1990, Darmstadt 1999.

e) Sammelbände

212. Badstübner, Evemarie (Hrsg.), Befremdlich anders. Leben in der DDR, Berlin 2002[2].
213. Bähr, Johannes/Petzina, Dietmar (Hrsg.), Innovationsverhalten und Entscheidungsstrukturen, Berlin 1996.
214. Bald, Detlef/Klotz, Johannes/Wette, Wolfram, Mythos Wehrmacht. Nachkriegsdebatten und Traditionspflege, Berlin 2001.
215. Bauerkämper, Arnd/Sabrow, Martin/Stöver, Bernd (Hrsg.), Doppelte Zeitgeschichte. Deutsch-deutsche Beziehungen 1945–1990, Bonn 1998.
216. Buchstab, Günter (Hrsg.), Geschichte der DDR und deutsche Einheit. Analyse von Lehrplänen und Unterrichtswerken für Geschichte und Sozialkunde, Schwalbach 1999.

217. Deutscher Bundestag (Hrsg.), Materialien der Enquete-Kommission »Aufarbeitung von Geschichte und Folgen der SED-Diktatur in Deutschland«, 18 Bde., Baden-Baden 1995.
218. Deutscher Bundestag (Hrsg.), Materialien der Enquete-Kommission »Überwindung der Folgen der SED-Diktatur im Prozeß der deutschen Einheit«, 14 Bde., Baden-Baden 1999 (auch als Taschenbücher im Suhrkamp Verlag, Frankfurt/Main 2000).
219. 50 Jahre Bundesrepublik Deutschland. Politische Vierteljahresschrift, Sonderheft 30 (1990), hrsg. von Michael Kreile u. a.
220. Fricke, Karl Wilhelm, Der Wahrheit verpflichtet. Texte aus fünf Jahrzehnten zur Geschichte der DDR, Berlin 2000.
221. Germany and America. Essays in Honor of Gerald R. Kleinfeld, ed. by Wolfgang-Uwe Friedrich, New York/Oxford 2001.
222. Getrennte Vergangenheit, gemeinsame Zukunft. Ausgewählte Dokumente, Zeitzeugenberichte und Diskussionen der Enquete-Kommission (siehe 217), 4 Bde., hrsg. von Ingrun Drechsler u. a., München 1997.
223. Hampe, Peter/Weber, Jürgen (Hrsg.), 50 Jahre soziale Mark(t)wirtschaft. Eine Erfolgsstory vor dem Ende? München 1999.
224. Helwig, Gisela (Hrsg.), Die letzten Jahre der DDR. Texte zum Alltagsleben, Köln 1990.
225. Helwig, Gisela (Hrsg.), Rückblick auf die DDR. Festschrift für Ilse Spittmann-Rühle, Köln 1995.
225 a. Hübsch, Reinhard, »Hört die Signale!« Die Deutschlandpolitik von KPD/SED und SPD 1945–1970, Berlin 2002.
226. Jesse, Eckard/Mitter, Armin (Hrsg.), Die Gestaltung der deutschen Einheit. Geschichte – Politik – Gesellschaft, Bonn 1992.
227. Junker, Detlef (Hrsg.), Die USA und Deutschland im Zeitalter des Kalten Krieges 1945–1990, 2 Bde., Stuttgart 2000.
228. Kaelble, Hartmut/Kocka, Jürgen/Zwahr, Hartmut (Hrsg.), Sozialgeschichte der DDR, Stuttgart 1994.
229. Kenntemich, Wolfgang u. a. (Hrsg.), Das war die DDR. Eine Geschichte des anderen Deutschland, Berlin 1993.
230. Kleßmann, Christoph u. a. (Hrsg.), Deutsche Vergangenheiten – eine gemeinsame Herausforderung. Der schwierige Umgang mit der doppelten Nachkriegsgeschichte, Berlin 1999.
231. Krieger, Wolfgang/Weber, Jürgen (Hrsg.), Spionage für den Frieden? Nachrichtendienste in Deutschland während des Kalten Krieges, München 1997.
232. Langguth, Gerd (Hrsg.), Politik und Plakat. 50 Jahre Plakatgeschichte am Beispiel der CDU, Bonn 1995.
233. Larres, Klaus (Hrsg.), Deutschland und die USA im 20. Jahrhundert. Geschichte der politischen Beziehungen, Darmstadt 1997.
234. März, Peter (Hrsg.), 40 Jahre Zweistaatlichkeit in Deutschland. Eine Bilanz, München 1999.
235. Meissner, Boris/Eisfeld, Alfred (Hrsg.), 50 Jahre sowjetische und russische Deutschlandpolitik sowie ihre Auswirkungen auf das gegenseitige Verhältnis, Berlin 1999.
236. Motte, Jan/Ohlinger, Rainer/Oswald, Anne von (Hrsg.), 50 Jahre Bundesrepublik – 50 Jahre Einwanderung. Nachkriegsgeschichte als Migrationsgeschichte, Frankfurt/M. 1999.
237. Müller, Guido (Hrsg.), Deutschland und der Westen. Internationale Bezie-

hungen im 20. Jahrhundert. Festschrift für Klaus Schwabe zum 65. Geburtstag, Stuttgart 1998.
238. Sozialgeschichte der DDR. Thema im Archiv für Sozialgeschichte (XXXIX) 1999.
239. Thoß, Bruno (Hrsg.), Vom Kalten Krieg zur deutschen Einheit. Analysen und Zeitzeugenberichte zur deutschen Militärgeschichte 1945 bis 1995, München 1995.
239a. Timmermann, Heiner (Hrsg.), Die DDR in Deutschland. Ein Rückblick auf die 50er Jahre, Berlin 2001.
240. Vollnhals, C./Weber J. (Hrsg.), Der Schein der Normalität. Alltag und Herrschaft in der SED-Diktatur, München 2001.
241. Weber, Jürgen (Hrsg.), Der SED-Staat. Neues über eine vergangene Diktatur, München 1994.

f) Chroniken/Lexika/Handbücher

242. 50 Jahre Deutschland. Das deutsch-deutsche Geschichtsbuch von Bild, München 1999.
243. Barth, Bernd-Rainer u. a. (Hrsg.), Wer war Wer in der DDR. Ein biographisches Handbuch, Frankfurt/M. 1995.
244. Baumann, Wolf-Rüdiger/Eschenhagen, Wieland u. a., Die Fischer Chronik Deutschland 1949–1999. Ereignisse, Personen, Daten, Frankfurt/M. 1999.
245. Benz, Wolfgang, Deutschland seit 1945. Chronik und Bilder, München 1999.
246. Bögeholz, Hartwig, Die Deutschen nach dem Krieg. Eine Chronik. Befreit, geteilt, vereint: Deutschland 1945 bis 1995, Reinbek 1995.
247. Conze, Eckart/Metzler, Gabriele (Hrsg.), 50 Jahre Bundesrepublik Deutschland. Daten und Diskussionen, Stuttgart 1999.
248. Deutschland. 1949 bis 1999, Zehn Bände, Archiv der Gegenwart, St. Augustin 2000.
249. Die Coron Chronik. Das 20. Jahrhundert, Stuttgart 1999 (für 1940–1999 die Bände 11–25).
250. Diedrich, Torsten/Ehlert, Hans/Wenzke, Rüdiger (Hrsg.), Handbuch der bewaffneten Organe der DDR, Berlin 1998.
251. Diemer, Gebhard, Kurze Chronik der Deutschen Frage, München 1990.
252. Fuhr, Eckhard u. a., Geschichte der Deutschen 1949–1990. Eine Chronik zu Politik, Wirtschaft und Kultur, Frankfurt/M. 1990.
253. Herbst, Andreas/Ranke, Winfried/Winkler, Jürgen, So funktionierte die DDR. Bd. 2: Lexikon der Organisation; Bd. 3: Lexikon der Funktionäre, Reinbek 1994.
254. Herbst, Andreas/Stephan, Gerd-Rüdiger/Winkler, Jürgen, Die SED. Geschichte, Organisation, Politik. Ein Handbuch, Berlin 1997.
255. Kempf, Udo/Merz, Hans-Georg (Hrsg.), Kanzler und Minister 1949–1998. Biografisches Lexikon der deutschen Bundesregierungen, Opladen 2001.
256. Lehmann, Hans Georg, Deutschland-Chronik 1945 bis 2000, Bonn 2000.
257. Lexikon der Christlichen Demokratie in Deutschland, hrsg. von Winfried Becker, Günter Buchstab, Anselm Doering-Manteuffel, Rudolf Morsey, Paderborn 2002.
258. Lexikon des DDR-Sozialismus. Das Staats- und Gesellschaftssystem der Deutschen Demokratischen Republik, hrsg. von Rainer Eppelmann, Horst Möller, Günter Nooke, Dorothee Wilms, 2. Aufl. Stuttgart 1997.

259. Müller, Helmut M., Brockhaus: 1949–1999, 50 Jahre Deutsche Geschichte: Ereignisse, Personen, Entwicklungen, Leipzig/Mannheim 1999.
260. Schäfer, Hermann (Hrsg.), 50 Jahre Deutschland Ploetz. Ereignisse und Entwicklungen. Deutsch-deutsche Bilanz in Daten und Analysen, Freiburg i. Br. 1999.
261. Sommer, Stefan, Lexikon des DDR-Alltags, Berlin 2000.
262. Weidenfeld, Werner/Korte, Karl-Rudolf (Hrsg.), Handbuch zur deutschen Einheit 1949–1989–1999, Bonn 1999.

Literaturhinweise zu den einzelnen Kapiteln

1. Kapitel
1955–1958: BRD und DDR

263. Amos, Heike, Die Westpolitik der SED 1948/49–1961. »Arbeit nach Westdeutschland« durch die Nationale Front, das Ministerium für Auswärtige Angelegenheiten und das Ministerium für Staatssicherheit, Berlin 1999.
264. Buschford, Wolfgang, Parteien im Kalten Krieg, Berlin 2000.
265. Foschepoth, Josef, Adenauers Moskaureise 1955, in: PZG, B 22/86, S. 30–46.
266. Harich, Wolfgang, Keine Schwierigkeiten mit der Wahrheit. Zur nationalkommunistischen Opposition 1956 in der DDR, Berlin 1993.
267. Kilian, Werner, Die Hallstein-Doktrin. Der diplomatische Krieg zwischen der BRD und der DDR 1955–1973. Aus den Akten der beiden deutschen Außenministerien, Berlin 2001.
268. Lemke, Michael, Einheit oder Sozialismus? Die Deutschlandpolitik der SED 1949–1961, Köln/Weimar/Wien 2001.
269. Weber, Jürgen, Die Bundesrepublik zwischen Stabilität und Krise 1955–1963, München 1993.

2. Kapitel
13. August 1961: Der Bau der Mauer

270. Bailey, George/Kondraschow, Sergej A./Murphy, David E., Die unsichtbare Front. Der Krieg der Geheimdienste im geteilten Berlin, Berlin 1997.
271. Beschloss, Michael R., The Crisis Years. Kennedy and Khrushchev, 1960–1963, New York 1991 (dt.: Powergame. Kennedy und Chruschtschow. Die Krisenjahre 1960–1963, Düsseldorf u. a. 1991).
272. Eisenfeld, Bernd/Engelmann, Roger, 13. 8. 1961: Mauerbau, Fluchtbewegung und Machtsicherung, Bremen 2001.
273. Flemming, Thomas/Koch, Hagen, Die Berliner Mauer. Grenze durch eine Stadt, Berlin 2000.
274. Hertle, Hans-Hermann/Jarausch, Konrad H./Kleßmann, Christoph (Hrsg.), Mauerbau und Mauerfall. Ursachen – Verlauf – Auswirkungen, Berlin 2002.
275. Lee, Sabine, An Uneasy Partnership. British-German Relations between 1955 and 1961, Bochum 1996.
276. »Niemand hat die Absicht …« Tondokumente zur Mauer, 2 CDs mit 16seitigem Booklet, hrsg. v. DeutschlandRadio, Köln 2001.

276a. Chronik der Mauer, 15. Juni bis 30. August 1961; CD-ROM, hrsg. v. DeutschlandRadio u. Bundeszentrale für politische Bildung, Köln 2001 (s. auch *www.chronik-der-mauer.de*).
277. Schmidt, Wolfgang, Kalter Krieg, Koexistenz und kleine Schritte. Willy Brandt und die Deutschlandpolitik 1948–1963, Wiesbaden 2001.
278. Steininger, Rolf, Der Mauerbau. Die Westmächte und Adenauer in der Berlinkrise 1958–1963, München 2001 (mit ausführlichen Literaturangaben); ergänzende Dokumente, Literatur etc. abrufbar unter *www.ifz-innsbruck.at* sowie *www.chronik-der-mauer.de/*
279. Steury, Donald P. (Hrsg.), Frontstadt Berlin: Der Kalte Krieg der Nachrichtendienste. Dokumente 1946–1961. CIA History Staff/Center for the Study of Intelligence, übersetzt u. bearbeitet von Andrea Mehrländer u. Gerald L. Liebenau, Washington, D. C., 1999.

3. Kapitel
1959–1966: Das lange Ende der Adenauer-Ära

280. Blasius, Rainer A. (Hrsg.), Von Adenauer zu Erhard. Studien zur auswärtigen Politik der Bundesrepublik Deutschland 1963, München 1994.
281. Blasius, Rainer A., Erwin Wickert und die Friedensnote der Bundesrepublik vom 25. März 1966, in: VfZ 43 (1995), S. 539–553.
282. Booz, Rüdiger Marco, »Hallstein-Zeit«. Deutsche Außenpolitik 1955–1972, Bonn 1995.
283. Capellan, Frank, Für Deutschland und Europa: Der Deutschlandfunk. Rundfunkanstalt mit besonderem Auftrag 1961–1989, München u. a. 1993.
284. Eibl, Franz, Politik der Bewegung. Gerhard Schröder als Außenminister 1961–1966, München 2001.
285. Gehler, Michael, Adenauer und die deutsche Einheit: eine Kontroverse zwischen Kritik, Rechtfertigung und Historisierung, in: Informationen für den Geschichts- und Gemeinschaftskundelehrer, Heft 63 (2001), S. 74–106.
286. Hildebrand, Klaus, Von Erhard zur Großen Koalition 1963–1969, Stuttgart/Wiesbaden 1984.
287. Koerfer, Daniel, Kampf ums Kanzleramt. Erhard und Adenauer, Stuttgart 1987.
288. Kosthorst, Daniel, Brentano und die deutsche Einheit. Die Deutschland- und Ostpolitik des Außenministers im Kabinett Adenauer 1955–1961, Düsseldorf 1993.
289. Kosthorst, Daniel, Sowjetische Geheimpolitik in Deutschland? Chruschtschow und die Adschubej-Mission 1964, in: VfZ 44 (1996), S. 257–293.
290. Mayer, Frank A., Adenauer and Kennedy. A Study in German-American Relations, 1961–1963, New York 1996.
291. Nonn, Christoph, Die Ruhrbergbaukrise. Entindustrialisierung und Politik 1958–1969, Göttingen 2001.
292. Rosenbach, Harald, Der Preis der Freiheit. Die deutsch-amerikanischen Verhandlungen über den Devisenausgleich (1961–1967), in: VfZ 46 (1998), S. 709–746.
293. Schmidt, Wolfgang, Kalter Krieg, Koexistenz und kleine Schritte. Willy Brandt und die Deutschlandpolitik 1948–1963, Wiesbaden 2001.
294. Siebenmorgen, Peter, Gezeitenwechsel. Aufbruch zur Entspannungspolitik, Bonn 1990.

295. Verhandlungen über eine Wiedervereinigung statt Aufrüstung: Gustav Heinemann und die Eingliederung der Bundesrepublik in das westliche Militärbündnis; Vorträge einer Veranstaltung der Gustav-Heinemann-Stiftung e. V. in Berlin am 18. Oktober 2000, hrsg. von der Friedrich-Ebert-Stiftung, Bonn 2000 (auch in der digitalen Bibliothek der Friedrich-Ebert-Stiftung unter *http://library.fes.de/*
296. Weber, Jürgen, Die Bundesrepublik zwischen Stabilität und Krise 1955–1963, München 1993.

4. Kapitel
1955–1969: Die europäische Integration

297. Bange, Oliver, The EEC Crisis of 1963. Kennedy, Macmillan, de Gaulle and Adenauer in Conflict, Basingstoke 1999.
298. Brinkley, Douglas/Griffiths, Richard (ed.), John F. Kennedy and Europe, Baton Rouge, LA, 1999.
299. Campbell, John, Edward Heath. A Biography, London 1993.
300. Conze, Eckart, Hegemonie durch Integration? Die amerikanische Europapolitik und ihre Herausforderung durch de Gaulle, in: VfZ 43 (1995), S. 297–340.
301. Dell, Edmond, The Schuman-Plan and the British Abdication of Leadership in Europe, New York 1995.
302. Duchêne, François, Jean Monnet. The first Statesman of Interdependence, New York/London 1994.
303. Dujardin, Vincent/Dumoulin, Michel, Paul van Zeeland 1893–1973, Brüssel 1997.
304. Europa: Ein neuer Anfang. Von der Messina-Konferenz zu den Römischen Verträgen, 1955–1957, hrsg. von den Generalarchiven der Kommission der europäischen Gemeinschaft, Luxemburg 1985.
305. Gasteyger, Curt, Europa zwischen Spaltung und Einigung 1945–1993, erweiterte Neuauflage, Bonn 1994.
306. Gehler, Michael/Steininger, Rolf (Hrsg.), Die Neutralen und die europäische Integration 1945–1995. The Neutrals and the European Integration 1945–1995, Wien/Köln/Weimar 2000.
307. Harbrecht, Wolfgang, Die Europäische Gemeinschaft, Stuttgart/New York 1978.
308. Hölscher, Wolfgang, Krisenmanagement in Sachen EWG. Das Scheitern des Beitritts Großbritanniens und die deutsch-französischen Beziehungen, in: Blasius, Adenauer (280), S. 9–44.
309. Kaiser, Wolfram, Großbritannien und die Europäische Wirtschaftsgemeinschaft 1955–1961. Von Messina nach Canossa, Berlin 1996.
310. Kipping, Matthias, Zwischen Kartellen und Konkurrenz. Der Schuman-Plan und die Ursprünge der europäischen Einigung 1944–1952, Berlin 1996.
311. Krätschell, Hermann/Renner, Günter, Europäische Union, Bonn 2000 (überarb. Neuauflage; Informationen zur politischen Bildung, Heft 213).
312. Larres, Klaus (unter Mitarbeit von Elizabeth Meehan), Uneasy Allies – British-German Relations and European Integration since 1945, Oxford 2000.
312a. Lipgens, Walter (Hrsg.), 45 Jahre Ringen um die Europäische Verfassung. Dokumente 1939–1984, Bonn 1986.
313. Loth, Wilfried (Hrsg.), Crisis and Compromises: The European Project 1963–69, Baden-Baden 2001.

314. Ludlow, N. Piers, Dealing with Britain. The Six and the First UK Application to the EEC, Cambridge 1997.
315. Mickel, Wolfgang W. (Hrsg.), Handlexikon der Europäischen Union, Köln 1998.
316. Neuss, Beate, Geburtshelfer Europas? Die Rolle der Vereinigten Staaten im europäischen Integrationsprozeß 1945–1958, Baden-Baden 2000.
317. Nicholson, F./East, R., From the Six to the Twelve: The Enlargement of the European Communities, Harlow 1987.
318. Preston, Christopher, Enlargement and Integration in the European Union, London/New York 1997.
319. Renner, Günter/Krätschell, Hermann, Europäische Union, Bonn 2000 (Informationen zur politischen Bildung, Heft 213).
320. Rhenisch, Thomas, Europäische Integration und industrielles Interesse. Die deutsche Industrie und die Gründung der Europäischen Wirtschaftsgemeinschaft, Stuttgart 1999.
321. Schmidt, Gustav, Großbritannien, die Gründung der Europäischen Wirtschaftsgemeinschaft und die ›Sicherheit des Westens‹: »The American Connection«, in: Michael Salewsky (Hrsg.), Nationale Identität und Europäische Einigung, Göttingen/Zürich 1991, S. 169–231.
322. Steininger, Rolf, 1961: »Europe at Sixes and Sevens«. The European Free Trade Association, the Neutrals and Great Britain's Decision to join the EEC, in: The Journal of European Economic History 3 (1993), S. 535–568.
323. Steininger, Rolf, 1961: »Europe at Sixes and Sevens«. Die EFTA und Großbritanniens Entscheidung für die EWG, in: Vierteljahresschrift für Sozial- und Wirtschaftsgeschichte 80 (1993), S. 4–29.
324. Steininger, Rolf, Great Britain's First EEC Failure in January 1963, in: DaS 7 (1996), S. 404–435.
325. Steininger, Rolf, Großbritannien und de Gaulle. Das Scheitern des britischen EWG-Beitritts im Januar 1963, in: VfZ 44 (1996), S. 87–118.
326. Thiemeyer, Guido, Vom »Pool Vert« zur europäischen Wirtschaftsgemeinschaft. Europäische Integration, Kalter Krieg und die Anfänge der gemeinsamen europäischen Agrarpolitik 1950–1957, München 1999.
327. Trachtenberg, Marc, A Constructed Peace. The Making of the European Settlement, 1945–1963, Princeton, N. J., 1999.
328. Trausch, G. (Hrsg.), Die Europäische Integration vom Schuman-Plan bis zu den Verträgen von Rom, Baden-Baden 1993.
329. Weidenfeld, Werner/Wessels, Wolfgang (Hrsg.), Europa von A bis Z. Taschenbuch der Europäischen Integration, Bonn 2000[7].
330. Weidenfeld, Werner/Wessels, Wolfgang (Hrsg.), Jahrbuch der Europäischen Integration 1999/2000, Bonn 2000.
331. Wigs, Robert J./Ladrech, Robert, Europe since 1945. A concise History, New York 1996[4].
332. Wilkens, Andreas (Hrsg.), Interessen verbinden. Jean Monnet und die europäische Integration der Bundesrepublik Deutschland, Bonn 1999.
333. Winand, Pascaline, Eisenhower, Kennedy, and the United States of Europe, New York 1993.
334. Wurm, Clemens (Hrsg.), Western Europe and Germany. The Beginnings of European Integration 1945–1960, Oxford/Washington, D. C., 1995.

5. Kapitel
22. Januar 1963: Der deutsch-französische Vertrag

335. Conze, Eckart, Die gaullistische Herausforderung. Die deutsch-französischen Beziehungen in der amerikanischen Europapolitik 1958–1963, München 1995.
336. Fischer, Per, Der diplomatische Prozeß der Entstehung des Deutsch-Französischen Vertrages von 1963, in: VfZ 41 (1993), S. 101–116.
337. Hildebrand, Klaus, Der provisorische Staat und das ewige Frankreich. Die deutsch-französischen Beziehungen 1963–1969, in: HZ 240 (1985), S. 283–311.
338. Koopmann, Martin, Das schwierige Bündnis. Die deutsch-französischen Beziehungen und die Außenpolitik der Bundesrepublik Deutschland 1958–1965, Baden-Baden 2000.
339. Kusterer, Hermann, Der Kanzler und der General, Stuttgart 1995.
340. Lappenküper, Ulrich, Die deutsch-französischen Beziehungen 1949–1963. Von der »Erbfeindschaft« zur »Entente«, München 2001.
341. Marcowitz, R., Option für Paris? Unionsparteien, SPD und Charles de Gaulle 1958 bis 1969, München 1996.
342. Wilkens, Andreas, Deutsch-französische Wirtschaftsbeziehungen 1945–1960, Sigmaringen 1997.
343. Ziebura, Gilbert, Die deutsch-französischen Beziehungen seit 1945. Mythen und Realitäten, überarbeitete und aktualisierte Neuausgabe, Stuttgart 1997.

6. Kapitel
Holocaust und Israel

344. Baumgärtner, Ulrich, Reden nach Hitler. Theodor Heuss – Die Auseinandersetzung mit dem Nationalsozialismus, Stuttgart 2001.
345. Berggötz, Sven Olaf, Nahostpolitik in der Ära Adenauer. Möglichkeiten und Grenzen 1949–1963, Düsseldorf 1998.
346. Blasius, Rainer A./Jelinek, Yeshayahu A., Ben Gurion und Adenauer im Waldorf Astoria. Gesprächsaufzeichnungen vom israelisch-deutschen Gipfeltreffen in New York am 14. März 1960, in: VfZ 45 (1997), S. 309–344.
347. Dubiel, Helmut, Niemand ist frei von Geschichte. Die nationalsozialistische Herrschaft in den Debatten des Deutschen Bundestages, München 1999.
348. Frei, Norbert, Vergangenheitspolitik. Die Anfänge der Bundesrepublik und die NS-Vergangenheit, München 1996.
349. Frei, Norbert, u. a., Karrieren im Zwielicht. Hitlers Eliten nach 1945, Frankfurt/New York 2001.
350. Freudiger, Kerstin, Die juristische Aufarbeitung von NS-Verbrechen, Tübingen 2002.
351. Frohn, Axel (Hrsg.), Holocaust and Shilumim. The Policy of Wiedergutmachung, Washington, D. C., 1991.
352. Frohn, Axel, Die Krise der Shilumim/Wiedergutmachungsverhandlungen im Sommer 1952, in: VfZ 38 (1990), S. 113–139.
353. Goschler, Constantin, Wiedergutmachung. Westdeutschland und die Verfolgten des Nationalsozialismus 1945–1954, München 1992.
353 a. Goschler, Constantin/Lillteicher, Jürgen (Hrsg.), »Arisierung« und Restitution. Die Rückerstattung jüdischen Eigentums in Deutschland und Österreich nach 1945 und 1989, Göttingen 2002

354. Hansen, Niels, Aus dem Schatten der Katastrophe. Die deutsch-israelischen Beziehungen in der Ära Konrad Adenauer und David Ben Gurion. Ein dokumentarischer Bericht, Düsseldorf 2002.
355. Hansen, Niels, Geheimvorhaben »Frank/Kol«. Zur deutsch-israelischen Rüstungszusammenarbeit, in: Historisch-Politische Mitteilungen. Archiv für Christlich-Demokratische Politik 6 (1999), S. 229–264.
356. Herbst, Ludolf/Goschler, Constantin (Hrsg.), Wiedergutmachung in der Bundesrepublik Deutschland, München 1989.
357. Herf, Jeffrey, Zweierlei Erinnerung. Die NS-Vergangenheit im geteilten Deutschland, Berlin 1998.
358. Käppner, Joachim, Erstarrte Geschichte. Faschismus und Holocaust im Spiegel der Geschichtswissenschaft und Geschichtspropaganda der DDR, Hamburg 1999.
359. Jelinek, Yeshayahu A. (Hrsg.), Zwischen Moral und Realpolitik. Deutsch-israelische Beziehungen 1945–1965. Eine Dokumentensammlung, Gerlingen 1997.
360. Langbein, Hermann (Hrsg.), Der Auschwitz-Prozeß. Eine Dokumentation in zwei Bänden, Frankfurt/M. 1995.
361. Meining, Stefan, Kommunistische Judenpolitik. Die DDR, die Juden und Israel, München u. a. 2001.
362. Mertens, Lothar, Davidstern unter Hammer und Sichel. Die jüdischen Gemeinden in der SBZ/DDR und ihre Behandlung durch Partei und Staat 1945–1990, Hildesheim 1997.
363. Polkehn, Klaus, Die DDR und Palästina, in: PZG B 38/99, S. 32–39.
364. Reichel, Peter, Vergangenheitsbewältigung in Deutschland, München 2001.
365. Segev, Tom, Die siebte Million. Der Holocaust und Israels Politik der Erinnerung, Hamburg 1995.
366. Shinner, Felix E., Bericht eines Beauftragten. Die deutsch-israelischen Beziehungen 1951–66, Tübingen 1967.
367. Steininger, Rolf, Der Umgang mit dem Holocaust nach 1945, Wien 1994, Neudruck 2002.
368. Timm, Angelika, DDR – Israel: Anatomie eines gestörten Verhältnisses, in: PZG 4/93, S. 46–54.
369. Timm, Angelika, Hammer, Zirkel, Davidstern. Das gestörte Verhältnis der DDR zu Zionismus und Staat Israel, Bonn 1997.
370. Vogel, Rolf (Hrsg.), Der deutsch-israelische Dialog. Dokumentation eines erregenden Kapitels deutscher Außenpolitik, München 1987.
371. Wolffsohn, Michael, Das deutsch-israelische Wiedergutmachungsabkommen von 1952 im internationalen Zusammenhang, in: VfZ 36 (1988), S. 691–732.
372. Wolffsohn, Michael, Der schwierige Anfang nach der »Endlösung«, in: PZG 16, S. 6–13.
373. Wolffsohn, Michael, Ewige Schuld? 40 Jahre deutsch-jüdisch-israelische Beziehungen, München/Zürich 1993^{5}.
374. Zweig, W. Ronald, German Reparations and the Jewish World. A History of the Claims Conference, London 1987.

7. Kapitel
Österreich, Italien, Südtirol

375. Masala, Carlo, Die Bundesrepublik Deutschland, Italien und der Beitritt Großbritanniens zur EWG, in: Zeitgeschichte 25 (1998), S. 46–68.
376. Masala, Carlo, Italia und Germania. Die deutsch-italienischen Beziehungen 1963–1969, Virow 1997.
377. Pape, Matthias, Ungleiche Brüder. Österreich und Deutschland 1945–1965, Köln/Weimar/Wien 2000.
378. Steininger, Rolf, Südtirol zwischen Diplomatie und Terror 1947–1969, Darstellung in drei Bänden (Veröffentlichungen des Südtiroler Landesarchivs 6–9), Bozen 1999.

8. Kapitel
1966–1969: Die Große Koalition

379. Gilcher-Holtey, Ingrid, Die 68er Bewegung. Deutschland–Westeuropa–USA, München 2001.
380. Kroegel, D., Einen Anfang finden! Kurt Georg Kiesinger in der Außen- und Deutschlandpolitik der Großen Koalition, München 1997.
381. Schildt, Axel u. a. (Hrsg.), Dynamische Zeiten. Die 60er Jahre in den beiden deutschen Gesellschaften, Hamburg 2000.
382. Schmoeckel, Reinhard/Kaiser, Bruno, Die vergessene Regierung. Die Große Koalition 1966–1969 und ihre langfristigen Wirkungen, Bonn 1991.
383. Schneider A. H., Helmut Schmidt und die Große Koalition 1966–1969, Paderborn 1999.
384. Schwarz, Hans-Peter, Die Regierung Kiesinger und die Krise in der ČSSR 1968, in: VfZ 47 (1999), S. 159–186.
385. Taschler, Daniela, Vor neuen Herausforderungen. Die außen- und deutschlandpolitische Debatte in der CDU/CSU-Bundestagsfraktion während der Großen Koalition (1966–1969), Düsseldorf 2001.

9. Kapitel/10. Kapitel
1961–1969: Die DDR nach dem Mauerbau
1962–1969: Deutsch-deutsche Beziehungen

386. Agde, Günter (Hrsg.), Kahlschlag. Das 11. Plenum des ZK der SED 1965. Studien und Dokumente, Berlin 1991.
387. Barck, Simone/Langermann, Martina/Lokatis, Siegfried, Jedes Buch ein Abenteuer. Zensursystem und literarische Öffentlichkeit in der DDR bis Ende der sechziger Jahre, Berlin 1997.
388. Blasius, Rainer A., »Völkerfreundschaft« am Nil: Ägypten und die DDR im Februar 1965. Stenographische Aufzeichnungen aus dem Ministerium für Auswärtige Angelegenheiten über den Ulbricht-Besuch bei Nasser, in: VfZ 46 (1998), S. 747–805.

388a. Klein, Thomas, »Für die Einheit und Reinheit der Partei«. Die innerparteilichen Kontrollorgane der SED in der Ära Ulbricht, Köln/Weimar/Wien 2002.
389. Kleßmann, Christoph, Zwei Staaten, eine Nation. Deutsche Geschichte 1955–1970, 2. erweiterte Auflage, Bonn 1997.
390. Muth, Ingrid, Die DDR-Außenpolitik 1949–1972, Berlin 2000.
391. Pfeil, Ulrich, Die DDR und der Westen. Transnationale Beziehungen 1949–1989, Berlin 2001.
392. Priess, Lutz/Kural, Vačlav/Wilcke, Manfred, Die SED und der »Prager Frühling« 1968, Berlin 1996.
393. Roesler, Jörg, Zwischen Plan und Markt. Die Wirtschaftsreform 1993 bis 1970 in der DDR, Freiburg i. Br. 1990.
394. Staadt, Jochen, Die geheime Westpolitik der SED 1960–1970. Von der gesamtdeutschen Orientierung zur sozialistischen Nation, Berlin 1993.
395. Steininger, Rolf, Thomas Dehler – Protagonist einer »neuen« deutschen Ostpolitik in: Thomas Dehler und seine Politik, hrsg. von der Stiftung Haus der Geschichte der Bundesrepublik, Bonn 1998, S. 25–31 (mit weiteren Beiträgen von Udo Wengst und Rainer Zitelmann).
396. Wenzke, Rüdiger, Die NVA und der Prager Frühling 1968. Die Rolle Ulbrichts und der DDR-Streitkräfte bei der Niederschlagung der tschechoslowakischen Reformbewegung, Berlin 1995.
397. Werkentin, Falco, Politische Strafjustiz in der Ära Ulbricht, Berlin 1995.

11. Kapitel
1969–1974: Die Regierung Brandt/Scheel

398. Baring, Arnulf, Machtwechsel. Die Ära Brandt/Scheel, München 1984.
399. Bernath, Markus, Die SPD und Frankreich in der Phase der Neuen Ostpolitik 1969–1974, Baden-Baden 2001.
400. Borowski, Peter u. a., Zeiten des Wandels. Deutschland 1961–1974, Bonn 1998 (Informationen zur politischen Bildung, Heft 258).
401. Bracher, Karl Dietrich/Jäger, Wolfgang/Link, Werner, Republik im Wandel 1969–1979. Die Ära Brandt, Stuttgart/Wiesbaden 1986.
402. Eberwein, Wolf-Dieter/Kerski, Basil (Hrsg.), Die deutsch-polnischen Beziehungen 1949–2000. Eine Werte- und Interessengemeinschaft? Opladen 2001.
403. Fischer, Frank, »Im deutschen Interesse«. Die Ostpolitik der SPD von 1969 bis 1989, Husum 2001.
404. Fuchs, Stephan, »Dreiecksverhältnisse sind immer kompliziert.« Kissinger, Bahr und Ostpolitik, Frankfurt/M. 1999.
405. Nakath, Detlef, Erfurt und Kassel. Zu den Gesprächen zwischen dem BRD-Bundeskanzler Willy Brandt und dem DDR-Ministerpräsidenten Willi Stoph im Frühjahr 1970 (Hefte zur DDR-Geschichte 24), Berlin 1995.
406. Rehlinger, Ludwig, Freikauf. Die Geschäfte der DDR mit politisch Verfolgten 1963–1989, Berlin 1991.
407. Sarotte, M. E., Dealing With the Devil: East Germany, Detente, and Ostpolitik, 1969–1973 (The New Cold War History), Chapel Hill, NC, 2001.
408. Steininger, Rolf, »Es wächst die Gefahr des Eindringens des Nationalismus in die DDR.« Wie die SED die Ostpolitik der Regierung Brandt/Scheel 1970 einschätzte, in: FAZ, 19. 3. 1992, S. 8.

409. Thurich, Eckart, Schwierige Nachbarschaften. Deutsche und Polen – Deutsche und Tschechen im 20. Jahrhundert, Stuttgart 1990.
410. Uschner, Manfred, Die Ostpolitik der SPD. Sieg und Niederlage einer Strategie, Berlin 1991.
411. Vogtmeier, Andreas, Egon Bahr und die deutsche Frage. Zur Entwicklung der sozialdemokratischen Ost- und Deutschlandpolitik vom Kriegsende bis zur Vereinigung, Bonn 1996.
412. Whitney, Craig R., Advocatus Diaboli. Wolfgang Vogel, Anwalt zwischen Ost und West, Berlin 1993.

Zeittafel

1955	BRD	DDR
1.4.	Die Lufthansa nimmt den Flugbetrieb wieder auf.	
9.5.	Offizielle Aufnahme der Bundesrepublik in die NATO.	
14.5.		Bildung des Warschauer Paktes, dem auch die DDR beitritt.
1./2.6.	Konferenz von Messina.	
15.5.		Das ZK der SED beschließt die Aufstellung bewaffneter Streitkräfte.
18.–23.7.	Genfer Gipfelkonferenz der vier Siegermächte (»Geist von Genf«).	
26.7.		Chruschtschow verkündet in Ost-Berlin die Zweistaatentheorie.
31.7.	Auf einer Kundgebung vor 40 000 Vertriebenen fordert Baden-Württembergs Ministerpräsident Gebhard Müller die Rückgabe der deutschen Ostgebiete.	
27.8.	Die Nationalen Olympischen Komitees der BRD und der DDR beginnen mit Verhandlungen über die Entsendung einer gesamtdeutschen Mannschaft zu den Olympischen Spielen 1956 in Cortina d'Ampezzo und Melbourne (Einigung am 12.11.).	
8.–14.9.	Adenauer in Moskau: Aufnahme diplomatischer Beziehungen, Heimkehr der noch in der Sowjetunion festgehaltenen deutschen Kriegsgefangenen, Hallstein-Doktrin (s. 9.12.).	
20.9.		Grotewohl in Moskau: die Sowjetunion schließt mit der DDR einen Freundschaftsvertrag; die DDR wird souverän.
26.9.		Gesetz über Staatswappen und Staatsflagge (tritt am 1. November in Kraft).

7.10. Im Lager Friedland bei Göttingen treffen die ersten »Spätheimkehrer« ein: Die letzten Kriegsgefangenen aus der Sowjetunion.

10.10. Bundespräsident Heuss ernennt die ersten Soldaten der neuen Streitkräfte.

19.10. Erstmals tagt der Bundestag in West-Berlin.

21.10. Franz Josef Strauß Atomminister.

23.10. Im Saarland lehnen 67,7 % der Wähler das Europäische Statut ab.

27.10.–16.11. Viermächte-Außenministerkonferenz in Genf.

12.11. Die ersten Bundeswehrsoldaten werden vereidigt.

9.12. Außenminister von Brentano erklärt auf einer Botschafterkonferenz in Bonn, daß die Aufnahme diplomatischer Beziehungen zur DDR durch Dritte von Bonn mit Maßnahmen bis zum Abbruch der diplomatischen Beziehungen beantwortet wird (»Hallstein-Doktrin«). Am 19. 10. 1957 gegenüber Jugoslawien und am 14. 1. 1963 gegenüber Kuba angewendet.

1956	BRD	DDR
2.1.	Die ersten Einheiten der deutschen Streitkräfte in Andernach (Heer), Nörvenich (Luftwaffe) und Wilhelmshaven (Marine).	
5.1.	Gemäß einer deutsch-italienischen Vereinbarung kommen die ersten »Gastarbeiter« in die BRD.	
7.1.	Carl Hermann Mueller-Graaf erster BRD-Botschafter in Wien. Erster Botschafter der Sowjetunion in Bonn: Valerian A. Sorin.	
14.1.	Die letzten deutschen Kriegsgefangenen aus der Sowjetunion treffen ein.	
18.1.		Umwandlung der Kasernierten Volkspolizei: Gesetz zur Schaffung der Nationalen Volksarmee (NVA) und des Ministeriums für Nationale Verteidigung.

20.1.	Antrittsbesuch Adenauers in Andernach (s. 2.1.).	Willi Stoph erster DDR-Verteidigungsminister.
25.2.		Eine Geheimrede von Nikita Chruschtschow auf dem XX. Parteitag der KPdSU leitet die Entstalinisierung in der Sowjetunion ein.
6.3.	Bundestag verabschiedet Wehrergänzung zum Grundgesetz; »Bundeswehr« als Name für die Streitkräfte.	
30.6.		Das ZK der SED schlägt der SPD vor, gemeinsam gegen die Einführung der Wehrpflicht in der BRD vorzugehen.
7.7.	Der Bundestag billigt mit 270 gegen 166 Stimmen die Einführung der allgemeinen Wehrpflicht; am 21.7. wird das Wehrpflichtgesetz verkündet.	
17.8.	Verbot der KPD durch das Bundesverfassungsgericht. Massenflucht von Funktionären in die DDR.	
5./6.10.	Treffen von Vertretern der FDP und der LDPD in Weimar.	
16.10.	Franz Josef Strauß Verteidigungsminister.	
23.10.		Beginn des Ungarnaufstands. Unruhen auch in der DDR. SED-Kampfgruppen marschieren in der Humboldt-Universität auf. Die Regierung verspricht Lehrpläne, in denen nicht Russisch, sondern Englisch oder Französisch erste Fremdsprache sein soll.
29.11.		Verhaftung einer innerparteilichen Oppositionsgruppe um Wolfgang Harich (Prozeß und Verurteilung im März 1957).
22.12.	Wegen Landesverrats wird der ehemalige Präsident des Bundesverfassungsschutzes, Otto John, zu vier Jahren Haft verurteilt.	
1957	**BRD**	**DDR**
1.1.	Das Saarland wird 10. Bundesland der BRD.	
31.1.		Vor dem ZK der SED zieht Ulbricht folgenden Schluß aus

		den Ereignissen in Ungarn: »Es gibt keinen dritten Weg.« Das ZK beschließt, eine Wiedervereinigung sei auf Grund der langjährigen Existenz der beiden deutschen Staaten mit entgegengesetzten Gesellschaftssystemen nur noch über eine Konföderation und Konstituierung eines paritätischen gesamtdeutschen Rates zu erreichen.
21.1.	Bundestag verabschiedet »dynamische Rente«.	
6.2.	Berlin wird vom Bundestag zur Hauptstadt erklärt.	
25.3.	Unterzeichnung der »Römischen Verträge« in Rom: Gründung der Europäischen Wirtschaftsgemeinschaft (EWG) und der Europäischen Atomgemeinschaft (EURATOM).	
12.4.	»Göttinger Appell« deutscher Atomwissenschaftler gegen Ausrüstung der Bundeswehr mit Atomwaffen.	
27.7.		Der DDR-Ministerrat schlägt eine Konföderation zwischen der DDR und der Bundesrepublik vor.
15.9.	Wahl zum 3. Deutschen Bundestag: absolute Mehrheit für CDU/CSU: 50,2 %, SPD 31,8 %, FDP 7,7 %.	
10.10.	Diplomatische Beziehungen zwischen Jugoslawien und der DDR; Bonn bricht am 19.10. die Beziehungen zu Jugoslawien ab (»Hallstein-Doktrin«).	
1958	**BRD**	**DDR**
23.1.	Scharfe Kontroverse im Bundestag über mögliche verpaßte Chancen zur Wiedervereinigung.	
3.–6.2.		Das ZK der SED beschließt eine Säuberung der Parteiführung. Erich Honecker hält die Anklagerede gegen »Schirdewan, Wollweber und andere«, die als »parteifeindliche Gruppe« aus dem ZK ausgeschlossen werden. Ihnen wird vorgeworfen, nationalkommunistische Positionen zu vertreten.

7. und 19.3.	Adenauer schlägt dem sowjetischen Botschafter in Bonn, Smirnow, eine »Österreich-Lösung« für die DDR vor: Sie soll neutralisiert werden, die inneren Angelegenheiten jedoch frei gestalten können.	
23.3.	Die Aktion »Kampf dem Atomtod« eröffnet ihre Kampagne in der Bundesrepublik.	
25.3.	Der Bundestag beschließt nach viertägiger Debatte die Ausrüstung der Bundeswehr mit Atomwaffen.	
7.4.	In Großbritannien findet der erste »Ostermarsch« gegen Atomwaffen statt.	
7.4.	Deutsch-französisch-italienischer Geheimvertrag zum Bau einer gemeinsamen Atombombe.	
28.5.		Abschaffung der letzten Lebensmittelkarten.
16.6.		Auf dem V. Parteitag der SED verkündet Ulbricht die »Zehn Grundsätze der sozialistischen Ethik und Moral« und kündigt die Kollektivierung der Landwirtschaft an.
16.7.		Die SED erklärt die Erreichung des Wohlstandsniveaus der BRD zum Planziel bis zum Jahre 1961.
16.7.		In der DDR läuft die Zwangskollektivierung der Landwirtschaft an.
14./15.9.	Adenauers erster Besuch bei Frankreichs Ministerpräsident Charles de Gaulle.	
4.10.	Beschluß der Länder-Justizminister, die »Zentrale Stelle zur Aufklärung nationalsozialistischer Gewaltverbrechen« in Ludwigsburg einzurichten.	
24.10.	Beschluß zum Kauf des US-Jagdbombers vom Typ »Starfighter F 104« für die Bundeswehr.	
10.11.		Chruschtschow fordert von den Westmächten, auf die »Reste des Besatzungsregimes« in West-Berlin zu verzichten. Beginn der neuen Berlinkrise.

16.11.		Einheitslisten für die Volkskammerwahl.
27.11.		Sowjetische Note an die drei Westmächte mit Ultimatum, innerhalb von sechs Monaten einen neuen Status für West-Berlin zu vereinbaren (»selbständige politische Einheit Westberlin«).
1959	**BRD**	**DDR**
4.3.	Adenauer trifft zum dritten Mal in sieben Monaten Frankreichs Staatschef de Gaulle.	
18.3.	Deutschlandplan der SPD: entmilitarisierte und atomwaffenfreie Entspannungszone in Mitteleuropa und schrittweise Wiederherstellung der deutschen Einheit in vier Stufen.	
7.4.	Adenauer gibt seinen Plan bekannt, die Nachfolge von Theodor Heuss als Bundespräsident anzutreten. Am 4.6. tritt er von der Kandidatur zurück.	
24.4.		Autorenkonferenz in Bitterfeld: »Greif zur Feder, Kumpel! Die sozialistische Nationalliteratur braucht Dich!«
1.5.	Unter Führung Willy Brandts demonstrieren in West-Berlin 600 000 Menschen gegen die deutsche Teilung.	
11.5.–20.6. u. 13.7.–5.8.	Viermächte-Außenministerkonferenz in Genf; an »Katzentischen« erstmals auch Vertreter der beiden deutschen Staaten als »Berater«.	
3.6.		Gesetz über »Landwirtschaftliche Produktionsgenossenschaften« (LPG).
1.7.	Heinrich Lübke Bundespräsident.	
26.8.	US-Präsident Dwight D. Eisenhower besucht Bonn.	
15.9.		Mit Chruschtschow besucht erstmals ein Führer der Sowjetunion die USA.
21.9.		Staatsflagge und -wappen neu: Schwarz-Rot-Gold mit Hammer, Zirkel und Ährenkranz (»Spalterflagge«).

30.9.	Die Bundesregierung will das »Deutschland-Fernsehen« als zweites Programm etablieren. Die Opposition sieht die Gefahr eines »Staatsfunks«. In der BRD sinkt die Arbeitslosenquote unter 1 %.	
10.10.	In einer Fernseh-Quizsendung bezeichnet Hans-Joachim Kulenkampff Ost-Deutschland uneingeschränkt als DDR und löst massive Zuschauerproteste aus.	
2.11.		Jugendliche demonstrieren gegen die Kulturpolitik und fordern die Erlaubnis zum Import von Rock 'n' Roll-Schallplatten.
15.11.	Außerordentlicher Parteitag der SPD in Bad Godesberg: »Godesberger Programm«.	
25.12.	In zahlreichen bundesdeutschen Großstädten antisemitische Ausschreitungen.	

1960	**BRD**	**DDR**
11.2.		Gesetz zur Bildung des »Nationalen Verteidigungsrates« unter Vorsitz des Ersten Sekretärs der SED, Walter Ulbricht.
22.2.		Aus einer Bilanz zur DDR-Strafjustiz geht hervor, daß seit 1945 46 000 Menschen in Ostdeutschland aus politischen Gründen verhaftet worden sind. 146 von ihnen wurden zum Tod verurteilt.
14.3.	Erstes Treffen zwischen den Regierungschefs der BRD, Adenauer, und Israels, Ben Gurion, in New York.	
17.3.	Die SPD läßt ihren Deutschlandplan (s. 18. 3. 1959) fallen.	
18.4.		Protest der Kirchen gegen die Methoden der Zwangskollektivierung der Landwirtschaft.
1.5.	In der Nähe von Swerdlowsk (Ural) wird ein US-Aufklärungsflugzeug vom Typ U-2 abge-	

	schossen, der Pilot gefangengenommen.	
16./17.5.	Scheitern der Pariser Gipfelkonferenz.	
23.5.	Israel gibt die Verhaftung von Adolf Eichmann bekannt.	
30.6.	Mit einer Rede vor dem Bundestag leitet SPD-Vize Herbert Wehner einen außenpolitischen Kurswechsel der SPD ein. Die SPD bekenne sich zum europäischen und atlantischen Bündnis- und Verteidigungssystem als Grundlage jeder Wiedervereinigungspolitik.	
25.7.	Adenauer gründet die »Fernseh-GmbH«.	
16.8.	Abkommen zur Neuregelung des Interzonenhandels.	
7.9.		Wilhelm Pieck stirbt im Alter von 84 Jahren.
12.9.		Ulbricht wird Erster Vorsitzender des neugeschaffenen Kollektiven Staatsrates; das Amt des Präsidenten der DDR wird abgeschafft.

1961	**BRD**	**DDR**
20.1.	John F. Kennedy 35. US-Präsident.	
28.2.	Das »Fernsehurteil« des Bundesverfassungsgerichts.	
15.6.		Auf einer Pressekonferenz in Ost-Berlin sagt Ulbricht: »Niemand hat die Absicht, eine Mauer zu errichten.«
11.–18.4.	Besuch Adenauers in den USA.	
3./4.6.	Treffen Kennedy–Chruschtschow in Wien.	
25.7.	Fernsehansprache Kennedys: drei »essentials« in der Berlin-Frage.	
3.–6.8.		Auf einer Konferenz der KP-Chefs der Warschauer Pakt-Staaten in Moskau schlägt Ulbricht erneut die Absperrung West-Berlins vor. Der Vorschlag wird gebilligt.
8.8.		Operation »Schach« des MfS: »Agitationsplan zur Bekämpfung von Abwerbung und Menschenhandel«.
13.8.		Operation »Rose«: Bau der Mauer.

19.–21.8.	US-Vizepräsident Johnson in West-Berlin.	
24.8.		Erstmals wird an der Mauer ein Flüchtling erschossen.
17.9.	Wahl zum 4. Deutschen Bundestag: CDU 45,3 %, SPD 36,2 %, FDP 12,8 %.	
18.–24.10.	Konfrontation am Checkpoint Charlie in Berlin.	
7.11.	Adenauer zum vierten Mal Bundeskanzler.	
13.11.		Im Zuge der Entstalinisierung werden Straßen und Städte umbenannt. Stalinstadt erhält den Namen Eisenhüttenstadt.
8.12.		Der Wehrdienst wird von 12 auf 18 Monate verlängert.
1962	**BRD**	**DDR**
1.1.	Der Deutschlandfunk nimmt in Köln den Sendebetrieb auf.	
24.1.		Gesetz zur Einführung der allgemeinen Wehrpflicht, das auch für Ost-Berlin gilt.
17.2.	Flutkatastrophe in Norddeutschland; allein in Hamburg 300 Tote.	
6.6.	Adenauer schlägt dem sowjetischen Botschafter Smirnow einen »Burgfrieden« vor: Frage der Wiedervereinigung soll für zehn Jahre eingefroren werden, danach freie Wahlen.	
17.8.		Der 18jährige Ostberliner Bauarbeiter Peter Fechter wird bei einem Fluchtversuch an der Berliner Mauer angeschossen und verblutet.
22.8.		Die sowjetische Stadtkommandantur in Ost-Berlin wird aufgelöst; ein General der NVA übernimmt deren Funktion.
4.9.	Besuch von Präsident Charles de Gaulle in der BRD.	
15.10.–28.10.	Kuba-Krise.	
26./27.10	Beginn der »Spiegel-Affäre«.	
19.11.	Rücktritt der fünf Bonner FDP-Minister.	
30.11.	Rücktritt von Verteidigungsminister Strauß.	

1963	BRD	DDR
14.1.	De Gaulle lehnt den britischen EWG-Beitrittsantrag ab.	
15.–21.1.		Der VI. Parteitag der SED erklärt den »umfassenden Aufbau des Sozialismus« zur Hauptaufgabe.
22.1.	In Paris unterzeichnen Adenauer und de Gaulle den Vertrag über die deutsch-französische Zusammenarbeit.	
1.4.	Das ZDF nimmt den Sendebetrieb auf.	
20.6.	Die USA und die Sowjetunion richten eine direkte Nachrichtenverbindung – »heißer Draht« – ein.	
Juni		Neues Ökonomisches System: Annäherung an »kapitalistische« Marktwirtschaft.
20.6.		Die DDR-Regierung veröffentlicht einen »Appell an die Bevölkerung Westdeutschlands« zur Schaffung normaler Beziehungen zwischen beiden deutschen Staaten.
23.–26.6.	John F. Kennedy in der BRD und West-Berlin: »Ich bin ein Berliner!«	
15.7.	In der Evangelischen Akademie in Tutzing empfiehlt Egon Bahr für die Deutschlandpolitik die Formel »Wandel durch Annäherung«.	
5.8.	Atomteststoppabkommen zwischen den USA, der Sowjetunion und Großbritannien. Die DDR tritt am 8.8., die BRD am 19.8. bei.	
15.10.	Adenauer tritt als Bundeskanzler zurück.	
16.10.	Ludwig Erhard Bundeskanzler.	
22.11.	In Dallas, Texas, wird John F. Kennedy erschossen.	
17.12.	Erstes Passierscheinabkommen zwischen der DDR und dem Senat von West-Berlin.	
20.12.	Auschwitz-Prozeß in Frankfurt/Main eröffnet.	

1964	BRD	DDR
2.1.		Neue Personalausweise, die den Vermerk »Bürger der Deutschen Demokratischen Republik« enthalten.

16.2.	Außerordentlicher Parteitag der SPD wählt Willy Brandt als Nachfolger des verstorbenen Erich Ollenhauer zum Parteivorsitzenden.	
16.–18.5.	Letztes Deutschlandtreffen der FDJ in Ost-Berlin mit Teilnehmern aus beiden deutschen Staaten.	
12.6.		Chruschtschow und Ulbricht unterzeichnen in Moskau den »Vertrag über Freundschaft, gegenseitigen Beistand und Zusammenarbeit« zwischen der DDR und der UdSSR.
1.9.		Die Volkskammer beschließt ein Gesetz, nach dem Kriegsverbrechen und NS-Straftaten nicht verjähren.
7.9.		Der waffenlose Wehrersatzdienst wird eingeführt. Sogenannte »Bausoldaten« werden in der Nationalen Volksarmee zur Errichtung militärischer Anlagen eingesetzt.
9.9.	DDR-Bürger im Rentenalter dürfen die BRD und West-Berlin besuchen.	
10.9.	In der BRD trifft der millionste »Gastarbeiter« ein.	
21.9.		Otto Grotewohl, Vorsitzender des Ministerrats, stirbt. Nachfolger wird Willi Stoph.
24.9.	Zweites Passierscheinabkommen: vier Besuchsperioden innerhalb eines Jahres von Westberlinern bei Verwandten in Ost-Berlin.	
5.10.	Bei der größten Tunnelflucht seit dem Mauerbau gelangen 57 Ostberliner in den Westen.	
6.10.		Zur Feier des 15. Jahrestages der DDR-Gründung werden 10000 Häftlinge amnestiert.
10.–24.10.	Olympische Spiele in Tokio: letztmalige Teilnahme einer gesamtdeutschen Mannschaft.	
2.11.		Erstmals seit dem Bau der Mauer dürfen Rentner aus der DDR für vier Wochen in die BRD reisen.
1.12.	Rainer Barzel Vorsitzender der CDU/CSU-Fraktion im Bundestag.	
1.12.		Zwangsumtausch für alle Besucher der DDR aus dem »nichtsozialistischen Ausland«.

1965	BRD	DDR
1.1.		Ulbricht schlägt in einer Neujahrsansprache »Verhandlungen der beiden deutschen Staaten über unsere deutschen Probleme« vor.
5.2.	Passierscheinabkommen für Ostern und Pfingsten.	
24.2.–2.3.		Besuch Walter Ulbrichts in Ägypten.
25.3.	Der Bundestag hebt die Verjährungsfrist für Verbrechen mit lebenslänglicher Strafandrohung auf, um die Verfolgung von NS-Tätern weiterhin zu ermöglichen.	
5.5.		Die DDR proklamiert ein »Manifest an das deutsche Volk und die Völker und Regierungen der Welt«; Ulbricht erklärt, eine Wiedervereinigung könne nur unter sozialistischen Vorzeichen stattfinden.
13.5.	Beschluß zur Aufnahme diplomatischer Beziehungen zu Israel.	
30.6.	Frankreich verläßt den EWG-Ministerrat.	
19.9.	Wahl zum 5. Deutschen Bundestag: CDU/CSU 47,6 %, SPD 39,3 %, FDP 9,5 %.	
8.10.	Das Internationale Olympische Komitee (IOC) beschließt die Zulassung von zwei deutschen Mannschaften zu den Olympischen Spielen 1968.	
16.10.	Der Rat der Evangelischen Kirche in Deutschland fordert die Aussöhnung mit den osteuropäischen Nachbarvölkern und eine politische Regelung der Oder-Neiße-Frage.	
20.10.	Ludwig Erhard erneut Bundeskanzler.	
27.11.		Der seit Oktober 1964 amtierende Vorsitzende der KPdSU, Leonid Breschnew, besucht erstmals die DDR.
25.11.	Passierscheinabkommen für Weihnachten und Neujahr 1965/66.	
3.12.		Handelsabkommen mit der Sowjetunion; die DDR wird wirtschaftlich völlig an die Sowjetunion gebunden.

<table>
<tr><th>1966</th><th>BRD</th><th>DDR</th></tr>
<tr><td>11.2.</td><td colspan="2">Das ZK der SED veröffentlicht einen »Offenen Brief an die Delegierten des Dortmunder Parteitages der SPD und alle Mitglieder und Freunde der Sozialdemokratie in West-Deutschland«; Vorschlag eines Gedankenaustausches zur deutschen Frage.</td></tr>
<tr><td>19.2.</td><td colspan="2">Mit der Einweihung der Saale-Autobahnbrücke bei Hirschberg wird das erste gesamtdeutsche Bauprojekt abgeschlossen.</td></tr>
<tr><td>18.3.</td><td colspan="2">Die SPD bietet der DDR einen »Redneraustausch« an.</td></tr>
<tr><td>25.3.</td><td>»Friedensnote« der Regierung Erhard.</td><td></td></tr>
<tr><td>31.3.</td><td colspan="2">Erste öffentliche innerdeutsche Diskussion zwischen Vertretern der FDP und der LDPD in Bad Homburg.</td></tr>
<tr><td>26.5.</td><td colspan="2">SPD und SED einigen sich über einen Redneraustausch in Karl-Marx-Stadt (14.7.) und Hannover (21.7.).</td></tr>
<tr><td>29.6.</td><td colspan="2">Die SED sagt den Redneraustausch ab.</td></tr>
<tr><td>4.7.</td><td>Die Bundesregierung lehnt ein neues Passierscheinabkommen mit dem Argument ab, es könne als Anerkennung der DDR ausgelegt werden.</td><td></td></tr>
<tr><td>27.10.</td><td>Die FDP-Fraktion beendet die Regierungskoalition mit der Union.</td><td></td></tr>
<tr><td>26.11.</td><td>CDU/CSU und SPD einigen sich auf die Bildung einer Großen Koalition.</td><td></td></tr>
<tr><td>30.11.</td><td>Bundeskanzler Erhard reicht seinen Rücktritt ein.</td><td></td></tr>
<tr><td>1.12.</td><td>Kurt Georg Kiesinger Bundeskanzler, Außenminister ist der SPD-Vorsitzende Willy Brandt.</td><td></td></tr>
</table>

<table>
<tr><th>1967</th><th>BRD</th><th>DDR</th></tr>
<tr><td>1.1.</td><td></td><td>Ulbricht lehnt in seiner Neujahrsansprache jeden Gedanken an eine baldige Wiedervereinigung ab.</td></tr>
<tr><td>31.1.</td><td>Aufnahme diplomatischer Beziehungen zu Rumänien; damit de facto-Aufgabe der »Hallstein-Doktrin«.</td><td></td></tr>
<tr><td>20.2.</td><td></td><td>Gesetz über die Staatsbürgerschaft der DDR.</td></tr>
<tr><td>17.–22.4.</td><td></td><td>Der VII. Parteitag der SED verabschiedet ein Manifest, in dem die »entwickelte sozialistische Gesellschaft« als Ziel der Parteiarbeit erklärt wird.</td></tr>
<tr><td>19.4.</td><td>Konrad Adenauer stirbt im Alter von 91 Jahren.</td><td></td></tr>
</table>

10.5.	Willi Stoph schlägt Kiesinger Verhandlungen über eine »Normalisierung zwischen den beiden deutschen Staaten« vor; erste DDR-Note, die beantwortet wird (13.6.).	
2.6.	Beim Schah-Besuch in West-Berlin kommt es zu Zusammenstößen. Benno Ohnesorg wird von der Polizei erschossen.	
13.6.	Antwortschreiben Kiesingers an Stoph.	
1.7.	»Europäische Gemeinschaft« nach Fusion von Montanunion, EURATOM und EWG.	
25.8.	Beginn des Farbfernsehens.	
28.8.		Einführung der 5-Tage-Arbeitswoche.
18./29.9.	Erneuter Briefwechsel zwischen Stoph und Kiesinger.	
1968	**BRD**	**DDR**
2.4.	Mit Anschlägen auf zwei Frankfurter Kaufhäuser an zwei aufeinanderfolgenden Tagen beginnt der politisch motivierte Terror in der Bundesrepublik. Andreas Baader und Gudrun Ensslin werden zu je drei Jahren Zuchthaus verurteilt.	
8.4.		Die neue Verfassung der DDR tritt in Kraft. Die DDR wird als »sozialistischer Staat deutscher Nation« definiert.
11.4.	Rudi Dutschke wird bei einem Mordanschlag in West-Berlin schwer verletzt.	
30.5.	Der Bundestag verabschiedet die »Notstandsgesetze«.	
11.6.		Einführung der Paß- und Visapflicht im Reise- und Transitverkehr zwischen der BRD und West-Berlin.
1.7.	In Washington, Moskau und London wird der Vertrag über die Nichtverbreitung von Kernwaffen (»Atomwaffensperrvertrag«) unterzeichnet.	
20./21.8.		Niederschlagung des »Prager Frühlings« durch Truppen der Warschauer Pakt-Staaten.
12.10.		Das Nationale Olympische Komitee der DDR wird in das IOC aufgenommen. Damit ist die DDR mit eigener Hymne und

		Flagge bei internationalen Sportwettkämpfen zugelassen.
1969	**BRD**	**DDR**
20.1.	Richard M. Nixon 37. US-Präsident.	
8.2.		Durchreiseverbot für die Mitglieder der Bundesversammlung nach West-Berlin.
5.3.	Gustav Heinemann wird in West-Berlin zum Bundespräsidenten gewählt. Heinemann: »Ein Stück Machtwechsel.«	
8.5.		Diplomatische Anerkennung der DDR durch Kambodscha.
10.6.		Die bisher der evangelischen Kirche in Deutschland (EKD) angehörenden Landeskirchen der DDR schließen sich nach mehrjährigem Drängen der DDR-Führung zum Bund der evangelischen Kirchen in der DDR zusammen.
28.9.	Wahl zum 6. Deutschen Bundestag: CDU/CSU 46,1 %, SPD 42,7 %, FDP 5,8 %.	
3.10.		In Ost-Berlin wird der 365 Meter hohe Fernsehturm fertiggestellt.
13.10.	Die Bundeswehr verliert ihren 100. »Starfighter« seit 1961.	
21.10.	SPD/FDP-Regierung; Willy Brandt Bundeskanzler, Walter Scheel Außenminister.	
17.12.		Die Volkskammer beauftragt Staatsrat und Ministerrat, »die erforderlichen Maßnahmen zu ergreifen, um mit der Bundesrepublik Deutschland Beziehungen auf der Basis friedlicher Koexistenz zu unterhalten, die durch völkerrechtlich gültige Vereinbarungen geregelt und gesichert werden«.
28.11.	Die BRD unterzeichnet den Atomwaffensperrvertrag.	
18.12.		Schreiben von Ulbricht an Heinemann mit dem Entwurf eines

		Vertrages über die Aufnahme gleichberechtigter Beziehungen zwischen der DDR und der BRD.
1970	**BRD**	**DDR**
19.1.		Ulbricht nennt als Voraussetzung für Gewaltverzichtserklärungen zwischen beiden deutschen Staaten die völkerrechtliche Anerkennung der DDR.
19.3.	Treffen Willy Brandt und Willi Stoph in Erfurt.	
21.5.	Treffen Willy Brandt und Willi Stoph in Kassel.	
17.6.	Scheel nennt als Voraussetzung für einen Gewaltverzichtsvertrag mit der UdSSR eine befriedigende Regelung der Berlin-Frage.	
28.7.		Honecker bei Breschnew in Moskau; Vorbereitungen zum Sturz Ulbrichts.
12.8.	Im Kreml unterzeichnen Willy Brandt und Walter Scheel den Moskauer Vertrag.	
27.11.	Beginn des Meinungsaustausches zwischen dem Staatssekretär im Bundeskanzleramt, Egon Bahr, und dem Staatssekretär beim Ministerrat der DDR, Michael Kohl.	
7.12.	Brandt und Scheel unterzeichnen den Warschauer Vertrag.	
Dezember		Einbau von Selbstschußanlagen an der innerdeutschen Grenze.
1971	**BRD**	**DDR**
31.1.	Nach 19 Jahren Wiederaufnahme des (eingeschränkten) Telefonverkehrs zwischen Ost- und West-Berlin (fünf Leitungen).	
3.5.		Ulbricht bittet das ZK, ihn aus »Altersgründen« von der Funktion des Parteichefs zu entbinden; Honecker Erster Sekretär des ZK der SED.
12.5.	Rücktritt von SPD-Finanzminister Alex Möller.	
15.–19.6.		Der VIII. Parteitag der SED stellt fest, daß in der DDR eine neue »sozialistische deutsche Nation« entstanden sei.
24.6.		Die Volkskammer wählt Honecker zum Vorsitzenden des Nationalen Verteidigungsrates.
3.9.	Die Botschafter der USA, Großbritanniens, Frankreichs	

und der UdSSR unterzeichnen in West-Berlin das Vier-Mächte-Abkommen über West-Berlin.

17.12. Unterzeichnung des Transitabkommens zwischen der BRD und der DDR.

20.12. Vereinbarung zwischen der DDR und dem Senat von West-Berlin über den Reise- und Besuchsverkehr sowie über einen Gebietsaustausch.

1972	**BRD**	**DDR**
6.1.		Honecker bezeichnet die BRD erstmals als »imperialistisches Ausland«.
28.1.	Bund und Länder verabschieden den »Radikalenerlaß«: Jeder Bewerber für den öffentlichen Dienst muß Gewähr bieten, für die freiheitliche demokratische Grundordnung einzutreten.	
11.2.		Der »Deutsche Fernsehfunk« wird in »Fernsehen der DDR« umbenannt.
27.4.	Das von der CDU/CSU (Rainer Barzel) beantragte konstruktive Mißtrauensvotum gegen Bundeskanzler Brandt scheitert knapp (zwei Stimmen).	
17.5.	Der Bundestag verabschiedet die Verträge mit der Sowjetunion und Polen.	
11. und 24.5.	Bei Anschlägen auf die amerikanischen Streitkräfte in Frankfurt und Heidelberg werden drei Personen getötet, 16 weitere verletzt. Andreas Baader, Holger Meins und Jan Carl Raspe werden verhaftet (1.6.), Gudrun Ensslin kurz nach dem 1.6.,zwei Wochen später auch Ulrike Meinhof.	
26.5.	Unterzeichnung des Verkehrsvertrages zwischen BRD und DDR.	
3.6.	Transitabkommen in Kraft.	
7.7.	Rücktritt von Finanz- und Wirtschaftsminister Schiller (SPD); Nachfolger ist Helmut Schmidt.	
26.8.–11.9.	Olympische Spiele in München; in der Medaillenwertung die DDR vor der BRD auf Rang drei.	
5.9.	Überfall der palästinensischen Terrororganisation »Schwarzer September« auf die Olympiamannschaft Israels.	

17.10.	Verkehrsvertrag in Kraft.	
8.11.	Paraphierung des Grundlagenvertrages in Bonn.	
19.11.	Vorgezogene Wahl zum 7. Deutschen Bundestag. SPD wird zum ersten Mal stärkste Partei: 45,2 %, CDU/CSU 44,9 %, FDP 8,4 %.	
13.12.	Willy Brandt wieder Bundeskanzler.	
20.12.		Die Schweiz erkennt als erstes westliches Land die DDR an.
21.12.	Egon Bahr und Michael Kohl unterzeichnen den Grundlagenvertrag in Ost-Berlin – mit Bonner »Brief zur deutschen Einheit«.	
21.12.		Österreich und Schweden nehmen diplomatische Beziehungen auf.

1973	**BRD**	**DDR**
1.1.	Großbritannien, Dänemark und Irland Mitglieder der Europäischen Gemeinschaft.	
31.1.	In Bonn tritt erstmals die im Grundlagenvertrag vereinbarte Grenzkommission zusammen.	
8./9.2.		Großbritannien und Frankreich nehmen diplomatische Beziehungen auf.
5.–7.3.	Korrespondenten von ARD, ZDF und verschiedener westdeutscher Zeitungen werden in der DDR zugelassen.	
11.5.	Der Bundestag verabschiedet den Grundlagenvertrag gegen die Stimmen von CDU/CSU.	
30./31.5.	Herbert Wehner (SPD) und Wolfgang Mischnick (FDP) treffen sich mit Honecker in Ost-Berlin.	
21.6.	Inkrafttreten des Grundlagenvertrages.	
31.7.	Urteil des Bundesverfassungsgerichts zum Grundlagenvertrag: vereinbar mit dem Grundgesetz.	
1.8.		Walter Ulbricht stirbt im Alter von 80 Jahren.
18.9.	Die BRD und die DDR werden in die Vereinten Nationen aufgenommen.	
5.11.		Verdoppelung des Mindestumtauschsatzes (20 DM pro Tag).
11.12.	Vertrag mit Prag.	

1974	**BRD**	**DDR**
1.1.		An Fahrzeugen der DDR muß das Länderkennzeichen »D« durch »DDR« ersetzt werden.
11.2.	Streik von 400 000 Mitarbeitern des öffentlichen Dienstes.	

9.1.		Egon Krenz Vorsitzender der FDJ.
14.3.	Protokoll über die Errichtung der »Ständigen Vertretungen« in Bonn und Ost-Berlin.	
24.4.	Günter Guillaume, persönlicher Referent von Willy Brandt, wird als DDR-Spion enttarnt und festgenommen.	
2.5.	»Ständige Vertretungen« in Bonn und Ost-Berlin eröffnet.	
3.5.		Der Nationale Verteidigungsrat bestätigt den »Schußwaffeneinsatz gegen Grenzverletzer«.
6.5.	Brandt tritt als Bundeskanzler zurück.	
15.5.	Walter Scheel wird zum Bundespräsidenten gewählt.	
16.5.	Helmut Schmidt neuer Bundeskanzler.	

Abkürzungsverzeichnis

Begriffe, Institutionen, Parteien

AA	Auswärtiges Amt
ACDP	Archiv für Christlich-Demokratische Politik, Sankt Augustin
ADN	Allgemeiner Deutscher Nachrichtendienst (DDR)
AdR	Archiv der Republik (Wien)
APO	Außerparlamentarische Opposition
ARD	Arbeitsgemeinschaft der öffentlich-rechtlichen Rundfunkanstalten Deutschlands
BA	Bundesarchiv
BArch	Bundesarchiv Berlin
BBC	British Broadcasting Corporation
BHE	Bund der Heimatvertriebenen und Entrechteten
BKA	Bundeskriminalamt
BMfAA	Bundesministerium für Auswärtige Angelegenheiten (Wien)
BRD	Bundesrepublik Deutschland
BStU	Der/Die Bundesbeauftragte für die Unterlagen des Staatssicherheitsdienstes der ehemaligen Deutschen Demokratischen Republik
CAB	Cabinet Papers
CDU	Christlich-Demokratische Union Deutschlands
CIA	Central Intelligence Agency
CSU	Christlich-Soziale Union in Bayern
DBD	Demokratische Bauernpartei Deutschlands
DDR	Deutsche Demokratische Republik
DFU	Deutsche Friedens-Union
DP	Deutsche Partei
EFTA	European Free Trade Association
EG	Europäische Gemeinschaft
EGKS	Europäische Gemeinschaft für Kohle und Stahl
EKD	Evangelische Kirche in Deutschland
EWG	Europäische Wirtschaftsgemeinschaft
FDJ	Freie Deutsche Jugend
FDP	Freie Demokratische Partei
FO	Foreign Office
GG	Grundgesetz
HSTL	Harry S. Truman Library, Independence, Missouri
IfZ/ifz	Institut für Zeitgeschichte der Universität Innsbruck
IOC	International Olympic Committee

KP	Kontrollpunkt
KPD	Kommunistische Partei Deutschlands
KPdSU	Kommunistische Partei der Sowjetunion
LDPD	Liberaldemokratische Partei Deutschlands
LR	Legationsrat
MfS	Ministerium für Staatssicherheit
MTS	Maschinen-Traktoren-Station
NA	National Archives, Washington, D. C.
NATO	North Atlantic Treaty Organization
NDPD	National-Demokratische Partei Deutschlands
NÖS	Neues Ökonomisches System
NP	Neue Politik
NPD	Nationaldemokratische Partei Deutschlands
NS	Nationalsozialismus
NSC	National Security Council
NV	Nichtverbreitung (von Atomwaffen)
NVA	Nationale Volksarmee
NWDR	Nordwestdeutscher Rundfunk
OAS	Organisation de l'Armée Secrète
ÖSS	Ökonomisches System des Sozialismus
ÖStA	Österreichisches Staatsarchiv
ÖTV	Gewerkschaft Öffentliche Dienste, Transport und Verkehr
ÖVP	Österreichische Volkspartei
PA	Politisches Archiv
PLO	Palestine Liberation Organization (Palästinensische Befreiungsorganisation)
PREM	Prime Minister's Papers im PRO
PRO	Public Record Office, London
RIAS	Rundfunk im amerikanischen Sektor (von Berlin)
RGW	Rat für gegenseitige Wirtschaftshilfe
SALT	Strategic Arms Limitation Talks
SAPMO	Stiftung Archiv der Parteien und Massenorganisationen der ehemaligen DDR im Bundesarchiv Berlin
SBZ	Sowjetische Besatzungszone
SdM	Sekretariat des Ministers
SED	Sozialistische Einheitspartei Deutschlands
SKK	Sowjetische Kontrollkommission
SMAD	Sowjetische Militäradministration in Deutschland
SPD	Sozialdemokratische Partei Deutschlands
SPÖ	Sozialistische (seit 1991: Sozialdemokratische) Partei Österreichs
SU	Sowjetunion
TSI	Treuhandstelle für Interzonenhandel
TTD	Transit Travel Document
UdSSR	Union der Sozialistischen Sowjetrepubliken
u. E.	unseres Erachtens
UIBK/uibk	Universität Innsbruck
UK	United Kingdom
UNO	United Nations Organization
US/USA	United States (of America)
VAR	Vereinigte Arabische Republik

VN	Vereinte Nationen
VS	Verschlußsache
ZDF	Zweites Deutsches Fernsehen
ZIS/zis	Zeitgeschichte Informations System des Instituts für Zeitgeschichte der Universität Innsbruck
ZK	Zentralkomitee

Zeitschriften, Periodika

AAPD	Akten zur Auswärtigen Politik der Bundesrepublik Deutschland
AdG	Archiv der Gegenwart, Deutschland
DA	Deutschland Archiv
DaS	Diplomacy and Statecraft
DH	Diplomatic History
DzD	Dokumente zur Deutschlandpolitik
EA	Europa Archiv
FAZ	Frankfurter Allgemeine Zeitung
FRUS	Foreign Relations of the United States
GSR	German Studies Review
GWU	Geschichte in Wissenschaft und Unterricht
HZ	Historische Zeitschrift
PZG	Aus Politik und Zeitgeschichte, Beilage zur Wochenzeitung »Das Parlament«
VfZ	Vierteljahrshefte für Zeitgeschichte
ZfG	Zeitschrift für Geschichtswissenschaft

Abbildungsnachweis

Bundesarchiv, Koblenz: 17, 18
Bundesbildstelle, Berlin: 2, 19, 20, 22
Deutsche Presse-Agentur, Frankfurt/Main: Titelbild
Institut für Zeitgeschichte, Innsbruck: Titelbilder Bde. 1 und 2; 7, 8, 23
National Archives, Washington, D. C.: 3, 4, 5, 6, 9, 10, 11, 14, 15, 19, 25, 26, 27, 28, 29, 30, 31, 32, 33
Politisches Archiv, Auswärtiges Amt, Berlin: 1, 16, 21, 24
Public Record Office, London: 12
Staatskanzlei Rheinland-Pfalz, Mainz: 13

Personenregister

Sach- und Ortsregister

Geschichtswissenschaften
Eine Einführung
Herausgegeben von Christoph Cornelißen

Band 14566

Das unentbehrliche Kompendium
für Studienanfängerinnen und -anfänger.

Geschichtswissenschaften heute
Das Studium – Die Geschichtswissenschaft am Ende
des 20. Jahrhunderts – Der Beruf des Historikers

Epochen der Geschichte
Antike – Mittelalter – Frühe Neuzeit –
Geschichte seit 1789 – Zeitgeschichte

Klassische Felder der Geschichtswissenschaften
Politische Geschichte – Sozialgeschichte –
Kulturgeschichte – Militärgeschichte –
Wirtschaftsgeschichte – Osteuropäische Geschichte –
Imperialgeschichte

Neue Felder der Geschichtswissenschaften
Mentalitätsgeschichte – Technikgeschichte –
Geschichte der Erinnerungskulturen –
Religionsgeschichte – Geschlechtergeschichte –
Historische Anthropologie

Fischer Taschenbuch Verlag

fi 14566/ 1

Dan Diner

Das Jahrhundert verstehen

Eine universalhistorische Deutung

Band 14766

Was war das 20. Jahrhundert, und was bleibt von dieser Epoche? Dan Diner legt eine tiefenscharfe Deutung des Säkulums vor, das durch die Konfrontation von Werten und Ideologien geprägt wurde, dem aber auch die traditionellen Konflikte um nationale Hegemonieansprüche ihren Stempel aufdrückten.

»Auf dieses Buch wird man immer wieder zurückgreifen. Dan Diner ist sein Meisterwerk gelungen.«
Bruno Schoch, Die Weltwoche

Gesine Schwan

Politik und Schuld

Die zerstörerische Macht des Schweigens

Band 13404

Was bedeutet nicht verarbeitete Schuld für die politische Kultur einer Demokratie? Diese Frage mußte und muß die deutsche Gesellschaft in diesem Jahrhundert zweimal beantworten: nach 1945 und nach 1989. Die Autorin streitet mit ihrem Überblick über ein Menschheitsthema gegen die naive und falsche Hoffnung, daß unverarbeitete Schuld sich mit der Zeit, gewissermaßen biologisch, von selbst »auswachse«.

Fischer Taschenbuch Verlag

fi 13404 / 1

Untertan in Uniform

Militär und Militarismus im Kaiserreich 1871-1914
Quellen und Dokumente
Herausgegeben von Bernd Ulrich,
Jakob Vogel und Benjamin Ziemann

Band 14903

Die Pickelhaube, vor der Zivilisten ehrfurchtsvoll erstarren, der schnarrende adlige Leutnant mit Monokel, hurrapatriotische Reservisten auf der Sedan-Feier – wenn es um die Rolle von Militär und Militarismus im deutschen Kaiserreich geht, können solche Stereotype den Zugang zur geschichtlichen Wirklichkeit eher verstellen als fördern.

Die kommentierten Dokumente dieses Bandes zeigen die zahlreichen Auswirkungen, die das Militär tatsächlich auf Lebenswelten und Politik hatte, und tragen dazu bei, ein anschauliches wie differenziertes Bild jener Epoche zu gewinnen.

Fischer Taschenbuch Verlag

fi 14903 / 1

Barbara Tuchman

Die Torheit der Regierenden

Von Troja bis Vietnam

Aus dem Amerikanischen von Reinhard Kaiser

Band 15394

Barbara Tuchman untersucht die vielleicht faszinierendste Paradoxie der Geschichte: die Verwirklichung einer Politik, die dem Eigeninteresse der Regierenden entgegensteht. Sie führt den Leser an vier entscheidende Schauplätze. Der erste ist der Trojanische Krieg. Gegen göttliche Omen und Beschwörungen aus den eigenen Reihen handelnd, ziehen die Trojaner das Pferd in ihre Mauern und verurteilen sich selbst zum Untergang. Das hölzerne Pferd ist das Symbol eines Wahns, der heute existenzgefährdend geworden ist. Die sechs Jahrzehnte päpstlicher Torheiten stellt sie im zweiten Abschnitt vor: Korruption, Amoral und Machthunger, die hochmütige Nichtachtung aller Proteste und Klagen, die zum Protestantismus und zu den Religionskriegen führten. Im dritten Kapitel erzählt sie, wie Georg III. und seine Regierung die Beziehungen zu den Siedlern in den amerikanischen Kolonien zerstörten. Die Verblendung der englischen Krone und ihrer Berater machte aus Untertanen Rebellen und besiegelte den Verlust eines Kontinents. Und schließlich analysiert sie Amerikas Verwicklung in Vietnam – von Franklin D. Roosevelts zögernder Unterstützung des französischen Kolonialismus in Indochina über die unsinnige Domino-Theorie bis zu Lyndon B. Johnsons törichtem Bestehen auf einem militärischen Sieg und der kaum verhüllten Niederlage der USA.

Fischer Taschenbuch Verlag

fi 15394 / 1

Ernst Klee

Auschwitz, die NS-Medizin und ihre Opfer

Band 14906

»Die Machthaber des Dritten Reiches boten
Medizinern etwas unerhört Verlockendes,
in der Welt bis dahin Einmaliges:
Statt Meerschweinchen, Laborratten
und Versuchskaninchen konnten sie Menschen
massenhaft zu Versuchszwecken benutzen.«

Ernst Klee

Für dieses Buch,
das auf Platz 1 der Sachbuch-Bestenliste
stand, erhielt Ernst Klee den
Geschwister-Scholl-Preis.

Fischer Taschenbuch Verlag

fi 14906 / 1

Harald Müller

Das Zusammenleben der Kulturen

Ein Gegenentwurf zu Huntington

Band 13915

Die Thesen des US-amerikanischen Politologen Samuel Huntington mit dem Schlüsselbegriff des »Kampfes der Kulturen« haben in den letzten Jahren großes Aufsehen erregt. Einer seiner qualifiziertesten Kritiker meldet sich nun zu Wort: Professor Dr. Harald Müller legt seinen »Gegenentwurf« vor. Kritisch betrachtet er Huntingtons Weltsicht, die geprägt ist von den angeblich feindseligen Zivilisationen, die den Westen bedrohen.

Müller zeigt, wie gefährlich und verführerisch es ist, vereinfachte Welt- und Feindbilder zu zeichnen oder sie zu übernehmen. Die Weltgesellschaft muss auf Kooperation setzen und nicht auf Konfrontation. In eindringlicher Weise macht der Autor deutlich, dass nicht der Kampf, sondern der Dialog der Kulturen eine friedliche Zukunft der Weltgemeinschaft garantieren kann – und dass dies ein durchaus realistischer Weg ist.

Fischer Taschenbuch Verlag

fi 13915 / 1

Christopher R. Browning
Judenmord
NS-Politik, Zwangsarbeit
und das Verhalten der Täter
284 Seiten. Gebunden

Nach wie vor werden in der Holocaust-Forschung zentrale Fragen kontrovers diskutiert: Wie entwickelte sich die nationalsozialistische »Judenpolitik« in den ersten Jahren des Krieges? Zu welchem Zeitpunkt überschritt das NS-Regime die historische Trennlinie von Bevölkerungsverschiebungen und -dezimierungen (»ethnischen Säuberungen«) zu einem Programm der totalen und systematischen Vernichtung? Auf welche Weise versuchten die NS-Behörden, die Vertreibungs- und Ausrottungspolitik mit der kriegsbedingten Notwendigkeit zu vereinbaren, jüdische Arbeitskraft auszubeuten? Was waren die Folgen im Alltagsleben der Zwangsarbeiter? Welchen Einfluss hatten die vielen lokalen »Machthaber«, welche Rolle spielten dem gegenüber die Vorgaben der Zentrale in Berlin? Welche neuen Erkenntnisse lassen sich über Verhalten und Motivation der Täter vor Ort gewinnen?

Das Buch präsentiert – klar und verständlich formuliert – die Summe von Brownings neuen Erkenntnissen zum Mord an den europäischen Juden.